高等职业教育"十一五"规划教材

高职高专会计类教材系列

审计理论与实务

林双全 方树栋 主编

科学出版社

北 京

内 容 简 介

本书按照高职高专教育的特点,本着"理论够用,注重实际"的原则,设计了理论篇、实务篇、实训篇和习题篇四个模块。其中,理论篇根据最新的审计准则,重点介绍了概论,注册会计师职业规范体系,审计目标,审计证据与审计工作底稿,计划、实施和完成审计工作;实务篇重点介绍了审计抽样、销售与收款循环、采购与付款循环、存货与生产循环、筹资与投资循环、货币资金的审计,以及验资;实训篇以会计报表审计为例,介绍了计划审计工作,应收账款、存货计价、生产成本、固定资产、应付账款、所得税、投资等项目的审计实训,以及完成审计工作和审计方法的实训;习题篇参照注册会计师考试方向及教材重点编写,具有较好的复习巩固作用。

本书可作为高职高专院校相关专业的教学用书,也可作为审计人员的培训教材。

图书在版编目(CIP)数据

审计理论与实务/林双全,方树栋主编. —北京:科学出版社,2008
(高等职业教育"十一五"规划教材·高职高专会计类教材系列)
ISBN 978-7-03-021057-9

Ⅰ.审… Ⅱ.①林…②方… Ⅲ.审计学—高等学校:技术学校—教材
Ⅳ.F239.0

中国版本图书馆 CIP 数据核字(2008)第 016481 号

责任编辑:孙 杰 陈 磊/责任校对:刘彦妮
责任印制:吕春珉 /封面设计:东方人华平面设计部

科学出版社出版
北京东黄城根北街 16 号
邮政编码:100717
http://www.sciencep.com

三河市骏杰印刷有限公司印刷
科学出版社发行 各地新华书店经销

*

2008 年 9 月第 一 版 开本:B5(720×1000)
2016 年 11 月第六次印刷 印张:24 1/4
字数:471 000

定价:36.00 元
(如有印装质量问题,我社负责调换〈骏杰〉)
销售部电话 010-62134988 编辑部电话 010-62135397-8110(VF02)

高职高专会计类教材系列
编委会

主　任　谢培苏

副主任（按姓氏笔画排序）

　　　　刘文华　　张举刚　　胡国胜　　赵居礼

委　员（按姓氏笔画排序）

丁金平	于　强	马桂兰	丑幸荣	方树栋
毋庆刚	王长琦	王正洪	王达政	包惠群
卢　锐	田家富	刘玉玲	刘　华	朱新明
邢春玲	宋绍清	何淑辉	张先云	张　军
张　华	张国健	张　雪	李　伟	李　英
杨海清	肖建成	芮福宏	林双全	周兴荣
周洪保	季　辉	郑克俊	郑　昕	姚虹华
姜宁川	胡绍宏	赵喜文	骆群祥	倪　杰
贾益东	郭俊诚	高建宁	黄小彪	程玉民
葛　军	韩小虎	韩银峰	窦志铭	潘旭强

本书编写人员

主　编　林双全　方树栋

撰稿人（按姓氏笔画排序）

　　　方树栋　刘南君　杨　蕾　陈建成　林双全

出版说明

　　进入 21 世纪，国际竞争日趋激烈，竞争的焦点是人才的竞争，是全民素质的竞争。人力资源在增强国家综合国力方面发挥着越来越重要的作用，而人力资源的状况归根结底取决于教育发展的整体水平。

　　温家宝总理在主持召开教育工作座谈会时提出，职业教育是面向人人的教育，要把发展职业教育放在更加重要、更加突出的位置来抓。国家大力发展职业教育，使得职业教育进入了蓬勃发展时期，驶入了高速发展的快车道。

　　高等职业教育要面向地区经济建设和社会发展，适应就业市场的实际需要，培养生产、建设、服务、管理第一线需要的实用人才，真正办出特色。因此，必须按照高等职业教育的自身规律组织教学体系。

　　为此，我社本着"高水平、高质量、高层次"的"三高"精神和"严肃、严密、严格"的"三严"作风，集中相关行业专家、各职业院校双优型教师，编写了高职高专层次的基础课、公共课教材，各类紧缺专业、热门专业教材，实训教材，以及引进的特色教材，其中包括如下三个部分：

1. 高职高专基础课、公共课教材系列

（1）基础课教材系列

（2）公共课教材系列

2. 高职高专专业课教材系列，又分

（1）紧缺专业教材系列

　　　　——软件类专业系列教材

　　　　——数控技术类专业系列教材

　　　　——护理类专业系列教材

（2）热门专业教材系列

　　　　——电子信息类专业系列教材

　　　　——交通运输类专业系列教材

　　　　——财经类专业系列教材

　　　　——旅游类专业系列教材

　　　　——生物技术类专业系列教材

　　　　——食品类专业系列教材

　　　　——精细化工类专业系列教材

　　　　——艺术设计类专业系列教材

　　　　——建筑工程专业系列教材

3. 高职高专特色教材系列，又分

（1）高职高专实训系列教材

（2）国外职业教育优秀系列教材

本套教材建设的宗旨是以学校的选择为依据，以方便教师授课为标准，以理论知识为主体，以应用型职业岗位需求为中心，以素质教育、创新教育为基础，以学生能力培养为本位，力求突出以下特色：

1. 理念创新：秉承"教学改革与学科创新引路，科技进步与教材创新同步"的理念，根据新时代对高等职业教育人才的需求，出版一系列体现教学改革最新理念、内容领先、思路创新、突出实训、成系列配套的高职高专教材。

2. 方法创新：摒弃"借用教材、压缩内容"的滞后方法，专门开发符合高职特点的"对口教材"。在对职业岗位所需求的专业知识和专项能力进行科学分析的基础上，引进国外先进的教材，以确保符合职业教育的特色。

3. 特色创新：加大实训教材的开发力度，填补空白，突出热点，积极开发紧缺专业、热门专业的教材。对于部分教材，提供"课件"、"教学资源支持库"等立体化的教学支持，以方便教师教学与学生学习。对于部分专业，组织编写"双证"教材，注意将教材内容与职业资格、技能证书进行衔接。

4. 内容创新：在教材的编写过程中，力求反映知识更新和科技发展的最新动态，将新知识、新技术、新内容、新工艺、新案例及时反映到教材中，体现了高职教育专业紧密联系生产、建设、服务、管理一线的实际要求。

欢迎广大教师、学生在使用本系列教材时提出宝贵意见，以便我们进一步做好修订工作，出版更多的精品教材。

科学出版社

前　言

近年来，我国高职高专教育发展迅速，同时，随着现代企业制度的建立，现代审计理论、方法和手段发展也很快，但与之相配套的高职高专教材建设却相对滞后，为此，我们认真研究和探讨了我国审计最新的发展趋势与动态，充分借鉴了近年来国内出版的有关审计教材的优点，并吸收了审计理论和实践的新成果，撰写了本书。

本书具有内容创新、结构新颖和实务性强的特点。

（1）内容创新。本教材按照高职高专的要求，本着"理论够用，注重实际"的原则，根据我国最新的有关会计、审计准则和审计条例，以注册会计师审计业务、风险导向审计方法为主线，吸收了审计理论和实践的新成果编写而成。

（2）结构新颖。本书设计了理论篇、实务篇、实训篇和习题篇四个模块，突破了现行审计教材安排的结构体系，其优点是清晰明了、易于理解、学练结合，有利于学生把握审计理论和审计实务的要点，充分体现了高职高专教育的特色，使全书重点突出、系统全面。

（3）实务性强。审计具有很强的技术性、应用性和职业性的特点。为此，本书针对高职高专教学的特点，每章均安排了国内、外著名的审计案例，以引导学生学习本章有关的审计基本知识、基本理论和基本方法，使理论更加密切联系实际，加深学生对课程内容的理解，并按实际的审计工作主要业务设计审计实训，强化了审计的实务性和可操作性。

本书由林双全、方树栋任主编。具体编写分工如下：林双全编写第一、五、六、七、九、十一章；方树栋编写第二、十、十二、十四章；陈建成编写第八、十三章；刘南君编写第三章；杨蕾编写第四章；林双全、方树栋编写实训篇及附录；杨蕾、林双全编写习题篇；最后由林双全、方树栋总纂、修改、定稿。

鉴于编者水平和时间的限制与制约，书中不当之处在所难免，恳请广大读者批评指正。

目　录

第一篇　理　论　篇

第二篇　实　务　篇

第三篇　实　训　篇

第四篇　习　题　篇

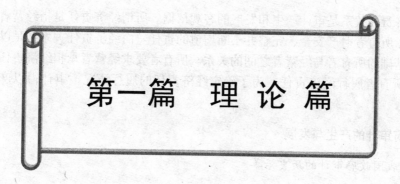

第一篇 理 论 篇

第一章 概 论

引导案例

【名　　称】英国南海股份公司审计案例

【影　　响】世界第一例上市公司审计案例。

【案情简介】1710 年南海公司成立并取得海外自由贸易活动权。1719 年政府允许中奖债券的 70%（约 1 000 万英镑）可与南海公司股票进行转换。1720 年公司散布虚假利好消息，称圣诞节可能按面值的 60% 支付股利。1719 年中，股价为 114 英镑；1720 年 3 月，股价劲升至 300 英镑以上；1720 年 7 月达 1 050 英镑。由此，170 多家股份公司股票成投机对象，股价暴涨 51 倍。投机热浪席卷全国。1720 年 6 月，国会通过《泡沫公司取缔法》。1720 年 7 月开始，外国投资者抛售南海公司股票，撤回资金。1720 年 8 月 25 日至 9 月 28 日，南海公司股价从 900 英镑下跌到 190 英镑，12 月仅为 124 英镑。人们损失惨重，谈股色变。1720 年 9 月，议会组织 13 人特别委员会对"南海泡沫"事件进行秘密查证。1721 年，资深会计师查尔斯·斯奈尔提交审查报告，指出南海公司存在重大舞弊行为和会计记录严重失实等问题，公司主要负责人被严惩，开创了世界注册会计师行业的先河。

【启　　示】

1）南海公司案例是世界民间审计史的里程碑。

2）经济责任关系是审计产生的客观基础，开展上市公司审计工作尤为重要。

3）揭露客户的舞弊行为与审查会计报表公允性一样，都是注册会计师的责任。

第一节　审计的产生与发展

经济责任关系是审计产生和发展的客观依据。所谓经济责任是指经营者所负有的保障所有者财产安全、完整并不断增值的责任。而经济责任关系则是以两权分离为基础的所有者与经营者之间的关系。所有者要求经营者承担经济责任，经营者为所有者履行经济责任。为了确定经济责任的履行情况，审计得以产生和发展。

一、政府审计的产生与发展

1. 我国政府审计的历史沿革

西周时期"宰夫"一职，负责审查"财用之出入"，标志着我国政府审计的萌芽。秦汉时期"上计制度"的完善，形成了统一的审计模式。唐代设"比部"定期监督中央和地方的财税收入。宋代的"审计司"和"审计院"也是比较独立的审计机构，"审计"一词开始使用。

元、明、清三代未设专职审计机构，审计有所削弱。辛亥革命后，北京的北洋政府于1914年设立审计院，颁布《审计法》。1920年，南京的国民政府设立审计院，后改为隶属于监察院的审计部。

在中国共产党领导的第二次国内革命战争时期，1932年成立中央苏区审计委员会，1934年颁布《中华苏维埃共和国中央政府执行委员会审计条例》，实行了革命监督制度。在山东、陕甘宁、晋绥等革命根据地，也建有审计组织，颁布审计法规，实施审计监督工作。

中华人民共和国成立之后，在较长的一段时间内未设立独立的专职审计机构，对财政、财务收支的经济监督，由财政、税务、银行等部门通过其业务在一定范围内进行。在1982年第五届全国人民代表大会第五次会议制定的《中华人民共和国宪法》中，我国正式以最高法律的形式明确了实行审计监督制度。1983年9月15日，国家审计署作为国务院的一个部级单位正式成立，随后又在县级以上各级政府设置了各级审计机关。1985年11月颁布了《国务院关于审计工作的暂行规定》，1988年11月颁布了《中华人民共和国审计条例》，1994年8月颁布了《中华人民共和国审计法》。我国的政府审计就是在20世纪80年代建立，并迅速发展完善的。

2. 外国政府审计发展概况

在公元前3000多年，古埃及设有监督官审查财务收支；在公元前2000年前，古希腊设有审计官进行离任审计；在公元前400多年，古罗马由元老院及其所属的监督官对国库和地方的财政收支进行监督。

中世纪,西欧国家的政府审计有所加强。如英国王室于 11 世纪在财政部门内设立上院和下院。前者为收支监督机构,对后者编制的会计账簿进行检查监督。法国王室于 13 世纪设置审计厅,对国库和地方财政收支进行审查监督。

近代社会,西方国家的政府审计也有较快的发展。美国在独立战争时期,即有负责审计的专任委员;1921 年,美国设立联邦总审计署(GAO);1866 年英国成立代表议会、独立于政府之外的审计机构,执行对国库收入支出的审计监督。西方各国政府审计机构按隶属关系不同有四种模式,见表 1-1。

表 1-1　西方国家政府审计机构隶属关系模式

模式名称	隶属关系	特　点	代　表
立法型	议会或国会	根据授权开展审查	美联邦审计总署、加拿大审计公署、英国政府审计机构
司法型	司法机构	具有司法职权	法国、德国审计法院
行政型	政府行政部门	在政府的领导下工作	瑞士联邦审计局
财政型	财政部门	专职监督模式	瑞典国家审计局

二、民间审计的产生和发展

1. 西方民间审计的产生与发展

15 世纪中后期,意大利威尼斯等商业城市发展迅速,合伙企业层出不穷,早期民间审计开始萌芽。处于第三方地位、有丰富经验的会计师,可以对负有管理责任的合伙人及其提供的会计资料进行审查,消除合伙人之间的猜疑,有利于合伙关系的巩固。

18 世纪工业革命后,股份公司应运而生,民间审计得到迅速发展。1721 年"南海公司事件",斯奈尔以"会计师"的名义出具了"查账报告书",从而宣告了独立会计师——注册会计师的诞生。1853 年,苏格兰爱丁堡创立了第一个注册会计师的专业团体——爱丁堡会计师协会,标志着注册会计师职业的诞生。1887 年,美国公共会计师协会(The American Association of Public Accountants)成立,1916年改组为美国注册会计师协会(The American Institute of Certified Public Accountants),后来成为世界上最大的注册会计师职业团体。

1929～1933 年经济大危机,会计报表审计在许多国家成为法定业务,审计准则不断完善,民间审计的发展进入一个新的发展阶段。

第二次世界大战后,跨国公司得到空前发展。一批国际会计师事务所开始形成。从最初的"八大",20 世纪 80 年代末合并为"六大",之后又合并为"五大"。2001 年,因美国安然公司会计造假丑闻,安达信会计师事务所关闭。至今尚有"四大"国际会计师事务所,即普华永道(Pricewater-houseCoopers)、安永(Ernst & Young)、毕马威(KPMG)、德勤(Deloittle Touche Tohmatsu)。一般认为,注册会计师审计有其不同的发展阶段,见表 1-2。

表 1-2　注册会计师审计产生与发展阶段

阶　段	时　间	中心区域	对　象	目　的	方　法	报告使用人
萌芽	15 世纪	威尼斯等	合伙企业	经济责任	审查	合伙人
详细审计	1844 年～20 世纪	英国	会计账簿	查错防弊	详查	股东
资产负债表审计	20 世纪初～30 年代	美国	账簿及资产负债表	信用审查	初步抽样	股东及债权人
会计报表审计	20 世纪 30、40 年代	美国	全部报表及财务资料	发表审计意见	制度基础审计	社会公众
管理、国际审计	20 世纪 40 年代以后	全球	审计及非审计业务	审计、会计、咨询	风险导向审计	社会公众

2. 我国民间审计的演进与发展

1918 年 9 月，北洋政府农商部颁布了我国第一部注册会计师法规《会计师暂行章程》，并批准著名会计学家谢霖先生为中国的第一位注册会计师，谢霖创办的中国第一家会计师事务所"正则会计师事务所"也获准成立。此后，又批准了一批注册会计师，建立了一批会计师事务所，包括潘序伦先生创办的"潘序伦会计师事务所"（后改称"立信会计师事务所"）等。1925 年上海成立了会计师工会。1930 年，国民政府颁布了《会计师条例》。1933 年，成立了"全国会计师协会"。至 1947 年，全国拥有注册会计师 2 619 人，并建立了一批会计师事务所。

1980 年 12 月 14 日，财政部颁布《中华人民共和国中外合资经营企业所得税法实施细则》，规定外资企业财务报表要由注册会计师进行审计，这为恢复我国注册会计师制度提供了法律依据。1980 年 12 月 23 日，财政部发布《关于成立会计顾问处的暂行规定》，标志着我国注册会计师职业开始复苏。1981 年 1 月 1 日，"上海会计师事务所"宣告成立，成为新中国第一家由财政部批准独立承办注册会计师业务的会计师事务所。1984 年 9 月 25 日，财政部印发《关于成立会计咨询机构问题的通知》，明确了注册会计师应该办理的业务。1985 年 1 月实施的《中华人民共和国会计法》规定："经国务院财政部门批准成立会计师事务所，可以按照国家有关规定承办查账业务。"1986 年 7 月 3 日，国务院颁布《中华人民共和国注册会计师条例》，同年 10 月 1 日起实施。1988 年 11 月 15 日，财政部领导下的中国注册会计师协会（CICPA）正式成立。1994 年 1 月 1 日《中华人民共和国注册会计师法》实施。截至 2006 年 10 月 31 日，全国共有会计师事务所 6 440 家，注册会计师 72 037 人。

三、内部审计的产生与发展

一般认为，内部审计是伴随着政府审计而逐步形成和发展的。古代内部审计很难与政府审计划分清楚。中世纪后，内部审计才有较完整的形态，如寺院审计、宫廷审计、城市审计、行会审计、银行审计、庄园审计等。

对下属机构的检查是内部审计的早期阶段，如 19 世纪初美国铁道部对铁路系统的内部财务审计与经营审计；德国克虏伯公司 1875 年也实行了内部审计制度。20 世纪中期，美国最早建立了"内部审计师协会"。

从国外情况看，内部审计机构存在于各个大型企业。其主要形式，见表 1-3。

表 1-3　内部审计的主要形式

领导机构	职　权	独立性
董事会	向董事会负责并报告工作	最强
监事会、审计委员会等	通过监事会、审计委员会向董事会报告工作	较强
总经理	代表总经理执行日常监督工作	一般
财务部门	内部会计稽核	较差

我国内部审计是伴随着政府审计的恢复和重建而产生与发展的。20 世纪40 年代，经营审计、管理审计、经济效益审计等新的审计内容不断出现。在现代社会，内部审计已普遍存在于各类企业、行政机构和非营利组织中。

综上所述，审计适应经济监督的需要而产生和发展，在解决各种经济责任的利害冲突、联系经济责任关系、维护社会经济秩序、促进社会经济发展等方面发挥着重要的作用。

第二节　审计的概念

一、审计的定义

审计是由专职机构或人员接受委托或授权，对被审计单位在一定时期的全部或一部分经济活动及有关资料，按照法规和一定的标准进行审核检查，收集和整理证据，以判明有关资料的合法性、公允性、一贯性，以及经济活动的合规性、效益性，并出具审计报告的具有独立性的经济监督、评价、鉴证活动，其目的在于确定、解除被审单位的受托经济责任和加强对被审计单位的管理与控制。

上述定义由以下要素构成。

1. 审计主体

审计主体即"专职机构或人员"，包括政府审计机关、内部审计机构和会计师事务所及其工作人员。

2. 审计关系

审计关系即经济责任关系在审计工作中的体现，由审计委托人、审计人和被审计人三方面关系人组成，三者缺一不可。审计人是第一关系人，被审计人是第二关系人，审计委托人是第三关系人。一般来说，我国的注册会计师审计是"接受委托"来进行的，政府和内部审计则较多为上级管理部门或领导"授权"进行，见图1-1。

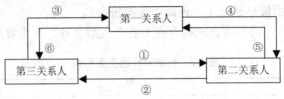

图1-1　审计关系图

注：①要求经济责任；②履行经济责任；③委托授权；④通知审查；⑤接受审查；⑥报告结果。

3. 审计对象

审计对象即"被审计单位在一定时期的全部或一部分经济活动及有关资料"。

4. 审计依据

审计依据即"法规和一定的标准"，如《中华人民共和国审计准则》、《中华人民共和国公司法》、《中华人民共和国税法》等。

5. 工作核心

工作核心即"进行审核检查，收集和整理证据"。

6. 基本目标

基本目标即"判明有关资料的合法性、公允性、一贯性，以及经济活动的合规性、效益性"。

7. 审计特征

"独立性"既是审计的明显特征，又是审计的灵魂。

8. 审计职能

审计职能包括"监督、评价、鉴证"三方面。审计监督是审计最基本的职能，经济评价和经济鉴证也是审计的基本职能。此外，审计还有经济调控、管理服务、加强法制建设和规划建议等职能。审计职能随审计的本质而存在，随审计的发展而延伸。

9. 本质属性

"经济活动"是审计的本质属性。审计是一种经济监督、评价和鉴证的活动。

10. 最终目的

审计的最终目的是"确定、解除被审单位的受托经济责任和加强对被审计单位的管理、控制"。

二、审计的分类

根据审计的目的和审计准则分类的要求，审计可以从不同角度进行科学的分类。目前，我国的审计工作大致分为基本分类和其他分类两大类，见图1-2。

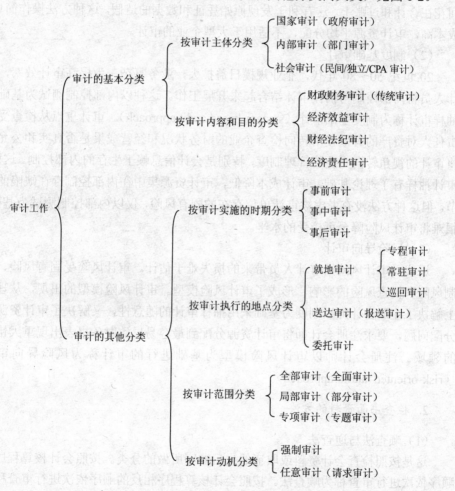

图 1-2　审计种类图示

三、审计的方法

审计方法是指审计人员为完成审计工作、达到审计目标而采用的各种专门手段的总称。审计方法可以按照不同标准进行分类。

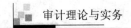

1. 随审计环境发展变化的方法

（1）账项基础审计

19世纪以前，为了满足财产所有者对会计核算进行独立检查，促使受托责任人（通常为经理或下属）在授权经营过程中做出诚实、可靠的行为，审计人员多采用详细审计方法。详细审计又称账项基础审计（accounting number-based audit approach），审计人员将大部分精力投向会计凭证和账簿的详细检查，约3/4的时间花在合计和过账上。这有利于发现原始凭证和数据的造假。这种方法操作简单、成本高，审计资源平均分配，不适用于大型企业的审计。

（2）制度基础审计

20世纪50~80年代，企业规模日益扩大，业务复杂，为提高审计效率，审计人员将内部控制与抽样审计结合起来开展工作。这种以内部控制测试为基础的抽样审计称为制度基础审计（system-based audit approach）。审计重点从检查受托责任人对资产的有效使用转向检查企业的财务状况和经营成果是否真实和公允；将审计的视角转向企业的管理制度，特别是会计信息赖于生存的内部控制。这样，审计抽样有了理论基础，审计成本降低，审计资源集中在内部控制存在缺陷的环节。但这种方法没有考虑被审计单位存在的固有风险，仅以内部控制测试为基础，很难将审计风险降至可接受的水平。

（3）风险导向审计

近代，审计风险给审计人员带来的损失难于估计。审计风险受固有风险、控制风险和检查风险的影响，形成了审计风险模型。审计风险模型的出现，从理论上解决了注册会计师以制度为基础采用抽样审计的随意性，又解决了审计资源的分配问题，要求注册会计师将审计资源分配到最容易导致财务报表出现重大错报的领域。注册会计师以审计风险模型为基础进行的审计称为风险导向审计（risk-oriented audit approach）。

2. 检查书面资料的方法

（1）顺查法与逆查法

这是按照检查会计资料或取证的先后顺序所做的分类。按照会计核算程序的顺序依次进行审查称为顺查法。按照会计核算程序相反的顺序依次进行审查称为逆查法。

（2）详查法与抽查法

这是按照审计对象范围大小进行的分类。对被审计单位一定时期内的全部会计资料进行审查称为详查法。对被审计单位一定时期内的全部会计资料中，选择其中某一部分，或某段时期的会计资料进行审查称为抽查法。

（3）审阅法及核对法

这是审查书面资料的基本方法，合称检查法，往往与复算法共同使用。仔细审查阅读被审计单位一定时期的会计资料和有关资料，获取审计证据的方法称为审阅法。对被审计单位的书面资料按照其内在联系相互对照检查，从中获取审计证据的方法称为核对法。核对法包括证证、账证、账账、账表和账实核对。

（4）复算法与分析法

审计人员对被审计单位的书面资料的有关数据进行重新计算，用来验证原计算结果是否正确的方法称为复算法。对会计资料有关指标进行观察、推理、分解和综合，以揭示其本质和了解其构成要素的相互关系的审计方法称为分析法。分析法可分为比较分析法、比率分析法、因素分析法、综合分析法、账户分析法、账龄分析法和逻辑分析法。

（5）面询法和函询法

面询是审计人员向被审计单位内外的有关人员当面询问意见，核实情况。函询是指通过向有关单位发函来了解情况取得审计证据的一种方法，一般用于往来款项的查证。面询法和函询法合称查询法。

3. 证实客观事物的方法

（1）盘存法和调节法

对被审计单位的财产物资进行实地盘点，从中取得实物证据的方法称为盘存法。盘存法又分为直接盘存法和监督盘存法两种。对有关审计项目中数据不符的资料进行必要的增减调整，从而取得需要证实的证据的方法称为调节法。

（2）观察法和技术鉴定法

审计人员通过对被审计单位的实地观察，取得生产经营、财物管理和内控执行情况证据的方法称为观察法。审计人员运用专门技术对资料质量、实物性能和财物价格进行识别、测试和鉴定的方法称为技术鉴定法。

第三节 审计组织体系

一、审计组织体系

审计组织体系即审计组织形式或审计模式，是指担负着不同审计任务的审计组织之间结成的相互联系、互为补充的整体审计系统。审计按不同主体划分为政府审计、注册会计师审计和内部审计，并相应地形成三类审计组织机构，共同构成审计组织体系。

政府审计是指由政府审计机关执行的审计，也称国家审计，担负对国家财产进行审计的责任。政府审计机关由地方的审计局、审计厅和中央的审计署及其派出机构组成。其工作人员是具备审计专业知识的国家公务员。

注册会计师审计是指经有关部门审批的民间审计组织所实施的审计，具有独立、客观、公正的特性。会计师事务所是注册会计师依法承办业务的机构。会计师事务所符合下列条件，可以是负有限责任的法人：①不少于30万元的注册资本；②有一定数量的专职从业人员，其中至少有5名注册会计师；③国务院财政部规定的业务范围和其他条件。签字注册会计师必须通过国家注册会计师统一考试，取得全科合格证书，并在会计师事务所专职工作两年取得执业资格。注册会计师业务范围包括审计业务、审阅业务和相关服务业务。

审计业务包括：①审查企业会计报表，出具审计报告；②验证企业资本，出具验资报告；③办理企业合并、分立、清算事宜中的审计业务，并出具报告；④办理法律、行政法规规定的其他审计业务，并出具相应的报告。

审阅业务包括：①财务报表审阅；②预测性财务信息审核；③内部控制审核；④基建工程预算、结算、决算审核。

相关服务业务包括：①对财务信息执行商定程序；②代编财务信息；③税务服务；④管理咨询；⑤会计服务。中国注册会计师协会是注册会计师行业的管理服务机构。

内部审计是指由本部门和本单位内部专职的审计机构或审计人员所实施的审计，包括部门内部审计和单位内部审计两大类。内部审计人员是单位部门内部专职审计工作人员。注册会计师应评价内审，以确定能否利用其工作成果，从而提高审计效率。

政府审计与注册会计师审计合称外部审计。任何一种外部审计在对一个单位进行审计时，都要对其内部审计的情况进行了解并考虑是否利用其工作成果。在审计监督体系中，政府审计、内部审计和CPA审计都是审计组织体系的组成部分，三方既相互联系，又各自独立、各司其职、泾渭分明地在不同领域中实施审计。它们各有特点，相互不可替代，因此不存在主导和从属的关系。从发展的观点来看，随着政治的逐步民主化，以监督国家经济活动为主要特征的政府审计，将在更多的国家实施；随着企业规模的逐步扩大和内部管理的科学化，内部审计将得到更大的发展；随着经济的逐步市场化，CPA审计将在整个审计监督体系中占据日益重要的地位。

二、注册会计师审计与政府审计的关系

注册会计师审计与政府审计的关系，详见表1-4。

表1-4　注册会计师审计与政府审计的关系

类 别		注册会计师审计	政府审计
相同点		外部审计，具有一定的独立性	
区别	审计方式	受托审计	强制审计
	审计对象	一切营利及非营利单位	各级政府财政收支情况及公共资金的收支、运用情况
	审计监督的性质	发表独立、客观、公正的审计意见，合理保证审计报告使用人确定被审计单位会计报表的可靠程度	发表审计处理意见，并可以依法强制执行
	审计手段	有偿审计	无偿审计
	审计独立性	双向独立	单向独立

三、注册会计师审计与内部审计的关系

注册会计师审计与内部审计的关系，详见表1-5。

表1-5　注册会计师审计与内部审计的关系

类 别		注册会计师审计	内部审计
相同点		两者都是对被审计单位的经济事项进行审计	
区别	审计方式	受托审计	自觉施行
	审计内容	会计报表	各级内控制度的执行情况
	审计目的	发表审计意见	提出改进措施
	审计独立性	双向独立	相对独立于其他职能部门
	审计职能和作用	对外公开，具有鉴证作用	内部参考，对外不起鉴证作用，对外保密

本 章 小 结

一、内容框架

1. 审计的产生和发展

（1）我国审计的产生和发展（见表1-6）

表1-6　我国审计的产生和发展

时 期	西周	秦汉	隋唐至宋	元明清	中华民国	新中国
阶 段	初步形成	最终确立	日臻健全	停滞不前	不断演进	振兴

（2）西方民间审计的产生与发展（见表 1-7）

表 1-7   西方民间审计的产生与发展

阶　段	英式详细审计	美式资产负债表审计	会计报表审计	管理审计与国际审计
时　间	1844 年～20 世纪初	20 世纪初～20 世纪 30 年代	20 世纪 30 年代～20 世纪 40 年代	20 世纪 40 年代后

2．审计的概念

（1）定义

（2）分类

（3）方法

3．审计组织体系

（1）国家审计

（2）注册会计师审计

（3）内部审计

二、主要概念

（1）经济责任关系

（2）审计

（3）审计关系

（4）账项基础审计

（5）制度基础审计

（6）风险导向审计

（7）国家审计/政府审计

（8）社会审计/民间审计/注册会计师审计/独立审计

（9）内部审计

第二章 注册会计师职业规范体系

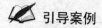 引导案例

【名　　称】 原野公司案例

【影　　响】 中国上市公司第一个审计大案。

【案情简介】 深圳原野实业股份有限公司，简称原野公司，1987 年 7 月 23 日成立，注册资本人民币 150 万元；1988 年 12 月 22 日变更注册资本为 2 000 万元；1990 年 2 月 26 日，向社会公开发行股票 2 450 万股，将总资本增加至 9 000 万元；1990 年 12 月 10 日，在深圳证券交易所上市交易，成为中国第一家中外合资股份制上市公司。

1. 公司在验资、资产评估、改组、上市过程中的严重虚假行为（见表 2-1～表 2-8）

表 2-1　公司 1987 年 7 月 23 日股权结构情况表　　　　单位：万元

股东名称	新业服装	深海联合	中国香港开生	彭建东	李坤谋	合　计
出资金额	45	45	30	15	15	150
股权结构	30%	30%	20%	10%	10%	100%

表 2-2　公司 1988 年 1 月 8 日股权结构情况表　　　　单位：万元

股东名称	新业服装	深海联合	中国香港润涛	彭建东	李坤谋	合　计
出资金额	45	45	30	15	15	150
股权结构	30%	30%	20%	10%	10%	100%

原因：1987 年 10 月 1 日，中国香港开生声明退股，1988 年 1 月 8 日由彭建东等人在中国香港注册的香港润涛实业有限公司申请认购原开生公司的 30 万股权。

表 2-3　公司 1988 年 2 月 6 日股权结构情况表　　　　单位：万元

股东名称	新业服装	中国香港润涛	彭建东	李坤谋	合　计
出资金额	90	30	15	15	150
股权结构	60%	20%	10%	10%	100%

原因：1988 年 2 月 6 日，深海联合贸易公司将 45 万元股份转让给新业服装工业公司，新业服装工业公司股份增至 90 万元。

表 2-4　公司 1988 年 5 月 18 日股权结构情况表　　　　单位：万元

股东名称	新业服装	中国香港润涛	彭建东	李坤谋	合　计
出资金额	90	300	15	15	420
股权结构	21.43%	71.43%	3.57%	3.57%	100%

原因: 1988 年 5 月 18 日, 中国香港润涛增资 270 万元。(这只是承诺而已, 没有实质行动。)

表2-5　公司 1988 年 10 月股权结构情况表　　　　单位: 万元

股东名称	新业服装	中国香港润涛	李坤谋	李植	许景枢	合　计
出资金额	90	300	10.8	9.6	9.6	420
股权结构	21.43%	71.43%	2.57%	2.285%	2.285%	100%

原因: 1988 年 10 月, 董事会同意彭建东和李坤谋分别将其 15 万元股份和 4.2 万元股份转让给新股东李植、许景枢各 9.6 万元。

表2-6　公司 1988 年 10 月 31 日股权结构情况表　　　　单位: 万元

股东名称	新业服装	中国香港润涛	李坤谋、李植、许景枢三人	合　计
出资金额	90	1 660	250	2 000
股权结构	4.5%	83%	12.5%	100%

原因: 1988 年 8 月, 新业服装股份 90 万元被转为 "不参加优先股", 每年只支取 35 万元固定股利, 不再参与分配, 不享受盈余。1988 年 9 月, 房地产按市价调账增值 2 754 万元。新业服装获 40 万元作为一年零两个月的固定股利; 中国香港润涛获 2 467 万元 (占升值总额近 90%), 其中 1 360 万元增加股本, 1 107 万元作为对原野公司的债权 (后有 800 多万元汇出境外); 李坤谋等 3 名个人股东获 246.7 万元, 其中 220 万元作为增资, 26.7 万元作为债权。

表2-7　公司 1989 年 3 月 16 日股权结构情况表　　　　单位: 万元

股东名称	原　野	中国香港润涛	合　计
出资金额	90	1910	2000
股权结构	4.5%	95.5%	100%

原因: 新业将 90 万股份以 190 万元转让给原野, 李坤谋等人将股份以 250 万元原价转让给中国香港润涛。

表2-8　公司 1990 年 2 月 19 日股权结构情况表　　　　单位: 万元

股东名称	原　野	中国香港润涛	社会公众	合　计
出资金额	90	6 460	2 450	9 000
股权结构	1%	71.78%	27.22%	100%

原因: 1989 年 4 月 25 日, 包括 1988 年 9 月已调账升值的 12 项房地产和两项新的房地产评估增值, 金额为 45 526 598.18 元, 扣除 2.6 万元作评估费, 其余 4 550 万元全部作为中国香港润涛对原野的追加资本; 同时, 向社会公众公开发行股票 2 450 万元; 总资本增加至 9 000 万元。

2. 公司在公布年报过程中的严重虚假行为

1989~1991 年公司 3 年年报累计盈利 7 742.5 万元。但 1990 年 1 月 1 日~1993 年 2 月 28 日实际亏损 3.74 亿元，见表 2-9。

表 2-9 1990 年至 1993 年 2 月 28 日实际亏损状况

年 度	1990 年	1991 年	1992 年	1993 年 1 月 1 日~2 月 28 日
销售收入	40 592 124.78	36 530 667.28	37 864 688.02	4 055 917.7
税前利润	−19 012 218.54	−54 083 778.36	−40 123 471.27	−3 302 847.02
税后利润	−19 056 269.32	−54 083 778.36	−40 123 471.27	−3 302 847.02
未分配利润	−28 805 080.59	−87 306 610.22	−127 353 033.64	−130 655 880.66

公司造假的手段主要有：

第一，虚列销售收入 2.76 亿元。1991 年 11 月，将"华乐大厦"及"怡都大厦"两个工程的合同承包利润 8 500 万元提前入账，倒挤销售成本和税金。

第二，隐匿管理费用 8 300 万元。其中，1989 年 1440 万元，1990 年 2 730 万元，1991 年为 4 130 万元。公司将管理费用列作待摊费用长期挂账。

第三，炒卖本公司股票，从中获利 3 400 万元。

第四，虚增利润 2 000 余万元。主要手段有关联方虚假销售行为，将费用性支出列作资本性支出，少摊汇兑损益，少计折旧等。

【问　题】

1）官商结合互相利用，在政策空隙展开"事前寻租"活动，即各种利益集团付出努力和资源，促使形成某种对自己有利的分配格局，从而使数千万国有资产成功转移到私人手中。

2）深圳经济特区会计师事务所毫无原则，片面追求收入，害怕失去客户，在工作中缺乏应有的工作程序和质量控制。

【原　因】

1）上市公司管理部门权限过大，监督部门监管不力。

2）注册会计师没有遵守财政部《注册会计师检查验证会计报表规则（试行）》，职业道德欠缺，业务素质有待提高。

3）我国当时不存在一套完整的审计准则，也没有上市公司的会计规则，更没有健全的证券交易的规定。

【启　示】

1）加强对上市公司的规范化管理刻不容缓。

2）制定 CPA 工作准则和职业道德规范已提上日程。

3）独立、客观、公正是 CPA 维护社会公众利益的基本原则。

【作　用】

1）促使有中国特色的《独立审计准则》应运而生，加快中国注册会计师行业法制化、科学化进程。

2）CICPA 进行我国第一次大规模的行业清理整顿工作，清除了一批不合格执业人员。1992 年 9 月 18 日深圳经济特区会计师事务所停业整顿，被注销了几名注册会计师的执业资格。

3）中国证监会制定出二十几个证券交易规则。财政部也相应颁布了上市公司会计制度的暂行规定。

【思　考】

职业道德准则、审计准则等注册会计师职业规范对 CPA 执业的意义。

第一节　注册会计师执业准则

我国注册会计师职业规范体系由中国注册会计师执业准则、职业道德规范和职业后续教育准则组成。

注册会计师执业准则包括中国注册会计师鉴证业务基本准则、审计准则、审阅业务准则、其他鉴证业务准则、相关服务准则和会计师事务所质量控制准则。

一、鉴证业务基本准则

鉴证业务基本准则是鉴证业务准则概念框架，旨在规范注册会计师执行鉴证业务，明确鉴证业务的目标和要素，确定审计准则、审阅准则、其他鉴证业务准则适用的鉴证业务类型。

1. 鉴证业务的定义

鉴证业务是指注册会计师对鉴证对象信息提出结论，以增强除责任方之外的预期使用者对鉴证对象信息信任程度的业务。鉴证对象信息是按照标准对鉴证对象进行评价和计量的结果。如责任方按照会计准则和相关会计制度（标准）对其财务状况、经营成果和现金流量（鉴证对象）进行确认、计量和列报而形成的财务报表（鉴证对象信息）。

鉴证业务包括历史财务信息审计业务、历史财务信息审阅业务和其他鉴证业务。注册会计师执行历史财务信息审计业务、历史财务信息审阅业务和其他鉴证业务时，应当遵守鉴证业务基本准则以及依据该准则制定的审计准则、审阅准则和其他鉴证业务准则。

2. 鉴证业务的范围

从第一章中已了解到，目前我国 CPA 承办业务类型较多，其中既有财务报表审计和审阅、内部控制审核等具有鉴证职能的业务，又有代编财务信息、执行商定程序、管理咨询、税务咨询和会计服务等不具有鉴证职能的业务，还有司法诉讼中涉及会计、审计、税务或其他事项的鉴证业务。因此，了解鉴证业务基本准则，将鉴证业务的定义、要素、特征和目标进行归纳和明确，有利于指导 CPA 将鉴证业务与非鉴证业务区分开来，将鉴证业务中具有不同保证程度的业务区分开来，以保证执业质量，满足信息使用者的需要。我国 CPA 业务范围，见图 2-1。

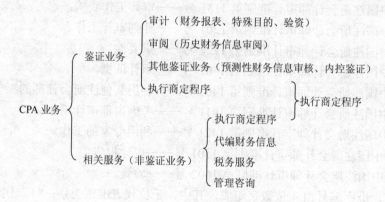

图 2-1　我国 CPA 业务范围

我国注册会计师的鉴证业务与非鉴证业务的主要区别，见表 2-10。

表 2-10　我国注册会计师的鉴证业务与非鉴证业务对比

业务范围	报告作用	内　容	承办者	执行程度
审计业务、其他鉴证业务	鉴证业务（报告具有法定证明效力）	审计、验资、审核、执行商定程序等是鉴证业务，审阅、预测性财务信息审核、内部控制审核等是其他鉴证的业务	法定业务：非注册会计师不得承办	遵照执行审计准则，具有强制性
税务服务、管理咨询和会计服务	非鉴证业务（报告不具有法定证明效力）	会计咨询、会计服务业务是非鉴证业务	非法定业务：非注册会计师也可以承办	参照执行审计准则，不具有强制性

综上所述，目前我国注册会计师的鉴证业务主要包括审计、验资、审核和审阅，其主要区别，见表 2-11。

表 2-11　主要鉴证业务对比

鉴证业务种类	证据数量	保证种类和程序	报告分发
审计/验资	大量的	合理保证（高水平）	普遍
审核	重要的	消极/有限保证	普遍/限制
审阅	重大的	消极/有限保证	普遍/限制

二、审计准则

注册会计师审计准则是执业准则的核心内容，是注册会计师在开展业务过程中必须遵循的行为准则，也是注册会计师审计工作的权威性标准。2006 年 2 月 15 日，财政部颁布了 48 项注册会计师审计准则，这标志着适应我国市场经济发展要求、与国际趋同的注册会计师审计准则体系正式建立。

新颁布的部分审计准则项目如下：

1) 中国注册会计师审计准则第 1101 号——财务报表审计的目标和一般原则。

2) 中国注册会计师审计准则第 1111 号——审计业务约定书。

3) 中国注册会计师审计准则第 1131 号——审计工作底稿。

4) 中国注册会计师审计准则第 1201 号——计划审计工作。

5) 中国注册会计师审计准则第 1221 号——重要性。

6) 中国注册会计师审计准则第 1301 号——审计证据。

7) 中国注册会计师审计准则第 1401 号——利用其他注册会计师的工作。

8) 中国注册会计师审计准则第 1411 号——考虑内部审计工作。

9) 中国注册会计师审计准则第 1421 号——利用专家的工作。

10) 中国注册会计师审计准则第 1501 号——审计报告。

11) 中国注册会计师审计准则第 1602 号——验资。

这里，准则编号由 4 位数字组成，其中，千位代表准则类别："1"代表审计准则；"2"代表审阅准则；"3"代表其他鉴证业务准则；"4"代表相关服务准则；"5"代表质量控制准则。百位数代表某一类别准则中的大类。例如审计准则分为六大类，分别用 1～6 表示。"1"代表一般原则与责任；"2"代表"风险评估与应对"；"3"代表审计证据；"4"代表利用其他主体的工作；"5"代表审计结论与报告；"6"代表特殊领域审计。十位数代表大类中的小类。个位数代表小类中的顺序号。

其他的准则如：中国注册师审阅准则第 2101 号——财务报表审阅，中国注册师其他鉴证业务准则第 3101 号——历史财务信息审计或审阅以外的鉴证业务，中国注册会计师相关服务准则第 4101 号——对财务信息执行商定程序，会计师事务所质量控制准则第 5101 号——业务质量控制。

三、会计师事务所业务质量控制准则

1. 质量控制制度的目标和要素

会计师事务所业务质量控制准则是指为规范会计师事务所的业务质量控制，明确会计师事务所及其人员的质量控制责任，适用于会计师事务所执行历史财务信息审计和审阅业务、其他鉴证业务及相关服务业务的管理标准和原则。会计师事务所应当根据会计师事务所业务质量控制准则，制定质量控制制度。

（1）质量控制制度的目标

质量控制制度的目标是：①会计师事务所及其人员遵守法律法规、职业道德规范、审计准则、审阅准则、其他鉴证业务准则及相关服务准则的规定；②会计师事务所和相关项目负责人根据具体情况出具恰当的报告。

项目负责人是指会计师事务所中负责某项业务及其执行，并代表会计师事务所在业务报告上签字的主任会计师或经授权签字的注册会计师。

（2）质量控制制度的要素

会计师事务所的质量控制制度应当包括针对下列七项要素而制定的政策和程序：①对业务质量承担的领导责任；②职业道德规范；③客户关系和具体业务的接受与保持；④人力资源；⑤业务执行；⑥业务工作底稿；⑦监控。

会计师事务所应当将质量控制政策和程序形成书面文件，并传达到全体人员。在记录和传达时，应清楚地描述质量控制政策和程序及其拟实现的目标。

2. 质量控制准则新理念和新方法

（1）全面业务控制

原来质量控制准则只谈审计业务的质量控制，现在要求对历史财务信息的审计和审阅业务、非历史财务信息的其他鉴证业务及相关服务业务等所有业务实行全面的质量控制。

（2）双重控制目标

原来质量控制的目标是使审计工作符合审计准则的要求，侧重于单一的工作过程质量控制。现在会计师事务所应根据质量控制准则制定质量控制制度，以合理保证上述目标的实现。既重视过程的质量又重视结果的质量。

（3）责任追究制度

原来的准则没有规定谁对业务质量负责。现规定项目负责人应当对事务所分派的每项业务的总体质量负责，主任会计师对整个质量控制制度承担最终责任，从而为实行质量责任追究制度和分层（分事务所层和项目组层）控制制度打下基础。

（4）系统控制理念

原来规定质量控制的要素有职业道德原则、专业胜任能力、工作委派、督导、咨询、业务承接和监控。现规定质量控制制度的要素有上述七个方面。比原来内容更丰富、更求实、更系统、更有效。

（5）质量文化建设

原来根本没有规定事务所领导层还有质量文化的培育责任。现规定会计师事务所应当制定政策和程序，培育以质量为导向的内部文化。这些程序和政策应当明确主任会计师对质量控制制度承担最终责任，强调事务所的领导层及其作出的示范对事务所文化有重大影响，要求各级管理层通过清晰、一致及经常的行动示范和信息传达，向全体人员强调质量控制政策和程序以及实现质量控制目标的重要性。还特别强调事务所领导层首先要树立质量至上的意识，合理确定管理责任以避免重商业利益轻业务质量，主任会计师应当委派有胜任能力及必要权限的人员承担质量控制制度运作责任，建立以质量为导向的业绩评价、薪酬及晋升的政策和程序，并投入足够的资源制定、执行和记录质量控制制度。质量文化将是事务所质量控制环境建设的核心内容。事务所可通过培训研讨班、会议、正式或非正式的谈话、职责说明书、新闻通信或简要备忘录，传达这些行动和信息。

（6）人力资源管理

原来只规定要重视人员的专业胜任能力。现规定事务所应当制定人力资源政策和程序，合理保证拥有足够的、具有必要素质和专业胜任能力，并遵守职业道德规范的人员，以实现质量控制的目标，解决好招聘人员素质、专业胜任能力、职业发展和人员需求预测问题，把人员作为社会人和经济人，解决好他们的业绩评价、晋升和薪酬问题。这充分尊重了人力资源是事务所最重要资源、事务所质量控制的关键是人事管理的行业特征，全面体现了人本管理原则。

（7）循环控制思想

原来也规定事务所要建立分级督导制度，但并没有有效的循环控制（全程控制）。现要求计划业务工作时就应包括对指导、监督和复核工作的计划，业务执行中项目组控制和事务所独立实施项目质量控制复核并举，事务所对归档的工作底稿实行有效监控、实施有效的事后监控等，强调会计师事务所应当周期性地选取已完成的业务进行检查，周期最长不得超过三年。在每个周期内，应对每个项目负责人的业务至少选取一项进行检查。从而形成一个良性循环控制圈。

（8）分类控制方法

原来规定对所有被审计单位的业务实行统一的质量控制标准，不区分重要和一般业务，导致质量控制的重点不突出。现规定事务所必须对所有上市公司财务报表审计实施项目质量控制复核，因为上市公司审计广泛涉及公众利益。还规定必须制定适当的标准、评价和确定上市公司财务报表审计以外的历史财务信息审计，以及审阅、其他鉴证业务及相关服务业务，是否需要实施项目质量控制复核。对上市公司的财务报表审计还要求定期轮换项目负责人。

新准则规定对上市公司财务报表审计要复核八项内容，而对除此以外的其他业务实施项目质量控制复核时，可根据情况考虑复核其部分或全部事项。这八项的内容是：①项目组就具体业务对会计师事务所独立性所做出的判断；②在审计过程中识别的特别风险以及采取的应对措施；③做出的判断，尤其是关于重要性和特别风险的判断；④是否就已存在的意见分歧、其他疑难问题或争议事项进行适当咨询，以及咨询得出的结论；⑤在审计中识别的已更正和未更正的错报的重要程度以及处理情况；⑥拟与管理层、治理层以及其他方面沟通的事项；⑦所复核的审计工作底稿是否反映了针对重大判断执行的工作，是否支持得出的结论；⑧拟出具的审计报告的适当性。

所谓项目质量控制复核是指，事务所指派未以任何方式参与业务的胜任人员在出具报告前，对项目组作出的重大判断和在准备报告时形成的结论，作出客观评价的过程。项目质量控制复核并不减轻项目负责人的责任。这种分类控制方法较好地处理了事务所成本和公众利益之间的矛盾。

第二节　注册会计师职业道德规范

注册会计师职业道德是指注册会计师职业品德、职业纪律、专业胜任能力及职业责任等的总称。注册会计师职业道德规范昭示注册会计师应达到的道德水准。注册会计师协会 1992 年发布了《中国注册会计师职业道德守则（试行）》；1996年 12 月 26 日，发布了《中国注册会计师职业道德基本准则》；2002 年 6 月 25 日，为解决注册会计师职业中违反职业道德的现象，发布了《中国注册会计师职业道规范指导意见》，于 2002 年 7 月 1 日起施行。该指导意见分为两个层次：一是基本原则；二是具体要求。

一、中国注册会计师职业道德基本原则

1. 独立、客观、公正

独立是指注册会计师执行鉴证业务、出具鉴证报告时应当在实质上和形式上独立于鉴证客户和其他机构或组织。包括两层含义：第一层，所谓实质上的独立，是要求鉴证小组成员与委托单位之间必须实实在在地毫无利害关系。第二层，所谓形式上的独立，会计师事务所或鉴证小组独立于鉴证客户和其他机构或组织。客观是指注册会计师提供专业服务时应当力求公平，不受成见或偏见、利益冲突和他人影响。公正是指注册会计师提供专业服务时应当坦率诚实。

2. 专业胜任能力和应有关注

专业胜任能力是指注册会计师应当具有专业知识、技能或经验，能够胜任承接的工作。它要求注册会计师应当具有专业知识、技能或经验，又要求其经济有效地完成客户委托的业务。应有关注是指注册会计师在提供专业服务时应当保持应有的职业关注、专业胜任能力和勤勉作风，并且随着业务、法规和技术的不断发展，应使自己的专业知识和技能保持在一定水平之上，以确保客户能够享受到高水平的专业服务。应有关注要求注册会计师在执业过程中保持职业谨慎，以质疑的思维方式评价所获取证据的有效性，并对怀疑的证据保持警觉。

3. 保密

保密原则要求注册会计师与客户的沟通必须建立在为客户的信息保密的基础上。注册会计师在签订业务约定书时，应当书面承诺对在执行业务过程中获知的客户信息（通常指商业秘密）保密。

4. 职业行为

职业行为是指注册会计师的行为应符合本职业的良好声誉，不得有任何损害本职业形象的举动。职业行为应履行的责任见表2-12。

表2-12　注册会计师职业行为应履行的责任

责　任	总体要求	具体要求
对社会公众的责任	（1）遵守职业道德 （2）履行相应的社会责任 （3）维护社会公众利益	对社会公众利益承担责任是注册会计师行业的显著标志。社会公众利益是指注册会计师为之服务的人士和机构组成的整体的共同利益。注册会计师行业作为一个肩负重大社会责任的行业，应当以维护社会公众利益为根本目标
对客户的责任	对社会公众履行责任的同时，也对客户承担着特殊责任	（1）应当在维护社会公众利益的前提下，竭诚为客户服务 （2）按业务约定履行对客户的责任 （3）对知悉的商业秘密保密，并不得利用其为自己或他人牟取利益 （4）除有关法律允许的情形外，事务所不得以或有收费形式为客户提供鉴证服务
对同行的责任	指事务所、注册会计师在与其他事务所、注册会计师相互关系中所应遵循的道德标准	（1）应当与同行保持良好的合作关系，配合同行工作 （2）不得诋毁同行，不得损害同行利益 （3）事务所不得雇佣在其他事务所执业的注册会计师。注册会计师不得以个人名义同时在两家或两家以上的事务所执业 （4）事务所不得以不正当手段与同行争揽业务
其他责任	注册会计师应当维护职业形象，在承接业务过程中不得发生有损职业形象的行为	（1）应当维护职业形象，在承接业务过程中不得发生有损职业形象的行为 （2）不得采用强迫、欺诈、利诱等方式招揽业务 （3）不得对其能力进行广告宣传以招揽业务 （4）不得以向他人支付佣金等不正当方式招揽业务，也不得向客户或通过客户获取服务费之外的任何利益 （5）事务所、注册会计师不得允许他人以本所或本人的名义承办业务

5. 技术准则

注册会计师应当遵照相关的技术准则提供专业服务。注册会计师有责任在执业时保持应有的关注和专业胜任能力，并在遵守公正性、客观性要求的限度内为客户提供优质服务。在执行审计、审阅和其他鉴证业务时，还应遵守独立性的要求。注册会计师应当遵守以下技术准则：中国注册会计师执业准则、企业会计准则以及与执业相关的其他法律、法规和规章。

二、中国注册会计师职业道德具体要求

1. 独立性

（1）独立原则的具体要求

独立原则的具体要求是：①对于向审计客户提供的鉴证业务，要求会计师事务所（形式上）、鉴证小组成员（实质上）独立于该客户；②对于向非审计客户提供的鉴证业务，如果报告没有明确限定于指定的使用者使用，则要求会计师事务所和鉴证小组成员独立于该客户；③对于向非审计客户提供的鉴证业务，如果报告明确限定于指定的使用者使用（通过对事务所的了解和事务所沟通能力的提高，形式上的独立已有保障），则要求鉴证小组成员独立于该客户，并且会计师事务所不应当在该客户内有重大的直接或间接经济利益。

（2）可能威胁独立性的情形

可能威胁独立性的情形包括经济利益、自我评价、关联关系和外界压力等。

会计师事务所和注册会计师应当考虑经济利益对独立性的威胁：①与鉴证客户存在专业收费服务以外的直接经济利益或重大的间接经济利益；②收费主要来源于某一鉴证客户；③过分担心失去某项业务；④与鉴证客户存在密切的经营关系；⑤对鉴证业务采取或有收费的方式；⑥可能与鉴证客户发生雇佣关系。

会计师事务所和注册会计师应当考虑自我评价对独立性的威胁：①鉴证小组成员曾是鉴证客户的董事、经理、其他关键管理人员或能够对鉴证业务产生直接重大影响的员工；②为鉴证客户提供直接影响鉴证业务对象的其他服务；③为鉴证客户编制属于鉴证业务对象的数据或其他记录。

会计师事务所和注册会计师应当考虑关联关系对独立性的威胁：①与鉴证小组成员关系密切的家庭成员是鉴证客户的董事、经理、其他关键管理人员或能够对鉴证业务产生直接重大影响的员工；②鉴证客户的董事、经理、其他关键管理人员或能够对鉴证业务产生直接重大影响的员工是会计师事务所的前高级管理人员；③会计师事务所的前高级管理人员或签字注册会计师与鉴证客户长期交往；④接受鉴证客户或其董事、经理、其他关键管理人员，或能够对鉴证业务产生直接重大影响的员工的贵重礼品或超出社会礼仪的款待。

会计师事务所和注册会计师应当考虑外界压力对独立性的威胁：①在重大会计、审计问题上与鉴证客户存在意见分歧而受到解聘威胁；②受到有关单位或个人不恰当的干预；③受到鉴证客户降低收费的压力而不恰当地缩小工作范围。

（3）维护独立性的措施

当识别出威胁独立性的情形时，会计师事务所与注册会计师应当采取必要的措施以消除威胁或将其降至可接受的水平。维护措施有三类：①职业、法律或规章产生的措施；②鉴证客户内部的措施；③会计师事务所的措施。

会计师事务所维护独立性的总体措施包括：①高级管理人员重视独立性，并要求鉴证小组成员保持独立性；②制定有关独立性的政策和程序，包括识别威胁独立性的因素、评价威胁的严重程度以及采取相应的维护措施；③建立必要的监督或惩戒机制以促使有关政策和程序得到遵循；④及时向所有高级管理人员和员工传达有关政策和程序及其变化；⑤制定能使员工向更高级别人员反映独立性问题的政策和程序。

会计师事务所承办具体鉴证业务，维护独立性的具体措施包括：①安排鉴证小组以外的注册会计师进行复核；②定期轮换项目负责人及签字注册会计师；③与鉴证客户的审计委员会或监事会讨论独立性问题；④向鉴证客户的审计委员会或监事会告知服务性质和收费范围；⑤制定确保鉴证小组成员不代替鉴证客户行使管理决策或承担相应责任的政策和程序；⑥将独立性受到威胁的鉴证小组成员调离鉴证小组。

（4）业务期间

业务期间是指自鉴证小组开始执行鉴证业务之日起，至出具鉴证报告之日止，除非预期鉴证业务再度发生。在审计业务中，业务期间包括事务所对其出具报告的财务报表的期间。

会计师事务所和鉴证小组原则上应当在鉴证业务期间独立于该客户。如果鉴证业务会再度发生，鉴证业务期间的结束应以其中一方通知解除专业关系和出具最终鉴证报告二者之中孰晚为准。业务期间会计师事务所对独立性威胁的考虑有三种情形：

1）如果一个单位在会计师事务所即将对其出具报告的财务报表所覆盖的期间之内或之后成为审计客户，会计师事务所应当考虑以下因素是否对独立性产生威胁：①在财务报表所覆盖的期间之内或之后，但在接受业务之前存在的与审计客户的经济或经营关系；②以前向审计客户提供的各类服务。

2）如果鉴证业务是非审计业务，则会计师事务所同样应当考虑经济或经营关系、或以前向其提供的各类服务是否会对独立性产生威胁。

3）如果在财务报表所覆盖的期间之内或之后，与审计相关的专业服务开始之前向审计客户提供非鉴证服务，而这些服务在审计业务期间将会被禁止，就应当考虑这些服务对独立性产生的威胁。

如果这些威胁并非明显不重要，就有必要考虑和运用防范措施将威胁降至可接受水平。这样的措施包括：①与客户的审计委员会等治理层讨论与提供非鉴证业务有关的独立性问题；②获得审计客户对非鉴证服务的结果承担责任的承诺；③不允许提供非鉴证服务的人员参与审计业务；④聘请另一个会计师事务所复核非鉴证服务的结果，或请另一个会计师事务所在必要范围内重新执行非鉴证服务，使其能够对这些服务承担责任。向非上市公司提供非鉴证服务，在该客户成为上市公司时不会损害会计师事务所的独立性，只要符合下列要求：①对于非上市的审计客户，以前提供的非鉴证服务是允许的；②如果这种服务对于上市公司审计客户是不允许的，则在该客户成为上市公司后的一个合理期限内将会终止服务；③会计师事务所已经实施了适当的防范措施，以消除以前服务所产生的威胁，或将其降至可接受水平。

（5）特定情况下独立性原则的运用

1）经济利益。鉴证小组成员或其直系亲属在鉴证客户内拥有直接经济利益或重大的间接经济利益，所产生的经济利益威胁就会非常重要，以至于只能采取以下防范措施才能消除这些威胁或降至可接受水平：①在该人员成为鉴证小组成员之前将直接的经济利益处置；②在该人员成为鉴证小组成员之前将间接的经济利益全部处置，或将其中的足够数量处置，使剩余利益不再重大；③将该鉴证小组成员调离鉴证业务。

2）贷款和担保。①会计师事务所从银行或类似机构等鉴证客户取得贷款，或由这些客户作为贷款担保人，只要贷款是按照正常的贷款程序、条件和要求进行的，而且贷款对会计师事务所和鉴证客户都不够重大，就不会对独立性产生威胁；②如果是重大的，则产生威胁，需要请会计师事务所以外的注册会计师复核已做的工作；③鉴证小组成员或其直系亲属从银行或类似机构等鉴证客户取得贷款，或由这些客户作为贷款担保人，只要贷款是按照正常的贷款程序、条件和要求进行的，就不会对独立性产生威胁。如房屋抵押贷款、银行透支、汽车贷款和信用卡余额。

3）与鉴证客户存在密切的经营关系。这种关系表现为：①在与鉴证客户或对其有控制权的所有者、董事、经理或其他高级管理人员合资的企业中拥有重大的经济利益；②将事务所的一种或多种服务或产品与鉴证客户的一种或多种服务或产品相结合，并将双方的这些服务或产品进行一揽子交易；③事务所作为鉴证客户产品或服务的分销商或交易商。这些密切的经营关系会对会计师事务所的独立性产生威胁。除非经济利益对于事务所或鉴证客户不重大以及明显不重要，否则没有防范措施可以将该威胁降至可接受水平。唯一可能采取的措施是：①终止该经营关系；②降低关系的重要性，使经济利益不重大；③拒绝执行该鉴证业务。就鉴证小组成员而言，除非经济利益不重大，经营关系明显不重要，否则唯一适当的措施是将其调离鉴证小组。

4）家庭和个人关系。鉴证小组成员与鉴证客户的董事、经理或某些特定角色的员工之间存在家庭和个人关系，如果是直系亲属，可以考虑的防范措施有：①将相应人员调离鉴证小组；②撤出该鉴证业务。如果是近缘亲属，可以考虑的防范措施有：①将相应人员调离鉴证小组；②如果可能，调离鉴证小组内的职责，使该专业人员不处理其近缘亲属职责范围内的事项；③制定政策和程序，使职员能够向事务所内更高一级员工反映有关他们独立性和客观性问题。

5）与鉴证客户发生雇佣关系。其主要类型有过去时、将来时和现在进行时三种：①过去时，即鉴证客户的董事、经理或所处的职位能够对鉴证业务的对象产生直接重大影响的员工，曾经是鉴证小组成员或事务所的合伙人；②将来时，即参与鉴证的人员有理由相信其会或可能会在未来某一时间加入鉴证客户；③现在进行时，即鉴证小组成员、事务所的合伙人或前任合伙人已经加入鉴证客户。防范措施有：①考虑修改鉴证业务的鉴证计划的适当性或必要性；②委派一个与加入鉴证客户的人员相比有足够经验的鉴证小组执行以后的鉴证业务；③请鉴证小组以外的其他注册会计师复核已做的工作，或在必要时提供建议；④对鉴证业务进行质量控制复核。

6) 最近曾在鉴证客户中工作。包括：①如果在报告涉及的期间内，鉴证小组的成员曾经是客户的董事、经理或曾经是一名所处职位能够对鉴证业务对象产生直接重大影响的员工。这对独立性的影响非常大，以至于没有防范措施能够将威胁降至可接受水平，不应分配该人员到相应的鉴证小组。②如果在报告涉及的期间以前，鉴证小组的成员曾经是客户的董事、经理或曾经是一名所处职位能够对鉴证业务对象产生直接重大影响的员工。可采取的防范措施可以请其他注册会计师复核该人员作为鉴证小组成员时所做的工作，或在必要时提供建议；也可以与公司治理层，如审计委员会，讨论这一问题。

7) 作为鉴证客户的经理或董事。如果会计师事务所的合伙人或员工成为鉴证客户的经理或董事，则所产生的自我评价、经济利益威胁就会非常重大，以至于没有防范措施能够将其降至可接受水平。如果会计师事务所的合伙人或员工成为审计客户的公司秘书，则所产生的自我评价、经济利益威胁就会非常重大，以至于没有防范措施能够将其降至可接受水平。为支持公司秘书性职能而提供的常规行政服务或有关公司秘书性行政问题的咨询工作，通常不会被认为有损独立性，只要所有的相关决策是由客户的管理层做出的。

8) 高级职员与鉴证客户之间的长期关系。在一项鉴证业务中长期委派同一名高级职员，可能产生关联关系威胁。这一威胁的重要性将取决于以下因素：①该人员成为鉴证小组成员的时间长短；②该人员在鉴证小组中的角色；③会计师事务所的结构；④鉴证业务的性质。防范措施有：①轮换鉴证小组的高级职员；②请鉴证小组成员以外的其他注册会计师复核该高级职员所做的工作，或在必要时提供建议；③进行独立的内部质量复核。

9) 向鉴证客户提供非鉴证业务。要将向鉴证客户提供非鉴证业务所产生的威胁降至可接受水平，以下的防范措施可能尤为重要：①制定政策和程序，禁止专业人员为鉴证客户做出管理决策，或承担这种决策的责任；②与负责公司治理的部门，如审计委员会，讨论与向鉴证客户提供非鉴证业务有关的独立性问题；③鉴证客户制定政策，对事务所提供非鉴证小组和会计师事务所独立性产生的潜在影响提供建议；④请其他注册会计师对非鉴证业务或对鉴证小组和会计师事务所独立性产生的潜在影响提供建议；⑤请会计师事务所外部的其他注册会计师为鉴证业务中一个单独的部分提供鉴证；⑥取得鉴证客户对会计师事务所工作结果承担责任的承诺；⑦向负责治理的部门，例如审计委员会，披露所收费用的性质和范围；⑧做出安排，使提供非鉴证业务的人员不参与鉴证业务。

2. 专业胜任能力

（1）专业胜任能力的两个阶段

1）专业胜任能力的获取。获取专业胜任能力首先需要高水平的普通教育，以及与专业相关学科的专门教育、培训和考试，而且，无论是否有明确的规定，一般都要求有一段时间（2年）的工作经验，这是培养注册会计师的一般模式。

2）专业胜任能力的保持。保持专业胜任能力需要不断了解注册会计师职业，包括会计准则、审计准则以及其他相关法律、法规的要求。为保持专业服务符合有关规定，会计师事务所应当引入质量控制政策和制度。

（2）利用其他专家的工作

注册会计师不应提供本不能胜任的专业服务，除非获得其他专家适当的建议和帮助使其能够满意地提供这些服务。其他专家如其他注册会计师、律师、精算师、工程师、地质专家、评估师等。注册会计师对专业服务负有最终责任，即应当对利用专家工作结果形成的审计结论负责。专家应对其自身的工作，包括其选用的假设和方法的恰当性、合理性及其运用负责。注册会计师应当监督和指导其他专家遵守或保证适当的道德行为，否则不能接受业务，如果业务已经开始执行，则应予以终止。

3. 保密

注册会计师在签订业务约定书时，应当书面承诺对在执行业务过程中获知的客户信息保密。这里所说的客户信息，通常是指商业秘密。一旦商业秘密被泄露或被利用，往往给客户造成损失。注册会计师的保密责任不因业务约定的终止而终止。

保密例外原则。在以下情况下，注册会计师可以披露客户的有关信息：第一，取得客户的授权；第二，根据法规要求，为法律诉讼准备文件或提供证据，以及向监督机构报告发现的违反法规行为；第三，接受同业复核以及注册会计师协会和监管机构依法进行的质量检查。

4. 受费与佣金

会计师事务所的收费应当公平地反映为客户提供的专业服务的价值。如果收费报价明显低于前任注册会计师或其他会计师事务所的报价，会计师事务所应当确保在提供专业服务时，工作质量不会受到损害，并保持应有的职业谨慎，遵守执业准则和质量控制程序；同时，除法规允许外，会计师事务所也不得以或有收费方式提供鉴证业务，即收费与否或多少不得以鉴证工作结果或实现特定目的为条件；会计师事务所和注册会计师不得为招揽客户向推荐方支付佣金，也不得因向第三方推荐客户而收取佣金。

5. 与执行鉴证业务不相容的工作

如果注册会计师正在或者将要提供的服务，与其提供鉴证服务所需要的独立性发生冲突，就产生了不相容的工作。注册会计师不得从事有损于或可能有损于其独立性、客观性、公正性或职业声誉的业务、职业或活动。会计师事务所不得为上市公司同时提供编制会计报表和审计服务，不得为同一家上市公司提供资产评估和审计服务；同时，会计师事务所的高级管理人员或员工不得担任鉴证客户的董事（包括独立董事）、经理以及其他关键管理职务。

6. 接任前任注册会计师的审计业务

前任注册会计师是指对最近期间会计报表出具了审计报告或接受委托但尚未完成审计工作，已经或可能与委托人解除业务约定的会计师事务所。后任注册会计师是指正在考虑接受委托或已经接受委托，接替前任注册会计师执行会计报表审计业务的会计师事务所。如果会计师事务所接受委托对已审计会计报表进行重新审计，接受委托的会计师事务所应视为后任注册会计师，之前对已审计会计报表发表审计意见的会计师事务所应视为前任注册会计师。后任注册会计师与前任注册会计师进行沟通应当取得被审计单位管理当局的同意；沟通的主动权在后任注册会计师。沟通可以采用口头和书面等方式进行。前后任注册会计师应当将重要事项的沟通情况记录于审计工作底稿，并对彼此获得的信息履行保密义务。

前后任注册会计师的关系，仅限于审计业务，因为审计业务提供的保证程度较高，且是一项连续业务；而其他鉴证业务，如盈利预测审核、会计报表审阅等业务提供的保证程度较低，且是非连续业务，不包括在内。后任注册会计师在接任前任注册会计师的审计业务时，不得蓄意侵害前任注册会计师的合法权益；在接受审计业务委托前，后任注册会计师应当向前任注册会计师询问审计客户变更会计师事务所的原因，并关注前任注册会计师与审计客户之间在重大会计、审计等问题上可能存在的意见和分歧。如果后任注册会计师发现前任注册会计师所审计的对象存在重大错报，则应当提请审计客户告知前任注册会计师，并要求审计客户安排三方会谈，以便采取措施进行妥善处理。

7. 广告、业务招揽和宣传

广告是指为招揽业务，会计师事务所将其服务和技能等方面的信息向社会公众进行传播。

业务招揽是指会计师事务所和注册会计师与非客户接触以争取业务；宣传是

指会计师事务所和注册会计师向社会公众告知有关事实，其目的不是抬高自己。根据规定，我国会计师事务所和注册会计师不得对其能力进行广告宣传以招揽业务。会计师事务所和注册会计师不宜刊登广告，主要原因在于注册会计师的服务质量及能力无法由广告内容加以评估；广告可能损害专业服务的精神；广告可能导致同行之间的不正当竞争。

注册会计师应当维护职业形象，在向社会公众传递信息时，应当客观、真实、得体；会计师事务所不得利用新闻媒体对其能力进行广告宣传，但刊登设立、合并、分立、解散、迁址、名称变更、招聘员工等信息以及注册会计师协会为会员所作的统一宣传不受此限；会计师事务所和注册会计师不得采用强迫、欺诈、利诱或骚扰等方式招揽业务。

第三节 注册会计师职业后续教育准则

一、目标

注册会计师职业后续教育的目的在于提高专业胜任能力与执业水平。职业后续教育应贯穿于注册会计师的整个执业生涯。

财政部于 1997 年 1 月 1 日批准实施了《中国注册会计师职业后续教育基本准则》，其内容包括总则、一般原则、内容与形式、组织与实施、检查与考核和附则等。

二、内容

1）会计准则及国家其他有关财务会计法规。
2）独立审计准则及其他职业规范。
3）与执业相关的其他法规。
4）执业所需的其他知识与技能。

三、形式

1）参加各种培训活动。
2）参加大专院校的专业课程进修。
3）参加相关专题研讨会。
4）参加各会计师事务所自行组织的专业研讨与培训。
5）公开出版专业著作或发表专业论文。
6）承担专业课题研究，并取得研究成果。
7）个人专业学习与实务研究。
8）其他形式。

四、组织与实施

注册会计师职业后续教育由中国注册会计师协会及其他地方组织负责组织与实施。

五、检查与考核

职业后续教育检查与考核的标准按注册会计师接受学习时间即学时数计算，其要求由中国注册会计师协会确定。

我国规定，执业会员接受职业后续教育的时间三年累计不得少于 180 学时，其中每年接受职业后续教育的时间不得少于 40 学时，接受脱产教育的时间三年累计不得少于 120 学时，其中每年接受脱产职业后续教育的时间不得少于 20 学时。注册会计师未能提供职业后续教育有效记录或无故未达到职业后续教育要求的，考核时不予通过。

本 章 小 结

一、内容框架

1. 注册会计师执业准则体系

（1）鉴证业务基本准则
（2）审计准则
（3）会计师事务所业务质量控制准则

2. 注册会计师职业道德规范

（1）注册会计师职业道德基本原则
（2）中国注册会计师职业道德具体要求

3. 注册会计师职业后续教育准则

二、主要概念

（1）鉴证业务
（2）审计准则
（3）质量控制准则
（4）项目负责人
（5）项目质量控制复核

（6）职业道德

（7）独立、客观、公正原则

（8）专业胜任能力

（9）应有关注

（10）业务期间

第三章 审计目标

 引导案例

【名　　称】银广夏事件

【影　　响】在2001年银广夏事件发生以后，国内会计、审计理论界开始提出，风险导向审计作为一种先进的审计理念，有助于注册会计师在审计业务中增强风险意识，降低审计风险，提高审计质量。

【案情简介】2001年8月初，在深圳证券交易所上市的广夏（银川）实业股份有限公司（简称银广夏）通过伪造购销合同、出口报关单、虚开增值税专用发票、伪造免税文件和伪造金融票据等手段，虚构主营业务收入、虚构巨额利润等问题曝光。为其出具严重失实的无保留意见审计报告的深圳中天勤会计师事务所东窗事发，其执业资格及证券、期货相关业务许可证被吊销，签字的两名注册会计师被严惩。财政部对中天勤的处罚决定称，中天勤事务所未能发现银广夏的严重财务问题，存在重大审计过失，严重损害了广大投资者的合法权益和证券市场"三公"原则，违反了有关法规。银广夏股价也从2001年7月的33元多，最低跌至2002年1月的2元多一点，以16个跌停板创中国股市之最，投资者损失惨重。经过此事件，中天勤这个作为60多家上市公司的审计者，拥有近百名注册会计师，在国内堪称超大规模，曾是全国最大业务量的事务所解体。

【造假黑幕】

1）1998年10月19日发布的公告称，银广夏子公司天津广夏与德国诚信公司签订出口供货协议，天津广夏将每年向这家德国公司提供二氧化碳超临界萃取技术所生产的蛋黄卵磷脂50吨，及桂皮精油、桂皮含油树脂和生姜精油、生姜含油树脂产品80吨，金额超过5 000万马克。

2）1999年6月12日德国诚信公司一次订货总价达5 610万马克。6月26日，一艘载着天津广夏第一批农产品萃取产品的货轮起锚离港，远航德国。这第一批产品出口，竟获利7 000多万元！1999年，银广夏全年主营业务收入9.1亿元，净利润4.18亿元。

3）2000年3月，德国诚信公司已经和银广夏签下了连续三年、每年20亿元人民币的总协议。2000年度实际执行合同金额为1.8亿马克（约合7.2亿元人民币）。如果按照1999年度年报提供的萃取产品利润率（销售收入23 971万元，业务利润15 892万元，利润率66%）推算，天津广夏2000年度创造的利润将达到4.7亿元。以此推算，2001年银广夏的每股收益将达到2~3元，这将使银广夏成为"两市业绩最好市盈率却最低的股票"。

【审计风险】

1) 以天津广夏萃取设备的产能，即使通宵达旦运作，也生产不出其所宣称的数量。即使只按照银广夏 2000 年 1 月 19 日所公告的合同金额，1.1 亿马克所包括的产品至少应有卵磷脂 100 吨、姜精油等 160 吨。可资为证的是，天津广夏称于 1999 年出口的价值 5 610 万马克货物中，就已包括卵磷脂 50 吨，姜精油等 80 吨。但根据国内专家对这一技术的了解，一套 "500 立升×3" 的二氧化碳超临界设备实际全年产量绝对超不过 20～30 吨——即使设备 24 小时连续运作。

2) 天津广夏萃取产品出口价格高到近乎荒谬。根据条件，可以大略算出每千克姜精油和含油树脂的原料成本加起来只有 350 元，可是 "卖给德国人"，就可以卖到 3 440～4 400 元，是同类产品国际价格的 3～5 倍。一位被告知银广夏萃取产品售价的专家笑称：如此昂贵的姜精油，简直可以与黄金媲美，看来要用滴管小心使用！

3) 60 亿合同子虚乌有。为银广夏贡献了 1999 年和 2000 年主要利润的德国诚信公司，既非如银广夏所说为西·伊利斯公司的子公司，更非成立已 160 年的老牌公司。它成立于 1990 年，注册资本仅 10 万马克。注册资金几万马克，对于贸易公司而言并不算离谱，但毕竟其与银广夏签下的是年度金额达 20 亿元人民币、总金额达 60 亿元的合同。天津海关查阅有关资料发现，2000 年天津对德国出口总额计 6 亿多美元，但金额最大的摩托罗拉公司，也不过 3 800 多万美元，怎么可能有一家公司一年对德出口 9 000 万美元（约 1.8 亿马克）？经过反复调查后，天津海关向报道 "银广夏陷阱" 的《财经》出具了一份书面证明："天津广夏（集团）有限公司 1999 年出口额 4 819 272 美元，2000 年出口 33 571 美元。" 天津海关还查得，天津广夏从 2001 年 1～6 月，没有一分钱的出口额。天津海关官员强调，这个数据包括了以天津广夏之名在全国任何口岸出口的所有金额，而不仅仅是天津海关。

【注册会计师问题】

1) 审计程序不充分，没有取得恰当的审计证据。对银广夏进行年报审计的会计师事务所未能对关键证据亲自取证，这些重要的证据，如海关报关单、银行对账单、重要出口商品单价等均是由被审计单位提供的，进行审计的会计师未能采取必要的审计程序对这些证据的真假作进一步确认。审计原则要求进行审计的会计师应对重要的外部证据亲自取证，如对应收账款、银行存款的函证，函证的询证函必须由事务所发出，但在实际操作中，许多事务所为了省事，将询证函交与被审计单位由其发出，甚至于由其收回后交与会计师事务所，这就为被审计单位做假提供了一个很大的方便，而由此取得的所谓外部证据的真实性就大打折扣。很显然在银广夏事件中，被审计单位向事务所提供了虚假报关单、虚假银行进账单及其他虚假的外部证据。姑且不论这些作假者的胆大妄为及其做假伎俩的高超，进行年报审计的会计师如果能在执业过程中恪尽职守，到银行、海关等地亲自取证，所有这些做假行为都是不难发现的。

　　2）注册会计师在其审计过程中过分依赖被审计单位提供的会计资料也可能是银广夏审计失败的原因之一。这里暴露了现在国内审计工作中一个并不罕见的问题——重实质性审计，轻符合性审计。这样做的一个重要弊端就是忽略了管理当局的品性以及对内控制度的充分了解，从而导致对审计风险的低估。有人可能会辩解说重视实质性审计正是为了降低审计风险，但这里有一个问题：如果管理当局提供的重要的会计资料都是有意伪造的，这时再一味强调实质性审计岂不是正中了被审计单位为注册会计师设下的圈套。相反，如果审计人员能在审计之初多花点时间到生产、管理现场开展符合性审计，与相关的工作人员——操作工、质检员、库管员、统计员、业务员等交谈询问，许多管理漏洞，真实的生产经营及销售情况是不难被发现的。另外，如果有必要，还应该对相关的供应商、代理商、消费者、类似产品的市场竞争者等外部环境进行调查。通过如此全面的调查取证，即使像 ST 黎明那样通过虚开增值税发票以虚增收入的作假行为亦不难发现。现在我们审计工作中的一个重要失误就是到生产、管理现场的时间太少，而把大量的时间浪费在对会计数据的整理和复核上，这样做的一个重大隐患是：如果被审计单位提供的会计资料严重失真，所有基于这些资料的实质性审计都没有意义。因为我国证券市场不够规范等客观因素使得对国内上市公司的审计风险非常高，这时更应该注意规避由于被审计单位管理当局不诚实所带来的审计风险。

　　【启　示】
　　1）利益驱使注册会计师迁就客户，这就影响了其应有的业务期间超然独立性。
　　2）激烈的竞争使注册会计师简化甚至省略了应有的审计程序，弱化甚至放弃了谨慎性，大大增加了审计风险。
　　3）遵守执业准则，有利于保护注册会计师的合法权益。
　　4）区分会计责任与审计责任是重要的。
　　5）披露重大错弊是我国注册会计师审计的总目标之一。

　　【思　考】
　　1）在银广夏审计案例中谁应该对会计责任负责，谁应该对审计责任负责？
　　2）如果注册会计师应用"风险导向审计方法"，银广夏事件会不会发生？

第一节　总体审计目标

一、审计总目标的演变

　　审计目标是在一定历史环境下，人们通过审计实践活动所期望达到的境地或最终结果，它包括财务报表审计的总目标以及与各类交易、账户余额、列报相关的具体审计目标两个层次。

注册会计师审计总目标的发展经历了详细审计、资产负债表审计和财务报表审计三个阶段,见表3-1。

表3-1 审计总目标的演变

审计阶段	审计总目标
详细审计	查错防弊
资产负债表审计	审计的功能由防护性发展到公正性,查错防弊退居第二位
财务报表审计	不再局限于查错防弊和为社会提供公证,而是向管理领域有所深入和发展,并形成了一套较完整的理论和方法

二、我国财务报表审计的总目标

1. 合法性

财务报表是否按照适用的会计准则和相关会计制度的规定编制。在评价财务报表的合法性时,CPA 应当考虑下列内容:①选择和运用的会计政策是否符合适用的会计准则和相关会计制度,并适合于被审计单位的具体情况;②管理层作出的会计估计是否合理;③财务报表反映的信息是否具有相关性、可靠性、可比性和可理解性;④财务报表是否作出充分披露,使财务报表使用者能够理解重大交易和事项对被审计单位的财务状况、经营成果和现金流量的影响。

2. 公允性

财务报表是否在所有重大方面公允地反映被审计单位的财务状况、经营成果和现金流量。在评价财务报表的公允性时,CPA 应当考虑下列内容:①经管理层调整后的财务报表是否与 CPA 对被审计单位及其环境的了解一致;②财务报表的列报、结构和内容是否合理;③财务报表是否真实地反映了交易和事项的经济实质。

财务报表审计属于鉴证业务。财务报表审计的目标对注册会计师的审计工作发挥着导向作用,它界定了注册会计师的责任范围、直接影响注册会计师计划和实施审计程序的性质、时间和范围,决定了注册会计师如何发表审计意见。例如,既然财务报表审计目标是对财务报表整体发表审计意见,注册会计师就可以只关注与财务报表编制和审计有关的内部控制,而不对内部控制本身发表鉴证意见。同样,注册会计师关注被审计单位的违反法规行为,是因为这些行为影响到财务报表,而不是对被审计单位是否存在违反法规行为提供鉴证。

三、财务报表审计的责任划分

在财务报表审计中,被审计单位管理层和注册会计师承担着不同的责任,不能相互混淆和替代。明确划分责任,不仅有助于被审计单位管理层和注册会计师认真履行各自的职责，为财务报表及其审计报告的使用者提供有用的经济决策信息，还有利于保护相关各方的正当权益。

1. 被审计单位治理层和管理层的责任

治理层是指对被审计单位战略方向以及管理层履行经营管理责任负有监督责任的人员组织，治理层的责任包括对财务报告过程的监督。管理层是指对被审计单位经营活动的执行负有管理责任的人员或组织，管理层负责编制财务报表，并受到治理层的监督。

按照企业会计准则和《企业会计制度》的规定编制财务报表是管理层的责任，这种责任包括：①设计、实施和维护与财务报表编制相关的内部控制，以使财务报表不存在由于舞弊或错误而导致的重大错报；②选择和运用恰当的会计政策；③作出合理的会计估计。同时，管理层还应当保证会计资料的真实性和完整性；妥善保存和提供会计记录。

2. 注册会计师的责任

注册会计师的审计责任是根据中国注册会计师审计准则的规定对财务报表发表审计意见，并通过签署审计报告确认其责任。注册会计师作为独立的第三方，对财务报表发表审计意见，有利于提高财务报表的可信赖程度。为履行这一职责，注册会计师应当遵守职业道德规范，按照审计准则的规定计划和实施审计工作，收集充分、适当的审计证据，并根据收集的审计证据得出合理的审计结论，发表恰当的审计意见。

3. 两种责任的区分

财务报表审计不能减轻被审计单位治理层和管理层的责任。财务报表编制和财务报表审计是财务信息生成链条上的不同环节，两者各司其职。法律法规要求管理层和治理层对编制财务报表承担责任，有利于从源头保证财务信息质量。同时，在某些方面，注册会计师与治理层和管理层之间可能存在信息不对称。治理层和管理层作为内部人员，对企业的情况更为了解，更能作出适合企业特点的会计处理决策和判断，因此治理层和管理层应对编制财务报表承担完全责任。尽管在审计过程中，CPA可能向治理层和管理层提出调整建议，甚至在不违反独立性的前提下为管理层编制财务报表提供一些协助，但管理层仍然对编制财务报表承担责任，并通过签署财务报表确认这一责任。如果财务报表存在重大错报，而CPA通过审计没有能够发现，也不能因财务报表已经审计这一事实，而减轻治理层和管理层对财务报表的责任。

四、财务报表审计循环

1. 财务报表审计的循环法

财务报表审计的组织方式大致有两种：一是对报表的每个账户余额单独进行审计，此法称为账户法。此法下对审计工作的"分块"通常使工作效率低下，因为该法将紧密联系的相关账户（如存货和产品销售成本）人为分割开，从而造成整个审计工作的脱节和重复。二是将财务报表分成几大块进行审计，即把紧密联系的交易种类（含事项，下同）和账户余额归入同一块中，此法称为循环法。比如，销售、销售退回、收现及坏账冲销是导致应收账款增减的四种交易，把这四种交易及应收账款划入"销售与收款循环"进行审计。循环法不仅使审计工作便于管理，而且有助于更好地对审计小组的不同成员分派任务。通过考察交易被记录于各种记账凭证乃至汇总到总账和财务报表的方式，可以发现使用循环法具有逻辑合理性，图 3-1 显示了某些交易的会计处理过程。实际上，循环法是将记录于不同记账凭证中的交易同这些交易所影响的总账余额合并起来考虑，以便更有效地安排审计工作。

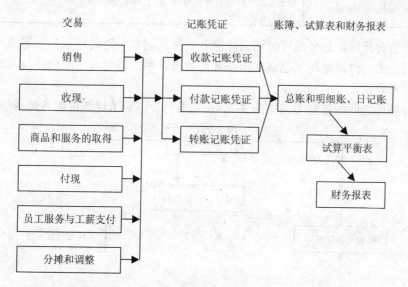

图 3-1　交易从记账凭证至财务报表的信息流程

2. 循环的划分及其相互关系

不同行业的企业经营性质不同，因此可将其财务报表分为不同的循环，即使是同一企业，不同注册会计师也可能有不同的循环划分方法。假定某公司是制造性企业，注册会计师将其200×年度财务报表划分为四个循环：销售与收款循环、采购与付款循环、存货与生产循环和筹资与投资循环，见表 3-2。

表 3-2　公司循环划分表

循　环	记账凭证种类	资产负债表项目	利润表项目
销售与收款循环	收款、转账	应收票据、应收账款、长期应收款、预收款项、应交税费	营业收入、营业税金及附加、销售费用
采购与付款循环	付款、转账	预付款项、固定资产、在建工程、工程物资、固定资产清理、无形资产、开发支出、商誉、长期待摊费用、应付票据、应付账款、长期应付款	管理费用
存货与生产循环	转账、付款	存货（包括材料采购或在途物资、原材料、材料成本差异、库存商品、发出商品、商品进销差价、委托加工物资、委托代销商品、受托代销商品、周转材料、生产成本、制造费用、劳务成本、存货跌价准备、受托代销商品款等）、应付职工薪酬	营业成本
筹资与投资循环	转账、收款、付款	交易性金融资产、应收利息、应收股利、其他应收款、其他流动资产、可供出售金融资产、持有至到期投资、长期股权投资、投资性房地产、递延所得税资产、其他非流动资产、短期借款、交易性金融负债、应付利息、应付股利、其他应付款、其他流动负债、长期借款、应付债券、专项应付款、预计负债、递延所得税负债、其他非流动负债、实收资本（或股本）、资本公积、盈余公积、未分配利润	财务费用、资产减值损失、公允价值变动收益、投资收益、营业外收入、营业外支出、所得税费用

　　注册会计师在划分循环时还应注意各循环之间有一定的联系，如筹资与投资循环同采购与付款循环（也称支出循环）紧密联系，存货与生产循环与其他所有循环紧密联系。

　　各循环之间的流转关系见图 3-2。在后面有专门章节详细说明各循环的审计。

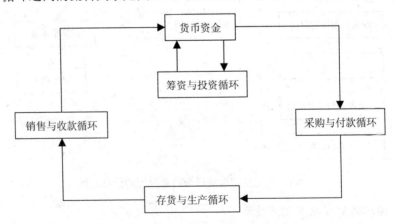

图 3-2　各交易循环之间的关系

　　在循环法下，注册会计师审计各个循环时，最有效的方法是在审计循环中各类交易及相关账户期末余额的基础上，合并形成对某类交易及其相关账户余额的保证水平。在注册会计师得出报表整体公允表达的结论之前，必须实现各类交易的审计目标和各个账户余额的审计目标。有关交易的审计目标和有关余额的审计目标尽管有所不同，却是紧密联系的。比如，资产负债表中"应收账款项目"属销售与收款循环，审计时应分别测试影响该账户的四类交易，即销售、收现、销售退回折让、坏账冲销等交易和该账户的期末余额。图 3-3 以应收账款为例说明了账户余额同影响余额的交易间的关系。

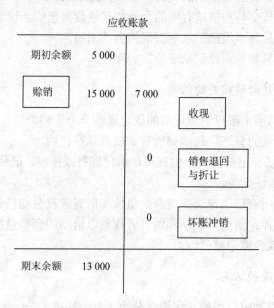

图 3-3　账户余额与相关交易关系

第二节　具体审计目标

一、被审计单位管理层的认定

认定是指管理层对财务报表组成要素的确认、计量、列报做出的明确或隐含的表达。认定与审计目标密切相关，注册会计师的基本职责就是确定被审计单位管理层对其财务报表的认定是否恰当。

管理层在财务报表上的认定有些是明确表达的，有些则是隐含表达的。例如，管理层在资产负债表中列报存货及其金额，意味着做出了下列明确的认定：①记录的存货是存在的；②存货以恰当的金额包括在财务报表中，与之相关的计价或分摊调整已恰当记录。同时，管理层也做出下列隐含的认定：①所有应当记录的存货均已记录；②记录的存货都由被审计单位拥有。

管理层对财务报表各组成要素均做出了认定，注册会计师的审计工作就是要确定管理层的认定是否恰当。这些认定有以下三个层次。

1. **与各类交易和事项相关的认定**

注册会计师对所审计期间的各类交易和事项运用的认定通常分为下列类别：

1）发生：记录的交易和事项已发生，且与被审计单位有关。

2）完整性：所有应当记录的交易和事项均已记录。

3）准确性：与交易和事项有关的金额和其他数据已恰当记录。

4）截至：交易和事项已记录于正确的会计期间。

5）分类：交易和事项已记录于恰当的账户。

2. **与期末账户余额相关的认定**

注册会计师对期末账户余额运用的认定通常分为下列类别：

1）存在：记录的资产、负债和所有者权益是存在的。

2）权利和义务：记录的资产由被审计单位拥有或控制，记录的负债是被审计单位应当履行的偿还义务。

3）完整性：所有应当记录的资产、负债和所有者权益均已记录。

4）计价和分摊：资产、负债和所有者权益以恰当的金额包括在财务报表中，与之相关的计价或分摊调整已恰当记录。

3. **与列报相关的认定**

注册会计师对列报运用的认定通常分为下列类别：

1）发生以及权利和义务：披露的交易、事项和其他情况已发生，且与被审计单位有关。

2）完整性：所有应当包括在财务报表中的披露均已包括。

3）分类和可理解性：财务信息已被恰当地列报和描述，且披露内容表述清楚。

4）准确性和计价：财务信息和其他信息已公允披露，且金额恰当。

二、具体审计目标

注册会计师了解了认定，就很容易确定每个项目的具体审计目标，并以此作为评估重大错报风险以及设计和实施进一步审计程序的基础。

1. **与各类交易和事项相关的审计目标**

（1）发生

由发生认定推导的审计目标是确认已记录的交易是真实的。例如，如果没有发生销售交易，但在销售日记账中记录了一笔销售，则违反了该目标。

发生认定所要解决的问题是管理层是否把那些不曾发生的项目列入财务报表，它主要与财务报表组成要素的高估有关。

（2）完整性

由完整性认定推导的审计目标是确认已发生的交易确实已经记录。例如，如果发生了销售交易，但没有在销售明细账和总账中记录，则违反了该目标。

发生和完整性两者强调的是相反的关注点。发生目标针对潜在的高估，而完整性目标则针对漏记交易（低估）。

（3）准确性

由准确性认定推导的审计目标是确认已记录的交易是按正确金额反映的。例如，如果在销售交易中，发出商品的数量与账单上的数量不符，或是开账单时使用了错误的销售价格，或是账单中的乘积或加总有误，或是在销售明细账中记录了错误的金额，则违反了该目标。

准确性与发生、完整性之间存在区别。例如，若已记录的销售交易是不应当记录的（如发出的商品是寄销商品），则即使发票金额是准确计算的，仍违反了发生目标。再如，若已入账的销售交易是对正确发出商品的记录，但金额计算错误，则违反了准确性目标，但没有违反发生目标。在完整性与准确性之间也存在同样的关系。

（4）截至

由截至认定推导出的审计目标是确认接近于资产负债表日的交易记录于恰当的期间。例如，如果本期交易推到下期，或下期交易提到本期，均违反了截至目标。

（5）分类

由分类认定推导出的审计目标是确认被审计单位记录的交易经过适当分类。例如，如果将现销记录为赊销，将出售经营性固定资产所得的收入记录为营业收入，则导致交易分类的错误，违反了分类的目标。

2. 与期末账户余额相关的审计目标

（1）存在

由存在认定推导的审计目标是确认记录的金额确实存在。例如，如果不存在某顾客的应收账款，在应收账款明细表中却列入了对该客户的应收账款，则违反了存在性目标。

（2）权利和义务

由权利和义务认定推导的审计目标是确认资产归属于被审计单位，负债属于被审计单位的义务。例如，将他人寄售商品列入被审计单位的存货中，违反了权利目标；将不属于被审计单位的债务记入账内，违反了义务目标。

（3）完整性

由完整性认定推导的审计目标是确认已存在的金额均已记录。例如，如果存在某顾客的应收账款，在应收账款明细表中却没有列入对该顾客的应收账款，则违反了完整性目标。

（4）计价和分摊

资产、负债和所有者权益以恰当的金额包括在财务报表中，与之相关的计价或分摊调整已恰当记录。

3. 与列报相关的审计目标

各类交易和账户余额的认定正确只是为列报正确打下了必要的基础，财务报表还可能因被审计单位误解有关列报的规定或舞弊等而产生错报。另外，还可能因为被审计单位没有遵守一些专门的披露要求而导致财务报表错报。因此，即使注册会计师审计了各类交易和账户余额的认定，实现各类交易和账户余额的具体审计目标，也不意味着获取了足以对财务报表发表审计意见的充分、适当的审计证据。因此，注册会计师还应当对各类交易、账户余额及相关事项在财务报表中列报的正确性实施审计。

（1）发生以及权利和义务

将没有发生的交易、事项，或与被审计单位无关的交易和事项包括在财务报表中，则违反该目标。例如，复核董事会会议记录中是否记载了固定资产抵押等事项，询问管理层固定资产是否被抵押，即对列报的权利认定的运用。如果抵押固定资产，则需要在财务报表中列报，说明其权利受到限制。

（2）完整性

如果应当披露的事项没有包括在财务报表中，则违反该目标。例如，检查关联方和关联交易，以验证其在财务报表中是否得到充分披露，即对列报的完整性认定的运用。

（3）分类和可理解性

财务信息已被恰当地列报和描述，且披露内容表述清楚。例如，检查存货的主要类别是否已披露，是否将一年内到期的长期负债列为流动负债，即对列报的分类和可理解性认定的运用。

（4）准确性和计价

财务信息和其他信息已公允披露，且金额恰当。例如，检查财务报表附注是否分别对原材料、在产品和产成品等存货成本核算方法做了恰当说明，即对列报的准确性和计价认定的运用。

第三节　审计过程

一、审计过程的阶段

审计过程是指审计工作从开始到结束的整个过程，一般包括三个主要的阶段，即计划阶段、实施阶段和审计完成阶段。

1. 接受业务委托

会计师事务所应当按照执业准则的规定，谨慎决策是否接受或保持某客户关系和具体审计业务。在接受委托前，注册会计师应当初步了解审计业务环境，包括业务的约定事项、审计对象特征、使用的标准、预期使用者的需求、责任方及其环境的相关特征，以及可能对审计业务产生重大影响的事项、交易、条件和惯例等其他事项。

只有在了解后认为符合胜任能力、独立性和应有的关注等职业道德要求，并且拟承接的业务具备下列所有特征时，注册会计师才能将其作为审计业务予以承接：①审计对象适当；②使用的标准适当且预期使用者能够获取该标准；③注册会计师能够获取充分、适当的证据以支持其结论；④注册会计师的结论以书面报告形式表述，且表述形式与所提供的保证程度相适应；⑤该业务具有合理的目的。如果审计业务的工作范围受到重大限制，或委托人试图将注册会计师的名字和审计对象不适当地联系在一起，则该业务可能不具有合理的目的。接受业务委托阶段的主要工作包括：了解和评价审计对象的可审性；决策是否考虑接受委托；商定业务约定条款；签订审计业务约定书等。

2. 计划审计工作

计划审计工作十分重要，计划不周全不仅会导致盲目实施审计程序，无法获取充分、适当的审计证据以将审计风险降至可接受的低水平，影响审计目标的实现，而且还会浪费有限的审计资源，增加不必要的审计成本，影响审计工作的效率。因此，对于任何一项审计业务，注册会计师都必须根据具体情况制定科学、合理的计划，使审计业务以有效的方式得到执行。一般来说，计划审计工作主要包括：在本期审计业务开始时开展的初步业务活动；制定总体审计策略；制定具体审计计划等。计划审计工作不是审计业务的一个孤立阶段，而是一个持续的不断修正的过程，贯穿于整个审计过程的始终。

3. 实施风险评估程序

审计准则规定，注册会计师必须实施风险评估程序，以此作为评估财务报表层次和认定层次重大错报风险的基础。所谓风险评估程序，是指注册会计师实施的了解被审计单位及其环境并识别和评估财务报表重大错报风险的程序。风险评估程序是必要程序，了解被审计单位及其环境实际上是一个连续和动态地收集、更新与分析信息的过程，贯穿于整个审计过程的始终。注册会计师应当运用职业判断确定需要了解被审计单位及其环境的程度。一般来说，实施风险评估程序的主要工作包括：了解被审计单位及其环境；识别和评估财务报表层次以及各类交易、账户余额、列报认定层次的重大错报风险，包括确定需要特别考虑的重大错报风险（特别风险）以及仅通过实质性程序无法应对的重大错报风险等。

4. 实施控制测试和实质性程序

注册会计师实施风险评估程序本身并不足以为发表审计意见提供充分、适当的审计证据，注册会计师还应实施进一步审计程序，包括实施控制测试（必要时或决定测试时）和实质性程序。因此，注册会计师评估财务报表重大错报风险后，应当运用职业判断，针对评估的财务报表层次重大错报风险确定总体应对措施，并针对评估的认定层次重大错报风险设计和实施进一步的审计程序，以将审计风险降至可接受的低水平。

只有存在下列情形之一，控制测试才是必要的：①在评估认定层次重大错报风险时，预期控制的运行是有效的，注册会计师应当实施控制测试以支持评估结果；②仅实施实质性程序不足以提供认定层次充分、适当的审计证据，注册会计师应当实施控制测试，以获取内部控制运行有效性的审计证据。注册会计师应当计划和实施实质性程序，以应对评估的重大错报风险。实质性程序包括实质性分析程序和交易、账户余额、列报的细节测试。

由于注册会计师对重大错报风险的评估是一种判断，并且内部控制存在固有的局限性，因此，无论评估的重大错报风险结果如何，注册会计师均应当针对所有重大的各类交易、账户余额、列报实施实质性程序，以获取充分、适当的审计证据。

由此可见，风险评估程序和实质性程序是每次财务报表审计都应实施的必要程序，而控制测试则不是。在财务报表审计业务中，注册会计师必须通过实施风险评估程序、控制测试（必要时或决定测试时）和实质性程序，才能获取充分、适当的审计证据，得出合理的审计结论，作为形成审计意见的基础。

5. 完成审计工作和编制审计报告

注册会计师在完成财务报表所有循环的进一步程序后，还应当按照有关审计准则的规定做好审计完成阶段的工作，并根据所获取的各种证据，合理应用专业判断，形成适当的审计意见。本阶段的主要工作有：审计期初余额、比较数据、期后事项和或有事项；考虑持续经营问题和获取管理层声明；汇总审计差异，并提请被审计单位调整或披露；复核审计工作底稿和财务报表；与管理层和治理层沟通；评价所有审计证据，形成审计意见；编制审计报告等。

二、审计业务约定书

1. 审计业务约定书的定义和作用

审计业务约定书是指会计师事务所与被审计单位签订的，用以记录和确认审计业务的委托与受托关系、审计目标和审计范围、双方的责任以及报告的格式等事项的书面协议。

会计师事务所承接任何审计业务，都应与被审计单位签订审计业务约定书。审计业务约定书具有经济合同的性质，一经约定各方签字认可，即成为法律上生效的契约，对各方均具有法定约束力。

签署审计业务约定书的目的是为了明确约定各方的权利和义务，促使各方遵守约定事项并加强合作，保护签约各方的正当利益。审计业务约定书主要有以下作用：

1）可增进会计师事务所与被审计单位之间的相互了解，尤其使被审计单位了解注册会计师的审计责任及需提供的协助和合作。

2）可作为被审计单位评价审计业务完成情况，及会计师事务所检查被审计单位约定义务履行情况的依据。

3）出现法律诉讼时，是确定签约各方应负责任的重要依据。

2. 签订审计业务约定书之前应做的工作

会计师事务所在签订审计业务约定书之前，应指派注册会计师对被审计单位基本情况进行了解，并就审计业务约定相关条款，特别是委托目的、审计范围、审计收费、被审计单位应提供的资料和信息，以及必要的工作条件与协助等进行充分的沟通，并达成一致意见。

（1）明确审计业务的性质和范围

会计师事务所与被审计单位签约之前，首要的工作是使双方就审计业务的性质和范围达成一致意见。审计业务有一般目的的财务报表审计业务和特殊目的的审计业务之分。如审计范围受到限制，注册会计师无法获取充分、适当的审计证据，也就无法对财务报表的公允性发表意见。

（2）初步了解被审计单位的基本情况

注册会计师了解被审计单位的基本情况，不仅有助于确定是否接受业务委托，还有利于计划和执行审计业务。注册会计师应了解的被审计单位的基本情况包括：①业务性质、经营规模和组织结构；②经营情况和经营风险；③以前年度接受审计的情况；④财务会计机构及工作组织；⑤其他与签订审计业务约定书相关的事项。

（3）会计师事务所评价专业胜任能力

会计师事务所评价的内容主要包括：①执行审计的能力（确定审计小组的关键成员、考虑在审计过程中向外界专家寻求协助的需要和具有必要的时间）；②能够保持独立性；③保持应有关注的能力。如果会计师事务所不具备专业胜任能力，应当拒绝接受委托。

（4）商定审计收费

审计收费可采取计件收费和计时收费两种基本方式。在计时收费方式下确定收费时，会计师事务所应当考虑以下主要因素，以客观地反映为客户提供专业服务的价值：①专业服务的难度和风险以及所需的知识和技能；②所需专业人员的水平和经验；③每一专业人员提供服务所需的工时；④提供专业服务所需承担的责任。在专业服务得到良好的计划、监督及管理的前提下，通常以合理估计的每一专业人员审计工时和适当的小时费用率为基础计算收费。

（5）明确被审计单位应协助的工作

在注册会计师实施现场审计之前，被审计单位应将所有相关的会计资料和其他文件准备齐全。在审计过程中，被审计单位的财会人员及相关人员应对注册会计师的询问给予解释，并在适当情况下为注册会计师提供必要的工作条件和协助，如代编某些工作底稿等。

3. 审计业务约定书的基本内容

会计师事务所就上述事项与被审计单位协商一致后，即可指派人员起草审计业务约定书。起草完毕的审计业务约定书一式两份，应由双方法人代表或授权代表签署，并加盖双方单位印章。任何方如需修改、补充约定书，均应以适当方式获得对方的确认。审计业务约定书在审计约定事项完成后，归入审计业务档案。审计业务约定书的具体内容和格式可能因被审计单位的不同而不同，但应当包括以下主要内容（见实训一中的"审计业务约定书"）：

1）财务报表审计的目标。

2）管理层对财务报表的责任。

3）管理层编制财务报表采用的会计准则和相关会计制度。

4）审计范围，所审会计报表的名称及其反映的日期或期间，包括指明在执行财务报表审计业务时遵守的中国注册会计师审计准则。

5）执行审计工作的安排，包括出具审计报告的时间要求。

6）审计报告格式和对审计结果的其他沟通形式。

7）由于测试的性质和审计的其他固有限制，以及内部控制的固有局限性，不可避免地存在着某些重大错报可能仍然未被发现的风险。

8）管理层为注册会计师提供必要的工作条件和协助。

9）注册会计师不受限制地接触任何与审计有关的记录、文件和所需要的其他信息。

10）管理层对其做出的与审计有关的声明予以书面确认。

11）注册会计师对执业过程中获知的信息保密。

12）审计收费，包括收费的计算基础和收费安排。

13）违约责任。

14）解决争议的方法。

15）签约双方法定代表人或其授权代表的签字盖章，以及签约双方加盖的公章。

本 章 小 结

一、内容框架

（1）审计总目标的演变

（2）我国财务报表审计的总目标

（3）财务报表审计的责任划分

（4）财务报表审计循环

（5）被审计单位管理当局认定与审计具体目标

（6）审计过程

（7）审计业务约定书

二、主要概念

（1）审计目标

（2）管理层责任

（3）注册会计师责任

（4）财务报表审计循环

（5）审计过程

（6）审计业务约定书

第四章 审计证据与审计工作底稿

引导案例

【名　　称】 安然丑闻与安达信倒闭

【影　　响】 安然丑闻：美国历史上第二大破产案；安达信：原世界第一大会计师事务所。

【案情简介】 美国安然（Enron）公司是世界上最大的能源、商品和服务公司之一，名列《财富》杂志"美国 500 强"的第七名，自称全球领先企业。然而，2001 年 12 月 2 日，安然公司突然向纽约破产法院申请破产保护，它开列的资产总额为 498 亿美元，超过德士古公司 1987 年提出破产申请时的 359 亿美元，该案成为美国历史上第二大破产案。至此，大象变老鼠，安然股价从 90 美元跌至 26 美分，市值由近 800 亿美元缩至 2.68 亿美元，骇人听闻。受安然破产丑闻影响，负责安然审计工作的全球五大会计师事务所之一的安达信结束了它 89 年的审计历史。

解散前，安达信在全球 84 个国家拥有合伙人 4 700 名，专业人员 85 000 人，在世界各地的合作伙伴超过 2 000 家。安达信 2001 年财政年度的收入为 93.4 亿美元，相当于中国所有会计师事务所收入的 10 倍。1985 年安然成立后，安达信一直负责其审计工作及咨询服务业务达 16 年之久。2000 年安达信从安然公司获得高达 5 200 万美元的收入。利益驱使安达信帮助安然公司造假，出具虚假审计报告。2001 年 10 月，安然公司重新公布了 1997～2000 年间的财务报表，结果累计利润比原来减少 5.91 亿美元，而债务却增加 6.38 亿美元。事发之后，安达信故意销毁了安然公司的大量电子文件、审计文件以及与安然公司财务审计有关的信息资料，试图逃避美国证券交易委员会的调查。美国司法部门于 2002 年 10 月 16 日判罚安达信公司 50 万美元，并禁止它在五年内从事相关业务。

【思　　考】 安达信为什么要销毁审计证据？

第一节　审　计　证　据

一、审计证据的含义

审计证据是指注册会计师为了得出审计结论、形成审计意见而使用的所有信息，包括财务报表依据的会计记录中含有的信息和其他信息。

其中,财务报表依据的会计记录中含有的信息一般包括对初始的分录和支持性记录,如支票、电子资金转账记录、发票、合同、总账、明细账、记账凭证和未在记账凭证中反映的对财务报表的其他调整,以及支持成本分配、计算、调节和披露的手动计算表和电子数据表。这些会计记录是编制财务报表的基础,构成注册会计师执行财务报表审计业务所获取的审计证据的重要部分。

其他信息包括注册会计师从被审计单位内部或外部获取的会计记录以外的信息,如被审计单位会议记录、内部控制手册、询证函的回函、分析师的报告、与竞争者的比较数据等;通过询问、观察和检查等审计程序获取的信息,如通过检查存货获取存货存在性的证据等;以及自身编制或获取的可以通过合理推断得出结论的信息,如注册会计师编制的各种计算表、分析表等。

财务报表依据的会计记录中包含的信息和其他信息共同构成了审计证据,两者缺一不可。如果没有前者,审计工作将无法进行;如果没有后者,可能无法识别重大错报风险。只有将两者结合起来,才能将审计风险降至可接受的低水平,为注册会计师发表审计意见提供合理的基础。

二、审计证据的特征

充分性和适当性是审计证据的两大特征。

1. 审计证据的充分性

审计证据的充分性是对审计证据数量的衡量,样本量和重大错报风险是影响审计证据的充分性的两个因素。注册会计师确定的样本量对审计证据数量有重大影响,样本量过大,影响审计效率,加大审计成本,反之,样本量过小,影响审计效果。同时,根据风险导向审计模型,即:检查风险=审计风险/重大错报风险,在可接受的审计风险水平一定的情况下,重大错报风险越大,注册会计师就应实施越多的测试工作,将检查风险控制在可接受水平,最终将审计风险降低至可接受的低水平。可见,重大错报风险越大,需要的审计证据可能越多。

2. 审计证据的适当性

审计证据的适当性是对审计证据质量的衡量,即审计证据在支持各类交易、账户余额、列报(包括披露,下同)的相关认定,或发现其中存在错报方面具有的相关性和可靠性。相关性和可靠性是审计证据适当性的核心内容,只有相关和可靠的审计证据才是高质量的。

1) 审计证据的相关性。审计证据必须与目标相关,只有与审计目标相关,审计证据才有证明力。具体地说:其一,特定的审计程序可能只为某些认定提供相关的审计证据,而与其他认定无关。例如,检查期后应收账款收回的记录和文件可以提供有关存在和计价的审计证据,但是不一定与期末截至是否适当相关。其二，针对同一项认定可以从不同来源获取审计证据或获取不同性质的审计证据。例如，注册会计师可以分析应收账款的账龄和期后收款情况，以获取与坏账准备计价有关的审计证据。其三，只与特定认定相关的审计证据并不能替代与其他认定相关的审计证据。例如，有关存货实物存在的证据并不能够替代与存货计价相关的审计证据。

2) 审计证据的可靠性。审计证据的可靠性是指证据的可靠程度。受其来源和性质的影响，并取决于获取证据的具体环境。具体地说：其一，从外部独立来源获取的审计证据由完全独立于被审计单位以外的机构或人士编制并提供，未经被审计单位有关职员之手，从而减少了伪造、更改凭证或业务记录的可能性，因而其证明力最强。其二，内部控制有效时内部生成的审计证据比内部控制薄弱时生成的审计证据更可靠。如果被审计单位有着健全的内部控制且在日常管理中得到贯彻执行，则会计记录的可信赖程度将会增加。如果被审计单位的内部控制薄弱，甚至不存在任何内部控制，则被审计单位内部凭证记录的可靠性就大为降低。其三，直接获取的审计证据比间接获取或推论得出的审计证据更可靠。间接获取的证据有被涂改及伪造的可能性，降低了可信赖程度。推论得出的审计证据，其主观性较强，人为因素较多，可信赖程度也受到影响。其四，以文件、记录形式（无论是纸质、电子或其他介质）存在的审计证据比口头形式的审计证据更可靠。口头证据本身并不足以证明事实的真相，仅仅提供一些重要线索，为进一步调查确认所用。但在一般情况下，口头证据往往需要得到其他相应证据的支持。其五，从原件获取的审计证据比从传真或复印件获取的审计证据更可靠。注册会计师可审查原件是否有被涂改或伪造的迹象，排除伪证，提高证据的可信赖程度。而传真或复印件容易是编造或伪造的结果，可靠性较低。

3. 充分性和适当性的关系

审计证据质量越高，需要的审计证据数量可能越少，即审计证据的适当性影响审计证据的充分性。但是质量存在缺陷的审计证据不能仅靠数量来弥补。

三、评价审计证据的特别考虑

1. 对伪造文件记录的考虑

如果在审计过程中认为文件记录可能是伪造的，或文件记录中的某些条款已发生变动，注册会计师应当作出进一步调查，包括直接向第三方询证，或考虑利用专家的工作以评价文件记录的真伪。

2. 对被审计单位生成信息的考虑

如果在实施审计时使用被审计单位生成的信息，注册会计师应当就这些信息的准确性和完整性获取审计证据。

3. 对相互矛盾信息的考虑

如果从不同来源获取的审计证据或获取的不同性质的审计证据不一致，表明某项审计证据可能不可靠，注册会计师应当追加必要的审计程序。

4. 对取证成本的考虑

控制审计成本是会计师事务所增强竞争能力和获利能力所必需的。但为了保证得出的审计结论、形成的审计意见是恰当的，注册会计师不应将获取审计证据的成本高低和难易程度作为减少不可替代的审计程序的理由。

四、获取审计证据的程序

新旧准则将审计程序按目的分为三种，见图4-1、图4-2。

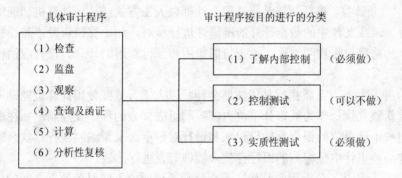

图 4-1　原准则中获取审计证据的程序

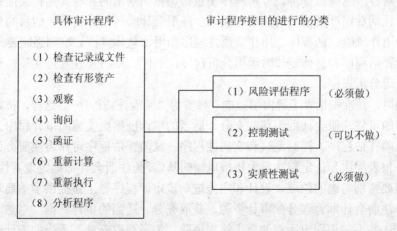

图 4-2　新准则中获取审计证据的程序

新准则中的具体审计程序由原来的六种发展到现在的八种：

1) 检查记录或文件。检查记录或文件是指注册会计师对被审计单位内部或外部生成的，以纸质、电子或其他介质形式存在的记录或文件进行审查，如检查顾客订单、发货单、销售发票、土地使用权证、保险单、契约、合同等。

2）检查有形资产。检查有形资产是指注册会计师对资产实物进行审查，如检查存货、现金、有价证券、应收票据、固定资产等。检查有形资产可为其存在性提供可靠的审计证据，但不一定能够为权利和义务或计价认定提供可靠的证据。

3）观察。观察是指注册会计师查看相关人员正在从事的活动或执行的程序，如对客户执行的存货盘点或控制活动进行观察。

4）询问。询问是指注册会计师以书面或口头方式，向被审计单位内部或外部的知情人员获取财务信息和非财务信息，并对答复进行评价的过程。

5）函证。函证是指注册会计师为了获取影响财务报表或相关披露认定的项目的信息，通过直接来自第三方的对有关信息和现存状况的声明，获取和评价审计证据的过程，如对应收账款余额或银行存款的函证。

6）重新计算。重新计算是指注册会计师以人工方式或使用计算机辅助审计技术，对记录或文件中的数据计算的准确性进行核对，如计算销售发票和存货的总金额、加总日记账和明细账、检查折旧费用和预付费用的计算、检查应纳税额的计算等。

7）重新执行。重新执行是指注册会计师以人工方式或使用计算机辅助审计技术，重新独立执行作为被审计单位内部控制组成部分的程序或控制，如注册会计师利用被审计单位的银行存款日记账和银行对账单，重新编制银行存款余额调节表，并与被审计单位编制的银行存款余额调节表进行比较。

8）分析程序。分析程序是指注册会计师通过研究不同财务数据之间的内在关系，对财务信息做出评价。分析程序还包括调查识别出的、与其他相关信息不一致或与预期数据严重偏离的波动和关系。注册会计师运用分析程序的目的包括三方面：用作风险评估程序、用作实质性程序和用作总体复核。准则强制要求 CPA 在风险评估程序和总体复核时运用分析程序，并不要求 CPA 在实施实质性程序时必须使用分析程序。

同时，新准则把"了解内部控制"修改为"风险评估程序"。这样，按审计程序的目的可将注册会计师为获取充分、适当的审计证据而实施的审计程序分为三种：风险评估程序、控制测试和实质性程序。风险评估程序可作为注册会计师评估财务报表层次和认定层次重大错报风险的基础，为注册会计师确定重要性水平、识别需要特别考虑的领域、设计和实施进一步审计程序等工作提供了重要基础，有助于注册会计师合理分配审计资源、获取充分、适当的审计证据。当然，风险评估程序并不能识别出所有的重大错报风险，为了获取充分、适当的审计证据，注册会计师还需要实施进一步程序，包括实施控制测试（必要时或决定测试时）和实质性程序。

控制测试主要测试被审计单位内部控制政策和程序设计的适当性及其运行的

有效性；而实质性程序主要是交易和余额的详细（细节）测试及对会计信息和非会计信息应用的分析程序。运用这一类审计程序可取得证明管理层在会计报表上的各项认定是否公允的证据。控制测试的方法一般有检查、询问、重新执行、观察四种；实质性程序的方法一般有交易和余额的详细（细节）测试及对会计信息和非会计信息应用的分析程序两大类、八小种：即通过检查记录或文件、检查有形资产、观察、询问、函证、重新计算、重新执行和分析程序等方法，获取充分、适当的审计证据，以便对被审计会计报表发表意见提供合理的基础。两者既有联系又有区别。控制测试为实质性测试打基础，控制测试的结果为确定实质性程序的范围、重点、时间提供依据；实质性程序是在控制测试的基础上进行的，实质性程序的程度取决于控制测试的结果。两者区别见表 4-1。

表 4-1　控制测试与实质性程序的比较

区　别	控制测试	实质性程序
测试对象	内部控制	会计数据（余额、交易等）
测试目的	确定内部控制的设计和执行是否有效	确定财务报表项目认定的公允性
程序性质	询问、观察、检查、重新执行	询问、观察、检查、重新执行、分析程序
测试时间	期中、期末为主	期末、期后为主
实施要求	必要时或决定测试时	必须进行
证据类别	间接证据	直接证据
程序种类	双重目的测试[①]	余额、交易、分析程序三种
计量性质	偏差率	错报金额
测试风险	控制风险	检查风险
抽样类型	属性抽样	变量抽样

第二节　审计工作底稿

一、审计工作底稿的概念

审计工作底稿是指注册会计师对制定的计划、实施的审计程序、获取的相关审计证据，以及得出的审计结论做出的记录。审计工作底稿是审计证据的载体，是注册会计师在审计过程中形成的审计工作记录和获取的资料。它形成于审计过程，也反映整个审计过程。注册会计师应当及时形成审计工作底稿，以实现下列目的：①提供充分、适当的记录，作为审计报告的基础；②提供证据，证明其按中国注册会计师审计准则的规定执行了审计工作。

审计工作底稿按照其形成过程可以分为三种：①注册会计师直接编制的；②从被审计单位、有关部门取得的原始资料；③注册会计师接受并审阅他人代为

---

① 在期中执行一项测试程序，能同时取得有关控制的有效性和报表中的重要错报和漏报这两个方面的证据。

编制的审计记录。其中，后两种是获取的资料。

审计工作底稿具有非常重要的作用：①审计工作底稿是连接整个审计工作的纽带；②审计工作底稿是注册会计师形成审计结论、发表审计意见的直接依据；③审计工作底稿是明确注册会计师的审计责任、评价或考核注册会计师的专业能力与工作业绩的依据；④审计工作底稿为审计质量控制与质量检查提供了可能；⑤审计工作底稿对未来的审计业务具有参考备查价值。

二、审计工作底稿的组成要素

1. 审计工作底稿的要素

通常，审计工作底稿包括下列全部或部分要素：①被审计单位名称；②审计项目名称；③审计项目时点或期间；④审计过程记录；⑤审计结论；⑥审计标识及其说明；⑦索引号及编号；⑧编制者姓名及编制日期；⑨复核者姓名及复核日期；⑩其他应说明事项。下面就④～⑩项进行说明。

2. 审计过程记录

审计过程记录的内容有：①记录特定项目或事项的识别特征。如在对被审计单位生成的订购单进行细节测试时，注册会计师可能以订购单的日期或编号作为测试订购单的识别特征；此外，金额范围或地点等也可以作为识别特征。②重大事项。如引起特别风险的事项；实施审计程序的结果；导致注册会计师难以实施必要审计程序的情形；导致出具非标准审计报告的事项。③记录针对重大事项如何处理矛盾或不一致的情况。④其他准则中要求记录的相关事项。

3. 审计结论

注册会计师恰当地记录审计结论非常重要。注册会计师需要根据所实施的审计程序及获取的审计证据得出结论，并以此作为对财务报表发表审计意见的基础。在记录审计结论时需注意，在审计工作底稿中记录的审计程序和审计证据是否足以支持所得出的审计结论。

4. 审计标识及其说明

审计工作底稿中可使用各种审计标识，但应说明其含义，并保持前后一致。如"∧"表示纵加核对，"＜"表示横加核对，"B"表示与上年结转数核对一致，"T"表示与原始凭证核对一致，"G"表示与总分类核对一致，"S"表示与明细账核对一致，"T/B"表示与试算平衡表核对一致，"C"表示已发询证函，"C\"表示已收回询证函。

5. 索引号及编号

通常，审计工作底稿需要注明索引号及顺序编号，相关审计工作底稿之间需要保持清晰的勾稽关系。在实务中，注册会计师可以按照所记录的审计工作的内容层次进行编号。例如，固定资产汇总表的编号为 C1，按类别列示的固定资产明细表的编号为 C1-1，房屋建筑物的编号为 C1-1-1，机器设备的编号为 C1-1-2，运输工具的编号为 C1-1-3，其他设备的编号为 C1-1-4。相互引用时，需要在审计工作底稿中交叉注明索引号。

6. 编制人员和复核人员及日期

在记录实施审计程序的性质、时间和范围时，注册会计师应当记录：①审计工作的执行人员及完成该项审计工作的日期；②审计工作的复核人员及复核的日期和范围。在需要项目质量控制复核的情况下，还需要注明项目质量控制复核人员及复核的日期。通常，需要在每一张审计工作底稿上注明执行审计工作的人员和复核人员、完成该项审计工作的日期以及完成复核的日期。在实务中，如果若干页的审计工作底稿记录同一性质的具体审计程序或事项，并且编制在同一个索引号中，此时可以仅在审计工作底稿的第一页上记录审计工作的执行人员和复核人员并注明日期。

三、审计工作底稿的形成

1. 审计工作底稿的编制

编制审计工作底稿应当使未曾接触该项审计工作的有经验的专业人士清楚地了解：

1）按照审计准则的规定实施的审计程序的性质、时间和范围。

2）实施审计程序的结果和获取的审计证据。

3）就重大事项得出的结论。

同时，注册会计师在编制工作底稿时应当做到内容完整、格式规范、标识一致、记录清晰、结论明确，以便使其他注册会计师在复核、检查或使用审计工作底稿时，能够理解和接受审计工作底稿的内容。

2. 审计工作底稿的获取

对于获取的审计资料，注册会计师必须做到：

1）注明资料来源。

2）实施必要的审计程序。如对有关法律性文件的复印件进行审阅或核对后，并同原件核对一致。

3）形成相应的审计记录。注册会计师审阅或核对后，应形成相应的文字记录并签名，方能形成审计工作底稿。

3. 审计工作底稿的复核

审计工作底稿的复核可以减少或消除人为的误差，降低审计风险，提高审计质量，能够及时发现和解决问题，便于上级管理部门对注册会计师进行审计工作质量监控和工作业绩考评。复核的内容包括：引用的有关资料是否翔实、可靠；所获取的审计证据是否充分、适当；审计判断是否有理有据；审计结论是否恰当。

为了保证审计工作底稿复核工作的质量，会计师事务所应当建立多层次的审计工作底稿复核制度。我国会计师事务所一般建立三级复核制度，必要时采用项目质量控制复核。

四、审计工作底稿的归整

审计各种底稿的格式因审计业务类型和被审计单位的经济性质的不同而不同。其存在形式多样，涉及内容广泛。

1. 审计工作底稿的存在形式

审计工作底稿可以以纸质、电子或其他介质形式存在。实务中，为便于相关复核人员的复核，注册会计师通常将以电子或其他介质形式存在的审计工作底稿通过打印等方式，转换成纸质形式的审计工作底稿，并与其他形式存在的审计工作底稿一并归档，同时，单独保存这些以电子或其他介质形式存在的审计工作底稿。

2. 审计工作底稿保管的内容

审计工作底稿通常包括总体审计策略、具体审计计划、分析表、问题备忘录、重大事项概要、询证函回函、管理层声明书、核对表、有关重大事项的往来信件（包括电子邮件），以及对被审计单位文件记录的摘要或复印件等。必须指出，审计工作底稿通常不包括已被取代的审计工作底稿的草稿或财务报表的草稿、对不全面或初步思考的记录、存在印刷错误或其他错误而作废的文本，以及重复的文件记录等。由于这些草稿、错误的文本或重复的文件记录等不构成审计结论、审计报告的支持性证据，因此，注册会计师通常无须保留这些记录。

3. 审计工作底稿的归整

对每项具体的审计业务，注册会计师应当将审计工作底稿归整为审计档案。在具体实务中，审计档案可分为永久性档案和当期档案。永久性档案是指记录内容相对稳定，具有长期使用价值，并对以后审计工作具有重要影响和直接作用的审计档案，例如被审计单位的组织结构设立的批准证书、土地使用权证。当期档案是指记录内容经常变化，主要供当期和下期审计使用的审计档案，例如，总体审计策略和具体审计计划。

审计工作底稿的归档期限为审计报告日后 60 天内。如果注册会计师未能完成审计任务，审计工作底稿的归档期限为审计业务中止后的 60 天内。会计师事务所应当自审计报告日起，对审计工作底稿至少保存 10 年。如果注册会计师未能完成审计业务，会计师事务所应当自审计业务中止日起，对审计工作底稿至少保存 10 年。值得注意的是，对于连续审计的情况，当期归整的永久性档案可能包括以前年度获取的资料（有可能是 10 年以前）。这些资料虽然是在以前年度获取的，但由于其作为本期档案的一部分，并作为支持审计结论的基础，因此，注册会计师应对于这些对当期有效的档案，视为当期取得并保存 10 年。如果这些资料在某一个审计期间被替换，则被替换资料可以从被替换的年度起至少保存 10 年。

会计师事务所应当按照质量控制准则的规定，对审计工作底稿实施适当的控制程序，以满足下列要求：

1）安全保管审计工作底稿并对审计工作底稿保密。

2）保证审计工作底稿的完整性。

3）便于对审计工作底稿的使用和检索。

4）按照规定的期限保存审计工作底稿。

为了保证审计工作底稿的完整性，注册会计师不得对其进行不当的删除、废弃和改动。

五、审计工作底稿的变动

1. 修改或增加

一般情况下，在审计报告归档后不需要对审计工作底稿进行修改或增加。注册会计师发现有必要修改现有审计工作底稿或增加新的审计工作底稿的情形主要有以下两种：

1）注册会计师已实施了必要的审计程序，取得了充分、适当的审计证据并得出了恰当的审计证据，但审计工作底稿的记录不够充分。

2）审计报告日后，发现例外情况要求注册会计师实施新的或追加审计程序，或导致注册会计师得出新的审计结论。

在完成最终审计档案的归整工作后，如果发现有必要修改现有审计工作底稿或增加新的审计工作底稿，无论修改或增加的性质如何，注册会计师均应当记录下列事项：

1）修改或增加审计工作底稿的时间和人员，以及复核的时间和人员。

2）修改或增加审计工作底稿的具体理由。

3）修改或增加审计工作底稿对审计结论产生的影响。

修改现有审计工作底稿主要是指在保持原审计工作底稿中所记录的信息，即对原记录信息不予删除（包括涂改、覆盖等方式）的前提下，采用增加新信息的方式予以修改。例如，原审计工作底稿中列明存货余额为 100 万元，现改为 120 万元，注册会计师可以采用在原工作底稿中增加新的注释的方式予以修改。

2. 删除或废弃

删除审计工作底稿主要是指删除整张原审计工作底稿，或以涂改、覆盖等方式删减原审计工作底稿中的全部或部分记录内容。废弃审计工作底稿主要是指将原审计工作底稿从审计档案中抽取出来，使审计档案中不再包含原来的底稿。在完成最终审计档案的归整工作后，注册会计师不得在规定的保存期届满前删除或废弃审计工作底稿。

本 章 小 结

一、内容框架

1. 审计证据

（1）含义

（2）特征

（3）评价

（4）获取程序

2. 审计工作底稿

（1）概念

（2）组成要素

（3）形成

（4）归整

（5）变动

二、主要概念

（1）审计证据
（2）审计工作底稿
（3）永久性档案
（4）当期档案

第五章　计划审计工作

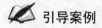 引导案例

【名　　称】　美国联区金融集团租赁公司审计案例

【影　　响】　应收账款的低估使得注册会计师承担了审计失败的恶果。

【案情简介】　美国联区金融集团租赁公司是一家从事金融服务的企业，经过七年的发展，雇员已超过4万名，在全国各地设有10个分支机构，未收回的应收租赁款接近4亿美元，占合并总资产的35%。公司有可公开交易的债券上市，美国证券交易委员会要求它定期提供财务报表。1981年底因债务拖欠率日渐升高，公司采用多种非法手段掩饰其已恶化的财务状况，因而遭到美国证券交易委员会的指控。

联区金融集团租赁公司在其定期报送的财务报表中，没有对应收租赁款计提充足的坏账准备金，导致财务报表中该账户的金额被严重低估。截至1982年9月，该公司应收账款中拖欠期超过90天金额的已高达20%以上。而该公司1981年以前，坏账准备率为1.5%，1981年调增至2%，1982年调增至3%。美国证券交易委员会同时发现，塔奇·罗丝会计师事务所对联区金融集团租赁公司1981年年度的审计计划"大部分是以前年度审计计划的延续"，指责1981年年度审计中"没有进行充分的计划和监督"，即1981年年度的审计计划及审计程序设计，没有充分考虑存在于该公司的大量审计风险因素。最后，事务所被惩罚，并被要求承担公司出具虚假会计报告所带来的损失。

【启　　示】

1）控制测试计划失败。审计人员没有计划对超期应收租赁款账户的内部会计控制进行测试。会计制度准确确定应收租赁款超期时间的有效性无法判断，从客户取得的账龄分析表的可靠性无法保证。

2）审计范围不恰当。审计计划只要求测试一小部分（8%）未收回的应收租赁款。由于把大部分精力都集中在金额超过5万美元、拖欠期达120天的超期应收租赁款上，塔奇·罗丝会计师事务所忽略了相当部分无法收回的应收租赁款的实质性测试。

3）审计程序执行不到位。尽管审计计划要求对客户坏账核销政策进行复核，但并没有要求外勤审计人员去确定该政策是否被实际执行。事实上，联区金融集团租赁公司并没有遵循其坏账核销政策。该公司采用的是一种核销坏账的核算方

法，可以随时将大量无法收回的租赁款冲销坏账准备，而事先根本没有对这些应收租赁款计提坏账准备金。某些无法收回的应收租赁款挂账多达几年。

4）审计人员专业胜任能力有限。塔奇·罗丝会计师事务所无视审计业务的复杂性和高风险性，在所分派的执行 1981 年年度审计聘约的审计人员中，大多数人对客户以及租赁行业的情况非常陌生。这些人员不具备专业胜任能力。

【思　考】 计划审计工作的重要意义有哪些？

第一节　审计计划

审计计划是指注册会计师为了完成年度会计报表审计业务，达到预期的审计目的，在具体执行审计程序之前编制的总体战略和详细方案。审计计划包括总体审计策略和具体审计计划两个部分。

一、初步业务活动

注册会计师在计划审计工作前，需要开展初步业务活动。其目的是确保注册会计师已具备执行业务所需要的独立性和专业胜任能力；不存在因管理层诚信问题而影响注册会计师保持该项业务意愿的情况；与被审计单位不存在对业务约定条款的误解。注册会计师应当在本期业务开始时开展下列初步业务活动。

1. 针对保持客户关系和具体审计业务实施相应的质量控制程序

总体来讲，无论连续审计还是首次接受审计委托，CPA 均应当考虑下列主要事项，以确定保持客户关系和具体审计业务的结论是恰当的。具体内容为：

1）被审计单位的主要股东、关键管理人员和治理层是否诚信。

2）项目组是否具备执行审计业务的专业胜任能力以及必要的时间和资源。

3）会计师事务所和项目组能否遵守职业道德规范。

2. 评价遵守职业道德的情况

职业道德规范要求项目组成员恪守独立、客观、公正的原则，保持专业胜任能力和应有的关注，并对审计过程中获知的信息保密。

虽然保持客户关系及具体审计业务和评价职业道德的工作贯穿审计业务的全过程，但是初始进行这两项活动需要安排在其他重要的审计工作之前，以确保注册会计师已具备执行业务所需要的独立性和专业胜任能力，且不存在因管理层诚信问题而影响注册会计师保持该项业务意愿等情况。

3. 及时签订或修改审计业务约定书

在做出接受或保持客户关系及具体审计业务的决策后，注册会计师应当按照规定，在审计业务开始前，与被审计单位就审计业务约定条款达成一致意见，签订或修改审计业务约定书，以避免双方对审计业务的理解产生分歧。

二、总体审计策略

总体审计策略用以确定审计范围、时间和方向，并指导制定具体的审计计划。注册会计师应当在总体审计策略中清楚地说明下列内容：

1）向具体审计领域调配的资源，包括向高风险领域分派有适当经验的项目组成员，就复杂的问题利用专家工作等。

2）向具体审计领域分配资源的数量，包括安排到重要存货存放地观察存货盘点的项目组成员的数量，对其他注册会计师工作的复核范围，对高风险领域安排的审计时间预算等。

3）何时调配这些资源，包括是在期中审计阶段还是在关键的截至日期调配资源等。

4）如何管理、指导、监督这些资源的利用，包括预期何时召开项目组预备会和总结会，预期项目负责人和经理如何进行复核，是否需要实施项目质量控制复核等。

总体审计策略框架见图 5-1。

目　　录
1. 审计工作范围 ……………………………………………………………………
2. 重要性 ……………………………………………………………………………
3. 报告目标、时间安排及所需沟通 ………………………………………………
4. 人员安排 …………………………………………………………………………
5. 对专家或有关人士工作的利用（如适用）……………………………………

图 5-1　总体审计策略框架

三、具体审计计划

1. 具体审计计划与总体审计策略的关系

制定总体审计策略和具体审计计划的过程紧密联系，并且两者的内容也紧密相关。注册会计师应当针对总体审计策略中所识别的不同事项，制定具体的审计计划，并考虑通过有效利用审计资源以实现审计目标。虽然编制总体审计策略的过程通常在具体的审计计划之前，但是两项计划活动并不是孤立、不连续的过程，而是内在紧密联系的，对其中一项的决定可能会影响甚至改变对另外一项的决定。例如，注册会计师在了解被审计单位及其环境的过程中，注意到被审计单位对主要业务的处理依赖复杂的自动化信息系统，因此计算机信息系统的可靠性及有效性对其经营、管理、决策以及编制可靠的财务报告具有重大影响。为此，注册会计师可能会在具体审计计划中制定相应的审计程序，并相应地调整总体审计策略的内容，做出利用信息风险管理专家的工作的决定。

因此，注册会计师应当根据实施风险评估程序的结果，对总体审计策略的内容予以调整。在实务中，注册会计师将制定总体审计策略和具体审计计划相结合进行，可能会使计划审计工作更有效率及效果，并且注册会计师也可以采用将总体审计策略和具体审计计划合并为一份审计计划文件的方式，以提高编制及复核工作的效率，增强其效果。

2. 具体审计计划的内容

（1）计划风险评估程序

即按照规定，注册会计师为了识别和评估财务报表重大错报风险，计划实施的风险评估程序的性质、时间和范围。

（2）计划实施的进一步审计程序

通常，注册会计师计划的进一步审计程序可以分为进一步审计程序的总体方案和拟实施的具体审计程序（包括进一步审计程序的具体性质、时间和范围）两个层次。进一步审计程序的总体方案主要是指注册会计师针对各类交易、账户余额和列报决定采用的总体方案（包括实质性方案或综合性方案）。具体的审计程序则是对进一步审计程序的总体方案的延伸和细化，它通常包括控制测试和实质性程序的性质、时间和范围。在实务中，进一步审计程序表见表5-1。

（3）计划其他审计程序

计划的其他审计程序可以包括上述进一步程序的计划中没有涵盖的、根据其他审计准则的要求注册会计师应当执行的既定程序。例如，阅读含有已审计财务报表的文件中的其他信息，寻求与被审计单位律师直接沟通等。

表 5-1　进一步审计程序表（重要账户或列报的计划总体方案计划矩阵）

重要账户或列报	余额 本年度	余额 上年度	识别的重大错报风险 相关认定 完整性	存在/准确性/发生	截止	计价/权利/分类/义务/分摊	理解性	无	拟实施的总体方案 是否涉及舞弊风险	审计目标编号	工作底稿索引号	专家或其他人工作的利用	总体方案	控制测试	实质性程序 分析程序	细节测试	具体审计程序编号
资产负债表	[ ]																
应收账款余额	[ ]	[ ]	[是]	[a]		[a]			[是]	[1]	[ ]	[否]	[综合性方案]	[是]	[是]	[是]	[ ]
固定资产	[ ]	[ ]				[是]				[2]	[ ]	[否]	[实质性方案]	[否]	[是]	[是]	[是]
实收资本	[ ]							√									
利润表																	
销售收入	[ ]	[是]	[是]	[a]	[a]				[是]	[1]	[ ]	[否]	[综合性方案]	[是]	[是]	[是]	[是]
列报	[ ]																

注：[a]表示特别关注；[ ]表示省略或应在此处填写相关数据。

第二节　审计重要性

一、重要性的含义

从会计报表使用者的角度出发，重要性是指被审计单位一项错报单独或连同其他错报的严重程度，这一程度在具体环境下可能影响财务报表使用者依据财务报表做出的经济决策。

从注册会计师的角度出发，重要性是指注册会计师对被审计单位财务报表能够容忍的最大错报。注册会计师首先为财务报表层次确定重要性水平，以发现在金额上的重大错报。

为了更清楚地理解重要性的概念，需要注意以下几点：

1）重要性概念中的错报包含漏报。财务报表错报包括财务报表金额的错报和财务报表披露的错报。

2）重要性包括对数量和质量两个方面的考虑。所谓数量方面是指错报的金额大小，性质方面则是指错报的性质严重程度。一般而言，金额大的错报比金额小的错报更重要。在有些情况下，某些金额的错报从数量上看并不重要，但从性质上考虑，则可能是重要的。对于某些财务报表披露的错误，难以从数量上判断是否重要，应从性质上考虑其是否重要。

3）重要性概念是针对财务报表使用者决策的信息需求而言的。判断一项错报重要与否，应视其对财务报表使用者依据财务报表做出经济决策的影响程度而定。如果财务报表中的某项错报足以改变或影响财务报表使用者的相关决策，则该项错报就是重要的，否则就不重要。

4）重要性的确定离不开具体环境。由于不同的被审计单位面临不同的环境，不同的报表使用者有着不同的信息需求，因此注册会计师确定的重要性也不相同。某一金额的错报对某个被审计单位的财务报表来说是重要的，而对另一个被审计单位的财务报表来说可能不重要。例如，错报 10 万元对一个小公司来说可能是重要的，而对另一个大公司来说则可能不重要。

5）对重要性的评估需要运用职业判断。影响重要性的因素很多，注册会计师应当根据被审计单位面临的环境，并综合考虑其他因素，合理确定重要性水平。不同的注册会计师在确定同一被审计单位财务报表层次和认定层次的重要性水平时，得出的结果可能不同。主要是因为对影响重要性的各种因素的判断存在差异。因此，注册会计师需要运用职业判断来合理地评估重要性。

6）重要性与"可容忍错报"的关系。注册会计师应根据编制审计计划时对审计重要性的评估，确定实质性测试的可容忍错报。重要性与可容忍错报之间的关系密切。实际上，各类交易、账户余额、列报认定层次的重要性水平称为"可容忍错报"。可容忍错报的确定以注册会计师对财务报表层次重要性水平的初步评估为基础。它是在不导致财务报表存在重大错报的情况下，注册会计师对各类交易、账户余额、列报确定的可接受的最大错报。

二、重要性的运用

1. 重要性运用的一般原则

1）对重要性的评估需要运用专业判断。重要性的判断要依赖特定的具体环境。

2）注册会计师在审计过程中应当运用重要性。这是因为：一是为了提高审计效率；二是为了保证审计质量。

3）注册会计师运用重要性的情形：一是在计划审计工作时确定审计程序的性质、时间和范围；二是在评价审计结果时，考虑错报对审计意见的影响。

2. 重要性的两个判断标准

（1）数量
一般地说，金额越大的错报越重要。
（2）性质
例如：①涉及舞弊与违法行为，关系到管理当局诚信问题，性质重要；②可能引起履行合同义务的，性质重要；③影响收益趋势，性质重要；④不期望出现的，性质重要；⑤现金或股本等账户的错报不论金额多大都是重大错报；⑥对增加管理层报酬有影响程度的错报；⑦对某些账户之间错误分类有影响程度的错报；⑧涉及特定方项目的错报；⑨对信息漏报有影响程度的错报；⑩小金额错报金额累计，单独地看一笔小金额在性质和数量上都不重要；但是整体地看，长年累月出现同样的小错会形成大错；企业许多账户和交易的小错累计增大，必然对财务报表影响大。因此，性质也是重要的。

3. 两个层次重要性的考虑

（1）财务报表层次
由于独立审计的目的是对财务报表的合法性、公允性发表审计意见，因此，注册会计师必须考虑财务报表层的重要性水平。
（2）各类交易、账户余额、列报认定层次
由于财务报表所提供的信息来源于各交易、账户余额、列报认定，注册会计师只有通过验证各交易、账户余额、列报认定，才能得出财务报表合法性、公允性的整体结论。
它们之间的关系可以表示为

$$\dfrac{\Sigma \text{各类交易、账户余额、}}{\text{列报认定层次的重要性水平}} = \dfrac{\text{财务报表层次各类交易、}}{\text{账户重要性水平}}$$

4. 重要性、审计风险、审计证据三者之间的关系

重要性是注册会计师从财务报表使用者的角度对财务报表错报程度职业判断的结果，重要性的本质是财务报表的错报程度。审计风险是指财务报表存在重大错报而注册会计师发表不恰当审计意见的可能性，发表不恰当审计意见很可能是由于审计程序不恰当或者职业判断失误导致未能查出财务报表的重大错报。重要性是错报的程度，审计风险是未能查出重大错报的可能性，重要性和审计风险讨论的问题都与财务报表错报有关。

（1）重要性与审计风险的关系

重要性与审计风险之间是反向关系。比如，注册会计师确定的财务报表层的重要性水平是 350 万元，表明 350 万元以上的错报就是重要的，注册会计师只需要查出 350 万元以上的错报；如果注册会计师确定的财务报表层的重要性水平是 150 万元，表明 150 万元以上的错报是重要的，注册会计师不仅要查出高于 350 万元以上的错报，而且还要查出 150 万～350 万元之间的错报。在审计抽样测试的样本量一定的情况下，测试的范围越大，不能查出重大错报的可能性越大，即审计风险就越大。显然，重要性水平是 150 万元的审计风险比重要性是 350 万元的审计风险高。可见，重要性与审计风险是反向关系。

（2）重要性与审计证据的关系

重要性与审计证据之间也是反向关系。前已述及，重要性水平是 150 万的审计风险比重要性是 350 万的审计风险高，为了降低审计风险，注册会计师应实施更多的审计程序，收集更多的审计证据。可见重要性与审计证据也是反向关系。

综合上述，重要性水平越低，注册会计师面临的审计风险就越高，注册会计师为了降低审计风险至可接受的低水平，就应实施更详细的审计测试，收集更多的审计证据。

三、编制审计计划时对重要性的评估

1. 对重要性评估的总体要求

1）编制审计计划时必须对重要性水平做出初步判断。

2）初步判断的目的是评估重大错报风险，从而确定审计程序的性质、时间和范围。

3）重要性水平与审计风险之间成反向关系。

注册会计师在计划审计工作时应确定一个恰当的重要性水平。注册会计师判断的重要性水平偏高，则评估的重大错报风险偏低，针对评估的较小的重大错报

风险，考虑注册会计师可能只实施较少的审计程序，审计程序不充分导致重大错报未能查出而得出错误的审计结论，从而影响审计效果；相反，则影响审计效率。

2. 对重要性水平做出初步判断时应考虑的因素

注册会计师在计划审计工作时确定的重要性水平通常可称为"计划的重要性水平"，而注册会计师在评价审计结果时确定的重要性水平通常可称为"评价审计结果时的重要性水平"。注册会计师在计划审计工作时，对重要性水平做出初步判断，确定财务报表层的重要性水平，即确定"计划的重要性水平"时，应当综合考虑以下因素。

（1）对被审计单位及其环境的了解

被审计单位的行业状况、法律环境与监管环境等其他外部因素，以及被审计单位业务的性质、对会计政策的选择和应用、被审计单位的目标、战略及相关的经营风险、被审计单位的内部控制等因素，都将影响注册会计师对重要性的判断。

（2）审计的目标（包括特定报表要求）

信息使用者的要求等因素影响注册会计师对重要性水平的确定。例如，对特定报表项目进行审计的业务，其重要性水平可能需要以该项目金额，而不是以财务报表的一些汇总性财务数据为基础加以确定。

（3）财务报表各项目的性质及其相互关系

财务报表使用者对不同的报表项目的关心程度不同。一般而言，财务报表使用者十分关心流动性较高的项目，注册会计师应当对此从严制定重要性水平。由于财务报表各项目之间是相互联系的，注册会计师在确定重要性水平时，需要考虑这种相互联系。

（4）财务报表项目的金额及其波动幅度

财务报表的金额及其波动幅度可能促使财务报表使用者做出不同的反应。因此，注册会计师在确定重要性水平时，应当深入研究这些项目的金额及其波动幅度。

总之，只要影响预期财务报表使用者决策的因素，都可能对重要性水平产生影响。注册会计师应当在计划阶段充分考虑这些因素，并采用合理的方法，确定重要性水平。

3. 财务报表层重要性水平的确定

由于财务报表审计的目标是注册会计师通过执行审计工作对财务报表发表审计意见，因此，注册会计师应当考虑财务报表层次的重要性。只有这样，才能得出财务报表是否公允反映的结论。注册会计师在制定总体审计策略时，应当确定财务报表层的重要性水平。

财务报表层重要性水平的确定需要考虑判断基础、计算方法和选取原则。

（1）判断基础，即汇总的财务数据

判断基础通常包括资产总额、净资产、营业收入、净利润等财务报表项目的汇总的财务数据。注册会计师应当合理选用判断基础。例如，被审计单位净利润接近于零时，不应将净利润作为重要性水平的判断基础；被审计单位净利润波动幅度较大时，不应将当年的净利润作为重要性水平的判断基础，而应选择近几年的平均净利润；被审计单位属于劳动密集型时，不应将资产总额、净资产作为重要性水平的判断基础。

（2）计算方法，采用百分比计算

在选定判断基础后，注册会计师通常根据职业判断选择一个百分比，求出会计报表层次的重要性水平。但这个百分比是多少，世界各国的审计准则和会计准则都没有做出规定，也无法做出规定。以下是实务中用来判断重要性水平的一些参考数值：①净利润的5%～10%（净利润较小时用10%，净利润较大时用5%）；②资产总额的0.5%～1%；③净资产的1%；④营业收入的0.5%～1%。注册会计师在具体执行财务报表审计业务时，可以对上述"百分比"做出调整。

（3）选取原则，即最低者原则

注册会计师从财务报表各个判断基础计算的乘积中，选取一个最低者作为整个财务报表层次的重要性水平。

【例5-1】A和B注册会计师对XYZ股份有限公司2005年度财务报表进行审计，其未经审计的财务报表项目金额见表5-2。

表5-2　财务报表层重要性水平的判断基础　　　　　　　　　单位：万元

财务报表项目名称	金　额	财务报表项目名称	金　额
资产总计	180 000	利润总额	36 000
股东权益合计	88 000	净利润	24 120
主营业务收入	240 000		

如果CPA以资产总额（0.5%）、净资产（股东权益）（1%）、主营业务收入（0.5%）和净利润（5%）作为判断基础，采用百分比法，则计算确定重要性水平过程见表5-3。

表5-3　财务报表层重要性水平的确定　　　　　　　　　单位：万元

判断基础	金　额	百分比数值	乘　积	重要性水平
资产总额	180 000	0.5%	900	
净资产	88 000	1%	880	880
主营业务收入	240 000	0.5%	1 200	
净利润	24 120	5%	1 206	

注册会计师依据"判断基础"，相应"百分比"计算出各"汇总财务数据"的重要性水平后，应当按照"选取原则"确定一个最低值880万元为整个XYZ公司2005年度财务报表层次的重要性水平。

　　注册会计师通常在资产负债表日之前对重要性水平作出初步判断，此时，尚无法取得年末财务报表数据。因此，在编制审计计划时，如果被审计单位尚未完成财务报表的编制，注册会计师应当根据期中财务报表推算出年度财务报表，以确定财务报表层次的重要性水平；或者根据被审计单位经营环境和经营情况变动对上年度财务报表做出必要修正，以确定财务报表层次的重要性水平。

　　4. 各类交易、账户余额、列报认定层次重要性水平的确定

　　（1）各类交易、账户余额、列报认定层次重要性水平的确定方法

　　注册会计师在确定认定层次审计程序前，可将财务报表层次的重要性水平分配至各类交易、账户余额、列报认定层次，也可单独确定各类交易、账户余额、列报认定层次的重要性水平。对于认定的重要性水平，既可以采用分配的方法，也可以不采用分配的方法。在实务中，很多注册会计师选择资产负债表账户作为分配的基础，各账户分得的重要性称为"可容忍错报"。

　　（2）确定各类交易、账户余额、列报认定层次重要性水平时应当考虑的主要因素

　　1）各类交易、账户余额、列报的性质及错报的可能性。

　　2）各类交易、账户余额、列报重要性水平与财务报表层次重要性水平的关系

　　3）各类交易、账户余额、列报的审计成本。

　　（3）分配的方法

　　1）分配的对象：一般是资产负债表账户。

　　2）分配的要点：各账户、交易或列报层次的重要性水平之和应当等于财务报表层次的重要性水平。

　　【案例5-2】　表5-4是采用分配方法将财务报表层次的重要性水平，分配到各资产负债表账户的结果。

表 5-4　重要性水平的分配

单位：万元

项　目	金　额	甲方案	乙方案
现金	700	7	2.8
应收账款	2 100	21	25.2
存货	4 200	42	70
固定资产	7 000	70	42
总　计	14 000	140	140

　　甲方案是按1%进行同比例分配，乙方案在甲方案的基础上，注册会计师根据了解被审计单位及其环境评估重大错报风险较小的基础上，根据其职业判断作出了调整后的结果。其中，由于评估的重大错报风险较低，将日常交易量频繁的应收账款和存货认定层次的重要性水平调高，其目的是为了降低审计成本；考虑到固定资产认定层次重要性水平与整个财务报表层次重要性水平的关系（占50%，

太高），将固定资产认定层次重要性水平由 70 万元调低至 42 万元；考虑到现金资产性质重要且容易发生错报，注册会计师将其重要性水平由 7 万元调低至 2.8 万元。

（4）不分配的方法

注册会计师也可以采用不分配的方法来确定认定层次的重要性水平。假设财务报表层次的重要性水平为 100 万元，注册会计师可根据各账户、交易或列报的性质及错报的可能性，将各账户、交易或列报层次的重要性水平确定为财务报表层次重要性水平的 20%～50%。审计时只要发现该认定层次的错报超过这一水平，就建议被审计单位调整。最后，编制未调整事项汇总表，若未调整的错报超过 100 万元，就应建议被审计单位调整。

在实际工作中，往往很难预测哪些账户可能发生错报，也无法事先确定审计成本的大小，重要性水平的确定是一个经验值，注册会计师只能通过职业判断确定重要性水平，所以，重要性水平的确定是一个非常困难的专业判断过程。

四、评价审计结果时对重要性的考虑

1. 评价审计结果时所应用的重要性水平

注册会计师评价审计结果时所应用的重要性水平可能与编制审计计划时所确定的重要性水平初步判断数不同。如果前者大大低于后者，则注册会计师应当重新评估所执行的审计程序是否充分。

2. 尚未更正错报的汇总数

尚未更正错报的汇总数包括已经识别的具体错报和推断误差。

（1）已经识别的具体错报

已经识别的具体错报是指注册会计师在审计过程中发现的，能够准确计量的错报，包括下列两类。

1）对客观事实的错报。这类错报产生于被审计单位收集和处理数据的错误，对事实的忽略或误解，或故意舞弊行为。例如，注册会计师在审计测试中发现最近购入存货的实际价值为 15 000 元，但账面记录的金额却为 10 000 元。因此，存货和应付账款分别被低估了 5 000 元，这里被低估的 5 000 元就是已识别的对客观事实的错报。

2）涉及主观决策的错报。这类错报产生于两种情况：一是管理层和注册会计师对会计估计值的判断差异，例如，由于包含在财务报表中的管理层做出的估计值超出了注册会计师确定的一个合理的范围，导致出现判断误差；二是管理层和注册会计师对选择和运用会计政策的判断差异，由于注册会计师认为管理层选用会计政策造成错报，管理层却认为选用会计政策适当，导致出现判断差异。

（2）推断误差

推断误差也称"可能误差"，是注册会计师对不能明确、具体地识别的其他错报的最佳估计数。推断误差通常包括：

1）通过测试样本估计出的总体的错报减去在测试中发现的已经识别的具体错报。例如，应收账款年末余额为 2 000 万元，注册会计师抽查 10%样本发现金额有 100 万元的高估，高估部分为账面金额的 20%，据此注册会计师推断总体的错报金额为 400 万元（2000×20%），那么上述 100 万元就是已识别的具体错报，其余 300 万元即推断误差。

2）通过实质性分析程序推断出的估计错报。例如，注册会计师根据客户的预算资料及行业趋势等要素，对客户年度销售费用独立做出估计，并与客户账面金额比较，发现两者间有 50%的差异；考虑到估计的精确性有限，注册会计师认为10%的差异通常是可以接受的，而剩余 40%的差异需要有合理解释并取得佐证性证据；假定注册会计师对其中 10%的差异无法得到合理解释或不能取得佐证，则该部分差异金额即为推断误差。

3. 汇总数低于重要性水平的处理

如果尚未更正错报的汇总数低于重要性水平（并且特定项目的尚未更正错报也低于考虑其性质所设定的更低的重要性水平，下同），则对财务报表的影响不重大，注册会计师可以发表无保留意见的审计报告。

4. 汇总数超过重要性水平的处理

如果尚未更正错报的汇总数超过重要性水平，则对财务报表的影响可能是重大的，注册会计师应当考虑通过扩大审计程序的范围或要求管理层调整财务报表降低审计风险。在任何情况下，注册会计师都应当要求管理层就已识别的错报调整财务报表。如果管理层拒绝调整财务报表，并且扩大审计程序范围的结果不能使注册会计师认为尚未更正错报的汇总数不重大，注册会计师应当考虑出具非无保留意见的审计报告。

5. 汇总数接近重要性水平的处理

如果已识别但尚未更正错报的汇总数接近重要性水平，则注册会计师应当考虑该汇总数连同尚未发现的错报是否可能超过重要性水平，并考虑通过实施追加的审计程序，或要求管理层调整财务报表降低审计风险。

第三节 审 计 风 险

一、审计风险的定义

审计风险是指财务报表存在重大错报而注册会计师发表不恰当审计意见的可能性。可接受的审计风险的确定，需要考虑会计师事务所对审计风险的态度、审计失败可能造成损失的大小等因素。其中，审计失败可能造成损失的大小又受所审计财务报表的用途、使用者的范围等因素的影响。但必须注意，审计业务是一种保证程度高的鉴证业务，可接受的审计风险应当足够低，以使注册会计师能够合理地保证所审计的财务报表不含有重大错报。审计风险取决于重大错报风险和检查风险。

二、审计风险的影响因素

1. 重大错报风险

重大错报风险是指财务报表在审计前存在重大错报的可能性。在设计审计程序以确定财务报表整体是否存在重大错报时，注册会计师应当从财务报表层次和各类交易、账户余额、列报认定层次方面考虑重大错报风险。

（1）财务报表层重大错报风险

财务报表层重大错报风险与财务报表整体存在着广泛的联系，可能影响多项认定。此类风险通常与控制环境有关，但也可能与其他因素有关，如经济萧条。此类风险难以界定某类交易、账户余额、列报的具体认定；相反，此类风险增大了任何数目的不同认定发生重大错报的可能性。此类风险对注册会计师考虑由舞弊引起的风险特别相关。注册会计师评估财务报表层次重大错报风险的措施包括：考虑审计项目组承担重要责任的人员的学识、技术和能力，是否需要专家介入；考虑给予业务助理人员适当程度的监督指导；考虑是否存在导致注册会计师怀疑被审计单位持续经营假设合理性的事项或情况。

（2）固有风险和控制风险

认定层次的重大错报风险又可进一步细分为固有风险和控制风险。

固有风险是指假设不存在相关的内部控制，某一认定发生重大错报的可能性，无论该错报单独考虑，还是连同其他错报构成重大错报。

某些类别的交易、账户余额、列报及其认定，固有风险较高。例如，复杂计算比简单计算更可能出错；受重大计量不确定性影响的会计估计发生错报的可能性较大。产生经营风险的外部因素也可能影响固有风险，比如，技术进步可能导致某项产品陈旧，进而导致存货易于发生高估错报（计价认定）。被审计单位及其环境中的某些因素还可能与多个甚至所有类别的交易、账户余额、列报有关，进而影响多个认定的固有风险。这些因素包括维持经营的流动资金匮乏、被审计单位处于夕阳行业等。

控制风险是指某项认定发生了重大错报，无论该错报单独考虑，还是连同其他错报构成重大错报，而该错报没有被企业的内部控制及时防止、发现和纠正的可能性。控制风险取决于与财务报表编制有关的内部控制的设计和运行的有效性。由于控制的固有局限性，某种程度的控制风险始终存在。

需要特别说明的是，由于固有风险和控制风险不可分割地交织在一起，有时无法单独进行评估，审计准则通常不再单独提到固有风险和控制风险，而只是将这两者合并称为"重大错报风险"。但这并不意味着，注册会计师不可以单独对固有风险和控制风险进行评估。相反，注册会计师既可以对两者进行单独评估，也可以对两者进行合并评估。具体采用的评估方法取决于会计师事务所偏好的审计技术和方法及实务上的考虑。

2. 检查风险

检查风险是指某一认定存在错报，该错报单独或连同其他错报是重大的，但注册会计师未能发现这种错报的可能性。检查风险取决于审计程序设计的合理性和执行的有效性。由于注册会计师通常并不对所有的交易、账户余额和列报进行检查，以及其他原因，检查风险不可能降低为零。其他原因包括注册会计师可能选择了不恰当的审计程序、审计过程执行不当，或者错误解读了审计结论。这些其他因素可以通过适当计划、在项目组成员之间进行恰当的职责分配、保持职业怀疑态度以及监督、指导和复核助理人员所执行的审计工作得以解决。

三、审计风险模型

在既定的审计风险水平下，可接受的检查风险水平与认定层次重大错报风险评估结果成反向关系。评估的重大错报风险越高，可接受的检查风险越低；评估的重大错报风险越低，可接受的检查风险越高。检查风险与重大错报风险的反向关系用数学模型表示为

$$审计风险＝重大错报风险×检查风险$$

这个模型也就是审计风险模型。假设针对某一认定，注册会计师可接受的审计风险水平设定为 5%，注册会计师实施风险评估程序后将重大错报风险评估为 25%，则根据这一模型，可接受的检查风险为 20%。当然，实务中，注册会计师不一定用绝对数量表达这些风险水平，而选用"高"、"中"、"低"等文字描述。

注册会计师应当合理设计审计程序的性质、时间和范围，并有效地执行审计程序，以控制检查风险。上例中，注册会计师根据确定的可接受检查风险（20%），设计审计程序的性质、时间和范围。审计计划在很大程度上，围绕确定审计程序的性质、时间和范围而展开。

本 章 小 结

一、内容框架

1. 审计计划

（1）初步业务活动

（2）总体审计策略
（3）具体审计计划

2. 审计重要性

（1）重要性的定义
（2）重要性的运用
（3）编制审计计划时对重要性的评估
（4）评估审计结果时对重要性的考虑

3. 审计风险

（1）审计风险的定义
（2）审计风险的影响因素
（3）审计风险模型

二、主要概念

（1）审计计划
（2）初步业务活动
（3）总体审计策略
（4）具体审计计划
（5）审计重要性
（6）审计风险
（7）重大错报风险
（8）检查风险

第六章　实施审计工作

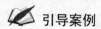引导案例

【名　　称】世界通信公司审计案

【影　　响】美国最大破产案，世界最大公司财务舞弊案，安达信公司重大审计失败案。

【案情简介】

1. 2002 年世界通信公司大事记（见表 6-1）

表 6-1　2002 年世界通信公司大事记

时　间	事　件
02 月 08 日	降低 2002 年度收入和赢利预测
第二季度	计提 150 亿~200 亿美元的无形资产减值准备
03 月 12 日	因电信业不景气，竞争对手 AT&T 遭受巨额损失，公司外报利润巨大，引起怀疑，美国证券交易委员会（Securities and Exchange Commission，SEC）立案稽查
04 月 03 日	宣布裁员 10%，拟解雇 8 500 名员工
04 月 30 日	创始人埃伯斯卷入 4.08 亿美元贷款丑闻，辞去首席执行官职务
05 月 09 日	公司信用被降至"垃圾债券"级别
06 月 05 日	再次裁员 20%，拟辞退 17 000 名员工
06 月 20 日	资金周转紧张，推迟支付优先股股息
06 月 24 日	股价跌破 1 美元
06 月 25 日	内审发现公司 2001 年低估期间费用，虚增利润 38.52 亿美元
06 月 26 日	被 SEC 指控证券欺诈
07 月 01 日	复牌后股价跌至 0.06 美元
07 月 21 日	申请破产，资产账面值达 1 070 亿美元，美国最大破产案资产公允价仅 150 亿美元，负债总额近 450 亿美元，资不抵债约 300 亿美元
07 月 31 日	股票被摘牌
08 月 01 日	执行副总裁兼首席财务官苏利文等被逮捕，欺诈等罪名成立，最多可判 65 年
08 月 08 日	宣布 1999~2000 年税前利润被高估 34.66 亿美元
11 月 05 日	第三次披露，又发现了 20 亿美元的虚假利润。至此，共虚增会计利润超过 93 亿美元，随着调查的深入将突破 100 亿美元

2. 世界通信公司发展历程（见表 6-2）

表 6-2 世界通信公司发展历程

时 间	发展历程
1983 年	成立，前身为 LDDS（Long Distance Discount Service），长途折扣服务公司
1984 年	营业收入不到 100 万美元
1985 年	埃伯斯出任首席执行官，实施两大发展战略——资本运作和收购兼并
1989 年 08 月	与 Advantage 公司合并，实现借壳上市，利用高估的股票兼并对手
1996 年 12 月	以 120 亿美元的股票收购了 MFS 通信公司，公司收入增至 48 亿美元
1997~1998 年	完成三项收购兼并： 一是收购微波通信公司，利用其网络走向世界 二是收购 Brooks 光纤财产公司，增强了短途电信市场竞争力 三是兼并 Compuserve 公司和 ANS 通信公司 合并经营收入突破 300 亿美元
1999 年 06 月 24 日	股票市值超过 1 150 亿美元，成为美国第 25 大公司
案发前规模	业务范围 65 个国家，2 000 多万名个人客户，数万家公司客户，85 000 名员工，1 000 多亿美元资产，350 亿美元营业收入的大型跨国服务公司
2002 年 07 月 01 日	股票复牌后市值跌至 3 亿美元，给股东和债权人带来了巨大损失

3. 造假黑幕

世界通信公司会计造假的动机是为了迎合华尔街财务分析师的盈利预期，造假手段主要有以下两类：

一是滥用准备金科目，利用以前年度计提的各种准备金，如递延税收、坏账准备、预提费用，冲销线路成本，夸大对外报告的利润。SEC 和司法部已经查实的这类造假金额高达 16.35 亿美元。其所涉及的会计记录，既无原始凭证和分析资料支持，也缺乏签字授权和正当理由。公司财务工作人员虽然知道这些账务处理缺乏正当理由，也不符合公认的会计准则，但最终还是屈从于苏利文的压力参与造假。

二是以"预付容量"为借口，要求分支机构将原已确认为经营费用的线路成本转至固定资产等资本性支出账户，以此降低经营费用，高估经营利润。司法部已查实的这类造假金额高达 38.52 亿美元。

2001 年，公司对外报告的税前利润为 23.92 亿美元，通过冲销线路成本虚增税前利润高达 30.34 亿美元，实际亏损 6.42 亿美元；2002 年第一季度对外报告的税前利润为 24 亿美元，剔除造假因素后，实际亏损 5.78 亿美元，挤去水分后，其盈利情况与竞争对手 AT&T 大致相仿。

内部审计负责人辛西亚发现资本性支出没有纳入资本预算，也没有经过股东大会和董事会授权，对公司会计处理的真实性产生了怀疑，并以此作为突破口，揭开了公司的造假黑幕。

【风险评估】

1）管理当局蓄意将财务审计排除在内部审计的法定职责之外，只准内部审计从事经营绩效审计，这显然有别于大多数公司的做法。

2）会计记录存在着众多的高层调整，即公司总部直接给子公司等分支机构下达账项调整指令，而没有提供相关的签字和原始凭证等书面材料。

3）管理当局具有提供虚假财务报告的强烈动机，包括埃伯斯持有大量公司股票并以此作为个人贷款的质押，公司迫切需要保持高股价以维持换股方式进行收购兼并的吸引力，需要保持较高的投资和信用等级以发行票据和债券（2000 年和 2001 年发行的票据及债券分别高达 50 亿美元和 118 亿美元）。

4）所处的电信行业经营情况发生逆转，风险居高不下，表现为竞争激烈、市场饱和、盈利下降、倒闭不断、坏账剧增。

5）经营特征和财务状况反映出异常现象，如收入和利润的高速增长所创造的现金流量不足以弥补其资本支出、公司面临着通过发行股票和债券来为其经营活动和资本支出筹措资金的巨大财务压力、与对手相比所显示出的异常盈利能力。

6）会计政策 2001 年以前和 2002 年以后不一致。2001 年以前将线路成本计入期间费用，2001 年和 2002 年第一季度予以资本化。

【风险应对】

1. 控制测试

1）会计和报告系统对结账后调整分录、准备金转回的规定和控制。

2）手工会计分录和合并试算平衡表的编制及控制程序。

3）管理当局对重组准备和其他准备金以及线路成本的估计判断及相关控制程序。

4）内部控制结构及其实际执行效果。

5）对资产减值的计提和转回的估计判断及相关控制程序，审计人员应该开展控制测试，以获取有关内部控制足以防止财务报表层及交易、账户余额和列报层发生重大错报的证据，将审计风险降低在可接受的水平范围内。

2. 实质性测试

1）重点审查准备金的借方发生额。2000 年第三、四季度以及 2001 年第三季度将过去计提的至少 16.35 亿美元的准备金用于冲销线路成本。后经查明，这些转回分录属于"空白记账凭证"，均缺少相关的原始凭证或其他证明材料。

2）公司将 38.52 亿美元的线路成本由经营费用转入"厂场、设备和财产"，涉及重分类调整分录（将经营费用重新划分为资本支出），同样缺乏相关的原始凭证、签字授权等证明材料。

3）世界通信公司一方面通过确认 31 亿美元的未完工研发支出压低商誉；另

一方面却通过武断地计提 34 亿美元的固定资产减值准备高估利润。收购 MCI 时，世界通信将 MCI 固定资产的价值由账面的 141 亿美元调整为 107 亿美元，此举使收购 MCI 的商誉虚增了 34 亿美元。按照 MCI 的会计政策，固定资产的平均折旧年限为 4.36 年，通过计提 34 亿美元的固定资产减值损失，使世界通信在收购 MCI 后的未来 4 年内，每年可减少约 7.8 亿美元的折旧。而虚增的 34 亿商誉则分 40 年摊销，每年约为 0.85 亿美元。每年少提的折旧 7.8 亿美元和多提的商誉摊销 0.85 亿美元相抵后，世界通信公司在 1999～2001 年每年约虚增了 6.95 亿美元的税前利润。

显然，审计人员无法获得审计证据证明这些交易没有发生重大错报，并将审计风险降低在可接受的低水平。恰恰相反，2000 年第三、四季度的错报金额高达 12.35 亿美元，占当年对外报告利润的 29.7%；2001 年通过转回无线电等部门已提取的坏账准备虚增了 4 亿美元的利润，占当年对外报告净利润的 26.6%；2001 年 38.52 亿美元中有一笔分录金额就高达 5 亿美元，占 2001 年利润的 33.3%；而通过虚减折旧和虚增商誉的行为虚增利润每年达 6.95 亿美元，占 2001 年利润的 46.2%；均远远超出了约定俗成的重要性水平（通常为净利润的 5%～10%）。这些错报使公司从账面亏损变为账面巨额盈余，肯定会影响投资者的判断决策，更何况它们曾一度蒙蔽了华尔街金融分析家们的眼睛，属于重大错报。安达信会计师事务所的风险应对策略就是提请被审计单位调整错报，或在被审计单位拒绝调整的情况下出具非无保留意见的审计报告。

【启　示】

1）应该出台审计风险准则，以提高审计质量，降低行业风险。

国际知名公司的财务舞弊案，严重损害了社会公众对审计有效性的信心，出台审计风险准则，有利于降低审计失败发生的概率，增强社会公众对行业的信心；有利于严格审计程序，评估、识别和应对重大错报风险；有利于明确审计责任，实施有效的质量控制；有利于注册会计师掌握新知识和新技能，提高整个行业的专业水平。同时，审计风险准则对注册会计师风险评估程序，以及依据风险评估结果实施进一步的审计程序影响很大，因此，也影响到审计工作的各个方面。

2）风险导向审计是当今主流的审计方法，它要求注册会计师以重大错报风险的识别、评估和应对为审计工作的主线，以提高审计效率和效果。

【思　考】 如何运用风险导向审计方法开展审计工作？

第一节　风险评估

一、审计风险准则

风险导向审计一般由三部分内容组成：风险评估、控制测试、实质性程序。

风险评估又包括风险评估程序、了解被审计单位及其环境（不包括内部控制）、了解内部控制三个方面的内容。

为贯彻风险导向审计思想和方法的要求，2006年2月我国出台了新审计风险准则。审计风险准则是整个审计准则的核心准则，包括《中国注册会计师审计准则第1101号——财务报表审计的目标和一般原则》、《中国注册会计师审计准则第1211号——了解被审计单位及其环境并评估重大错报风险》、《中国注册会计师审计准则第1231号——针对评估的重大错报风险实施的程序》和《中国注册会计师审计准则第1301号——审计证据》四个项目。

二、风险评估的要求与意义

1. 总体要求

根据准则第1211号，注册会计师应当了解被审计单位及其环境，以充分识别和评估财务报表重大错报风险，设计和实施进一步审计程序。

2. 风险评估的意义

了解被审计单位及其环境是必要程序，是一个连续和动态地收集、更新与分析信息的过程，贯穿于整个审计过程的始终，特别是为注册会计师在下列环节做出职业判断提供重要基础：①确定重要性水平，并随着审计工作的进展评估对重要性水平的判断是否仍然适当；②考虑会计政策的选择和运用是否恰当，以及财务报表的列报是否适当；③识别需要特别考虑的领域，包括关联方交易、管理层运用持续经营假设的合理性，或交易是否具有合理的商业目的等；④确定在实施分析程序时所使用的预期值；⑤设计和实施进一步审计程序，以将审计风险降至可接受的低水平；⑥评价所获取审计证据的充分性和适当性。是否足以识别和评估财务报表重大错报风险是了解程度的判断标准。

三、风险评估程序

风险评估程序是指为了解被审计单位及其环境而实施的审计程序，可以初步评估被审计单位的重大错报风险。常用的风险评估程序可以分为以下两个层次：一般风险评估程序和针对特别项目的风险评估程序。

1. 一般风险评估程序

一般风险评估程序是所有审计项目必须履行的审计程序，主要采用询问、分析、观察和检查等方式获取审计信息。一般风险评估程序包括六个方面的内容：①了解被审计单位业务、经营环境、内部控制等的主要变化；②财务资料初步分析；③经营结果与预算比较；④多年报表分析；⑤中期审计结果分析；⑥查看被审计单位的经营场所。注册会计师通过关注被审计单位审计期间的重要变化、对财务资料的趋势分析、比较预期与实际的数据，有助于识别异常的交易或事项，据此初步获取识别重大错报风险的信息。

2. 针对特别项目的风险评估程序

实施该程序要求注册会计师更多地运用职业判断，对被审计单位做进一步的了解，例如舞弊、持续经营、法律法规、关联方、或有事项、期初余额等。此类程序主要采用询问等方式获取初步了解，这些特殊问题可以直接询问被审计单位管理当局从内部获取信息，但如果根据职业判断认为从被审计单位外部获取的信息更有助于识别重大错报风险，注册会计师应当实施其他审计程序以获取这些信息。如询问被审计单位聘请的外部法律顾问、专业评估师、投资顾问和财务顾问等。注册会计师也可以阅读外部信息，帮助了解被审计单位及其环境。外部信息包括证券分析师、银行、评级机构出具的有关被审计单位及其所处行业的经济或市场环境等状况的报告，贸易与经济方面的期刊杂志，法规或金融出版物，以及政府部门或民间组织发布的行业报告和统计数据等。

无论是一般风险评估程序还是针对特别项目的风险评估程序，都是对被审计单位重大错报风险的初步评估。注册会计师应该根据评估结果，决定更深入的风险评估程序，即了解被审计单位及其环境、了解内部控制。

四、了解被审计单位及其环境

了解被审计单位及其环境（不包括内部控制）是在实施风险评估程序的基础上对被审计单位全方位的了解，它由五个部分组成。

1. 对行业状况、法律环境与监督环境以及其他外部因素的了解

了解被审计单位所处行业的状况，有助于注册会计师对被审计单位形成初步的判断。注册会计师对被审计单位所处行业情况了解的内容，通常包括其所在行业的市场供求与竞争、生产经营的季节性和周期性、产品生产技术的变化、能源供应与成本、行业的关键指标和统计数据等。

了解被审计单位法律环境与监管环境，使注册会计师掌握被审计单位受到哪些部门及相关法律法规的约束。注册会计师需了解的内容通常包括适用的会计准则、会计制度和行业特定惯例、对经营活动产生重大影响的法律法规及监管活动、对开展业务产生重大影响的政府宏观政策（包括货币、财政、税收和贸易等政策）、与被审计单位所处行业和所从事经营活动相关的环保要求等。

此外，结合被审计单位自身的情况，注册会计师通过职业判断也可设计其他需要了解的外部因素程序。例如，宏观经济的景气度、利率的变动和资金供求状况、通货膨胀水平及币值变动、国际经济环境和汇率变动等，以此对被审计单位

的整体外部情况做充分的了解，这些了解将有助于注册会计师进一步识别审计风险。

2. 对被审计单位性质的了解

了解被审计单位的性质是为了把握被审计单位内部的整体情况。注册会计师可以从所有权结构、治理结构、组织结构、经营活动、投资活动、筹资活动等多方面入手。例如，通过了解被审计单位的主要投资关系、管理层架构、主营业务、关键客户、重要供应商、关联方关系等内容，在宏观上掌握被审计单位经营及管理的运作情况，微观上了解预期在财务报表中反映的各类交易、账户余额、列报。

3. 对会计政策的选择和运用

了解被审计单位对会计政策的选择和运用是注册会计师为了识别和判断被审计单位是否按照合理的会计政策进行恰当的会计处理和披露。其中，一些重要事项应特别引起注册会计师的关注。例如：①重要事项的会计政策和行业惯例；②重大和异常交易的会计处理方法；③在新领域和缺乏权威性标准和共识的领域中采用重要会计政策产生的影响；④会计政策的变更；⑤被审计单位何时采用以及如何采用新颁布的会计准则和相关会计制度等。

4. 目标、战略及相关经营风险

经营风险源于对被审计单位实现目标和战略产生不利影响的重大情况、事项、环境和行动，或源于不恰当的目标和战略。多数经营风险最终会产生财务后果，从而影响财务报表。注册会计师应当了解被审计单位是否存在开发新产品或提供新服务、业务扩张、本期及未来的融资条件、信息技术的运用等方面有关的目标和战略，并考虑可能产生的经营风险是否可能导致财务报表发生重大错报风险。

5. 财务业绩的衡量与评价

财务业绩通常是经营目标和发展战略衡量指标。被审计单位内部或外部对财务业绩的衡量和评价可能对管理层产生压力，促使其采取行动改善财务业绩或歪曲财务报表。在了解被审计单位财务业绩衡量和评价情况时注册会计师应当关注下列信息：①关键业绩指标；②业绩趋势；③预测、预算和差异分析；④管理层和员工业绩考核与激励性报酬政策；⑤分部信息与不同层次部门的业绩报告；⑥与竞争对手的业绩比较；⑦外部机构提出的报告。

五、了解内部控制

内部控制是被审计单位为了合理地保证财务报告的可靠性、经营的效率和效果以及对法律法规的遵守，由治理层、管理层和其他人员设计和执行的政策和程序。对内部控制有效性的审计是现代审计的主要特点，也是审计业务管理中平衡成本效益、效率效果的必然选择。一般而言，对内部控制的了解分成被审计单位整体层面和业务流程层面两个方面。

1. 对整体层面内部控制的了解

对被审计单位整体层面内部控制的了解包括以下五个方面：①控制环境；②风险评估过程；③信息系统与沟通；④控制活动；⑤对控制的监督。

控制环境由行为、政策和程序组成。了解控制环境就是了解管理层的经营理念、管理风格以及对控制的重要性的认识态度。

在了解控制环境后，注册会计师对被审计单位整体层面内部控制逐步从以下方面展开：风险评估、监督、期末报告、会计政策的选择和运用、审计委员会（内审机构）的监督、反舞弊的计划和控制、通用信息技术控制、非常规事项的处理等。

注册会计师通过以上了解，可以形成对被审计单位内部控制整体层面的初步评价，从而指导对业务流程层面内部控制的了解。

2. 对业务循环下具体内部控制的了解

对被审计单位的审计一般可以分为多个业务循环，不同的企业往往有着不同的业务流程。一般包括销售与收款循环、采购与付款循环、存货与仓储循环、筹资与投资循环、资金管理（现金和银行存款）等。

企业的控制活动主要是通过关键控制点进行的，因此对流程层面的内部控制的了解主要是去发现关键控制点。各个循环的运作流程不一，因此关键控制点的设计也各有不同，但它们均是内部控制基本类别的表现形式。基本类别有：①职责的充分分离；②交易和活动的适当授权；③充分的凭证和记录；④对资产和记录的实物控制；⑤对业绩的独立核查等。

了解内部控制的常用方法有文字描述、调查表和流程图等。文字描述是对客户内部控制的书面说明。调查表是采用调查表的形式对调查回答进行回答进而了解被审计单位内部控制的方法。流程图是对客户凭证及其在单位内部有序流动过程的一种符号和图形表达。编制完备的流程图便于清楚地了解系统的运行，从而帮助识别系统中的缺陷。一个完备的流程图与文字描述具有相同的四个特征：①会计中每份凭证和记录的来源；②发生的全部处理过程；③系统中每份凭证和记录的处置；④与评价控制风险相关的控制指示。

为了解各类重要交易在业务流程中发生、处理和记录的过程，注册会计师通常会每年执行穿行测试，即选取某笔或多笔具有代表性的业务将控制活动在审计过程中进行模拟复核，各笔业务会经历各个关键控制点并得到相应的控制形成相应的记录，穿行测试可以进一步验证通过文字描述、调查表和流程图等其他方法所了解到的内部控制的正确性，并能在测试中找出控制的薄弱环节。

实务中，注册会计师将在工作底稿中记录具体的了解过程，包括采取的审计方法及获取的审计证据等，为识别和评估重大错报风险提供依据。

六、识别和评估重大错报风险

1. 识别和评估重大错报风险的审计程序

（1）在了解被审计单位及其环境过程中识别风险并考虑风险所属的交易、账户、列报类别

注册会计师应将识别的风险与各类交易、账户余额和列报相联系，例如竞争者开发新产品，可能导致被审计单位存货的错报风险。

（2）将识别的风险与具体认定相联系

例如，上述存货销售困难，可能跌价，导致成本高于可变现净值，需要计提存货跌价准备，这与计价认定相关。

（3）考虑识别的风险是否重大

如果价格下降的幅度大，导致毛利率为负数，则后果严重，存货计价认定发生错报的风险重大；如果跌价存货所占比重小，其他产品的毛利率很高，则存货计价认定发生错报的风险较小。

（4）考虑识别的风险导致财务报表发生重大错报的可能性

如果被审计单位相关的内部控制有效，管理层已根据存货的可变现净值计提了相应的跌价准备，则财务报表发生重大错报的可能性将相应降低。

2. 识别和评估两个层次的重大错报风险

（1）财务报表层的重大错报风险

某些重大错报风险可能与财务报表整体广泛相关，进而影响多项认定，受控制环境影响。例如，在经济不稳定的国家和地区开展业务、资产的流动性出现问题、重要客户流失、融资能力受限制等，可能导致被审计单位的持续经营能力受到怀疑。又如管理层缺乏诚信或承受异常的压力可能引发舞弊风险，这些风险与财务报表总体相关。薄弱的控制环境带来的风险可能对财务报表产生广泛影响，难以限于某类交易、账户余额和列报，注册会计师应当采取总体应对措施。

（2）认定层的重大错报风险

某些重大错报风险可能与特定的某类交易、账户余额和列报的认定相关，受控制影响。例如，被审计单位存在复杂的联营和合营，这与长期股权投资账户的认定可能相关。控制可能与某一认定直接相关，也可能与某一认定间接相关。关系越间接，控制在防止或发现并纠正认定中错报的作用越小。注册会计师应当汇总和评估认定层的重大错报风险，以确定进一步审计程序的性质、时间和范围。

3. 考虑特别风险

（1）特别风险的含义

特别风险是指注册会计师在风险评估过程中，应当运用职业判断确定的需要特别考虑的重大错报风险。

（2）特别风险的成因

特别风险通常与重大的非常规交易和判断事项有关：①非常规交易导致的特别风险。非常规交易是指由于金额或性质异常而不经常发生的交易。例如，企业购并、债务重组、重大或有事项等。非常规交易的特征有：管理层更多地介入会计处理；数据收集和处理涉及更多的人工成分；复杂的计算或会计处理方法；非常规交易的性质可能使被审计单位难以对由此产生的特别风险实施有效的控制。与非常规交易相关的特别风险可能导致更高的重大错报风险。②判断事项导致的特别风险。判断事项通常包括做出的会计估计，如资产减值准备金额的估计、需要运用复杂估值技术确定的公允价值计量等。由于下列原因，与重大判断事项相关的特别风险可能导致更高的重大错报风险：对涉及会计估计、收入确认等方面的会计原则存在不同的理解；所要求的判断可能是主观和复杂的或需要对未来事项做出假设。

（3）特别风险的性质

在确定特别风险的性质时，注册会计师应当考虑下列事项：①风险是否属于舞弊风险；②风险是否与近期经济环境、会计处理方法和其他方面的重大变化有关；③交易的复杂程度；④风险是否涉及重大的关联方交易；⑤财务信息计量的主观程度，特别是对不确定事项的计量存在较大区间；⑥风险是否涉及异常或超出正常经营过程的重大交易。

（4）特别风险的控制

注册会计师应当了解与特别风险相关的内部控制，评估相关控制的设计情况，并确定其是否得到执行。由于与重大非常规交易或判断事项相关的风险很少受到日常控制的约束，注册会计师应当了解被审计单位是否针对该特别风险设计和实施了控制。如果管理层未能实施控制以恰当地应对特别风险，则注册会计师应当认为内部控制存在重大缺陷，并考虑其对风险评估的影响。在此情况下，注册会计师应当就此类事项与治理层沟通。

4. 考虑仅通过实质性程序无法应对的重大错报风险

作为风险评估的一部分，如果认为仅通过实质性程序获取的审计证据无法将认定层次的重大错报风险降至可接受的低水平，注册会计师应当评价被审计单位针对这些风险设计的控制，并确定其执行情况。

例如，某企业通过高度自动化的系统确定采购品种和数量，生成采购订单，并通过系统中设定的收货确认和付款条件进行付款。除了系统中的相关信息以外，该企业没有其他有关订单和收货的记录。在这种情况下，如果认为仅通过实施实质性程序不能获取充分、适当的审计证据，注册会计师应当考虑依赖的相关控制的有效性，并对其进行了解、评估和测试。

5. 对风险评估的修正

注册会计师对认定层次重大错报风险的评估应以获取的审计证据为基础，并可能随着不断获取审计证据而做出相应的变化。评估重大错报风险与了解被审计单位及其环境一样，也是一个连续和动态地收集、更新与分析信息的过程，贯穿于整个审计过程的始终。

6. 与管理层和治理层的沟通

注册会计师在了解和测试内部控制的过程中可能会注意到内部控制存在的重大缺陷。注册会计师将其告知适当层次的管理层或治理层。如果识别出被审计单位未加控制或控制不当的重大错报风险，或认为被审计单位的风险评估过程存在重大缺陷，注册会计师应当就此类内部控制缺陷与治理层沟通。

7. 审计工作记录

记录的内容有：①项目组对由于舞弊或错误导致财务报表发生重大错报的可能性进行的讨论，以及得出的重要结论；②注册会计师对被审计单位及其环境各个方面的了解要点（包括对内部控制各项要素的了解要点）、信息来源以及实施的风险评估程序；③注册会计师在财务报表层次和认定层次识别、评估出的重大错报风险；④注册会计师识别出的特别风险和仅通过实质性程序无法应对的重大错报风险，以及对相关控制的评估。记录的方式包括文字叙述、问卷、核对表和流程图等。

第二节　风　险　应　对

一、总体要求

《中国注册会计师审计准则第 1231 号——针对评估的重大错报风险实施的程序》规定注册会计师应对重大错报风险，应当遵守以下规定：

1）注册会计师应当针对财务报表层的重大错报风险制定总体应对措施。

2）注册会计师应当针对认定层次的重大错报风险设计和实施进一步审计程序。

3）注册会计师应当评价风险评估的结果是否适当，并确定是否已经获取充分、适当的审计证据。

4）注册会计师应将实施关键的程序形成审计工作记录。

二、应对措施

1）针对财务报表层重大错报风险的总体应对措施，包括：①向审计项目组强调在获取审计证据过程中保持职业怀疑态度的必要性；②分派更有经验或具有特殊技能的审计人员或利用专家；③向审计项目组提供更多督导；④在选择进一步审计程序时，应当注意使某些程序不被管理层预见或事先了解，即增加审计程序的不可预见性；⑤对拟实施审计程序的性质、时间和范围作出总体修改。

2）针对认定层次的重大错报风险的进一步审计程序，包括①控制测试；②实质性程序。

注册会计师拟实施进一步审计程序的总体方案，包括实质性方案和综合性方案。实质性方案是指注册会计师实施的进一步审计程序以实质性程序为主。综合性方案是指注册会计师在实施进一步审计程序时，将控制测试与实质性程序结合使用。当评估的财务报表层次重大错报风险属于高风险水平时，拟实施进一步审计程序的总体方案往往更倾向于实质性方案。

三、进一步审计程序

1. 含义

进一步审计程序相对风险评估程序而言，是指注册会计师针对评估的各类交易、账户余额、列报认定层次重大错报风险实施的审计程序，包括控制测试和实质性程序。

2. 影响因素

注册会计师在确定进一步审计程序时，应考虑以下五方面的影响因素：①风险的重要性。风险造成的后果越严重，进一步审计程序的针对性越强。②重大错报风险。重大错报风险越大，进一步审计程序的针对性越强。③涉及的各类交易、账户余额和列报的特征。不同的交易、账户余额和列报需要设计不同的进一步审计程序。④控制的性质。不同性质的控制（不论是人工控制还是自动化控制）对进一步审计程序的设计有不同的影响。⑤注册会计师是否拟获取审计证据，以确定内部控制在防止或发现并纠正重大错报方面的有效性。如果注册会计师在风险评估时预期内部控制运行有效，随后拟实施的进一步审计程序必须包括控制测试，且实质性程序自然会受到之前控制测试结果的影响。

3. 总体方案的选择

注册会计师是选择实质性方案还是综合性方案作为进一步审计程序的总体方案，可以从以下四方面进行考虑：①通常情况下，注册会计师出于成本效益的考虑，采用综合性方案；②仅通过实质性程序无法应对的重大错报风险，必须实施控制测试；③风险评估程序未能识别出与认定相关的任何控制，或注册会计师认为控制测试很可能不符合成本效益原则，注册会计师可能认为仅实施实质性程序就是恰当的；④小型单位可能不存在能够被注册会计师识别的控制活动，注册会计师实施的进一步审计程序可能主要是实质性程序。

4. 性质

（1）含义

这是指进一步审计程序的目的和类型。其中，目的包括通过实施控制测试以确定内部控制运行的有效性，通过实施实质性程序以发现认定层次的重大错报；类型包括检查、观察、询问、函证、重新计算、重新执行和分析程序。

（2）性质的选择

在应对评估的风险时，合理确定审计程序的性质是最重要的。不同的审计程序应对特定认定错报风险的效力不同。例如，对于与收入完整性认定相关的重大错报风险，控制测试通常更能有效应对；对于与收入发生认定相关的重大错报风险，实质性程序通常更能有效应对。再如，应收账款函证可以为存在认定提供审计证据，但不能为计价认定提供审计证据。计价认定可以通过实施更为有效的审计程序，如审查应收账款账龄和期后收款情况，了解客户的信用情况等。注册会计师应当根据认定层次重大错报风险的评估结果选择审计程序。风险越高，对通过实质性程序获取的审计证据的相关性和可靠性要求越高，从而可能影响进一步审计程序的类型及其综合运用。

5. 时间

（1）含义

这是指注册会计师何时实施进一步审计程序，或审计证据适用的期间或时点。

（2）时间的选择

时间的选择有两个层面，第一个层面是注册会计师选择在何时实施进一步审计程序，主要是权衡期中或期末实施审计程序的关系；第二个层面是获取什么期间或时点的审计证据，主要是权衡期中或期末审计证据、以前或本期审计证据的关系。这两个层面的最终落脚点都是如何确保获取审计证据的效率和效果。

6. 范围

（1）含义

这是指实施进一步审计程序的数量，包括抽取的样本量，对某项活动的观察次数等。

（2）范围的选择

注册会计师确定的重要性水平越低，进一步审计程序的范围越广；评估的重大错报风险越高，进一步审计程序的范围越广；计划获取的审计证据保证程度越高，进一步审计程序的范围越广。

四、控制测试

1. 含义

控制测试指测试控制运行的有效性。这一概念与"了解内部控制"不同。"了解内部控制"包括两层含义：一是评价控制的设计；二是确定控制是否得到执行。控制测试包括四层含义：①控制在所审计期间的不同时点是如何运行的；②控制是否得到一贯执行；③控制由谁执行；④控制以何种方式运行（如人工控制或自动化控制）。在了解控制是否得到执行时，注册会计师只需抽取少量的交易进行检查或观察某几个时点。但在测试控制运行的有效性时，注册会计师需要抽取足够数量的交易进行检查或对多个不同时点进行观察。

2. 性质

这是指控制测试所使用的审计程序的类型及其组合。询问、观察、检查和穿行测试是控制测试与了解内部控制相同的审计程序。此外，控制测试的程序还包括重新执行。通常，只有当询问、观察、检查程序结合在一起仍无法获得充分的证据时，注册会计师才会考虑通过重新执行来证实控制是否有效运行。穿行测试也是一种重要的审计程序，但它不是单独的一种程序，而是将多种程序按特定审计需要进行结合运用的方法。穿行测试是通过追踪交易在财务报告信息系统中的处理过程，来证实注册会计师对控制的了解、评价控制设计的有效性以及确定控制是否得到执行。可见，穿行测试更多地在了解内部控制时运用。但在执行穿行测试时，注册会计师可能获取部分控制运行有效性的审计证据。控制测试的性质主要由计划保证水平决定，计划保证水平越高，要求的审计证据可靠性越高。

3. 时间

控制测试的时间包括两层含义：一是何时实施控制测试；二是测试针对的控制所适用的时点或期间。到底是获取某个时点还是期间的审计证据由控制测试的目的决定。对于控制测试的时间，注册会计师还应当考虑以下几个问题：①如何将期中审计证据的有效性合理延伸至期末。一是获取在剩余期间（指期中至期末）这些控制变化情况的证据；二是确定针对剩余时间还需获取的补充证据。②如何在本期利用以前的审计证据。一是控制是否有变化。如果有变化，则考虑以前证据是否与本期相关，对相关的证据对应的控制应重新测试；如果没有变化，则运用职业判断确定是否进行测试、同时，考虑两次测试的时间间隔不要超过 2 年。③关注不得依赖以前审计所获取证据的情形。如果注册会计师拟信赖针对特别风险的控制，那么所有关于该控制运行有效性的审计证据必须来自当年的控制测试。相应地，注册会计师应当在每次审计中都测试这类控制。

4. 范围

其含义包括两个方面：一是指在什么情况下实施控制；二是指某项控制活动的测试次数。当存在下列情形之一时，注册会计师应当实施控制测试：①在评估认定层次重大错报风险时，预期控制的运行是有效的；②仅实施实质性程序不足以提供认定层次充分、适当的审计证据。注册会计师在确定某项控制的测试次数时通常考虑以下六方面的因素：控制执行的频率（同向）、控制运行有效性的时间长度（同向）、审计证据的相关性和可靠性（同向）、相关的其他控制测试的范围（反向）、拟信赖程度（同向）、控制的预期偏差（同向）。对于自动化控制，除非系统发生变动，注册会计师通常无须扩大控制测试的范围，但需要特别考虑执行下列测试以确定该控制持续有效运行：①测试与该应用控制有关的一般控制的运行有效性；②确定系统是否发生变动，如果发生变动，是否存在适当的系统变动控制；③确定对交易的处理是否使用授权批准的软件版本。

五、实质性程序

1. 含义

实质性程序是指注册会计师针对评估的重大错报风险实施的直接用于发现认定层次重大错报的审计程序，包括对各类交易、账户余额、列报的细节测试以及实质性分析程序，还包括下列与财务报表编制完成阶段相关的审计程序：①将财务报表与其所依据的会计记录核对；②检查财务报表编制过程中做出的重大会计分录和其他会计调整。无论评估的重大错报风险如何，注册会计师都应当针对所有重大的各类交易、账户余额、列报实施实质性程序。如果针对特别风险仅实施实质性程序，由于实质性分析程序不足以获取有关特别风险的充分、适当的审计证据，注册会计师应当使用细节测试，或将细节测试和实质性分析程序结合使用。

2. 性质

这是指实质性程序的类型及其组合。细节测试和实质性分析程序是实质性程序的两种基本类型。细节测试是对各类交易、账户余额、列报的具体细节进行测试，目的在于直接识别财务报表认定是否存在错报。实质性分析程序从技术特征上讲仍然是分析程序，主要是通过研究数据间的关系评价信息，只是将该技术方法用作实质性程序，即用于识别各类交易、账户余额、列报及相关认定是否存在错报。细节测试适用于对各类交易、账户余额、列报认定的测试，尤其是对存在或发生、计价认定的测试；对在一段时期内存在可预期关系的大量交易，注册会计师可以考虑实施实质性分析程序。如果对同一交易同时实施控制测试和细节测试，以实现双重目的——控制测试的目的评价控制是否有效运行，以及细节测试的目的发现认定层次的重大错报，这种测试称为双重目的的测试。

3. 时间

与控制测试时间的选择相同，实质性程序也面临着对期中审计证据和对以前审计获取证据的考虑。一般情况下，在期中实施实质性程序更需要考虑其成本效益的权衡，而对于以前审计中通过实质性程序获取的审计证据，则采取了更加慎重的态度和更严格的限制。对于期中审计证据如何延伸至期末，注册会计师有两种选择：其一是针对剩余期间实施进一步的实质性程序；其二是将实质性程序和控制测试结合使用。而以前审计获取的审计证据，通常对本期只有很弱的证据效力或没有证据效力，不足以应对本期的重大错报风险。只有以前的证据及其对应的事项未发生重大变动时，以前的审计证据才可能用作本期的证据。但即便如此，如果拟利用审计证据，注册会计师应当在本期实施审计程序，以确定这些审计证据是否具有持续相关性。

4. 范围

评估的认定层次重大错报风险和实施控制测试的结果是注册会计师在确定实质性程序的范围时应当考虑的重要因素。注册会计师评估的认定层次的重大错报风险越高，需要实施实质性程序的范围越广。如果对控制测试结果不满意，注册会计师应当考虑扩大实质性程序的范围。

如何选择进一步审计程序的性质、时间和范围，可参见表 6-3。

表 6-3　进一步审计程序性质、时间和范围的选择

重大错报风险	性　质	时　间	范　围
高	实质性程序	（1）期末或接近期末 （2）采用不通知的方式 （3）在管理层不能预见的时间	较大样本、较多证据
中	实质性方案或综合性方案	期中	适中样本、适量证据
低	综合性方案	期中或期末	较小样本、较少证据

六、评价列报的适当性

《企业会计准则第 30 号——财务报表列报》规范了财务报表的列报，提出了财务报表列报的一致性、可比性等总体要求，并就财务报表各组成部分的列报提出了具体要求。注册会计师应当实施审计程序，以评价财务报表总体列报是否符合适用的会计准则和相关会计制度的规定。

在评价财务报表总体列报时，注册会计师应当考虑评估的认定层次重大错报风险。注册会计师应当考虑财务报表是否正确反映财务信息及其分类，以及对重大事项的披露是否充分。在评价财务报表列报时，注册会计师通常考虑财务报表各组成部分的格式、内容、报表项目的分类、所使用术语的可理解性、所披露金

额或其他信息的详细程度等方面。

七、评价审计证据的充分性和适当性

在完成审计工作前对进一步审计程序所获取审计证据的评价，主要体现在根据发现的错报或控制执行偏差考虑修正重大错报风险的评估结果。

在形成审计意见时，注册会计师应当从总体上评价是否已获取充分、适当的审计证据，以将审计风险降至可接受的低水平。注册会计师应当考虑所有相关的审计证据，包括能够印证财务报表认定的审计证据和与之相矛盾的审计证据。如果对重大的财务报表认定没有获取充分、适当的审计证据，注册会计师应当尽可能获取进一步的审计证据。如果不能获取充分、适当的审计证据，注册会计师应当出具保留意见或无法表示意见的审计报告。

八、形成审计工作记录

在审计实施阶段，注册会计师应当就下列事项形成审计工作记录：①对评估的财务报表层次重大错报风险采取的总体应对措施；②实施进一步审计程序的性质、时间和范围；③实施的进一步审计程序与评估的认定层次重大错报风险的联系；④实施进一步审计程序的结果。

第三节　进一步审计程序案例

一、被审计单位简介

1）性质：外商独资企业。

2）经营范围：高端清洁用品。

3）2005 年度财务报表数据，见表 6-4。

表 6-4　2005 年度财务报表数据及其说明

项　目	2005 年	2004 年	说　明
应收账款/元	39 560 810	27 765 338	共有 226 个客户，其中 9 个 100 万元以上，占 38%；其余客户的余额均小于 30 万元。余额为 10 万元以上且账龄超过 1 年的客户有 15 家
坏账准备/元	（1 879 830）	（1 707 400）	账龄 6 个月～1 年，计提 10%；账龄 1 年～2 年，计提 50%；账龄 2 年以上，计提 100%
销售收入/元	112 655 260	93 103 520	比上年增长 21%，比预算目标 20% 高
应收账款周转天数/天	108	92	周转天数比上年延长 16 天

4）总体重要性水平：423 781 元（2005 年度税前利润 8 475 623 元的 5%）。

二、注册会计师对销售业务流程的风险评估和进一步审计程序的方案

由于销售业务的重要性及其固有风险，注册会计师认为销售收入和应收账款的"存在"、"发生"和"准确性"认定存在重大错报风险。

被审计单位在 2005 年以放宽授信额度来增加销售收入，导致货款回收速度放缓，应收账款余额大幅上升，但坏账准备余额与上年基本持平。注册会计师认为应收账款的计价认定存在特别风险，即年末坏账准备的计提很可能不够。

基于以前年度对该公司的了解，以及本年度对该公司环境、经营状况、内部控制等的了解和评估，注册会计师决定对应收账款采用综合性方案。

该公司在各主要业务流程及财务报告编制中采用了计算机信息系统，注册会计师在本年度审计中测试了信息系统的一般控制并认为信息系统的一般控制是有效的。

注册会计师对销售收入、应收账款余额和坏账准备余额实施了以下的进一步审计程序：①控制测试；②评估针对特别风险的控制；③实质性程序。下面分别予以介绍。

三、控制测试

1. 设计和实施控制测试

注册会计师从销售流程中选取了一些关键的控制进行测试。

（1）业绩评价控制测试

所测试的控制：销售主管每月审核按客户分列的销售收入（包括与上月销售额和本月预算额的比较）和应收账款（包括当月货款回收金额和月末余额）汇总表，对其中的重大差异和异常情况进行跟踪分析，编制分析报告并呈报销售经理和总经理。总经理与销售经理审阅后讨论解决措施。

相关的财务报表认定：销售收入的发生、准确性、完整性以及应收账款的存在、准确性。

测试程序：该控制是月度控制，注册会计师决定选取 2 月、6 月、10 月、11 月这四个月份测试该控制。注册会计师分别与总经理和销售经理就上述四个月份的分析报告进行讨论，证实他们确实审阅了该报告并对重大差异和异常情况进行了调查和跟进。事后注册会计师还通过询问销售经理和相关销售人员印证了当时所采取的跟进措施。销售收入和应收账款汇总表由财务系统自动生成，并与当月财务报表的销售收入总额和应收账款余额一致，注册会计师核对了上述 4 个月份的财务报表，证实无误。

测试结果：该控制有效运行，注册会计师对该控制可以信赖。

（2）人工控制测试

所测试的控制：对每一笔销售收入，销售部专职秘书将客户订单、客户已签

收的送货单（所有货物由物流公司运送）以及发票（计算机发票由销售部开具）上的客户名称、货物品种、数量、价格进行核对，并在发票记账联盖"核对确认无误"章，交给财务部作为确认销售收入的凭证。对于数据不符的交易则进行调查并调整。

相关的财务报表认定：销售收入的发生、准确性以及应收账款的发生、准确性。

测试程序：该控制为人工控制，每天发生数次，注册会计师为了获取较高程度的保证，决定抽取每月五个共 60 个样本。该测试是双重目的测试，既可测试控制运行的有效性，同时也是针对销售收入的细节测试。注册会计师询问了执行该控制的销售部专职秘书和负责记录销售收入的会计人员，确认该控制确实得到执行。注册会计师从销售收入明细账中抽取 60 笔交易，核对客户订单、客户已签收的送货单以及发票，以检查有关信息是否一致，发票记账联上是否有"核对确认无误"章，以及入账金额是否准确。

测试结果：没有发现例外情况。该控制有效运行，注册会计师对该控制可以信赖。

（3）自动化应用控制测试

所测试的控制：订单分为"待批准"、"已批准"和"已执行"状态。订单一经批准就会自动生成相应的送货单；已发货的订单在系统中被设置为"已执行"状态，每月末系统会自动配比当月的"已执行"订单、送货单和当月入账的销售收入（均有订单号索引），对未确认收入的订单生成"已执行订单未入账报告"。财务人员对该报告进行跟踪调查，补记漏记的销售收入。

相关的财务报表认定：销售收入的完整性。

测试程序：注册会计师在上年度审计中已经测试了该控制并证明该控制的运行是有效的。本年度注册会计师了解到该控制没有发生变化。注册会计师本年度已经测试了信息技术一般控制运行的有效性，因而不必再测试该自动化控制（该控制还包括人工控制的成分，即财务人员的跟进程序，注册会计师对该人工测试进行测试，结果显示控制有效）。

2. 控制测试结果及其对实质性程序的影响

综合以上控制测试的结果显示，针对销售收入的发生、准确性和完整性，认定和应收账款的存在与准确性认定的控制是有效运行的，注册会计师对控制有较高程度的信赖。只需要从实质性程序中获取较低程度的保证。

四、评价针对特别风险的控制

注册会计师了解到管理层为了应对应收账款账龄变长以及由此带来的坏账增加的风险，采取了与账款逾期 1 年以上的客户签订还款协议的方式，要求客户对归还旧账的时间和金额做出书面承诺。如果客户未按照协议执行，则暂停供货。该控制每月执行。注册会计师认为该控制的设计是适当的并证实该控制确实得以执行。考虑到审计程序的效率，决定不测试该控制而直接对年末应收账款、坏账准备余额实施细节测试。

五、实质性程序

1. 应收账款函证

由于从控制测试中获得了较高程度的信赖，注册会计师只需要从细节测试中获取较低程度的保证。因此，注册会计师决定采用选取特定项目进行测试的方法选取函证样本，符合下列条件之一的选为样本：①应收账款余额 100 万元以上；②年购买量 500 万元以上客户；③应收账款余额 10 万元以上且账龄超过一年的。有 35 家客户符合上述条件，总金额为 18 593 581 元，覆盖率为 47%。函证结果如下：①26 家回函确认无误；②3 家回函存在付款时间性差异，即年末客户已付款而被审计单位尚未收到，经查看次年 1 月初银行对账单确认无误；③6 家没有回函。前两项 29 家回函总金额为 13 272 566 元，函证的实际覆盖率为 34%。

2. 对上述没有回函的应收账款余额 5 321 015 元实施替代程序

截至审计现场工作结束，共收回货款 2 866 390 元，对剩余的金额 2 454 625 元查看了相应的原始凭证（订单、发货单、发票；还款协议；与客户的往来信件等），没有发现差异。替代程序的实际覆盖率为 13%。

3. 应收账款余额函证及替代程序的总体覆盖率为 47%

对于没有函证的 53%，由于相关控制是有效运行的，实施实质性分析程序未发现误差，注册会计师判断重大错报风险水平较低，因而可接受一个较高的检查风险水平。对于未函证的 53%，注册会计师采用审计抽样（一个相对较小的样本即可）的方法予以函证，结果是推断的错报未超过应收账款可容忍错报。

4. 验证应收账款账龄分析报告的准确性

注册会计师采取审计抽样的方法，选取 40 笔交易检查销售发票并验证是否归入正确的账龄期间。测试结果没有发现错误，可以证实账龄分析报告的准确性。

5. 向总经理和销售经理询问他们对应收账款可回收性的评估

重新计算坏账准备的计提，对账龄较长而未计提坏账准备的应收账款余额，查看还款协议和实际付款记录。例如，注册会计师发现有一笔 339 465 元、账龄超过 2 年的应收账款，该客户签订还款协议承诺 2005 年 12 月 31 日之前支付 100 000 元，到审计现场工作时（2006 年 3 月）仍未支付，目前被审计单位已停止向对方供货；另一笔 133 287 元、账龄未满 6 个月的应收账款，该客户是一家连锁餐厅，最近因资金链出现问题，拖欠租金和供应商货款而被起诉，该笔货款很可能无法收回。对上述两笔可能无法收回的应收账款共计 472 752 元被审计单位均未计提坏账准备。注册会计师建议作审计调整，并计划向被审计单位管理层报告该事项。

本 章 小 结

一、内容框架

风险导向审计方法的运用思路，见图 6-1 和图 6-2。

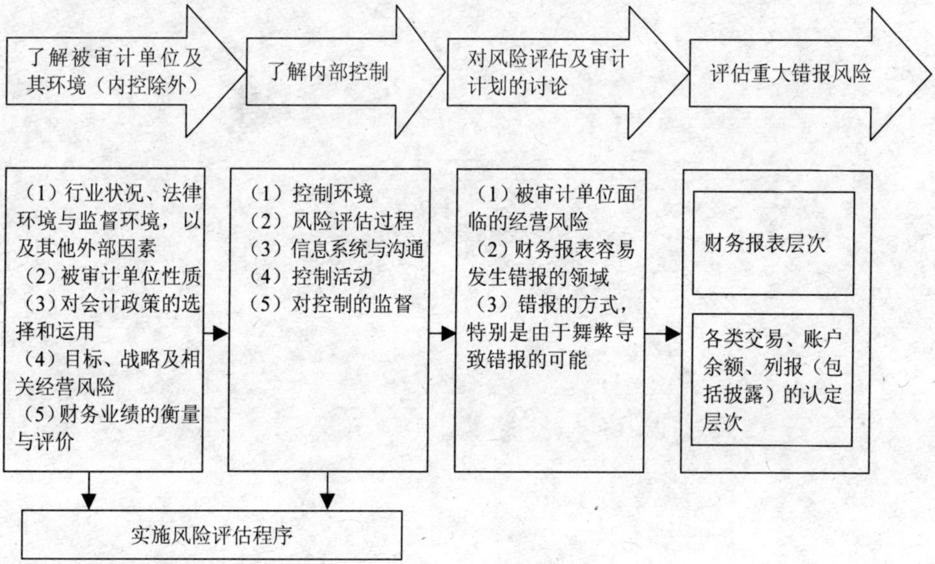

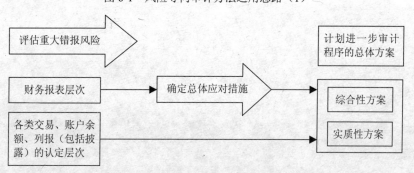

图 6-1　风险导向审计方法运用思路（1）

图 6-2　风险导向审计方法运用思路（2）

二、主要概念

（1）风险评估程序

（2）特别风险

（3）进一步审计程序

（4）控制测试

（5）实质性程序

（6）综合性方案

（7）实质性方案

（8）穿行测试

（9）双重目的测试

第七章 完成审计工作

📖 引导案例

【名　　称】渝汰白公司审计案
【影　　响】我国第一份上市公司否定意见审计报告。
【案情简介】

1. 案例背景

公司名称：重庆渝港汰白粉股份有限公司
成立时间：1992 年 9 月 11 日
主要产品：金红石型钛白粉
上市时间：1993 年 7 月 12 日深圳交易所上市
亏损时间：1996 年开始
审计期间：1997 年度财务报表
审计主体：重庆会计师事务所
报告日期：1998 年 3 月 8 日
公布时间：1998 年 4 月 29 日
特别处理：1998 年 4 月 30 日

2. 审计报告

1）说明段："1997 年度应计入财务费用的借款即应付债券利息 8 064 万元，贵公司将其资本化计入汰白粉工程成本；欠付中国银行常青市分行的美元借款利息 89.8 万元（折人民币 743 万元），贵公司未计提入账，两项共影响利润 8 807 万元。"

2）意见段："我们认为，由于本报告第二段所述事项的重大影响，贵公司 1997 年 12 月 31 日资产负债表、1997 年度利润及利润分配表、财务状况变动表未能公允地反映贵公司 1997 年 12 月 31 日财务状况和 1997 年度经营成果及资金变动情况。"

3. 意见分歧（见表 7-1）

表 7-1　关于该案例的意见分歧

序　号	事　项	总会计师	注册会计师
1	应付债券利息 8 064 万元	资本化，因为汰白粉工程项目不同于一般的基建项目，正处于整改和试生产期间	计入期间费用，因为工程 1995 年下半年就开始投产，1996 年已可以生产出合格产品。工程虽一度停产，但 1997 年全年共生产 1 680 吨，这一产量尽管与设计能力 1.5 万吨还相差甚远，但主要原因是缺乏流动资金，而非工程尚未完工，工程应认定已交付使用

续表

序 号	事 项	总会计师	注册会计师
2	美元借款利息89.8万元（折合人民币743万元）	未与中国银行重庆分行对账，1997年不计提，1998年再计提	利息费用已发生，应按权责发生制要求计入本期

【启　示】

1）事件是中国注册会计师独立性加强和社会责任意识加强的标志。

2）独立审计遭受政府批文压力，中国证券市场的发展，还存在一个逐步完善的过程。

3）事务所只要坚持原则，保证审计质量，不仅不会丧失客户，而且还会随着良好声誉的建立，赢得更多的客户。

第一节　终 结 审 计

一、编制审计差异调整表

审计差异是指注册会计师发现的被审计单位的会计处理方法与企业会计准则不一致，可分为核算错误和重分类错误。核算错误是指企业对经济业务进行了不正确的会计核算而引起的错误，又可分为建议调整的不符事项和不建议调整的不符事项（未调整的不符事项）。

重分类错误是指企业未按会计准则的要求列报财务报表引起的错误，例如在应付账款项目中反映的预付账款、在应收账款项目中反映的预收账款等。

对于单笔核算错误超过所涉及财务报表项目（或账项）层次重要性水平的，应视为建议调整的不符事项。

对于单笔核算错误大大低于所涉及财务报表项目（或账项）层次重要性水平，但性质重要的，比如涉及到舞弊与违法行为的核算错误、影响收益趋势的核算错误、股本项目等不期望出现的核算错误，应视为建议调整的不符事项。

对于单笔核算错误大大低于所涉及财务报表项目（或账项）层次重要性水平，但性质不重要的，一般应视为未调整不符事项；但应当考虑小金额错报累计起来可能重要的可能性。

注册会计师确定了建议调整的不符事项和重分类错误后，应以书面方式及时征求被审计单位对需要调整财务报表事项的意见。若被审计单位予以采纳，应取得被审计单位同意调整的书面确认；若被审计单位不予采纳，应分析原因，并根据未调整不符事项的性质和重要程度，确定是否在审计报告中予以反映，以及如何反映。实务中应用的"调整分录汇总表"、"未调整不符事项汇总表"、"重分类分录汇总表"见实训十。

二、编制试算平衡表

试算平衡表是注册会计师在被审计单位提供未审财务报表的基础上，考虑调整分录、重分类分录等内容以确定已审数与报表披露数的表。有关资产负债表和利润及所有者权益变动表的试算平衡表的参考格式详见[实训]表 10-7 和[实训]表 10-8。编制试算平衡表时要注意以下几点：

1）试算平衡表中的"审计前金额"栏，应根据被审计单位提供的未审计财务报表填列。

2）有些财务报表项目往往会在为调整这些审计差异所做的会计分录中多次出现，因此，在手动编制试算平衡表前，可先通过按财务报表项目设置的"丁"字形账户，区分调整分录与重分类分录分别进行汇总，然后将按财务报表项目汇总后的借、贷方发生额分别过入试算平衡表中的"调整金额"和"重分类调整"栏内。

3）在编制完试算平衡表后，应注意核对相应的勾稽关系。如，资产负债表试算平衡表左边的审计前金额、审定金额，报表反映的各栏合计数应分别等于其右边相应各栏合计数；资产负债表试算平衡表左边的"调整金额"栏中的借方合计数与贷方合计数之差应等于右边的"调整金额"栏中的贷方合计数与借方合计数之差；资产负债表试算平衡表左边的"重分类调整"栏中的借方合计数与贷方合计数之差应等于右边的重分类调整栏中的贷方合计数与借方合计数之差等。

三、对财务报表总体合理性实施分析程序

在审计结束或临近结束时，注册会计师运用分析程序的目的是确定审计调整后的财务报表整体是否与其对被审计的了解一致，注册会计师应当围绕这一目的运用分析程序。这时运用分析程序是强制要求，注册会计师在这个阶段应当运用分析程序。

在运用分析程序进行总体复核时，如果识别出以前未识别的重大错报风险，注册会计师应当重新考虑对全部或部分各类交易、账户余额、列报评估的风险是否恰当，并在此基础上重新评价之前计划的审计程序是否充分，是否有必要追加审计程序。

四、评价审计结果

注册会计师评价审计结果，主要为了确定将要发表的审计意见的类型以及在整个审计工作中是否遵循了审计准则。为此，注册会计师必须完成两项工作：一是对重要性和审计风险进行最终的评价；二是对被审计单位已审计财务报表形成审计意见并草拟审计报告。

五、与治理层沟通

治理层和注册会计师对各自从不同层面掌握的情况和信息进行有效的沟通，对于公司治理层对管理层进行有效的监督与制衡，以及增加注册会计师审计工作的针对性，特别是保护注册会计师独立性不受管理层干扰，有着积极的作用。

注册会计师与治理层沟通的主要目的是：就审计范围和时间以及注册会计师、治理层和管理层各方在财务报表审计和沟通中的责任，取得相互了解；及时向治理层告知审计中发现的与治理层责任相关的事项；共享有助于注册会计师获取审计证据和治理层履行责任的其他信息。沟通的事项主要包括：注册会计师的责任；计划的审计范围和时间；审计工作中发现的问题；注册会计师的独立性。

六、完成质量控制复核

会计师事务所应当建立完善的审计工作底稿分级复核制度。如前所述，对审计工作底稿的复核可分为两个层次：项目组内部复核和项目质量控制复核。

1. 项目组内部复核

项目组内部复核又分为两个层次：审计项目经理的现场复核和项目合伙人的复核。

（1）审计项目经理的现场复核

审计项目经理对审计工作底稿的全面复核通常在审计现场完成，以便及时地发现和解决问题，争取审计工作的主动。由审计项目经理在审计过程进行中对工作底稿的复核属于第一层复核，这层复核主要是评价已完成的审计工作、所获得的证据和工作底稿编制人员形成的结论。

（2）项目合伙人的复核

在完成审计外勤工作时，则需项目合伙人对审计工作底稿实施复核。该复核既是对审计项目经理复核的再监督，也是对重要审计事项的重点把关。其主要内容包括：①复查计划确定的重要审计程序是否适当，是否得以较好实施，是否实现了审计目标；②复查重点审计项目的审计证据是否充分、适当；③复查审计范围是否充分；④复查对建议调整的不符事项和未调整不符事项的处理是否恰当；⑤复核审计工作底稿中重要的勾稽关系是否正确；⑥检查审计工作中发现的问题及其对财务报表和审计报告的影响，审计项目组对这些问题的处理是否恰当；⑦复核已审财务报表总体上是否合理、可信。

在实务中，项目合伙人的复核，可以通过填列和复核财务报表检查清单的方式来进行。

表7-2是财务报表检查清单中有关审计工作完成核对部分的一个范例。

表 7-2　审计工作完成核对清单

检查项目	是	否	不适用
1. 以前期间审计所结转下来的事项是否全部处理			
2. 各项审计程序是否全部完成			
3. 审计范围是否完全没有受到限制			
4. 期后承诺对财务的影响是否考虑过			
5. 在审计报告日以前的董事会会议、股东大会以及其他相关的会议纪要是否都检查			
6. 关键管理人员的报酬证明是否已获得			
7. 对借款合约、信托契约等有没有发生违约情况的检查是否感到满意			
8. 审计中发现的所有重大事项是否都已在审计总结中反映,并已得到满意的解决			
9. 审计项目组成员的分工事项是否都已分别完成			
10. 如果出具非标准无保留意见的审计报告,所使用的表达形式是否经主任会计师批准			
11. 下一期间审计时需要考虑的重要事项的备忘录是否已经存档			
12. 是否收到相关事项的声明书			
13. 董事会或管理层是否已经批准已审财务报表及其附注,并已采纳我们的审计报告			

2. 独立的项目质量控制复核

项目质量控制复核是指在出具报告前,对项目组做出的重大判断和在准备报告时形成的结论做出客观评价的过程。项目质量控制复核也称独立复核。独立复核的内容见第二章第一节中"会计师事务所业务质量控制准则"的有关规定。

对审计工作底稿进行独立复核具有重要意义。进行独立复核,可以实施对审计工作结果的最后质量控制,可以严格保持整体审计工作质量的一致性,确认审计工作是否达到会计师事务所的工作标准,可以消除妨碍注册会计师正确判断的偏见。

第二节　审　计　报　告

一、审计报告的含义

审计报告是指注册会计师根据中国注册会计师审计准则的规定,在实施审计工作的基础上对被审计单位财务报表发表审计意见的书面文件。

审计报告是注册会计师在完成审计工作后向委托人提交的最终产品,具有以下特征。

1. 注册会计师应当按照中国注册会计师审计准则的规定执行审计工作

审计准则是用以规范注册会计师执行审计业务的标准,包括一般原则与责任、风险评估与应对、审计证据、利用其他主体的工作、审计结论与报告以及特殊领域审计六个方面的内容,涵盖了注册会计师执行审计业务的整个过程和各个环节。

2. 注册会计师在执行审计工作的基础上才能出具审计报告

注册会计师应当实施风险评估程序,以此作为评估财务报表层次和认定层次重大错报风险的基础。风险评估程序本身并不足以为发表审计意见提供充分、适当的审计证据,注册会计师还应当实施进一步审计程序,包括实施控制测试(必要时或决定测试时)和实质性程序。注册会计师通过实施上述审计程序,获取充分、适当的审计证据,得出合理的审计结论,作为形成审计意见的基础。

3. 注册会计师通过财务报表发表意见履行业务约定书约定的责任

财务报表审计的目标是注册会计师通过执行审计工作,对财务报表的合法性和公允性发表审计意见。因此,在实施审计工作的基础上,注册会计师需要对财务报表发表审计意见,并向委托人提交审计报告。

4. 注册会计师应当以书面形式出具审计报告

审计报告具有特定的要素和格式,注册会计师只有以书面形式出具报告,才能清楚地表达对财务报表发表的审计意见。

审计报告具有鉴证、保护和证明三方面的作用。

二、审计报告的类型

审计报告分为标准审计报告和非标准审计报告,当注册会计师出具的无保留意见的审计报告不附加说明段、强调事项段或任何修饰性用语时,该报告称为标准审计报告,标准审计报告包含的审计报告要素齐全,属于无保留意见。

非标准审计报告是指标准审计报告以外的其他审计报告,包括带强调事项段的无保留意见的审计报告和非无保留意见的审计报告。非无保留意见的审计报告包括保留意见的审计报告、否定意见的审计报告和无法表示意见的审计报告。

三、审计报告的基本内容

1. 标题

审计报告的标题应当统一规范为"审计报告"。

2. 收件人

审计报告的收件人是指注册会计师按照业务约定书的要求致送审计报告的对象，一般是指审计业务的委托人。审计报告应当载明收件人的全称。针对整套通用目的财务报表出具的审计报告，审计报告的致送对象通常为被审计单位的全体股东或董事会。

3. 引言段

审计报告的引言段应当说明被审计单位的名称和财务报表已经过审计，并包括下列内容：

1）指出构成整套财务报表的每张财务报表的名称。

2）提及财务报表附注。

3）指出财务报表的日期和涵盖的期间。

4. 管理层对财务报表的责任段

管理层对财务报表的责任段应当说明，按照适用的会计准则和相关会计制度的规定编制财务报表是管理层的责任，这种责任包括：

1）设计、实施和维护与财务报表编制相关的内部控制，以使财务报表不存在由于舞弊或错误而导致的重大错报。

2）选择和运用恰当的会计政策。

3）做出合理的会计估计。

在审计报告中指明管理层的责任，有利于区分管理层和注册会计师的责任，降低财务报表使用者误解注册会计师责任的可能性。

5. 注册会计师的责任段

注册会计师的责任段应当说明下列内容：

1）第一段内容阐明注册会计师的责任、注册会计师执行审计业务的标准以及审计准则对注册会计师提出的核心要求。同时向财务报表使用者说明，注册会计师应当计划和实施审计工作以对财务报表是否不存在重大错报获取合理保证。不存在重大错报是指注册会计师认为已审计的财务报表不存在影响财务报表使用者决策的错报。合理保证是指注册会计师通过不断修正的、系统的执业过程，获取充分、适当的审计证据，对财务报表整体发表审计意见，提供的是一种高水平但非100%的保证。

2）第二段内容阐明注册会计师执行审计工作的主要过程，包括运用职业判断实施风险评估程序、控制测试（必要时或决定测试时）以及实质性程序。同时向财务报表使用者说明，注册会计师的审计建立在风险导向审计基础上。在进行风险评估时，注册会计师考虑与财务报表编制相关的内部控制，以设计恰当的审计程序，但目的并非对内部控制的有效性发表意见。因此，审计报告对内部控制不提供任何保证。

3）第三段内容阐明注册会计师通过实施审计工作，获取了充分、适当的审计证据，具备了发表审计意见的基础。

6. 审计意见段

审计意见段应当说明，财务报表是否按照适用的会计准则和相关会计制度的规定编制，是否在所有重大方面公允反映了被审计单位的财务状况、经营成果和现金流量。

7. 注册会计师的签名和盖章

审计报告应当由两名具备相关业务资格的注册会计师签名盖章，并经会计师事务所盖章方为有效。

8. 会计师事务所的名称、地址和盖章

审计报告应当载明会计师事务所的名称和地址，并加盖会计师事务所公章。地址只标明城市即可。

9. 报告日期

审计报告的日期不应早于注册会计师获取充分、适当的审计证据，并在此基础上对财务报表形成审计意见的日期，通常与管理层签署已审计财务报表的日期为同一天，或晚于管理层签署已审计财务报表的日期。在审计报告日期晚于管理层签署已审计财务报表的日期时，注册会计师应当获取自管理层声明书日到审计报告日期之间的进一步审计证据，如补充的管理层声明书。

四、标准审计报告

当注册会计师出具的无保留意见的审计报告不附加说明段、强调事项段或任何修饰用语时，该报告称为标准审计报告。

标准审计报告包含的审计报告要素齐全，属于无保留意见，且不附加说明段、强调事项段或任何修饰性用语。否则，不能称为标准审计报告。

如果认为财务报表符合下列所有条件，则注册会计师应当出具无保留意见的审计报告。

1）财务报表已经按照适用的会计准则和相关会计制度的规定编制，在所有重大方面公允反映了被审计单位的财务状况、经营成果和现金流量。

2）注册会计师已经按照中国注册会计师审计准则的规定计划和实施审计工

作，在审计过程中未受到限制。

当出具无保留意见的审计报告时，注册会计师应当以"我们认为"作为意见段的开头，并使用"在所有重大方面"、"公允反映"等术语。

无保留意见的审计报告意味着，注册会计师通过实施审计工作，认为被审计单位财务报表的编制符合合法性和公允性的要求，合理保证财务报表不存在重大错报。

标准审计报告参考格式如下：

审 计 报 告

ABC 股份有限公司全体股东：

我们审计了后附的 ABC 股份有限公司（以下简称 ABC 公司）财务报表，包括 20×1 年 12 月 31 日的资产负债表，20×1 年度的利润表、股东权益变动表和现金流量表以及财务报表附注。

一、管理层对财务报表的责任

按照企业会计准则和《××会计制度》的规定编制财务报表是 ABC 公司管理层的责任。

这种责任包括：①设计、实施和维护与财务报表编制相关的内部控制，以使财务报表不存在由于舞弊或错误而导致的重大错报；②选择和运用恰当的会计政策；③做出合理的会计估计。

二、注册会计师的责任

我们的责任是在实施审计工作的基础上对财务报表发表审计意见。我们按照中国注册会计师审计准则的规定执行了审计工作。中国注册会计师审计准则要求我们遵守职业道德规范，计划和实施审计工作以对财务报表是否不存在重大错报获取合理保证。

审计工作涉及实施审计程序，以获取有关财务报表金额和披露的审计证据。选择的审计程序取决于注册会计师的判断，包括对由于舞弊或错误导致的财务报表重大错报风险的评估。在进行风险评估时，我们考虑与财务报表编制相关的内部控制，以设计恰当的审计程序，但目的并非对内部控制的有效性发表意见。审计工作还包括评价管理层选用会计政策的恰当性和做出会计估计的合理性，以及评价财务报表的总体列报。

我们相信，我们获取的审计证据是充分、适当的，为发表审计意见提供了基础。

三、审计意见

我们认为，ABC 公司财务报表已经按照企业会计准则和《××会计制度》的规定编制,在所有重大方面公允反映了 ABC 公司 20×1 年 12 月 31 日的财务状况以及 20×1 年度的经营成果和现金流量。

××会计师事务所	中国注册会计师:×××
(盖章)	(签名并盖章)
	中国注册会计师:×××
	(签名并盖章)
中国××市	二〇×二年×月×日

五、非标准审计报告

1. 带强调事项段的无保留意见

审计报告的强调事项段是指注册会计师在审计意见段之后增加的对重大事项予以强调的段落。强调事项应当符合下列条件:①可能对财务报表产生重大影响,但被审计单位进行了恰当的会计处理,且在财务报表中做出充分披露;②不影响注册会计师发表的审计意见。

增加强调事项段的情形有:①对持续经营能力产生重大疑虑;②重大不确定事项;③其他审计准则规定增加强调事项段的情形,如管理层选用其他编制基础,管理层修改了财务报表,导致上期出具非无保留意见的事项已解决但对本期仍很重要,导致上期出具非无保留意见的事项未在上期报表中修改,但比较数据(指作为本期财务报表组成部分的上期对应数和相关披露)已做恰当重述和充分披露,需要修改其他信息但被审计单位拒绝修改等。带强调事项段的无保留意见的审计报告的格式如下:

审 计 报 告

ABC 股份有限公司全体股东:

我们审计了后附的 ABC 股份有限公司(以下简称 ABC 公司)财务报表,包括 20×1 年 12 月 31 日的资产负债表,20×1 年度的利润表、股东权益变动表和现金流量表以及财务报表附注。

一、管理层对财务报表的责任

按照企业会计准则和《××会计制度》的规定编制财务报表是 ABC 公司管理层的责任。

这种责任包括:①设计、实施和维护与财务报表编制相关的内部控制,以使财务报表不存在由于舞弊或错误而导致的重大错报;②选择和运用恰当的会计政策;③做出合理的会计估计。

二、注册会计师的责任

我们的责任是在实施审计工作的基础上对财务报表发表审计意见。我们按照中国注册会计师审计准则的规定执行了审计工作。中国注册会计师审计准则要求我们遵守职业道德规范，计划和实施审计工作以对财务报表是否不存在重大错报获取合理保证。

审计工作涉及实施审计程序，以获取有关财务报表金额和披露的审计证据。选择的审计程序取决于注册会计师的判断，包括对由于舞弊或错误导致的财务报表重大错报风险的评估。在进行风险评估时，我们考虑与财务报表编制相关的内部控制，以设计恰当的审计程序，但目的并非对内部控制的有效性发表意见。审计工作还包括评价管理层选用会计政策的恰当性和做出会计估计的合理性，以及评价财务报表的总体列报。

我们相信，我们获取的审计证据是充分、适当的，为发表审计意见提供了基础。

三、审计意见

我们认为，ABC 公司财务报表已经按照企业会计准则和《×××会计制度》的规定编制，在所有重大方面公允反映了 ABC 公司 20×1 年 12 月 31 日的财务状况以及 20×1 年度的经营成果和现金流量。

四、强调事项

我们提醒财务报表使用者关注，如财务报表附注×所述，ABC 公司在 20×1 年发生亏损××万元，在 20×1 年 12 月 31 日，流动负债高于资产总额××万元。ABC 公司已在财务报表附注×充分披露了拟采取的改善措施，但其持续经营能力仍然存在重大不确定性。本段内容不影响已发表的审计意见。

××会计师事务所	中国注册会计师：×××
（盖章）	（签名并盖章）
	中国注册会计师：×××
中国××市	（签名并盖章）
	二○×二年×月×日

2. 保留意见的审计报告

如果认为财务报表整体是公允的，但还存在下列情形之一，注册会计师应出具保留意见的审计报告：①会计政策的选用、会计估计的做出或财务报表的披露不符合适用的会计准则和相关会计制度的规定，虽然影响重大，但不至于出具否定意见的审计报告；②因审计范围受到限制，不能获取充分、适当的审计证据，虽然影响重大，但不至于出具否定意见的审计报告。如果上述两种情形的影响是极为严重的，则注册会计师应当出具否定意见或无法表示意见的审计报告。当出具保留意见的审计报告时，注册会计师应当在审计意见段中使用"除……的影响外"等术语。如因审计范围受到限制，注册会计师还应当在注册会计师的责任段中提及这一情况，意见段的措辞应当表明保留意见是针对审计范围对财务报表可能产生的影响而不是针对审计范围限制本身。保留意见的审计报告（审计范围受到限制）的格式如下：

审 计 报 告

ABC 股份有限公司全体股东：

我们审计了后附的 ABC 股份有限公司（以下简称 ABC 公司）财务报表，包括 20×1 年 12 月 31 日的资产负债表，20×1 年度的利润表、股东权益变动表和现金流量表以及财务报表附注。

一、管理层对财务报表的责任

按照企业会计准则和《××会计制度》的规定编制财务报表是 ABC 公司管理层的责任。

这种责任包括：①设计、实施和维护与财务报表编制相关的内部控制，以使财务报表不存在由于舞弊或错误而导致的重大错报；②选择和运用恰当的会计政策；③做出合理的会计估计。

二、注册会计师的责任

我们的责任是在实施审计工作的基础上对财务报表发表审计意见。我们按照中国注册会计师审计准则的规定执行了审计工作。中国注册会计师审计准则要求我们遵守职业道德规范，计划和实施审计工作以对财务报表是否不存在重大错报获取合理保证。

审计工作涉及实施审计程序，以获取有关财务报表金额和披露的审计证据。选择的审计程序取决于注册会计师的判断，包括对由于舞弊或错误导致的财务报表重大错报风险的评估。在进行风险评估时，我们考虑与财务报表编制相关的内部控制，以设计恰当的审计程序，但目的并非对内部控制的有效性发表意见。审计工作还包括评价管理层选用会计政策的恰当性和做出会计估计的合理性，以及评价财务报表的总体列报。

我们相信，我们获取的审计证据是充分、适当的，为发表审计意见提供了基础。

三、导致保留意见的事项

ABC 公司 20×1 年 12 月 31 日的应收账款余额××万元,占资产总额的×%。由于 ABC 公司未能提供债务人地址,我们无法实施函证以及其他审计程序,以获取充分、适当的审计证据。

四、审计意见

我们认为,除了前段未能实施函证可能产生的影响外,ABC 公司财务报表已经按照企业会计准则和《××会计制度》的规定编制,在所有重大方面公允反映了 ABC 公司 20×1 年 12 月 31 日的财务状况以及 20×1 年度的经营成果和现金流量。

××会计师事务所　　　　　　　　　中国注册会计师:×××

（盖章）　　　　　　　　　　　　　（签名并盖章）

中国注册会计师:×××

中国××市　　　　　　　　　　　　（签名并盖章）

二○×二年×月×日

3. 否定意见的审计报告

如果认为财务报表没有按照适用的会计准则和相关会计制度的规定编制,未能在所有重大方面公允反映被审计单位的财务状况、经营成果和现金流量,则注册会计师应当出具否定意见的审计报告。当出具否定意见的审计报告时,注册会计师应当在审计意见段中使用“由于上述问题造成的重大影响”、“由于受到前段所述事项的重大影响”等术语。否定意见的审计报告的格式如下:

审 计 报 告

ABC 股份有限公司全体股东:

我们审计了后附的 ABC 股份有限公司（以下简称 ABC 公司）财务报表,包括 20×1 年 12 月 31 日的资产负债表,20×1 年度的利润表、股东权益变动表和现金流量表以及财务报表附注。

一、管理层对财务报表的责任

按照企业会计准则和《××会计制度》的规定编制财务报表是 ABC 公司管理层的责任。

这种责任包括:①设计、实施和维护与财务报表编制相关的内部控制,以使财务报表不存在由于舞弊或错误而导致的重大错报;②选择和运用恰当的会计政策;③做出合理的会计估计。

二、注册会计师的责任

我们的责任是在实施审计工作的基础上对财务报表发表审计意见。我们按照中国注册会计师审计准则的规定执行了审计工作。中国注册会计师审计准则要求我们遵守职业道德规范，计划和实施审计工作以对财务报表是否不存在重大错报获取合理保证。

审计工作涉及实施审计程序，以获取有关财务报表金额和披露的审计证据。选择的审计程序取决于注册会计师的判断，包括对由于舞弊或错误导致的财务报表重大错报风险的评估。在进行风险评估时，我们考虑与财务报表编制相关的内部控制，以设计恰当的审计程序，但目的并非对内部控制的有效性发表意见。审计工作还包括评价管理层选用会计政策的恰当性和做出会计估计的合理性，以及评价财务报表的总体列报。

我们相信，我们获取的审计证据是充分、适当的，为发表审计意见提供了基础。

三、导致否定意见的事项

如财务报表附注×所述，ABC 公司的长期投资账面价值将减少××万元，净利润将减少××万元，从而导致 ABC 公司由盈利××万元变为亏损××万元。

四、审计意见

我们认为，由于受到前段所述事项的重大影响，ABC 公司财务报表没有按照企业会计准则和《××会计制度》的规定编制，未能在所有重大方面公允反映 ABC 公司 20×1 年 12 月 31 日的财务状况以及 20×1 年度的经营成果和现金流量。

××会计师事务所	中国注册会计师：×××
（盖章）	（签名并盖章）
	中国注册会计师：×××
	（签名并盖章）
中国××市	二○×二年×月×日

4. 无法表示意见的审计报告

如果审计范围受到限制可能产生的影响非常重大和广泛，不能获取充分、适当的审计证据，以至于无法对财务报表发表审计意见，注册会计师应当出具无法表示意见的审计报告。当出具无法表示意见的审计报告时，注册会计师应当删除注册会计师的责任段，并在审计意见段中使用"由于审计范围受到限制可能产生的影响非常重大和广泛"、"我们无法对上述财务报表发表意见"等术语。无法表示意见不同于否定意见，它通常仅仅适用于注册会计师不能获取充分、适当的审计证据。如果注册会计师发表否定意见，必须获得充分、适当的审计证据。无论是无法表示意见还是否定意见，都只有在非常严重的情形下采用。无法表示意见的审计报告的格式如下：

审 计 报 告

ABC 股份有限公司全体股东：

我们接受委托，审计后附的 ABC 股份有限公司（以下简称 ABC 公司）财务报表，包括 20×1 年 12 月 31 日的资产负债表，20×1 年度的利润表、股东权益变动表和现金流量表以及财务报表附注。

一、管理层对财务报表的责任

按照企业会计准则和《××会计制度》的规定编制财务报表是 ABC 公司管理层的责任。

这种责任包括：①设计、实施和维护与财务报表编制相关的内部控制，以使财务报表不存在由于舞弊或错误而导致的重大错报；②选择和运用恰当的会计政策；③做出合理的会计估计。

二、导致无法表示意见的事项

ABC 公司未对 20×1 年 12 月 31 日的存货进行盘点，金额为××万元，占期末资产总额的 40%。我们无法实施存货监盘，也无法实施替代审计程序，以期对期末存货的数量和状况获取充分、适当的审计证据。

三、审计意见

由于上述审计范围受到限制可能产生的影响非常重大和广泛，我们无法对 ABC 公司财务报表发表审计意见。

××会计师事务所	中国注册会计师：×××
（盖章）	（签名并盖章）
	中国注册会计师：×××
中国××市	（签名并盖章）
	二〇×二年×月×日

当出具非无保留意见的审计报告时，注册会计师应当在注册会计师的责任段之后、审计意见段之前增加说明段，清楚地说明导致所发表意见或无法表示意见的所有原因，并在可能情况下，指出其对财务报表的影响程度。审计报告的说明段是指审计报告中位于审计意见段之前用于描述注册会计师对财务报表发表保留意见、否定意见或无法表示意见理由的段落。

其位置与强调事项段的位置不同。无保留意见的强调事项段位于意见段之后。

本 章 小 结

一、内容框架

1. 终结审计

（1）编制审计差异调整表

（2）编制试算平衡表

（3）对财务报表总体合理性实施分析程序

（4）评价审计结果

（5）与治理层沟通

（6）完成质量控制复核

2. 审计报告

（1）标准审计报告——不带强调事项段的无保留意见审计报告

（2）非标准审计报告

1）带强调事项段的无保留意见审计报告

2）非无保留意见审计报告

① 保留意见审计报告

② 否定意见审计报告

③ 无法表示意见审计报告

二、主要概念

（1）审计报告

（2）标准审计报告

（3）非标准审计报告

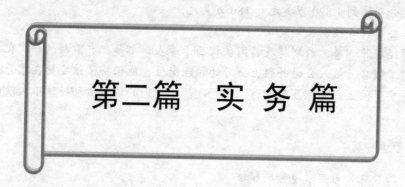

第二篇 实 务 篇

第八章 审 计 抽 样

📖 引导案例

【名　　称】美国麦克森·罗宾斯药材公司审计案例

【影　　响】加速美国公认审计准则的发展，为抽样审计方法的运用奠定了基础。

【案情简介】1938 年，美国麦克森·罗宾斯药材公司的最大债权人朱利安·汤普森公司，发现药材公司资不抵债，要求十几年来负责审计的沃特豪斯会计师事务所赔偿损失。

1. 问题

（1）原料部门现金流量异常

罗宾斯药材公司中的制药原料部门，原是个盈利率较高的部门，但该部门却一反常态地没有现金积累。而且，流动资金亦未见增加。相反，该部门还不得不依靠公司管理者重新调集资金来进行再投资，以维持生产。

（2）存货积压现象倍加严重

公司董事会曾开会决议，要求公司减少存货金额。但到 1938 年年底，公司存货反而增加 100 万美元。

2. 真相

（1）罗宾斯药材公司早已资不抵债

1937 年 12 月 31 日的合并资产负债表计有总资产 8 700 万美元，但其中的

1 907.5 万美元的资产是虚构的，包括存货虚构 1 000 万美元，销售收入虚构 900 万美元，银行存款虚构 7.5 万美元；在 1937 年年度合并损益表中，虚假的销售收入和毛利分别达到 1 820 万美元和 180 万美元。

（2）公司内部控制长期失效

公司经理菲利普·科斯特及其同伙穆西卡等人，都是犯有前科的诈骗犯。他们都是用了假名，混入公司并爬上公司的管理岗位。他们将亲信安插在掌管公司钱财的重要岗位上，并相互勾结、沆瀣一气，使他们的诈骗活动持续很久没能被人发现。

3. 矛盾

（1）汤普森公司要求事务所赔偿

朱利安·汤普森公司要求沃特豪斯会计师事务所赔偿损失，原因是信赖了其出具的无保留意见的审计报告而贷款给濒临破产的罗宾斯药材公司。

（2）沃特豪斯会计师事务所拒绝

会计师事务所认为，他们执行的审计，遵循了美国注册会计师协会在 1936 年颁布的《财务报表检查》（*Examination of Financial Statement*）中所规定的各项规则。药材公司的欺骗是由于经理部门共同串通合谋所致，审计人员对此不负任何责任。

4. 结果

最后，在证券交易委员会的调解下，沃特豪斯会计师事务所以退回历年来收取的审计费用共 50 万美元，作为对汤普森公司债权损失的赔偿。

【启　示】罗宾斯药材公司的案件，不但加速了美国公认审计准则的发展，同时，还为建立起现代美国审计的基本模式、在评价内部控制制度基础上的抽样审计奠定了基础。为此，罗宾斯药材公司的审计案例，一直成为美国审计理论研究中一个经久不衰的热门话题。

1）对财务报表的真实性责任人的讨论。审计人员审定的财务报表与事实不符，审计人员应负哪些责任？对此，美国注册会计师协会下属的审计程序委员会，早在 1936 年就指出：“对财务报表负责的主要应是企业管理当局，而不是审计人员。”如果审计人员审定的财务报表与事实不符，则要分清事实不符的原因。如是属于企业内部人为造成，则审计人员不应对此负责。

2）对现行审计程序进行的全面检讨。通过罗宾斯药材公司案件也暴露了当时审计程序的不足：即只重视账册凭证而轻视实物的审核；只重视企业内部的证据而忽视了外部审计证据的取得。在罗宾斯破产案件听证会上，12 位专家提供的证词中列举了这两个不足。证券交易委员会根据这个证词，颁布了新的审计程序规则。在规则中，证券交易委员会要求：今后审计人员在审核应收账款时，如应收账款在流动资产中占有较大比例，除了在企业内部要核对有关证据外，还需进一步发函询证，以从外部取得可靠合理的证据。在评价存货时，除了验看有关账单外，还要进行实物盘查，除此之外还要求审计人员对企业的内部控制制度进行评价，并强调了审计人员对公共利益人员负责。与此同时，美国的注册会计师协会所属的审计程序特别委员会，于1939年5月，颁布了《审计程序的扩大》，内容包括：①检查存货；②询证应收账款；③由董事选择独立的审计师或由股东每年挑选审计师；④提出短式审计报告的范式；⑤强调对公司内部控制制度的检查。自此以后，世界各国注册会计师职业界纷纷强调对存货的实物盘点及应收账款的询查，并成为审计中公认的审计程序。而强调对公司内部控制制度的检查则为抽样审计方法的运用奠定了基础。建立科学、严格的公认审计程序，使审计工作规范化，能够有效地保护尽责的审计人员，免受不必要的法律指责。

3）在制度基础审计中，抽样审计技术的审查重点是企业内部制度薄弱环节对应的账户金额、特别是余额的测试。

4）在风险导向审计中，抽样审计的重点不仅包括内部控制薄弱环节对应的实质性问题的测试，也注重企业外部环境风险对应问题的审查。

5）抽样审计技术的运用可以为把握审计重点，节约审计时间，提高审计效率，合理配置审计资源提供依据。

第一节　审计抽样概述

一、审计抽样的定义

《中国 CPA 审计准则第 1314 号——审计抽样和其他选取测试项目的方法》第三条指出："本准则所称审计抽样，是指注册会计师对某类交易或账户余额中低于 100% 的项目实施审计程序，使所有抽样单元都有被选取的机会"的一种方法。

审计抽样对控制测试和实质性测试都适用，但它并不是对于这些测试中的所有程序都适用。通常不适用于询问、观察和分析性复核程序。

抽样审计不同于详细审计。详细审计是指对审计对象总体中的全部项目进行审计，并根据审计结果形成审计意见。

审计抽样也不同于抽查。抽查是指对总体中的特定项目进行针对性测试。抽查的结果不能推断至总体。抽查作为一种技术，可以用来了解情况，确定重点，取得审计证据，其在使用中并无严格要求。

二、审计抽样的种类

审计抽样的种类很多，通常按抽样决策的依据不同，将审计抽样划分为统计抽样和非统计抽样；按审计抽样所了解的总特征不同，将审计抽样划分为属性抽样和变量抽样。

1. 统计抽样和非统计抽样

统计抽样是指以概率论和数理统计为理论基础，将数理统计的方法与审计工作相结合而产生的一种审计方法。非统计抽样是审计人员利用专业经验和主观判断，选取样本的一种方法。

（1）两者的联系

1）注册会计师执行审计测试，既可以运用统计抽样，也可以运用非统计抽样，两者还可以结合使用。

2）无论采用哪种抽样技术，注册会计师均要合理运用专业判断。

3）只要运用得当，均可获得充分适当的证据。

4）两者都存在着一定程度的抽样风险和非抽样风险。

关键的问题是，不管运用统计抽样还是非统计抽样，均不影响单个样本量的适当性。

（2）两者的区别

1）统计抽样是利用概率论法则来量化控制抽样风险的。非统计抽样却无法量化控制风险。

2）非统计抽样可能比统计抽样花费的成本小，但统计抽样的效果则可能比非统计抽样好得多。

3）依据不同，在非统计抽样中注册会计师全凭主观标准和个人经验来确定样本规模和评价样本结果；而统计抽样则需要掌握抽样技术及设计和执行抽样计划，有充分的数学依据。

4）非统计抽样很难科学地确定抽样规模，统计抽样可以科学地确定抽样规模。统计抽样对注册会计师有三方面的益处：①有助于设计有效的抽样；②有助于衡量已获得的证据的充分性；③有助于评价样本结果。但是，统计抽样的产生并不意味着非统计抽样的消亡。那种认为统计抽样能够减少审计过程中的专业判断或可以取代专业判断的观点是错误的。

2. 属性抽样与变量抽样

在控制测试和实质性测试中，注册会计师既可能使用统计抽样方法，也可能使用非统计抽样方法。

在控制测试中运用统计抽样方法主要是估计总体既定控制的偏差率（次数），

即进行内部控制属性的判断，因此，在控制测试中运用的统计抽样方法被称为属性抽样，包括固定样本量抽样、停—走抽样和发现抽样。

在实质性测试中运用统计抽样方法主要是估计总体总金额或估计整体中的错误金额，即对交易、账户余额和列报的变量进行细节测试，因此，在细节性测试中运用的统计抽样方法被称为变量抽样，包括均值估计抽样、差额估计抽样和比率估计抽样。两者的主要区别，见表8-1。

表8-1　属性抽样与变量抽样比较表

抽样技术	测试种类	目　标
属性抽样	控制测试	估计总体既定控制的偏差率（次数）
变量抽样	实质性测试（细节测试）	估计总体总金额或估计整体中的错误金额

三、样本的设计

1. 审计目的

审计目的不同，确定的审计对象总体也不同，所需要抽取的样本量也受审计目的的影响。如前所述，对内部控制进行测试和对交易、账户余额、列报进行测试，其样本对象存在明显的差异。

2. 审计对象总体与抽样单元

总体是指注册会计师从中选取样本并据此得出结论的整套数据。抽样单元是指构成总体的个体项目。在实施抽样之前，注册会计师必须仔细定义总体，确定抽样总体的范围。一般而言，总体规模对样本规模的影响成正向关系。

3. 抽样风险和非抽样风险

（1）抽样风险

抽样风险是注册会计师依据抽样结果得出的结论与审计对象总体特征不相符合的可能性。抽样风险与样本规模反方向变动：样本规模越小，抽样风险越大；样本规模越大，抽样风险越小。只要使用了审计抽样，抽样风险总会存在。无论是控制测试还是细节测试，注册会计师都可以通过扩大样本规模降低抽样风险。如果对总体中的所有项目都实施检查，就不存在抽样风险，此时审计风险完全由非抽样风险产生。

1）注册会计师在进行控制测试时，应关注以下抽样风险：①信赖不足风险——这是指抽样结果使注册会计师没有充分信赖实际上应予信赖的内部控制的可能性。导致执行额外审计程序，降低审计效率；②信赖过度风险——这是指抽样结果使注册会计师对内部控制的信赖超过了其实际上可予信赖程度的可能性。导致错误结论，降低审计效果。

2）注册会计师在进行实质性测试时，应关注以下抽样风险：①误受风险——是指抽样结果表明账户余额不存在重大错误而实际上存在重大错误的可能性。导致形成不正确的审计结论，降低审计效果；②误拒风险——与误受风险相反，误拒风险是指抽样结果表明账户余额存在重大错误而实际上不存在重大错误的可能性。

因此，注册会计师更关注信赖过度和误受风险。各种不同种类的抽样风险比较，见表 8-2。

表 8-2　抽样风险种类比较表

审计测试	抽样风险种类	对审计工作的影响
符合性测试	信赖过度风险 [坏人当好人]	效果 [后怕]
	信赖不足风险 [好人当坏人]	效率 [后悔]
实质性测试	误受风险 [坏人当好人]	效果 [后怕]
	误拒风险 [好人当坏人]	效率 [后悔]

注：两种测试中的抽样风险对审计效率、审计效果都有影响。

（2）非抽样风险

非抽样风险是指由于某些与样本规模无关的因素而导致注册会计师得出错误结论的可能性。非抽样风险包括审计风险中不是由抽样所导致的所有风险。非抽样风险是由人为错误造成的，因而可以降低、消除或防范。对审计工作进行适当的指导、监督和复核，对注册会计师实务进行适当的改进，可以将非抽样风险降至可以接受的水平。

4. 可信赖程度

可信赖程度是指样本性质能够代表总体性质的可靠性程度，即审计结论正确的可能性，或合理保证的程度，通常用百分比表示。可信赖程度与抽样风险是互补的。可信赖程度越高，抽样风险越低，要求审计结论越正确或保证程度越高，需要的样本量越多。

5. 可容忍误差

可容忍误差是注册会计师认为抽样结果可以达到审计目的而愿意接受的审计对象总体的最大误差。

在进行控制测试时，可容忍误差是注册会计师在不改变对内部控制的可信赖程度的条件下所愿意接受的最大误差。

在进行实质性测试时，可容忍误差是注册会计师在能够对某一账户余额或某类经济业务总体特征做出合理评价的条件下所愿意接受的最大金额误差。

在其他因素既定的条件下，可容忍误差越大，所需选取的样本规模越小。

6. 预计总体误差

预计总体误差即注册会计师预期在审计过程中发现的误差。预计总体误差越大，可容忍误差也应当越大。在既定的可容忍误差下，当预计总体误差增加时，所需的样本规模更大。

7. 总体变异性

总体变异性是指总体中的某一特征（如金额）在各项目之间的差异程度。一般只在细节测试中考虑总体变异性。总体变异性越低，通常样本规模越小。分层可以降低每一组中变异性的影响，从而减小样本规模。

8. 分层

分层是将某一审计对象总体划分若干具有相似特征的次级总体的过程。注册会计师可以利用分层重点审计可能有较大错误的项目，并减少样本规模。

表 8-3 列出了审计抽样中影响样本规模的因素，并分别说明了这些影响因素在控制测试和细节测试中的表现形式。

表 8-3 影响样本规模的因素

影响因素	控制测试	细节测试	与样本规模的关系
可接受的抽样风险	可接受的信赖过度风险	可接受的误受风险	反向变动
可信赖程度	1-可接受的信赖过度风险	1-可接受的误受风险	同向变动
可容忍误差	可容忍偏差率	可容忍错报	反向变动
预计总体误差	预计总体偏差率	预计总体错报	同向变动
总体变异性	—	总体变异性	同向变动
总体规模	总体规模	总体规模	影响很小

四、样本的选取

注册会计师可采用统计抽样或非统计抽样方法选取样本，只要运用得当，均可以取得充分适当的审计证据。注册会计师常用的选择方法有随机选样、系统选样、随意选样等方法。

1. 随机选样

随机选样是指对审计对象总体或次级总体的所有项目，按随机规则选取样本。

随机数是一组从长期来看出现概率相同的数字，且不会产生可识别的模式。随机数表也称乱数表，它是由随机生成的 0～9 共 10 个数字组成的数表，每个数字在表中出现的次数大致相同，它们出现在表上的顺序是随机的。表 8-4 是五位随机数表的一部分。应用随机数表选样的步骤如下：

1）对总体项目进行编号，建立总体中的项目与表中数字的一一对应关系。一般情况下，编号可利用总体项目中原有的某些编号，如凭证号、支票号、发票号等。在没有事先编号的情况下，注册会计师需按一定的方法进行编号。如由 40 页、每页 50 行组成的应收账款明细表，可采用四位数字编号，前两位由 01～40 的整数组成，表示该记录在明细表中的页数，后两位数字由 01～50 的整数组成，表示该记录的行次。这样，编号 0534 表示第五页第 34 行的记录。所需使用的随机数的位数一般由总体项目数或编号位数决定。如前例中可采用四位随机数表，也可以使用五位随机数表的前四位数字或后四位数字。

2）确定连续选取随机数的方法，即从随机数表中选择一个随机起点和一个选号路线，随机起点和选号路线可以任意选择，但一经选定就不得改变。从随机数表中任选一行或任何一栏开始，按照一定的方向（上下左右均可）依次查找，符合总体项目编号要求的数字，即为选中的号码，与此号码相对应的总体项目即为选取的样本项目，一直到选足所需的样本量为止。例如，从前述应收账款明细表的 2 000 个记录中选择 10 个样本，总体编号规则如前所述，即前两位数字不能超过 40，后两位数字不能超过 50。如从表 8-4 的第一行第一列开始，使用前 4 位随机数，逐行向右查找，则选中的样本为编号 3204、0741、0903、0941、3815、2216、0141、3723、0550、3748 的 10 个记录。

表 8-4　随机数表

行＼列	1	2	3	4	5	6	7	8	9	10
1	32044	69037	29655	92114	81034	40582	01584	77184	85762	46505
2	23821	96070	82592	81642	08971	07411	09037	81530	56195	98425
3	82383	94987	66441	28677	95961	78346	37916	09416	42438	48432
4	68310	21792	71635	86089	38157	95620	96718	79554	50209	17705
5	94856	76940	22165	01414	01413	37231	05509	37489	56459	52983
6	95000	61958	83430	98250	70030	05436	74814	45978	09277	13827
7	20764	64638	11359	32556	89822	02713	81293	52970	25080	33555
8	71401	17964	50940	95753	34905	93566	36318	79530	51105	26952
9	38464	75707	16750	61371	01523	69205	32122	03436	14489	02086
10	59442	59247	74955	82835	98378	83513	47870	20795	01352	89906

随机数选样不仅使总体中每个抽样单元被选取的概率相等，而且使相同数量的抽样单元组成的每种组合被选取的概率相等。这种方法在统计抽样和非统计抽样中均适用。由于统计抽样要求注册会计师能够计量实际样本被选取的概率，这种方法尤其适合于统计抽样。

2. 系统选样

系统选样也称等距选样，是指首先计算选样间隔，确定选样起点，然后再根

据间隔顺序选取样本的一种选样方法。计算公式为

$$选样间距＝总体规模/样本规模$$

例如，如果销售发票的总体范围是 652～3 152，设定的样本量是 125，那么选样间距为 20[（3 152-652）/ 125]。注册会计师必须从 0～19 中选取一个随机数作为抽样起点。如果随机选择的数字是 9，那么第一个样本项目是发票号码为 661（652+9）的那一张，其余的 124 个项目是 681（661+20），701（681+20），……依此类推直至第 3141 号。

3. 随意选样

随意选样也叫作任意选样，是指注册会计师不带任何偏见地选取样本，即注册会计师不考虑样本项目的性质、大小、外观、位置或其他特征而选取总体项目。其缺点是很难完全无偏见地选取样本项目。

三种方法的比较见表 8-5。

表 8-5　样本的选取方法比较表

选样方法	优　点	缺　点	适　用
随机选样	样本客观	效率低	样本量较少，总体随机排列
系统选样	样本客观、效率高	如果总体非随机排列，容易发生较大偏差	样本量多、总体随机排列
随意选样	方便、灵活	可能有偏见	样本量少、不重要项目

五、抽样结果的评价

1. 分析样本误差

注册会计师应当考虑样本的结果、已识别的所有误差的性质和原因，及其对具体审计目标和审计的其他方面可能产生的影响。

无论是统计抽样还是非统计抽样，对样本结果的定性评估和定量评估一样重要。即使样本的统计评价结果在可以接受的范围内，注册会计师也应对样本中的所有误差（包括控制测试中的控制偏差和细节测试中的金额错报）进行定性分析。

2. 推断总体误差

在实施控制测试时，由于样本的误差率就是整个总体的推断误差率，注册会计师无须推断总体误差率。

在控制测试中，注册会计师将样本中发现的偏差数量除以样本规模，就计算出样本偏差率。无论使用统计抽样或非统计抽样方法，样本偏差率都是注册会计师对总体偏差率的最佳估计，但注册会计师必须考虑抽样风险。

当实施细节测试时，注册会计师应当根据样本中发现的误差金额推断总体误

差金额，并考虑推断误差对特定审计目标及审计的其他方面的影响。

3. 重估抽样风险

在进行实质性测试时，如果推断的总体误差超过可容忍误差，经重估后的抽样风险不能接受，应增加样本量或执行替代审计程序。如果推断的总体误差接近可容忍误差，应考虑是否增加样本量或执行替代审计程序。

在进行控制测试时，注册会计师如果认为抽样结果无法达到其对所测试的内部控制的预期信赖程度，则应考虑增加样本量或修改实质性测试程序。

第二节　控制测试中抽样技术的运用

一、固定样本量抽样

这是一种最为广泛使用的属性抽样，常用于估计审计对象总体中某种误差发生的比例。其基本步骤如下：

1）确定审计目的。

2）定义"误差"。

3）定义审计对象总体。

4）使用样本量表（见表8-6）确定样本规模。

5）确定样本选取的方法。

6）选取样本并进行审计。

7）使用样本结果评价表（见表8-7）评价抽样结果。

8）书面说明抽样程序。

【例8-1】X公司系公开发行A股的上市公司，主要经营计算机硬件的开发、集成与销售，其主要业务流程通常为：向客户提供技术建议书→签署销售合同→结合库存情况备货→委托货运公司送货→安装验收→根据安装验收报告开具发票并确认收入。注册会计师于2006年初对X公司2005年度财务报表进行审计。经初步了解，X公司2005年度的经营形势、管理及经营机构与2004年度比较未发生重大变化，且未发生重大重组行为，其他相关资料如下。（金额单位：元）

资料：注册会计师在编制审计计划时，准备在X公司2005年度所开具的全部发票中，采用固定样本量法随机抽取若干发票进行控制测试，检查样本发票是否有对应的安装验收报告。注册会计师确定的预期总体误差率为1%，可容忍误差率为4%，信赖过度风险为5%。

要求：针对检查样本发票是否有对应的安装验收报告这项控制测试，根据资料中列出的各项条件，请定义"误差"，确定样本量，并根据以下两种情况评价抽样结果：

1）抽样查出的误差数为 1，且没有发现舞弊或逃避内部控制的情况。

2）抽样查出的误差数为 3，且没有发现舞弊或逃避内部控制的情况。

注册会计师的分析过程和结果如下所示。

首先，定义"误差"。

对于每张发票及有关安装验收报告，若发现下列情形之一者，即可定义为误差：

1）没有安装验收报告的任何发票。

2）发票虽有安装验收报告，但该单据属于其他发票。

3）发票与安装验收报告所记载的数量不符。

其次，确定样本量。

根据表 8-6 所示的样本量表，预期总体误差率为 1%，可容忍误差率为 4%时，应选取的样本量为 156 项。

表8-6　控制测试中统计抽样样本规模

信赖过度风险 5%（括号内是可接受的偏差数）

偏差率	预计总体											
	1%	2%	3%	4%	5%	6%	7%	8%	9%	10%	15%	20%
0.00%	218(0)	149(0)	99(0)	74(0)	59(0)	49(0)	42(0)	36(0)	32(0)	29(0)	19(0)	14(0)
0.25	*	236(1)	157(1)	117(1)	93(1)	78(1)	66(1)	58(1)	51(1)	46(1)	30(1)	22(1)
0.50	*	*	157(1)	117(1)	93(1)	78(1)	66(1)	58(1)	51(1)	46(1)	30(1)	22(1)
0.75	*	*	208(1)	117(1)	93(1)	78(1)	66(1)	58(1)	51(1)	46(1)	30(1)	22(1)
1.00	*	*	*	156(2)	93(1)	78(1)	66(1)	58(1)	51(1)	46(1)	30(1)	22(1)
1.25	*	*	*	156(2)	124(2)	78(1)	66(1)	58(1)	51(1)	46(1)	30(1)	22(1)
1.50	*	*	*	192(3)	124(2)	103(2)	66(1)	58(1)	51(1)	46(1)	30(1)	22(1)
1.75	*	*	*	227(4)	153(3)	103(2)	88(2)	77(2)	51(1)	46(1)	30(1)	22(1)
2.00	*	*	*	*	181(4)	127(3)	88(2)	77(2)	68(2)	46(1)	30(1)	22(1)
2.25	*	*	*	*	208(5)	127(3)	88(2)	77(2)	68(2)	61(2)	30(1)	22(1)
2.50	*	*	*	*	150(4)	109(3)	77(2)	68(2)	61(2)	30(1)	22(1)	
2.75	*	*	*	*	173(5)	109(3)	95(2)	68(2)	61(2)	30(1)	22(1)	
3.00	*	*	*	*	195(6)	129(4)	95(3)	84(3)	61(2)	30(1)	22(1)	
3.25	*	*	*	*	*	148(5)	112(4)	84(3)	61(2)	30(1)	22(1)	
3.50	*	*	*	*	*	167(6)	112(4)	84(3)	76(3)	40(2)	22(1)	
3.75	*	*	*	*	*	185(7)	129(5)	100(4)	76(3)	40(2)	22(1)	
4.00	*	*	*	*	*	*	146(6)	100(4)	89(4)	40(2)	22(1)	
5.00	*	*	*	*	*	*	*	158(8)	116(6)	40(2)	30(2)	
6.00	*	*	*	*	*	*	*	*	179(11)	50(3)	30(2)	
7.00	*	*	*	*	*	*	*	*	*	68(5)	37(3)	

注：本表假设总体为大总体；* 样本规模太大，因而在多数情况下不符合成本效益原则。

（资料来源：AICPA Audit and Accounting Guide: Audit Sampling (2005)）

最后，评价结果。

1）抽样查出的误差数为 1，且没有发现舞弊或逃避内部控制的情况时，因为 1 小于 156 项样本的可容忍误差数 2，所以注册会计师可以得出结论：总体误差率不超过 4%的可信赖程度为 95%。

2）抽样查出的误差数为 3，且没有发现舞弊或逃避内部控制的情况时，因为 3 大于 156 项样本的可容忍误差数 2，所以注册会计师不能以 95%的可信赖程度保证总体误差率不超过 4%。此时，注册会计师应减少对这一内部控制的可信赖程度，考虑增加样本量或修改实质性测试程序。

另一种评价的方法是（根据结果评价表 8-7）：①当样本规模为 150 项，实际发现的偏差数为 1 时，偏差率上限为 3.2%，不超过可容忍误差 4%，所以注册会计师可以下肯定性的结论——抽样查出的误差数为 1，且没有发现舞弊或逃避内部控制的情况时，总体误差率不超过 4%的可信赖程度为 95%；②当样本规模为 150 项，实际发现的偏差数为 3 时，偏差率上限为 5.1%，超过可容忍误差 4%，所以注册会计师可以下否定性的结论——抽样查出的误差数为 3，且没有发现舞弊或逃避内部控制的情况时，注册会计师不能保证总体误差率不超过 4%的可信赖程度为 95%。

表 8-7　控制测试中统计抽样结果评价

信赖过度风险 5%时的偏差率上限

样本规模	实际发现的偏差数										
	0	1	2	3	4	5	6	7	8	9	10
25	11.3	17.6	*	*	*	*	*	*	*	*	*
30	9.5	14.9	19.6	*	*	*	*	*	*	*	*
35	8.3	12.9	17.0	*	*	*	*	*	*	*	*
40	7.3	11.4	15.0	18.3	*	*	*	*	*	*	*
45	6.5	10.2	13.4	16.4	19.2	*	*	*	*	*	*
50	5.9	9.2	12.1	14.8	17.4	19.9	*	*	*	*	*
55	5.4	8.4	11.1	13.5	15.9	18.2	*	*	*	*	*
60	4.9	7.7	10.2	12.5	14.7	16.8	18.8	*	*	*	*
65	4.6	7.1	9.4	11.5	13.6	15.5	17.4	19.3	*	*	*
70	4.2	6.6	8.8	10.8	12.6	14.5	16.3	18.0	19.7	*	*
75	4.0	6.2	8.2	10.1	11.8	13.6	15.2	16.9	18.5	20.0	*
80	3.7	5.8	7.7	9.5	11.1	12.7	14.3	15.9	17.4	18.9	*
90	3.3	5.2	6.9	8.4	9.9	11.4	12.8	14.2	15.5	16.8	18.2
100	3.0	4.7	6.2	7.6	9.0	10.3	11.5	12.8	14.0	15.2	16.4
125	2.4	3.8	5.0	6.1	7.2	8.3	9.3	10.3	11.3	12.3	13.2
150	2.0	3.2	4.2	5.1	6.0	6.9	7.8	8.6	9.5	10.3	11.1
200	1.5	2.4	3.2	3.9	4.6	5.2	5.9	6.5	7.2	7.8	8.4

注：本表以百分比表示偏差率上限；本表假设总体足够大。* 表示超过 20%。

（资料来源：AICPA Audit and Accounting Guide：Audit Sampling（2005））

二、停-走抽样

停—走抽样是固定样本量抽样的一种特殊形式，是从预期总体误差为零开始，通过边抽样边评价来完成抽样审计工作。这种方法能够有效地提高工作效率，降低审计费用。

采用停—走抽样，一般要进行以下三个步骤：

1）确定可容忍误差、风险水平和初始样本量（见表8-8）。

2）根据初始样本中发现的误差系数和风险水平查表得到风险系数（见表8-9）。

3）进行停—走抽样决策：用当前样本量除以风险系数的结果与可容忍误差比较，小于可容忍误差则"停"，大于可容忍误差则"走"；然后增加样本量，再用可容忍误差除以风险系数，如果样本容量达到原来的3倍，则停，确定为不信赖内部控制。

表8-8 停—走抽样初始样本量表

可容忍误差／样本量／风险水平	0	9%	8%	7%	6%	5%	4%	3%
2.5%	37	42	47	53	62	74	93	124
5%	30	34	38	43	50	60	75	100
10%	24	27	30	35	40	48	60	80

表8-9 停—走抽样样本量扩展及总体误差评价表

风险系数／误差数／风险水平	0	1	2	3	4	5	6	7	8	9	10
2.5%	3.7	5.6	7.3	8.8	10.3	11.7	13.1	14.5	15.8	17.1	18.4
5%	3.0	4.8	6.3	7.8	9.2	10.6	11.9	13.2	14.5	16.0	17.0
10%	2.4	3.9	5.4	6.7	8.0	9.3	10.6	11.8	13.0	14.3	15.5

假定审计人员确定的可容忍误差及风险水平分别为4%和10%，由此查表8-8可确定初始样本量为60，则停—走抽样决策过程如下。

如果审计人员在60个初始样本中找出一个误差（误差为1），则可通过查表8-9得到相应的风险系数为3.9，再将该风险系数与样本量相比较，可推断出在风险水平为10%情况下的总体误差（率）为6.5%（风险系数3.9除以样本量60）。显然，推断的总体误差6.5%高于可容忍误差4%，于是，审计人员需要增加样本量。那么，究竟样本量扩大到多少为适量？为了使总体误差不超过可容忍误差，在风险系数既定的情况下，审计人员将风险系数与可容忍误差相比较，可求得所需适当的样本量为 98 个（风险系数 3.9 除以可容忍误差 4%）。也就是说，审计人员需增加样本 38 个。在对增加的 38 个样本进行审计后，若未发现误差，则审计人员可有 90%的把握确信总体误差不超过 4%。

如果审计人员首次对 60 个样本进行审计时，发现有两个误差，则按上述方法推断出总体误差率为 9%（风险系数 5.4 除以样本量 60），大大高于可容忍误差。于是，审计人员决定增加样本量至 135 个（风险系数 5.4 除以可容忍误差 4%）。也就是说，审计人员需增加样本 75 个。在对增加的 75 个样本进行审计后，若未发现误差，则审计人员可有 90%的把握确信总体误差不超过 4%；若又发现了 1 个误差，则总体误差为 4.96%（风险系数 6.7 除以扩展后的样本量 135），仍超过可容忍误差 4%。此时，审计人员应在下列两者间进行选择：再扩展样本量至 168 个（风险系数 6.7 除以可容忍误差 4%）或将上述过程得出的结果作为选用固定样本量抽样的预期总体误差而改变抽样方式。

三、发现抽样

发现抽样是在既定的可信赖程度下，在假设误差以既定的误差率存在于总体之中的情况下，至少查出一个误差的抽样方法。发现抽样主要用于查找重大非法事件，它能够以极高的可信赖程度（如 99.5%以上）确保查出误差率仅在 0.5%～1%之间的误差。它是属性抽样的一种特殊形式，主要用于查找重大舞弊事件。在预计误差率很低，且审计人员又想得到某个样本以证明有误差存在时，该种方法最为适宜。

为了达到发现抽样的目的，审计人员在制定抽样计划时，通常将预计总体误差设得很低，如 0%。在使用发现抽样时，审计人员需确定总体项目、可容忍误差及可信赖程度，然后确定样本量并加以审查。如果没有发现误差，审计人员即可得出在确定的可信赖程度下总体误差不超过可容忍误差的结论；如果发现一个或更多误差，审计人员则应放弃一切抽样程序，对总体进行全面彻底的审计。

假定审计人员怀疑企业内部存在虚设进货业务以套取现金的舞弊行为。为了查明企业内部是否存在这种舞弊行为，审计人员必须在已付款凭单中找出不实的凭单。为此，审计人员设定总体项目中若含有 1%以上的舞弊，则在可信赖程度为 98%的情况下样本会显示出不实的凭单。审计人员通过查表 8-6 发现：在预计总体误差为 0%及可容忍误差为 1%时，所需审查的样本量为 218 个。假定企业有关支付凭单是连续编号的，经审计人员选取并审查 218 张凭单后，未发现不实的凭单，则审计人员有 98%的把握确信总体项目中的不实凭单不超过 1%。

第三节　实质性测试中抽样技术的运用

变量抽样法通常用于：审查应收账款的金额；审查存货的数量和金额；审查工资费用；审查交易活动，以确定未经适当批准的交易金额。

一、基本概念

1. 抽样风险

注册会计师将碰到的误拒风险和误受风险。

2. 正态分布

指总体中每个项目值的分配趋向于集中在总体平均数周围。

3. 标准离差

总体的标准离差用来衡量个别项目值在总体平均值周围的可变异或离散程度，各个项目值之间的差异越小，标准离差越小。一个正态标准离差，常被称为可信赖程度系数。

二、变量抽样的具体方法与程序

一般情况下变量抽样的基本步骤如下：①确定审计目的；②定义审计对象总体；③选定抽样方法；④确定样本量；⑤确定样本选取方法；⑥选取样本并进行审计；⑦评价抽样结果；⑧书面说明抽样程序。

三、变量抽样的方法

1. 均值估计抽样

均值估计抽样是通过抽样审查确定样本的平均值，再根据样本平均值推断总体的平均值和总值的方法。

【例8-2】 CPA 从总体规模为 1 000、账面金额为 1 000 000 元的存货项目中选择了 200 个项目作为样本。在确定了正确的采购价格并重新计算了价格与数量的乘积之后，CPA 将 200 个样本项目的审定金额加总后除以 200，确定样本项目的平均审定金额为 980 元。然后，计算估计的存货余额为 980 000 元（980 元×1 000）。推断的总体错报就是 20 000 元（1 000 000 元-980 000 元）。

2. 差额估计抽样

差额估计抽样是以样本实际价值与账面价值的平均差额来估计总体实际价值

与账面价值的平均差额的，然后再以这个平均差额乘以总体项目个数，从而求出总体的实际价值与账面价值差额的一种方法。差额估计抽样的计算公式为

平均错报＝（样本实际金额－账面金额）/ 样本规模

推断的总体错报＝平均错报×总体规模

当误差与账面价值不成比例时，通常运用差额估计抽样。

【例 8-3】 CPA 从总体规模为 1 000 的存货项目中选取了 200 个项目进行检查。总体的账面金额为 1 040 000 元。CPA 逐一比较 200 个样本项目的审定金额和账面金额，并将账面金额（208 000 元）和审定金额（196 000 元）之间的差异加总，本例中为 12 000 元。12 000 元的差额除以样本项目个数 200，得到样本平均错报 60 元。然后 CPA 用这个平均错报乘以总体规模，计算出总体错报为 60 000元（60 元×1 000）。

3. 比率估计抽样

比率估计抽样是以样本实际价值与账面价值之间的比率关系来估计总体实际价值与账面价值之间的比率关系的，然后再以这个比率去乘总体的账面价值，从而求出总体实际价值的估计金额的一种抽样方法。其公式为

估计的总体实际价值＝总体账面价值×比率

当误差与账面价值成比例关系时，通常运用比率估计抽样。

【例 8-4】 如果上例 CPA 使用比率估计抽样，样本审定金额合计与样本账面金额的比例则为 0.94（196 000 元÷208 000 元）。CPA 用总体的账面金额乘以该比例 0.94，得到估计的存货余额 977 600 元（1 040 000 元×0.94）。推断的错报则为 62 400 元（1 040 000 元－977 600 元）。

本 章 小 结

一、内容框架

1. 审计抽样的定义

2. 审计抽样的种类

（1）从技术上分为统计抽样和非统计抽样

（2）从内容上分为属性抽样和变量抽样

3. 样本的设计

（1）审计目的

（2）审计对象总体与抽样单元

（3）抽样风险和非抽样风险

（4）可信赖程度

（5）可容忍误差

（6）预计总体误差

（7）总体变异性

（8）分层

4. 选取样本的方法

（1）随机选样

（2）系统选样

（3）任意选样

5. 属性抽样法

（1）固定样本量抽样

（2）停－走抽样

在采用停－走抽样法中，注意一个公式的运用，即

$$风险系数＝样本量×总体的最大误差率$$

（3）发现抽样

6. 变量抽样

（1）均值估计抽样

（2）差额估计抽样

（3）比率估计抽样

二、主要概念

（1）审计抽样

（2）属性抽样

（3）变量抽样

（4）信赖过度风险

（5）信赖不足风险

（6）误受风险

（7）误拒风险

（8）可容忍误差

（9）预计总体误差

第九章　销售与收款循环审计

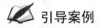引导案例

【名　　称】 应收账款审计案例

【案情简介】 审计人员在对某单位进行审计时，发现该单位"应收账款——XY公司"明细账从1996年底至今一直保留38万元的余额。出于职业习惯，审计人员决心弄清这个账户的来龙去脉。为此，审计人员追查了该账户的发生额情况，发现其在1995年11月18日用现金支票预付给XY公司货款16万元，1995年12月18日用现金支票预付给XY公司货款14万元，1996年4月和8月分别用现金支票预付给XY公司货款38万元，1996年12月用现金缴存银行30万元，冲减预付给XY公司预付货款30万元，至1996年12月底该账户余额为38万元，并一直保留至今，这究竟是怎么回事呢？该单位财务科长解释说，原准备到XY公司调一批货，预付了该批货的款项后，后来由于本地的销售形势不好，故未购进这批货，经与XY公司协商，他们答应退回货款，但在退回30万元后，因该公司资金较紧张，故尚欠38万元还未退回。从表面来看，属于业务上的往来，但事实果真如此吗？预付这么大金额的货款为什么不通过转账支付？第一批货未到为何又要预付第二批、第三批货款呢？为此，审计部门一方面派审计人员到XY公司调查核实，另一方面继续清查有关账户。经调查取证，XY公司账上并未反映预收到该公司的货款，也未发生退款业务。那么预付的几笔现金哪里去了呢？收回的现金又从何而来？

带着这些疑问，审计人员找到该单位领导进行询问。在铁的事实面前，该单位领导不得不道出真情。为列支一些不便于在账面列支的费用，从1995年以预付货款的名义支取现金30万元，以个人名义存入"A储蓄所"，存定期1年，1996年到期已归还，1996年单位为配置手机等物品，又不便在账上开支，所以又通过预付货款的名义，支取现金38万元，以个人名义存入"A储蓄所"，存定期一年。后因单位经济效益较好，且贷款利率不断降低，再加上同A储蓄所的个人感情关系，为帮其完成储蓄任务，故一直未取出归还账上。至此，该单位财务科长不情愿地把存款利息清单、收取存款手续费收据和一些开支单据全部如实交出，其中部分多余的利息收入已交单位财务账作"其他收入"入账。对此，审计人员依照省政府转发省人行关于严禁公款私存的通知精神，作出了严肃处理。

【启　　示】

1) 公款私存，是严重扰乱国家金融秩序、违反《现金管理条例》的恶劣行为，给一些牟取小团体和个人利益的人以可乘之机。

2) 用"应收账款"、"其他应收款"等往来账户套取现金进行公款私存是一种

新的违纪动向。在该案中，审计人员成功地运用了应收账款账龄分析法发现公司应收账款的不正常现象。另外，对应收账款进行函证也是审计人员在审计应收账款时采用的一种重要的审计程序。

3）应收账款往往是企业操纵会计信息的重点。运用恰当的审计程序来实现应收账款的审计目标是减少审计风险的重要手段之一。

第一节 业务循环风险评估

一、销售与收款业务循环风险评估程序

销售与收款业务循环风险评估程序的审计目标是：了解销售与收款循环，评价其设计是否合理并得到执行，评估与财务报表相关的重大错报风险。审计程序如下：

1）询问被审计单位的人员。
2）观察特定控制的运用。
3）检查文件和报告。
4）追踪交易在财务报告系统中的处理过程（穿行测试）。
5）评估与财务报表相关的重大错报风险。

二、了解销售与收款循环内部控制

审计人员可以通过文字叙述法、调查表法和流程图法来描述通过询问、观察、检查等方法所了解的被审计单位销售与收款业务循环内部控制，关注关键控制点，形成审计工作底稿，据以评估重大错报风险。销售与收款循环内部控制参考内容如下。

1．不相容职务分离制度

了解并描述销售与收款业务的具体职责分工。通常下列职务是不相容的，不得由同一部门或同一人办理销售与收款业务的全过程。

1）销售赊销政策和客户赊销信用情况审核人员与销售工作要分离。
2）发货通知单的编制人员不能同时执行存货提取、产品包装和托运工作。
3）填制发票人员不能同时担任发票复核工作。
4）办理退货实物验收工作人员须同退货账务记录人员岗位相分离。
5）应收账款的记账人员不能兼做应收账款对账的核查工作。
6）应收账款的记账人员与现金保管工作要分离。
证据检查：组织结构图、职责分工文件等。

2. 订单的证实和审核制度

了解并描述销售部门签订订单和信用审核制度及执行全过程。

1) 销售部门收到客户订单后应将其送到企业信贷部门办理批准手续。

2) 对于赊销业务，信用管理部门应根据企业的赊销政策，以及对每个顾客授权的信用额度来进行。

3) 信用管理部门对每个新客户进行信用调查，包括获取信用评审机构对顾客信用等级的评定报告。

4) 信贷部门的有关人员应在销售通知单上签署是否予以赊销的意见后送回销售部门，批准必须由经信贷部门经理或授权人签字同意的书面证实才有效。

5) 对收到的每一份销售订单都必须登记在购货订单登记簿上，从而保证从可信赖客户处收到的订单尽快给予满足和为日后再处理客户的购货订单积累资料。

证据检查：赊销政策及相关审批制度、审批的相关记录、购货订单登记簿等。

3. 销售业务的执行控制

了解并描述企业销售业务的执行过程和相关制度。

1) 企业收到客户的订单以后，销售部门应编制统一的销售通知单，编制之前销售部门应首先向发货部门询问所订货物是否有库存，如果有，应及时编制销售通知单。

2) 信用管理部门应根据企业的赊销政策和客户的资信情况批准赊销信用。

3) 仓储部门应根据已授权审批的销售通知单发货并编制商品出库单。

4) 会计部门应根据信贷管理部门批准的销售通知单开具销售发票，发票开具一般是通过对开票的授权来执行的，主要是通过获取客户的购货订单、发货通知单等后，开票人员就可以开具发票。

5) 运输部门的员工在装运之前必须进行独立验证，以确定从仓库提取的商品都附有经批准的销货通知单，商品和销货通知单必须一致。

证据检查：销售通知单、发运通知单、仓库出库单、销售发票、装运单等。

4. 折扣与折让政策的制定和执行

了解并描述企业的折扣和折让政策。

1) 折扣和折让政策必须得到有关授权人员（销售部门的经理）的批准。

2) 折扣和折让事项必须经过公司高级管理人员的审批，高管人员应将折扣和折让事项进行详细的记录。

3) 会计部门应设专人对销售部门提供的折扣和折让明细表进行核对，并依据高管人员审批意见进行账务处理。

证据检查：折扣和折让政策、审核制度、批准文件、折扣和折让事项备忘录等。

5. 应收账款与坏账准备的控制

了解并描述企业对应收账款的管理情况。了解并描述企业的坏账准备政策和坏账核销的审批程序。

1）应收账款的明细账记录必须以销售部门核准的销售发票和发运单等为依据。

2）根据应收账款明细账户余额应定期编制应收账款的余额调节表，并将该表同客户核实，编制该表的人员不能同时担任记录和调整应收账款的工作。

3）应收账款的总账和明细账的登记应由不同的人员根据汇总的记账凭证和各种原始凭证、记账凭证分别登记，并由独立于记录应收账款的人员定期检查核对总分类账户和明细分类账户的余额。

4）应由信贷管理部门定期编制应收账款的分析表，从中分析出存在虚列的应收账款或不能收回的应收账款。

5）应制定专人对应收账款账龄较长的客户进行催收和索取货款，以保证公司债权得以收回。

6）坏账准备的计提方法和比例应符合制度规定，计提的金额恰当，会计处理正确，前后期处理一致。

7）对于不能收回的应收账款应查明原因，追究责任，对坏账的核销应经企业最高权利机构审批。

8）对已核销的坏账应有备查跟踪措施，后期又收回的已核销的坏账，应及时入账。

证据检查：应收账款的记录、应收账款的余额调节表、账龄分析表、对账单、催收记录、坏账准备政策和坏账核销审核制度、批准文件、坏账回收的跟踪记录等。

6. 退货理赔的控制

了解并描述企业对退货理赔的相关制度和管理办法。

1）验收部门应严格地对退回货物进行验收与调查，应将调查结果和意见记录在退货验收报告上。

2）销售部门应对退回货物验收报告进行核对审批，并填制销售贷项通知单。

3）账务部门应依据退货验收报告和销售贷项通知单进行账务处理。

证据检查：审批文件及相关记录等。

7. 销售与收款的监督管理

了解并描述相关部门的销售与收款监督管理职能，如各部门监督管理内容、制度及相关报告等。

证据检查：相关考核指标及记录；定期分析报告；企业信贷、销售、会计、仓储等部门的定期分析及预测；内审记录等。

三、评估重大错报风险

1. 内部控制流程图（见图 9-1～图 9-3）

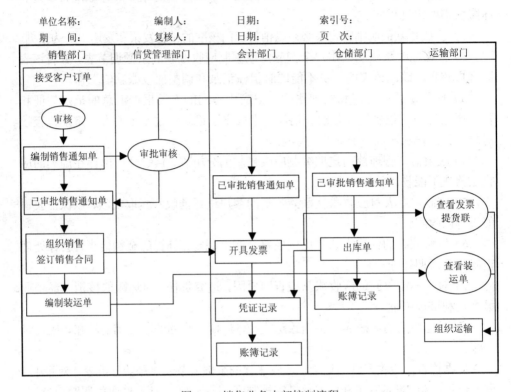

图 9-1　销售业务内部控制流程

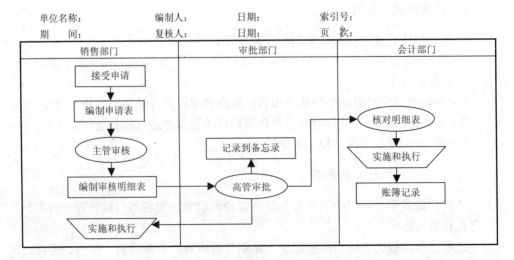

图 9-2　折扣与折让内部控制流程

| 单位名称： | 编制人： | 日期： | 索引号： |
| 期　　间： | 复核人： | 日期： | 页　次： |

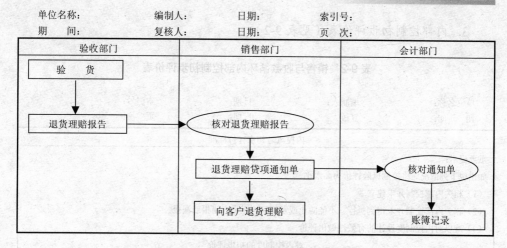

验收部门	销售部门	会计部门

验货 → 退货理赔报告 → 核对退货理赔报告 → 退货理赔贷项通知单 → 向客户退货理赔

核对通知单 → 账簿记录

图 9-3　退货理赔业务内部控制流程

2. 穿行测试工作底稿（见表9-1）

表 9-1　销售与收款循环内部控制穿行测试

| 单位名称： | 编制人： | 日期： | 索引号： |
| 期　　间： | 复核人： | 日期： | 页　次： |

审计目标：通过穿行测试，了解和评价销售与收款循环控制设计是否合理并得到执行，评估与财务报表相关的重大错报风险。

样本序号	业务内容	发票内容	销货金额	销货数量	主要控制点执行情况的检查											
					1	2	3	4	5	6	7	8	9	10	11	……

标识1：不相容职务已分开设置并得到执行。
标识2：有销售订单及销售合同。
标识3：赊销业务有信用管理部门对客户信用状况的审核手续。
标识4：有已审批的销货审批单和销售通知单且与客户订单内容一致。
标识5：有仓储部门连续编号的货物出库单且与仓库保管账核对一致。
标识6：已开具的发票和客户订货单、销售通知单所记录内容核对一致。
标识7：有连续编号的运输部门的装运单与发票及销售通知单所记录内容核对一致。
标识8：销售收入已及时正确入账。
标识9：读客户应收账款已建立催收和定期分析。
标识10：款项已收回与销货金额核对一致。
标识11：总账与销售明细账的记录核对一致。

穿行测试说明（针对上述测试中存在的问题进行记录）：

审计结论：
1）经抽查××笔业务，发现××控制设计或执行存在××问题，财务报表××认定可能存在重大错报风险。
2）对××控制高度依赖（中度/不依赖），拟对××控制执行控制测试。

3. 内部控制初步评价表（见表9-2）

表9-2　销售与收款循环内部控制初步评价表

| 单位名称：　　　　编制人：　　　　日期：　　　　索引号： |
| 期　　间：　　　　复核人：　　　　日期：　　　　页　次： |

内控风险初步评价标准
重要提示： 如出现下列情况应将控制风险评价为高水平。 （1）相关内部控制并未建立 （2）相关内部控制并未得到执行、不能防止或发现和纠正重大错报或漏报 （3）难以对内控制度设计的有效性做出评价
对内控制度的初步评价
评价依据：流程图（　　　　）；调查问卷（　　　　）；文字描述（　　　　）。
评价： 简要描述评价过程，发现问题，与财务报表相关的重大错报风险。

评价结论类型：	结　论
内部控制健全程度	
是否考虑依赖内部控制	
是否执行控制测试	

第二节　进一步审计程序

一、销售与收款循环的控制测试程序

1）适当的职责分离——观察法、讨论（沟通法）。

2）正确的授权审批——检查法。

3）充分的凭证和记录——检查法。

4）凭证的预先编号——清点各种凭证。

5）按月寄出对账单——观察法、检查法，观察指定人员寄送对账单，检查顾客复函档案。

6）内部核查程序——检查法，检查内审报告和核查签字情况。

控制测试工作底稿，见表9-3。

表9-3 销售与收款循环控制测试工作底稿

单位名称： 编制人： 日期： 索引号：
期 间： 复核人： 日期： 页 次：

序 号	测试情况记录	索引号
1	随机收取 2006 年 1~10 月开出的销售发票 50 份，进行销售发票检查，测试相符率为 100%	Y8-2
2	抽取 6 月开出的所有销售发票，发现编号连续、无缺号，只有 3 张作废发票均盖有"作废"印章	（略）
3	将送货单和销售发票核对，未发现货发出不开具发票的现象	Y8-3
4	经查，1~10 月被审计单位未发生销售折扣、折让行为，有两笔销货退回。销货退回附有按顺序编号并经主管人员核准的贷项通知单，有仓库签发的退货验收报告，有对方税务部门开具的有关证明，会计处理正确	（略）
5	收款凭证的检查在现金和银行存款控制测试时进行	Y12-2
测试结论：该循环测试相符率高，可适当简化实质性测试审计程序		

注：（1）销售发票内部控制测试记录（略）。索引号：Y8-2。

（2）送货单与发票的核对记录（略）。索引号：Y8-3。

二、销售交易的实质性测试程序

1. 登记入账的交易是真实的（发生、真实性——高估的错报）

1）未曾发货却已将销售交易登记入账。逆查法：营业收入明细账——原始发运凭证。

如果没有发运凭证，则销售交易是不真实的。如果对发运凭证的真实性也有怀疑，就可能有必要再进一步追查存货的永续盘存记录，测试存货余额有无减少。

2）重复入账。检查法，检查有序号的销货交易记录清单，查明是否重复编号或缺号。

3）虚假入账。检查法，检查销售明细账中对应的销售单，确定销售是否经过赊销批准或发货审批。

检查上述三类多报销货错误的可能性的另一个有效的办法，是追查应收账款明细账中贷方发生额的记录。如果应收账款最终得以收回货款或者收到退货，则记录入账的销售交易一开始通常是真实的；如果贷方发生额是注销坏账，或者直到审计时所欠货款仍未收回，就必须详细追查相应的发运凭证和顾客订货单等，因为这些迹象都说明可能存在虚构的交易。

2. 已发生的销售交易均已登记入账（完整性测试——低估的错报）

通常无须测试该目标，因为销售交易的审计一般偏重于检查高估资产与收入的问题。若要进行实质性测试，适合采用顺查法，由发运凭证追查至销售发票副本主营业务收入明细账，这是审查未开票的发货的有效程序。

3. 登记入账的销售交易均已正确计价（"计价"目标）

销售交易计价的准确性包括：按订货数量发货，按发货数量准确地开具账单以及将账单上的数额准确地记入会计账簿。

1) 以主营业务收入明细账中的会计分录为起点，将所选择的交易业务的合计数与应收账款明细账和销售发票存根进行比较核对。

2) 将销售发票存根上所列的单价，与经过批准的商品价目表进行比较核对，包括其金额小计和合计数的复算。

3) 将发票中列出的商品的规格、数量和顾客代号等，与发运凭证进行比较核对。

4) 审核顾客订货单和销售单中的同类数据。

4. 登记入账的销售交易分类恰当（"分类"目标）

1) 正确分类的重要性。如果销售分为现销和赊销两种，应注意不要在现销时借记应收账款，也不要在收回应收账款时贷记主营业务收入，同样不要将营业资产的销售（例如固定资产销售）混作正常销售。对那些采用不只一种销售分类的企业，例如需要编报分部报表的企业来说，正确的分类是极为重要的。

2) 分类测试的方法。销售分类恰当的测试一般可与计价准确性测试一并进行。CPA 可以通过审核原始凭证确定具体交易的类别是否恰当，并以此与账簿的实际记录作比较。

5. 销售交易的记录及时（完整性）

发货后应尽快开具账单并登记入账，以防止无意漏记销售交易，确保它们记入正确的会计期间。在执行计价准确性测试的同时，一般要将所选取的提货单或其他发运凭证的日期与相应的销售发票存根、主营业务收入明细账和应收账款明细账上的日期作比较。如有重大差异，就可能存在销售截至上的错误。

6. 销售交易已正确记入明细账并正确地汇总（准确性）

1) 汇总测试方式。在多数审计中，通常都要加总主营业务收入明细账数，并将加总数和一些具体内容分别追查至主营业务收入总账和应收账款明细账或库存现金、银行存款日记账，以检查在销售过程中是否存在有意或无意的错报问题。不过这一测试的样本量要受内部控制的影响。从主营业务收入明细账追查至应收账款明细账，一般与为实现其他审计目标所作的测试一并进行；而将主营业务收入明细账加总，并追查、核对加总数至其总账，则应作为单独的一项测试程序来执行。

2) 过账、汇总目标与其他目标的区别：前者仅限于加总主营业务收入总账、应收账款明细账和过入总账三项，并从中之一追查其他两项；后者不仅限于加总主营业务收入总账、应收账款明细账和过入总账三项，并从中之一追查其他两项，还包括凭证之间的相互核对、凭证与相关明细账的核对，其目标是审查除准确性以外的认定。

三、相关账户的实质性测试程序

1. 营业收入的审计

（1）主营业务收入的审计

1）取得或编制主营业务收入明细表，复核加计正确，并与总账和明细账合计数核对相符；同时，结合其他业务收入科目数额，与报表数核对相符。

2）查明主营业务收入的确认原则、方法，注意是否符合企业会计准则和会计制度规定的收入实现条件，前后期是否一致。

3）选择运用实质性分析程序。

4）根据增值税发票申报表或普通发票，估算全年收入，与实际入账收入金额核对，并检查是否存在虚开发票或已销售但未开发票的情况。

5）获取产品价格目录，抽查售价是否符合定价政策，并注意销售给关联方或关系密切的重要客户的产品价格是否合理，有无低价或高价结算以转移收入和利润的现象。

6）抽取本期一定数量的销售发票，检查开票、记账、发货日期是否相符，品名、数量、单价、金额等是否与发运凭证、销售合同或协议、记账凭证等一致。

7）抽取本期一定数量的记账凭证，检查入账日期、品名、数量、单价、金额等是否与销售发票、发运凭证、销售合同或协议等一致。

8）实施销售的截至测试。实务中要注意三个重要日期：发票开具日或收款日、记账日期、发货日期，考虑选择三条审计路线实施主营业务收入的截至测试。

①　以账簿为起点。从资产负债表日前后若干天的账簿记录查至记账凭证，检查发票存根与发运凭证，目的是证实已入账收入是否在同一期间已开具发票并发货，有无多记收入。

②　以销售发票为起点。从资产负债表日前后若干天的发票存根查至发运凭证与账簿记录，确定已开具发票的货物是否已发货，并且是否是同一会计期间确认收入，有无少计收入。

③　以发运凭证为起点。从资产负债表日前后若干天的发运凭证查至发票开具情况与账簿记录，确定主营业务收入是否已记入恰当的会计期间，有无少计收入。

9）结合对资产负债表日应收账款的函证程序，检查有无未经顾客认可的巨额销售。

10）检查销售折扣、销售退回与折让业务是否真实、内容是否完整，相关手续是否符合规定，折扣与折让的计算和会计处理是否正确。

11）检查外币收入折算汇率是否正确。

12）检查有无特殊的销售行为，如附有销售退回条件的商品销售、委托代销、售后回购、以旧换新、商品需要安装和检验的销售、分期收款销售、出口销售、售后租回等。

13）调查集团内部销售的情况，记录其交易价格、数量和金额，并追查在编制合并财务报表时是否已予以抵消。

14）调查向关联方销售的情况，记录其交易品种、数量、价格、金额以及占主营业务收入总额的比例。

15）确定主营业务收入的列报是否恰当。

（2）其他业务收入的审计

1）获取或编制其他业务收入明细表。复核加计正确，并与总账和明细账合计数核对相符；注意其他业务收入是否有相应的成本；检查是否存在技术转让等免税收益，如果有，则应调减应纳税所得额。

2）计算本期其他业务收入与其他业务成本的比率，并与上期该比率比较，检查是否有重大波动，如果有，则应查明原因。

3）检查其他业务收入内容是否真实、合法，收入确认原则及会计处理是否符合规定，择要抽查原始凭证予以核实。

4）对异常项目，应追查入账依据及有关法律文件是否充分。

5）抽查资产负债表日前后一定数量的记账凭证，实施截止测试，追踪到发票、收据等，确定入账时间是否正确，对于重大跨期事项作必要的调整建议。

6）确定其他业务收入的列报是否恰当。

2. 应收账款的审计

（1）取得或编制应收账款明细表

1）复核加计正确，并与总账和明细账合计数核对相符；结合坏账准备科目与报表数核对相符。

2）检查应收账款账龄分析是否正确。

3）检查非记账本位币应收账款的折算汇率及折算是否正确。

4）分析有贷方余额的项目，查明原因，必要时，建议做重分类调整。

5）结合预收款项等往来项目的明细余额，查明有无同挂的项目或与销售无关的其他款项，如果有，则应做出记录，必要时做出调整建议。

（2）对应收账款实施实质性分析程序

1）复核应收账款借方累计发生额与主营业务收入是否匹配，如果存在不匹配的情况，则应查明原因。

2）在明细表上标注重要客户，并编制对重要客户的应收账款增减变动表，与上期比较分析是否发生变动，必要时，收集客户资料分析其变动的合理性。

3）计算应收账款周转率，应收账款周转天数等指标，并与被审计单位上年指标、同行业同期相关指标对比分析，检查是否存在重大异常。

（3）向债务人函证应收账款

函证是指注册会计师为了获取影响财务报表或相关披露认定的项目的信息，通过直接来自第三方对有关信息和现存状况的声明，获取和评价审计证据的过程。

1）函证的范围和对象。除非有充分证据表明应收账款对被审计单位财务报表而言是不重要的，或者函证很可能是无效的，否则，注册会计师应当对应收账款进行函证。如果注册会计师不对应收账款进行函证，应当在工作底稿中说明理由。如果认为函证很可能是无效的，注册会计师应当实施替代审计程序，获取充分、适当的审计证据。函证数量的多少、范围是由诸多因素决定的，主要有：①应收账款在全部资产中所占的重要性。若应收账款在全部资产中所占的比重较大，则函证的范围应相应地大一些。②被审计单位内部控制的强弱。若内部控制较健全，则可以相应地减少函证量。③以前期间的函证结果，若以前期间函证中发现过重大差异，或欠款纠纷较多，则函证范围应相应地扩大一些。④函证方式的选择。若采用积极的函证方式，则可以相应地减少函证量；若采用消极的函证方式，则要相应地增加函证量。一般情况下，注册会计师应选择以下项目作为函证对象：大额或账龄较长的项目；与债务人发生纠纷的项目；关联方项目；主要客户（包括关系密切的客户）项目；交易频繁但期末余额较小甚至余额为零的项目；可能产生重大错报或舞弊的非正常的项目。

2）函证的方式。函证方式分为两种：①积极的函证方式，即注册会计师要求被询证者在所有情况下都必须回函，确认询证函所列信息是否正确，或填列询证函要求的信息；②消极的函证方式，即注册会计师只要求被询证者在不同意询证函列示信息的情况下才予以回函。当同时存在下列情况时，注册会计师可考虑采用消极的函证方式：重大错报风险评估为低水平；涉及大量余额较小的账户；预期不存在大量的错误；没有理由相信被询证者不认真对待函证。在实务中，注册会计师也可将这两者方式结合使用。当应收账款的余额是由少量的大额应收账款和大量的小额应收账款构成时，注册会计师可以对所有的或抽取的大额应收账款样本采用积极的函证方式，而对抽取的小额应收账款样本采用消极的函证方式。两种函证的格式如下。

积极式询证函格式如下：

企业询证函

编号：

××（公司）：

本公司聘请的××会计师事务所正在对本公司××年度财务报表进行审计，按照中国注册会计师审计准则的要求，应当询证本公司与贵公司的往来账项等事项。请列示截至××年×月×日贵公司与本公司往来款项余额。回函请直接寄至××

会计师事务所。

回函地址:

邮编: 电话: 传真: 联系人:

本函仅为复核账目之用,并非催款结算。若款项在上述日期之后已经付清,仍请及时函复为盼。

(公司盖章)

年 月 日

1. 贵公司与本公司的往来账项列示如下:

单位:元

截止日期	贵公司欠	欠贵公司	备注

2. 其他事项

(公司盖章)

年 月 日

经办人:

消极式询证函格式如下:

企业询证函

编号:

××(公司):

本公司聘请的××会计师事务所正在对本公司××年度财务报表进行审计,按照中国注册会计师审计准则的要求,应当询证本公司与贵公司的往来账项等事项。下列数据出自本公司账簿记录,如与贵公司账簿记录相符,则无须回复;如有不符,请直接通知会计师事务所,并请在空白处列明贵公司认为是正确的信息。回函请直接寄至××会计师事务所。

回函地址:

邮编: 电话: 传真: 联系人:

1. 贵公司与本公司的往来账项列示如下:

单位:元

截止日期	贵公司欠	欠贵公司	备 注

2. 其他事项

本函仅为复核账目之用，并非催款结算。若款项在上述日期之后已经付清，仍请及时函复为盼。

（公司盖章）

年 月 日

××会计师事务所：

上面的信息不正确，差异如下：

（公司盖章）

年 月 日

经办人：

3）函证时间的选择。为了充分发挥函证的作用，应恰当地选择函证的实施时间。注册会计师通常以资产负债表日为截至日，在资产负债表日后的适当时间内实施函证。如果重大错报风险评估为低水平，注册会计师可选择资产负债表日前适当日期为截至日实施函证，并对所函证项目自该截至日起至资产负债表日止发生的变动实施实质性程序。

4）函证的控制。注册会计师可采取的控制措施有：①将被询证者的名称、地址与被审计单位的有关记录核对；②将询证函中列示的账户余额或其他信息与被审计单位的有关资料核对；③在询证函中指明直接向接受审计业务委托的会计师事务所回函；④询证函经被审计单位盖章后，由注册会计师直接发出；⑤将发出询证函的情况形成审计工作记录；⑥将收到的回函形成审计工作记录，并汇总统计函证结果。注册会计师应当直接接收，并要求被询证者及时寄回询证函原件。若积极式函证未能及时收到回函，注册会计师应当与被询证者联系，要求对方做出回应或再次寄发询证函。如果未能得到回应，注册会计师应当实施替代审计程序。例如，检查与销售有关的文件，包括销售合同或协议、销售订单、销售发票副本及发运凭证等，以验证这些应收账款的真实性。

5）对不符事项的处理。收回的询证函若有差异，即函证出现了不符事项，注册会计师应当首先提请被审计单位查明原因，并作进一步的分析和核实。不符事项的原因可能是由于双方登记入账的时间不同，或是由于一方或双方记账错误，也可能是被审计单位的舞弊行为。对应收账款而言，登记入账的时间不同而产生的不符事项主要表现为：①询证函发出时，并已做销售记录，但货物仍在途中，债务人尚未收到货物；②债务人由于某种原因将货物退回，而被审计单位尚未收到；③债务人对收到的货物的数量、质量及价格等方面有异议而全部或部分拒付货款等。如果不符事项构成错报，注册会计师应当重新考虑所实施的审计程序的性质、时间和范围。

6) 对函证结果的总结和评价。注册会计师对函证结果可进行如下评价：①注册会计师应重新考虑：对内部控制的原有评价是否适当；控制测试的结果是否适当；分析程序的结果是否适当；相关的风险评价是否适当等。②如果函证结果表明没有审计差异，则注册会计师可以合理地推论，全部应收账款总体是正确的。③如果函证结果表明存在审计差异，注册会计师则应当估算应收账款总额中可能出现的累计差错是多少，估算未被选中进行函证的应收账款的累计差错是多少。为取得对应收账款累计差错进行更加准确的估计，也可以进一步扩大函证范围。尽管函证不能发现所有的问题，但它是一种必要的、有效的审计方法。询证函回函的所有权归属所在的会计师事务所。除特殊情况外，会计师事务所不得将询证函回函提供给被审计单位作为法律诉讼证据。④确定已收回的应收账款金额。⑤检查未函证应收账款。⑥检查坏账的确认和处理。⑦抽查有无不属于结算业务的债权。⑧检查贴现、质押或出售。⑨分析应收账款明细账余额。⑩确定应收账款的列报是否恰当。

3. 坏账准备的审计

1) 取得或编制坏账准备明细表，复核加计正确，与坏账准备总账数、明细账合计数核对相符。

2) 将应收账款坏账准备本期计提数与资产减值损失相应明细项目的发生额核对相符。

3) 检查应收账款坏账准备计提和核销的批准程序，评价坏账准备所依据的资料、假设及计提方法。

特别是在确定坏账准备的计提比例时，应注意除有确凿证据表明该项应收账款不能收回，或收回的可能性不大时（如债务单位撤销、破产、资不抵债、现金流量严重不足、发生严重的自然灾害等导致停产而在短时间内无法偿付债务等，以及应收账款逾期 3 年以上），下列情况一般不能全额计提坏账准备：①当年发生的应收账款，以及未到期的应收账款；②计划对应收账款进行重组；③与关联方发生的应收账款；④其他已逾期，但无确凿证据证明不能收回的应收账款。

企业与关联方之间发生的应收账款一般不能全额计提坏账准备，但如果有确凿证据表明关联方（债务单位）已撤销、破产、资不抵债、现金流量严重不足等，并且不准备对应收账款进行重组或无其他收回方式的，则对预计无法收回的应收关联方的款项也可以全额计提坏账准备。

4) 实际发生坏账损失的，检查转销依据是否符合有关规定，会计处理是否正确。

5) 检查长期挂账应收账款。

6) 检查函证结果。

7）实施分析程序。

8）确定坏账准备的披露是否恰当。

4. 应收票据审计

1）获取或编制应收票据明细表。

2）取得被审计单位"应收票据备查簿"，核对其是否与账面记录一致。

3）检查库存票据。

4）必要时函证应收票据。

5）检查大额应收票据。

6）复核带息应收票据的计算。

7）对贴现的应收票据，复核其贴现息计算是否正确，会计处理是否正确。

8）检查贴现应收票据资产负债表日的真实性。

9）检查非本位币结算的应收票据。

10）对应收票据相关的坏账准备进行审计。

11）确定应收票据的披露是否恰当。

5. 其他应审计的相关账户

与本循环相关的其他应审计的账户还包括：长期应收款、预收款项、应交税费、营业税金及附加和销售费用等。

本 章 小 结

1. 业务循环风险评估

（1）销售与收款循环风险评估程序

（2）了解销售与收款循环内部控制

（3）评估重大错报风险

2. 进一步审计程序

（1）销售与收款循环的控制测试程序

（2）销售交易的实质性测试程序

（3）相关账户的实质性测试程序

第十章 采购与付款循环审计

📖 引导案例

【名　　称】巨人零售公司审计案例

【影　　响】会计师事务所因屈服客户压力而导致审计失败的典型案例。

【手　　段】蓄意调整应付账款。

【案情简介】

1. 公司简介

名称：巨人零售公司

成立：1959 年

类型：大型连锁折扣集团公司

规模：1972 年，拥有 112 家零售批发商店。

案情：1971 年，行政管理当局把 250 万美元的经营损失改为 150 万元收益，并提高了与之有关的流动比率和周转率。

后果：1973 年 8 月，公司向波士顿法院提交破产申请，2 年后公司申请破产。

2. 舞弊方法——虚减应付账款

1972 年巨人公司对应付账款的蓄意调整如表 10-1 所示。

表 10-1　1972 年巨人公司对应付账款的蓄意调整

债权人	应付账款减少金额/万美元	应付账款减少的理由
广告商	30	以前未入账的预付广告费
米尔布鲁克制造商	25.7	(1) 商品退回 (2) 总购折扣 (3) 折扣优惠
罗兹斯盖尔公司	13	商品退回
各个供应商	17	以前购进货物进价过高
健身器材公司	16.3	商品退回

3. 真相

（1）预付广告费（30 万美元）

公司虚构了 1 100 家广告商名单，并称向他们预付了 30 万美元的广告费已达几个月之久，均忘了收集记录并记账。负责审计的罗丝会计师事务所只函证了 4

家广告公司，均得到预付广告费是错误的答复，但事务所并未深究。而另外抽查的 20 笔业务只要求提供证明文件。显然，会计师事务所无法因此获得充分、适当的审计证据。

（2）假折扣折让（25.7 万美元）

巨人公司财务副总裁共伪造了 28 个假的贷项通知单，以此抵减应付米尔布鲁克公司的 25.7 万美元账款。审计时，事务所的助理审计人员得到了先后 3 个不同的解释。最初，助理审计人员被告知，这些贷项通知单是因为商品退回所发出的。后来又解释说，25.7 万美元是总购货折扣。最后又说，这笔金额是米尔布鲁克公司为使巨人公司成为它的长期客户而给予的折让优惠。事务所在取证过程中受到了阻碍，在电话调查时，巨人公司总是先打电话，而且没有实行回避。因此，事务所的取证工作受到了美国证券交易委员会的批评。

（3）假退货（13 万美元）

公司发出 35 份假贷项通知单，蓄意减少了 13 万美元应付罗兹斯盖尔公司的账款。事实是，很多发出贷项通知单的商店根本没有从罗兹斯盖尔公司进货，对方账上也无相应记录。事务所被告知，因两家公司将发生法律诉讼，所以只收到巨人公司的一些信件作为证据。

（4）差价退款（17 万美元）

巨人零售公司的管理部门曾向下属两个最大部门的经理米尔和来瑟施加压力，要求他们假造一份名单，虚构几百个曾被供应商们因进价过高而要求退款的事项，这笔金额大约有 17.7 万美元。事务所在电话求证过程中，同样允许巨人公司事先联系供应商，这使 3 个供应商被巨人公司说服并提供假证明。

（5）伪造健美产品退回的虚假会计分录

最后，经过周密计划，巨人公司假造了发给健美产品制造商的贷项通知单，用根本没有被确认的 16.3 万美元的商品退回来减少应付账款。很明显这些产品的退回从来没有发生过。罗丝事务所没能充分调查到这些项目。

【启 示】

1）对应付账款的电话调查取证应在不受被审计单位干扰的情况下进行。

2）当注册会计师与客户意见不一致时，是坚持原则，还是妥协迁就，是衡量注册会计师职业道德的试金石。

3）在审计过程中，由于分工不同，大量的现场工作将由助理人员进行，这是符合成本—效益原则的。但是，当助理人员在现场发现线索时，高级审计人员应采取相应的追查措施。

第一节　业务循环风险评估

一、采购与付款业务循环风险评估程序

采购与付款业务循环风险评估程序的审计目标是：了解采购与付款循环，评价其设计是否合理并得到执行，评估与财务报表相关的重大错报风险。审计程序如下：

1）询问被审计单位的人员。

2）观察特定控制的运用。

3）检查文件和报告。

4）追踪交易在财务报告系统中的处理过程（穿行测试）。

5）评估与财务报表相关的重大错报风险。

二、了解采购与付款循环内部控制

审计人员可以通过文字叙述法、调查表法和流程图法来描述通过询问、观察、检查等方法所了解的被审计单位采购与付款业务循环内部控制，关注关键控制点，形成审计工作底稿，据以评估重大错报风险。采购与付款循环内部控制参考内容如下。

1. 不相容职务分离

采购与付款业务不相容岗位至少包括：

1）请购与审批。

2）询价与确定供应商。

3）采购合同的订立与审核。

4）采购与验收。

5）采购、验收与相关会计记录。

6）付款审批与付款执行。

公司不得由同一部门或个人办理采购与付款业务的全过程。

证据检查：组织结构图、职责分工文件等。

2. 请购

了解并描述公司采购申请管理的有关控制措施，一般情况下包括下列内容：

1）公司是否建立采购申请制度，依据购置物品或劳务类型，确定归口管理部门，授予相应的请购权，并明确相关部门或人员的职责权限及相应的请购程序。

2）公司是否对采购业务进行预算管理。

证据检查：采购制度、请购单等。

3. 审批

了解并描述公司采购申请审批管理的有关控制措施，包括公司是否建立严格的请购审批制度。对于超预算和预算外采购项目，应当明确审批权限，由审批人根据其职责、权限以及单位的实际需要等对请购申请进行审批。

证据检查：预算制度、授权文件等。

4. 采购

了解并描述公司采购环节的有关控制措施，一般情况下包括下列内容：

1）公司是否建立了采购环节的管理制度，对采购方式确定、供应商选择等作出明确规定。

2）公司是否根据物品或劳务等的性质及其供应情况确定采购方式。一般物品或劳务等的采购应采用订单采购或合同订货等方式，小额零星物品或劳务等的采购可以采用直接购买等方式。

3）公司是否制定了例外紧急需求的特殊采购处理程序。

4）公司是否充分了解和掌握供应商的信誉、供货能力等有关情况，采取由采购、使用等部门共同参与比质比价程序，并按规定的授权批准程序确定供应商。

5）公司小额零星采购是否也由经授权的部门事先对价格等有关内容进行审查。

证据检查：采购制度、合同文件等。

5. 验收

了解并描述公司货物验收的有关控制措施，一般情况下包括下列内容：

1）公司是否建立了验收环节的有关控制措施，对验收程序等作出明确规定。

2）公司是否根据规定的验收制度和经批准的订单、合同等采购文件，由独立的验收部门或指定专人对所购物品或劳务等的品种、规格、数量、质量和其他相关内容进行验收，出具验收证明。

3）对验收过程中发现的异常情况，负责验收的部门或人员是否立即向有关部门报告；有关部门是否查明原因、及时处理。

证据检查：采购制度、验收文件等。

6. 付款

了解并描述公司支付结算管理的有关控制措施，一般情况下包括下列内容：

1）公司是否按照《现金管理暂行条例》、《支付结算办法》等规定制定支付制度和办理采购付款业务。

2）会计部门在办理付款业务时，是否编制资金支付审批单，对采购发票、结算凭证、验收证明等相关凭证的真实性、完整性、合法性及合规性进行严格审核；是否编制记账凭证，对记账凭证进行复核、稽核，并在凭证上签字、盖章。

3）公司是否建立预付账款和定金的授权批准制度，加强预付账款和定金的管理；并对供应商数据库的信息（单位名称、金额）进行核对。

4）为加强应付账款和应付票据的管理，公司是否由专人按照约定的付款日期、折扣条件等管理应付款项。

5）已到期的应付款项是否经有关授权人员审批后方可办理结算与支付。会计人员每天对当日实际付款金额与当日日记账付款金额是否进行核对。

6）公司是否建立退货管理制度，对退货条件、退货手续、货物出库、退货货款回收等作出明确规定，及时收回退货款。

7）公司是否定期与供应商核对应付账款、应付票据、预付账款等往来款项，如有不符，应查明原因，及时处理。

证据检查：资金支付审批单、付款凭证等。

三、评估重大错报风险

1. 内部控制流程图（见图 10-1）

单位名称：　　　编制人：　　　日期：　　　索引号：

期　　间：　　　复核人：　　　日期：　　　页　次：

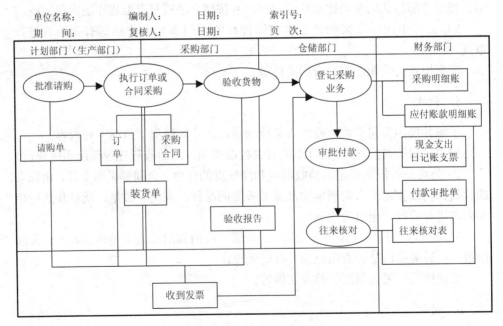

图 10-1　采购业务内部控制流程

2. 穿行测试工作底稿（见表 10-2）

表 10-2 采购与付款循环内部控制穿行测试

单位名称： 　　　编制人： 　　　日期： 　　　索引号：

期　　间： 　　　复核人： 　　　日期： 　　　页　次：

审计目标：通过穿行测试，了解和评价采购与付款循环控制设计是否合理并得到执行，评估与财务报表相关的重大错报风险。

样本序号	业务内容	采购时间	采购金额	采购数量	主要控制点执行情况的检查										
					1	2	3	4	5	6	7	8	9	10	…

标识 1：不相容职务已分开设置并得到执行。

标识 2：所有采购均已按规定编制请购单。

标识 3：请购申请经批准，朝预算和预算外采购符合规定。

标识 4：采用订单采购或合同订货采购的方式。

标识 5：收到货物时指定专人验收并编写验收报告。

标识 6：付款已填制资金支付审批单并经批准。

标识 7：按规定进行会计核算。

标识 8：定期核对与供应商的债权债务金额。

……

穿行测试说明（针对上述测试过程需要说明的事项）：

审计结论：

经抽查××笔业务，我们发现：

1）××控制设计或执行存在××问题，财务报表××认定可能存在重大错报风险。

2）对××控制高度依赖（中度/不依赖），拟对××控制执行的有效性执行控制测试。

3. 内部控制初步评价表（见表10-3）

表 10-3　采购与付款循环内部控制初步评价表

单位名称：　　　　　编制人：　　　　　日期：　　　　　索引号：		
期　　间：　　　　　复核人：　　　　　日期：　　　　　页　次：		
内控风险初步评价标准		
重要提示： 如出现下列情况应将控制风险评价为高水平。 （1）相关内部控制并未建立。 （2）相关内部控制并未得到执行、不能防止或发现和纠正重大错报或漏报。 （3）难以对内控制度设计的有效性做出评价。		
对内控制度的初步评价		
评价依据：流程图（　　　　　）；调查问卷（　　　　　）；文字描述（　　　　　）。		
评价： 简要描述评价过程，发现问题，与财务报表相关的重大错报风险。		
评价结论类型：	结　　论	
内部控制健全程度		
是否考虑依赖内部控制		
是否执行控制测试		

第二节　进一步审计程序

一、采购与付款循环的控制测试程序

1. 采购交易的控制测试程序

1）适当的职责分离——观察法、讨论（沟通法）。

2）内部核查程序——检查法。检查内容包括：①采购与付款业务相关岗位及人员的设置情况，重点检查是否存在采购与付款业务不相容职务混岗的现象；②采购与付款业务授权批准制度的执行情况。重点检查大宗采购与付款业务的授权批准手续是否健全，是否存在越权审批的行为；③应付账款和预付账款的管理，重点检查应付账款和预付账款支付的正确性、时效性和合法性；④有关单据、凭证和文件的使用和保管情况，重点检查凭证的登记、领用、传递、保管、注销手续是否健全，使用和保管制度是否存在漏洞。

2. 付款交易的控制测试程序

1）检查单位是否按照《现金管理暂行条例》、《支付结算办法》和《内部会计控制规范——货币资金（试行）》等规定办理采购付款业务。

2）检查财会部门在办理付款业务时，有无对采购发票、结算凭证、验收证明等相关凭证的真实性、完整性、合法性及合规性进行严格审核。

3）检查单位的预付账款和定金的授权批准制度。

4）检查单位有无加强应付账款和应付票据的管理，是否由专人按照约定的付款日期、折扣条件等管理应付款项。已到期的应付款项是否经有关授权人员审批后办理结算与支付。

5）单位是否建立退货管理制度，对退货条件、退货手续、货物出库、退货货款回收等做出明确规定，及时收回退货款。

6）单位是否定期与供应商核对应付账款、应付票据、预付款项等往来款项。如有不符，应查明原因，及时处理。

3. 固定资产的控制测试程序

1）检查预算制度。

2）检查授权批准制度。

3）检查账簿记录。

4）检查职责分工制度。

5）检查资本性支出和收益性支出的区分制度。

6）检查固定资产的处置制度。

7）检查固定资产的定期盘点制度。

8）检查固定资产的维修保养制度。

二、相关账户的实质性测试程序

1. 应付账款审计

1）获取或编制应付账款明细表，复核加计正确，并与报表数、总账数和明细账合计数核对相符。

2）对应付账款执行实质性分析程序。

3）检查应付账款是否存在借方余额，如果有，则应查明原因，必要时建议作重分类调整。

4）函证应付账款。与应收账款函证不同，应付账款函证不是必须程序。它无法发现未入账的业务。

5）检查是否存在未入账的应付账款。

6）检查带有现金折扣的应付账款是否按发票上记载的全部应付金额入账，在实际获得现金折扣时再冲减财务费用。

7）被审计单位与债权人进行债务重组，检查不同债务重组方式下的会计处理是否正确。

8）结合其他应付款、预付款项等项目的审计，检查有无同时挂账的项目，或有无属于其他应付款的款项，如果有，则应做出记录，必要时，建议被审计单位作重分类调整或会计误差调整。

9）以非记账本位币结算的应付账款，检查其采用的折算汇率及折算是否正确。

10）标明应付关联方的款项，执行关联方及其交易审计程序，并注明合并报表时应予抵消的金额。

11）确定应付账款的披露是否恰当。

2. 固定资产审计

1）获取或编制固定资产和累计折旧分类汇总表，检查固定资产的分类是否正确，并与总账数和明细账合计数核对相符，结合累计折旧、减值准备科目与报表数核对相符。

2）对固定资产实施实质性分析程序。

3）实地检查重要的固定资产，确定其是否存在，关注是否存在已报废但仍挂账的固定资产。

4）检查固定资产的所有权。

5）检查本期固定资产的增加。

6）检查本期固定资产的减少。

7）检查固定资产后续支出的核算是否符合规定。

8）检查固定资产的租赁。

9）获取暂时闲置的固定资产的相关证明文件，并观察其实际状况，检查是否已按规定计提折旧，相关的会计处理是否正确。

10）获取已提足折旧仍继续使用固定资产的相关证明文件，并作相应的记录。

11）获取持有待售固定资产的相关证明文件，并作相应的记录，检查对其预计净残值调整是否正确、会计处理是否正确。

12）检查固定资产保险情况，复核保险范围是否足够。

13）检查有无与关联方的固定资产购售活动，是否经适当授权，交易价格是否公允。对于合并范围内的购售活动，记录应予合并抵消的金额。

14）检查年度终了被审计单位对固定资产的使用寿命、预计净残值和折旧方法的复核结果是否合理，若不合理，则应提请被审计单位作必要调整。

15）对应计入固定资产的借款费用，应根据企业会计准则的规定，结合长短期借款、应付债券或长期应付款的审计，检查借款费用（借款利息、折溢价摊销、汇兑差额、辅助费用）资本化的计算方法和资本化金额，以及会计处理是否正确。

16）结合银行借款等科目，了解是否存在已用于债务担保的固定资产。如果有，则应取证作相应的记录，同时提请被审计单位作恰当披露。

17）检查购置固定资产时是否存在与资本性支出有关的财务承诺。

18）确定固定资产的披露是否恰当。

3. 累计折旧审计

1）获取或编制累计折旧分类汇总表，复核加计正确，并与总账数和明细账合计数核对相符。

2）检查被审计单位的折旧政策和方法是否符合相关会计准则的规定，确定其所采用的折旧方法能否在固定资产预计使用寿命内合理分摊其成本，前后期是否一致，预计使用寿命和预计净残值是否合理。

3）对累计折旧执行实质性分析程序。

4）复核本期折旧费用的计提和分配。

5）将累计折旧账户贷方的本期计提折旧额与相应的成本费用中的折旧费用明细账户的借方相比较，以查明所计提折旧金额是否已全部摊入本期产品成本或费用。一旦发现差异，应及时追查原因，并考虑是否应建议作适当调整。

6）检查累计折旧的减少是否合理、会计处理是否正确。

7）确定累计折旧的披露是否恰当。

4. 其他应审计的相关账户

与本循环相关的其他应审计的账户还包括预付款项、在建工程、工程物资、固定资产清理、无形资产、开发支出、商誉、长期待摊费用、应付票据、长期应付款和管理费用等。

本 章 小 结

1. 业务循环风险评估

（1）采购与付款循环风险评估程序
（2）了解采购与付款循环内部控制
（3）评估重大错报风险

2. 进一步审计程序

（1）采购与付款循环的控制测试程序
（2）相关账户的实质性测试程序

第十一章 存货与生产循环审计

 引导案例

【名　称】 科龙电器公司年报审计案例

【影　响】 2006 年 7 月 16 日，中国证监会对广东科龙电器股份有限公司及其责任人的证券违法违规行为做出行政处罚与市场永久性禁入决定。这是新的《证券市场禁入规定》自 2006 年 7 月 10 日施行以来，证监会做出的第一个市场禁入处罚。

【案情简介】

1. 公司发展简介（见表 11-1）

表 11-1　公司发展历程

时　间	历　程
1984 年	广东顺德珠江冰箱厂
1987 年 12 月	广东珠江冰箱厂
1992 年 12 月	广东科龙电器股份有限公司
1996 年 07 月	发行 H 股（在中国香港上市）
1999 年 06 月	发行 A 股（人民币普通股）
1998～1999 年	业绩良好
2000 年	出现亏损
2002 年 04 月 18 日	顺德市格林科尔企业发展有限公司成为第一大股东
2003 年	虚假盈利
2004～2006 年	亏损
2006 年 05 月 08 日	停牌
2006 年 07 月 03 日	复牌
2006 年 07 月 16 日	退市

2. 舞弊手法

（1）利用会计政策调节减值准备

科龙舞弊手法之一：虚构主营业务收入、少计坏账准备、少计诉讼赔偿金等编造虚假财务报告。经查，在 2002 年至 2004 年 3 年间，科龙共在其年报中虚增利润 3.87 亿元（其中，2002 年虚增利润 1.1996 亿元，2003 年虚增利润 1.1847 亿元，2004 年虚增利润 1.4875 亿元）。

仔细分析，科龙 2001 年中报实现收入 27.9 亿元，净利 1975 万元，可是到了年报，则实现收入 47.2 亿元，净亏 15.56 亿元。科龙 2001 年下半年出现近 16 亿元巨额亏损的主要原因之一是计提减值准备 6.35 亿元。2001 年的科龙年报被审计师出具了拒绝表示意见。到了 2002 年，科龙转回各项减值准备，对当年利润的影响是 3.5 亿元。可有什么证据能够证明其巨额资产减值计提及转回都是"公允"的？如果 2001 年没有计提各项减值准备和广告费用，则科龙电器 2002 年的扭亏为盈将不可能；如果没有 2001 年的计提和 2002 年的转回，科龙电器在 2003 年也不会盈利。按照现有的退市规则，如果科龙电器业绩没有经过上述财务处理，早就被"披星戴帽"甚至退市处理了。可见，科龙电器 2002 年和 2003 年根本没有盈利，ST 科龙扭亏只是一种会计数字游戏的结果。科龙电器减值准备及存货跌价简表见表 11-2 和表 11-3。

表 11-2　科龙电器减值准备简表　　　　单位：万元

类　　别	2002 年	2001 年	转　　销
坏账准备（应收账款）	14 501	19 082	5 475
存货跌价准备	11 173	32 398	22 104
长期投资减值准备	7 120	14 533	7 413
合　　计	32 794	66 013	34 992

表 11-3　科龙电器存货跌价简表　　　　单位：万元

类　　别	2002 年	2001 年
账面金额	126 005	154 928
跌价准备	11 173	32 398
减值比率	8.87%	20.90%

（2）虚增收入和收益

科龙舞弊手法之二：使用不正当的收入确认方法，虚构收入，虚增利润，粉饰财务报表。经查，2002 年科龙年报中共虚增收入 4.033 亿元，虚增利润近 1.2 亿元。其具体手法主要是通过对未出库销售的存货开具发票或销售出库单并确认为收入，以虚增年报的主营业务收入和利润。根据德勤会计师事务所的报告，科龙电器 2004 年第四季度有高达 4.27 亿元的销售收入没有得到验证，其中向一个不知名的新客户销售就达 2.97 亿元，而且到 2005 年 4 月 28 日审计时仍然没有收回。此后的 2003 年和 2004 年，同样是在顾雏军和格林柯尔的操纵下，科龙年报又分别虚增收入 3.048 亿元和 5.127 亿元，虚增利润 8 935 万元和 1.2 亿元。这意味着在顾雏军入主科龙之后所出具过的 3 份公司年报都存在财务造假，将不曾实现的销售确认为当期收入。

（3）利用关联交易转移资金

科龙舞弊手法之三：利用关联交易转移资金。经查，科龙电器 2002~2004 年未披露与格林柯尔公司共同投资、关联采购等关联交易事项，2000~2001 年未按规定披露重大关联交易，2003~2004 年科龙公司年报也均未披露使用关联方巨额资产的事项。

顾雏军入主科龙不久便开始在各地疯狂收购或新设控股子公司，通过收购打造的"科龙系"主要由数家上市公司和各地子公司构成。到案发时，科龙已有37家控股子公司、参股公司，28家分公司。由顾雏军等在境内外设立的私人公司所组成的"格林柯尔系"在国内亦拥有12家公司或分支机构。此间"科龙"与"格林柯尔"公司之间发生资金的频繁转换，共同投资和关联交易也相当多。科龙公司在银行设有500多个账户都被用来转移资金。在不到4年的时间里，格林柯尔系有关公司涉嫌侵占和挪用科龙电器财产的累计发生额为34.85亿元。

如此看来，对于格林柯尔而言，科龙只是一个跳板，它要做的是借科龙横向并购，利用科龙的营销网络赚取利润。顾雏军把国内上市公司科龙当作"提款机"，一方面以科龙系列公司和格林柯尔系列公司打造融资和拓展平台为由，通过众多银行账户，频繁转移资金，满足不断扩张的资本需求，采用资本运作通过错综复杂的关联交易对科龙进行盘剥，掏空上市公司；另一方面又通过财务造假维持科龙的利润增长。

【启　示】2002年之前，科龙的审计机构是安达信。2001年，ST科龙全年净亏15亿元多，当时的安达信"由于无法执行满意的审计程序以获得合理的保证来确定所有重大交易均已被正确记录并充分披露"给出了拒绝表示意见的审计报告。2002年，安达信因安然事件颠覆后，其在我国内地和香港地区的业务并入普华永道，普华永道对格林柯尔和科龙这两个"烫手山芋"采取了请辞之举。之后，德勤走马上任，为科龙审计了2002～2004年的年报。在对ST科龙2002年年报进行审计时，德勤认为"未能从公司管理层获得合理的声明及可信赖的证据作为其审计的基础，报表的上年数与本年数也不具有可比性"，所以出具了"保留意见"的审计报告。此前安达信曾给出过拒绝表示意见的审计报告，在2001年年末科龙整体资产价值不确定的情况下，德勤2002年给出"保留意见"的审计报告显得有些牵强。在此基础上，2003年德勤对科龙2003年的年报出具了无保留意见审计报告。2004年德勤对科龙出具了保留意见审计报告。尽管在2004年年报披露之后德勤也宣布辞去科龙的审计业务，但它此前为科龙2003年年报出具的无保留意见审计报告，为2002年、2004年年报出具的保留意见审计报告并没有撤回，也没有要求公司进行财报重述。既然科龙被证实有重大错报事实，德勤显然难以免责。据媒体透露，证监会基本完成了对德勤的调查，德勤对科龙审计过程中存在的主要问题包括审计程序不充分、不适当，未发现科龙现金流量表重大差错等。

1）在执行审计程序等方面，德勤的确出现了严重纰漏，对科龙电器的审计并没有尽职。例如，证监会委托毕马威所作的调查显示：2001年10月1日至2005年7月31日期间，科龙电器及其29家主要附属公司与格林柯尔系公司或疑似格林柯尔系公司之间进行的不正常重大现金流出总额约为40.71亿元，不正常的重大现金流入总额约为 34.79 亿元，共计 75.5 亿元。而这些在德勤 3 年的审计报告中均未反映。《中华人民共和国注册会计师法》规定，注册会计师执行审计业务，必须按照执业准则、规则确定的工作程序出具报告。注册会计师出具无保留意见审计报告的条件之一，即须认为会计报表公允地反映了企业的现金流量。根据《独立审计具体准则第 7 号——审计报告》第 18 条规定，意味着德勤认为科龙 2002、2003、2004 年度的现金流量表是公允的。

2）德勤对科龙电器各期存货及主营业务成本进行审计时，直接按照科龙电器期末存货盘点数量和各期平均单位成本确定存货期末余额，并推算出科龙电器各期主营业务成本。在未对产成品进行有效测试和充分抽样盘点的情况下，德勤通过上述审计程序对存货和主营业务成本进行审计并予以确认，其审计方法和审计程序均不合理。

3）德勤在存货抽样盘点过程中缺乏必要的职业谨慎，确定的抽样盘点范围不适当，审计程序不充分。德勤在年报审计过程中实施抽样盘点程序时，未能确定充分有效的抽样盘点范围，导致其未能发现科龙电器通过压库方式确认虚假销售收入的问题。存货监盘也是一项重要的审计程序，如果进行账实相符核查，科龙虚增的主营业务利润其实并不难发现。

4）科龙销售收入确认问题，体现出德勤未能恰当地解释和应用会计准则，同时这也说明德勤未能收集充分适当的审计证据。收入的确认应该以货物的风险和报酬是否转移为标准，一般来说仅以"出库开票"确认收入明显不符合会计准则。如果一项销售行为不符合收入确认原则，就不应确认为收入。未曾实现的销售确认为当期收入必然导致利润虚增。对较敏感的"销售退回"这一块，德勤也没有实施必要的审计程序，致使科龙通过关联交易利用销售退回大做文章，转移资产，虚增利润，这也是德勤所不能回避的错误。

5）德勤审计科龙电器分公司时，没有对各年未进行现场审计的分公司执行其他必要的审计程序，无法有效地确认其主营业务收入实现的真实性及应收账款等资产的真实性。科龙有很多分公司、子公司，组织结构相当复杂。按照审计准则，会计师事务所应根据审计风险，即审计重要性水平来确认每年对哪些分公司进行现场审计。

（资料来源：潘琰，徐新佳. 2007. 科龙事件的会计审计问题剖析. 财务与会计，(2)）

第一节 业务循环风险评估

一、存货与生产循环风险评估程序

存货与生产循环风险评估程序的审计目标是：了解销售与收款循环，评价其设计是否合理并得到执行，评估与财务报表相关的重大错报风险。审计程序如下：

1）询问被审计单位的人员。

2）观察特定控制的运用。

3）检查文件和报告。

4）追踪交易在财务报告系统中的处理过程（穿行测试）。

5）评估与财务报表相关的重大错报风险。

二、了解存货与生产循环内部控制

审计人员可以通过文字叙述法、调查表法和流程图法来描述通过询问、观察、检查等方法所了解的被审计单位存货与生产循环内部控制，关注关键控制点，形成审计工作底稿，据以评估重大错报风险。存货与生产循环内部控制参考内容如下。

1. 不相容职务分离制度

了解并描述存货与生产业务的具体职责分工。通常下列职务是不相容的，不得由同一部门或同一人办理存货与生产业务的全过程。

1）生产计划编制人员与生产计划的审批人员应分离。

2）存货的采购、验收、保管、运输、付款、记录等职责应严格分离。

3）存货盘点与监盘人员分离。

证据检查：组织结构图、职责分工文件等。

2. 存货及生产追踪分析制度

了解并描述公司是否建立存货及生产业务分析制度，通常情况下分析制度包括生产计划、存货管理、产品成本核算等分析。

1）公司是否根据销售市场的需求，编制生产预算。

2）公司是否定期编制与其行业相关的产品市场分析报告。

3）公司是否建立生产计划管理制度。

4）公司是否建立存货管理制度，包括存货盘点制度。

5）公司是否建立以产品生产流程为主线的生产追踪管理制度。

6）公司是否建立一套适合公司特点的产品生产成本核算体系。

7）公司是否建立一套存货及生产考核评价体系。

证据检查：生产计划管理制度、存货管理制度、生产管理制度、生产成本核算制度等。

3. 计划和安排生产

了解并描述生产计划部门编制及下达生产计划过程中的全过程，生产计划是否在控制下完成。

1）是否定期编制生产计划，并根据顾客订单或市场动态和存货分析及时调整。

2）是否根据批准（或调整后）的生产计划编制生产通知单。

3）生产通知单是否经过控制部门批准。

4）是否使用和控制预先编号的生产通知单。

5）每日生产活动报告和已完工生产报告是否经过计划和控制部门复核。

证据检查：生产计划、生产通知单等。

4. 发出原材料

了解并描述公司仓库部门从生产部门收到的领料单发出原材料的全过程，发出原材料过程是否在计划及控制下完成。

1）仓库发出材料是否要求有经过审批的发料单。

2）是否采用限额领料单，超限额领料单是否办理审批手续。

3）剩余材料是否办理月末假退料手续。

4）材料耗用汇总表是否包括在生产活动报告中。

证据检查：领料单等。

5. 生产产品

了解并描述生产部门在收到生产任务通知书及原材料后管理生产的全过程，产品生产过程是否在计划及控制下完成。

（1）物化劳动和耗费是否经过正确计量

1）是否使用计工单来记录生产产品所耗用的人工工时。

2）人工耗用汇总表是否包括在生产活动报告中。

3）各项动力耗费（风、水、电、气等）是否经过正确计量。

4）各项机械工时是否经过正确计量。

5）剩余材料、边角废料等是否经过正确计量。

（2）生产活动是否经过正确记录

1）是否每日编制生产日报表。

2）是否按日登记生产台账记录本工序产量、完工产量、结转下一工序或入库产量。

（3）已完工产品是否经过本工序合适人员审批后转移

证据检查：计工单、生产日报表、产品转移单、产品检验单等。

6. 储存产成品

了解并描述仓库部门管理库存产品的全过程，库存产品全过程是否在计划及控制下完成。

（1）存货管理是否独立有效

1）所有存货是否集中管理。

2）存货的防盗措施是否周密。

3）是否设有专职的存货保管人员。

4）存货的分拣、堆放、仓储条件是否良好。

5）仓库存货是否按种类性质集中堆放并标记。

6）寄存品、受托加工商品是否独立管理、堆放。

7）废弃、损坏和滞销存货是否独立管理并定期报告。

8）时效性存货是否独立管理并定期报告。

9）委托外单位加工的存货，其收、发、存情况是否由专人登记和控制，是否定期与委托单位核对。

（2）存货的入库是否履行验收手续

1）存货的入库是否履行验收手续，对名称、规格、型号、数量、质量和价格等是否逐项核对。

2）存货是否根据经审核的入库单登记入账。

（3）存货的记录是否及时、准确

1）仓库是否建立存货收、发、存台账制度并及时登记。

2）原材料、产成品的收、发、存月报表是否根据当月的入库单、领料单等分别汇总编制。

3）财务与仓库是否定期对账，并及时分析，根据审批调整相关差异；

4）存货的数量是否由负责存货记录之外的独立人员核证。

（4）是否建立永续盘存制度并严格执行

1）是否所有存货均设有永续盘存记录。

2）是否建立定期盘点制度，并核对账面数与实存数差异。

3）存货的盘盈和盘亏是否经适当的批准后及时调账。

（5）存货管理是否有相关的保护性制度

1）是否限制只有经过授权的人员才能接近原材料和产成品存货。

2）存货的保险制度是否适当。

证据检查：产品入库单、仓库保管明细账、存货盘点记录等。

7. 发出产品

了解并描述半成品及产成品发出的全过程，发出产品是否在计划及控制下完成。

1）仓库是否凭经批准的领料单发货。

2）发出商品是否根据销货单、销售发票、提货联或运货单。

3）存货是否建立了出门验证制度。

证据检查：发运通知单、出库单等。

8. 产品成本核算

了解并描述核算产品成本的全过程，产品成本核算是否在控制下完成。

（1）生产过程中文件资料是否由财务部门统一汇集

1）生产过程中的文件资料是否经审核后向财务部门报送。

2）财务部门依据何种文件资料进行成本核算。

3）基础文件资料由何部门负责保管。

（2）成本的归集是否准确完整

1）材料耗用是否根据审核后的材料消耗月报表金额入账。

2）人工成本耗用是否经审核无误的工资费用分配表正确入账。

3）制造费用的归集是否严格按规定办理，前后期是否一致。

（3）成本的分配是否合理、准确

1）材料成本差异是否按规定的方法分配，前后期是否一致。

2）材料成本差异是否及时向有关管理人员报告，以便调查和跟踪控制。

3）直接人工成本是否按规定的方法分配，前后期是否一致。

4）制造费用是否按规定的方法分配，前后期是否一致。

5）生产成本是否按规定的方法在产成品与在产品之间进行分配，前后期是否一致。

（4）会计记录是否完整、准确，并记入适当会计期间

1）编制分配制造成本到在产品的分录所使用的资料是否与生产报告的资料相调节。

2）编制结转已完工产成品成本到产成品的分录所采用的资料是否与生产报告资料相调节。

3）是否定期检查存货明细账与总账余额的一致性。

4）是否定期独立盘点在产品、产成品，并将实际盘点数量与账面数量相比较。

（5）存货的计价方法是否合理并保持一贯性

1）存货的计价方法是否恰当，前后期是否一致。

2）期末对未到存货是否暂估入账。

3）产品销售成本计算是否符合制度规定，是否与相关收入匹配。

4）存货计价方法的确定与变更是否经审批。

证据检查：会计部门获取的生产过程中的各种记录、材料成本差异分配表、生产成本计算单、产品销售成本计算单等。

三、评估重大错报风险

1. 内部控制流程（见图 11-1）

单位名称：　　　　　编制人：　　　　日期：　　　　　索引号：
期　　间：　　　　　复核人：　　　　日期：　　　　　页　次：

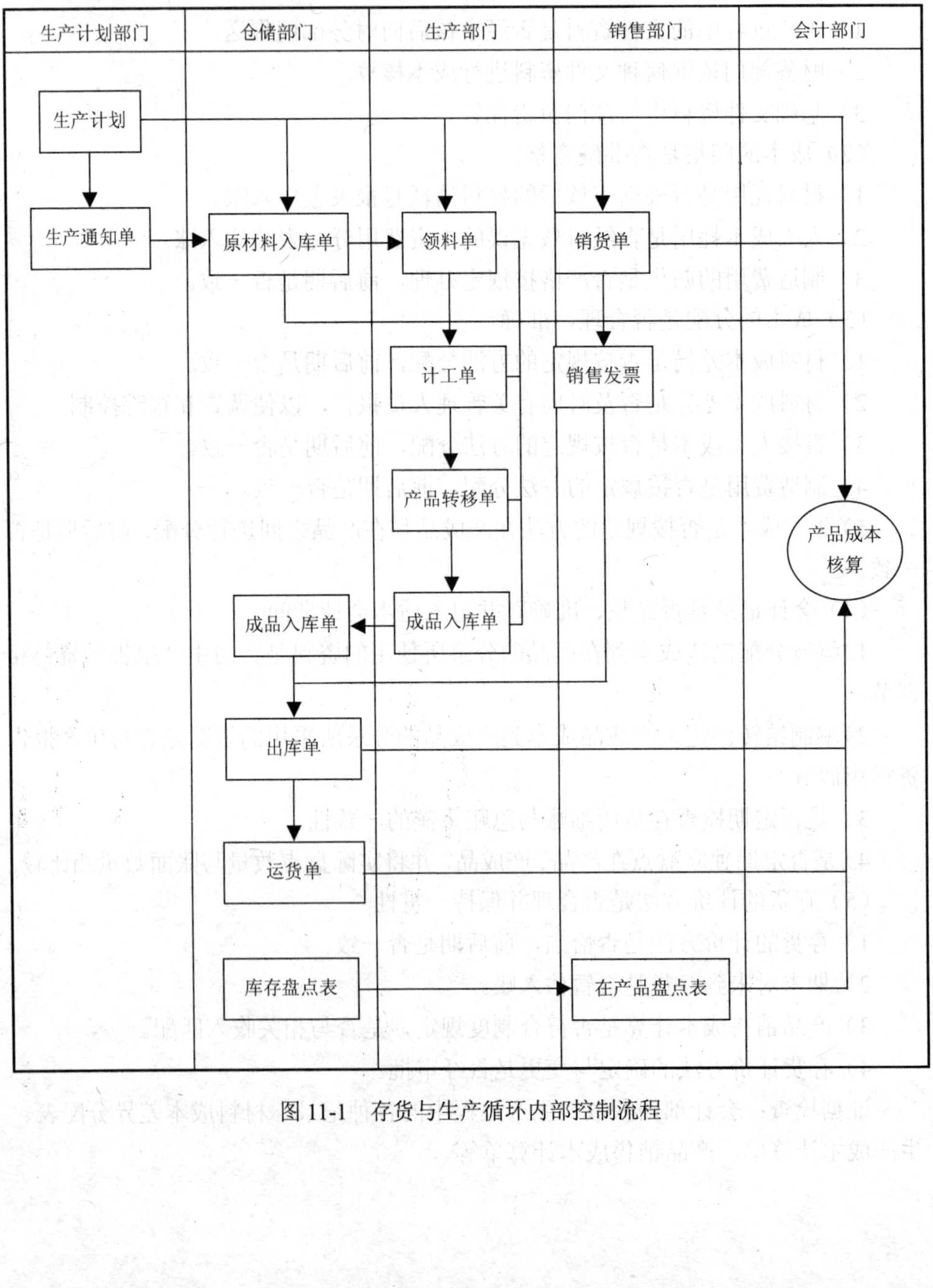

生产计划部门	仓储部门	生产部门	销售部门	会计部门

图 11-1　存货与生产循环内部控制流程

2. 穿行测试工作底稿（见表11-4）

表11-4 存货与生产循环内部控制穿行测试

单位名称： 编制人： 日期： 索引号：

期　　间： 复核人： 日期： 页　次：

审计目标：通过穿行测试，了解和评价存货与生产循环控制设计是否合理并得到执行，评估与财务报表相关的重大错报风险。

样本序号	业务内容	样本时间	样本金额	主要控制点执行情况的检查											
				1	2	3	4	5	6	7	8	9	10	11	…

标识1：不相容职务已分开设置并得到执行。

标识2：经审批的生产通知单按顺序编号。

标识3：经审批的领料单上已列出所需的材料数量、种类、领料部门名称及用途。

标识4：经审批的产品转移单与生产日报内容是否核对一致。

标识5：经审核的产品入库单是否履行验收手续。

标识6：仓库收发存报表是否与入库单、领料单（出库单）等汇总数核对一致。

标识7：财务与仓库定期对账，并及时分析、根据审批调整相关差异的记录是否与账面记录一致。

标识8：定期盘点记录与账面数差异是否经过适当批准并及时调账。

标识9：已开具的销货单、销售发票、提货联或运货单所记录的内容是否核对一致。

标识10：存货明细账与总账余额是否核对一致。

标识11：产品销售成本计算是否符合制度规定。是否与相关收入匹配。

……

穿行测试说明（针对上述穿行测试中需要说明的事项予以说明）：

审计结论：

经抽查××笔业务，我们发现：

1）××控制设计或执行存在××问题，财务报表××认定可能存在重大错报风险。

2）对××控制高度依赖（中度/不依赖），拟对××控制执行控制测试。

3. 内部控制初步评价表（见表 11-5）

表 11-5　存货与生产循环内部控制初步评价表

单位名称：　　　　　编制人：　　　　　日期：　　　　　索引号：

期　　间：　　　　　复核人：　　　　　日期：　　　　　页　次：

内控风险初步评价标准	
重要提示：	
如出现下列情况应将控制风险评价为高水平。	
（1）相关内部控制并未建立	
（2）相关内部控制并未得到执行、不能防止或发现和纠正重大错报或漏报	
（3）难以对内控制度设计的有效性做出评价	
对内控制度的初步评价	
评价依据：流程图（　　　）；调查问卷（　　　）；文字描述（　　　）。	
评价：	
简要描述评价过程，发现问题，与财务报表相关的重大错报风险。	
评价结论类型：	结　论
内部控制健全程度	
是否考虑依赖内部控制	
是否执行控制测试	

第二节　进一步审计程序

一、存货与生产循环的控制测试程序

1. 成本会计制度的控制测试

（1）直接材料成本测试

对采用定额单耗的企业，可选择并获取某一成本报告期若干种具有代表性的产品成本计算单，获取样本的生产指令或产量统计记录及其直接材料单位消耗定额，根据材料明细账或采购业务测试工作底稿中各该直接材料的单位实际成本，计算直接材料的总消耗量和总成本，与该样本成本计算单中的直接材料成本核对，并注意下列事项：生产指令是否经过授权批准；单位消耗定额和材料成本计价方法是否适当，在当年有何重大变更。

（2）直接人工成本测试

对采用计时工资制的企业，获取样本的实际工时统计记录、职员分类表和职员工薪手册（工资率）及人工费用分配汇总表，作如下检查：成本计算单中直接人工成本与人工费用分配汇总表中该样本的直接人工费用核对是否相符；抽取生产部门若干天的工时台账与实际工时统计记录核对是否相符；当没有实际工时统计记录时，则可根据职员分类表及职员工薪手册中的工资率，计算复核人工费用分配汇总表中该样本的直接人工费用是否合理。

（3）制造费用测试

获取样本的制造费用分配汇总表、按项目分列的制造费用明细账、与制造费用分配标准有关的统计报告及相关原始记录，作如下检查：制造费用分配汇总表中，样本分担的制造费用与成本计算单中的制造费用核对是否相符；制造费用分配汇总表中的合计数与样本所属成本报告期的制造费用明细账总计数核对是否相符；制造费用分配汇总表选择的分配标准（机器工时数、直接人工工资、直接人工工时数、产量等）与相关的统计报告或原始记录核对是否相符，并对费用分配标准的合理性做出评估；如果企业采用预计费用分配率分配制造费用，则应针对制造费用分配过多或过少的差额，检查其是否作了适当的账务处理；如果企业采用标准成本法，则应检查样本中标准制造费用的确定是否合理，计入成本计算单的数额是否正确，制造费用差异的计算与账务处理是否正确，并注意标准制造费用在当年内有何重大变更。

（4）生产成本在当期完工产品与在产品之间分配的测试

检查成本计算单中在产品数量与生产统计报告或在产品盘存表中的数量是否一致；检查在产品约当产量计算或其他分配标准是否合理；计算复核样本的总成本和单位成本，最终对当年采用的成本会计制度做出评价。

2. 工薪的控制测试

在测试工薪内部控制时，首先，应选择若干月份工薪汇总表，作如下检查：计算复核每一份工薪汇总表；检查每一份工薪汇总表是否经授权批准；检查应付工薪总额与人工费用分配汇总表中的合计数是否相符；检查其代扣款项的账务处理是否正确；检查实发工薪总额与银行付款凭单及银行存款对账单是否相符；并正确过入相关账户。其次，从工资单中选取若干个样本（应包括各种不同类型的人员），作如下检查：检查员工工薪卡或人事档案，确保工薪发放有依据；检查员工工资率及实发工薪额的计算；检查实际工时统计记录（或产量统计报告）与员工个人钟点卡（或产量记录）是否相符，检查员工加班加点记录与主管人员签证的月度加班费汇总表是否相符；检查员工扣款依据是否正确；检查员工的工薪签收证明；实地抽查部分员工，证明其确在本公司工作，如已离开本公司，需获得管理层证明。

3. 存货与生产循环控制测试案例

首先拟订生产循环内部控制问卷，见表 11-6。

表 11-6　存货与生产循环内部控制问卷

索引号：X8-6

调查项目	是	否	不适合	备　注
1. 大宗货物的采购是否都订有合同并经主管批准？	√			在建工程材料
2. 原料的领用是否经核准后开出领料单？	√			管理不当
3. 存货和固定资产是否有出门验证制度？	√			
4. 是否所有存货均设永续盘存记录？	√			
5. 存货是否定期盘点（盘点期间）？	√			年终
6. 存货的盘盈、盘亏是否经报批后入账？	√			
7. 存货的收发人与记录人是否分开？	√			
8. 委托外单位加工的材料，其发出、收回、结存情况是否有专人负责登记？是否定期与委托单位核对？	√			
9. 原料、成品的收发存月报表是否根据当月的入库单、领料单分别汇总编制？			√	
10. 月末车间未用的原材料是否办理假退料手续？	√			
11. 产品是否有材料定额并以限额领料单控制领料？	√			
12. 半成品和成品完工是否及时办理入库手续？	√			
13. 存货计价方法、成本计算和费用分配方法的确定与变更是否经过董事会批准？	√			
14. 是否建立成本核算管理制度？	√			
15. 成本开支范围是否符合有关规定？	√			
16. 成本核算制度是否适合生产特点并严格执行？	√			
17. 是否定期盘点在产品并作为在产品成本的分配依据？	√			

调查人员：王兵　刘红　　　　　　　　　　　　　　　　日期：2006.2.10

复核人员：钟鸣　　　　　　　　　　　　　　　　　　　日期：2006.2.11

结论：

1) 经内部控制测试问卷和简单测试后，认为生产循环内部控制的可信赖程度为：高（√）　　　中（　　）　　　低（　　）

2) 该循环是否需进一步作控制测试：是（√）　　　　　否（　　）

其次，根据调查问卷，制定控制测试程序表（见表 11-7），并记录控制测试的情况（见表 11-8）。

表 11-7 存货与生产循环控制测试程序表

索引号：Y10

被审计单位：广州明星实业公司　　测试人员：王兵　刘红　　日期：2006.2.12
　　　　　　　　　　　　　　　复核人员：钟鸣　　　　　日期：2006.2.13

测试重点	常规测试程序	索引号
按常规测试程序测试。 王兵 2006.2.12	1. 生产循环相关的内部控制测试 1）大额的存货采购是否签订购货合同，有无审批制度 2）存货的入库是否严格履行验收手续，对名称、规格、型号、数量、质量和价格等是否逐项核对，并及时入账。 3）存货的发出手续是否按规定办理，是否及时登记仓库账，并与会计记录核对。 4）存货的采购、验收、保管、运输、付款等职责是否严格分离。 5）存货的分拣、堆放、仓储条件等是否良好。 6）是否建立定期盘点制度，发生的盘盈、盘亏、毁损、报废是否及时按规定审批处理。	Y10-1
	2. 成本核算与管理制度是否得以遵守执行 1）抽查主要产品成本计算方法，验证是否适合生产特点。 2）复核成本计算过程，检查成本开支范围是否符合规定，成本计算、制造费的归集与分配是否正确。 3）检查工资制度的执行是否合理，验证工资计算的依据是否齐全，金额是否正确。	Y10-2
	3. 产品销售成本 1）产品销售成本计价方法是否符合财务会计制度的规定，是否发生重大变更； 2）采用计划成本、定额成本、标准成本计算产品销成本时所分配的各项成本差异和会计处理是否正确。	Y10-1

表 11-8 存货与生产循环控制测试工作底稿

索引号：Y10-1

被审计单位：广州明星实业公司　　测试人员：王兵　刘红　　日期：2006.2.13
　　　　　　　　　　　　　　　复核人员：钟鸣　　　　　日期：2006.2.13

程序号	查验过程记录	索引号
1.	生产循环相关的内部控制测试： 1）10万元以上货采购均签订购货合同，有审批制度。 2）存货入库严格履行验收手续，对名称、规格、型号、数量、质量和价格等做到逐项核对，并及时入账。 3）存货发出手续按规定办理，及时登记仓库数量账，每月末同财务部核对存货明细账。 4）存货的采购、验收、保管、运输、付款等职责严格分离。 5）存货的分拣、堆放、仓储条件等良好。 6）每月进行存货盘点，月末进行，发生盘盈、盘亏、毁损、报废均及时按规定审批处理。	
2.	产品销售成本结转方法采用加权平均法，前后各期一致。	Y10-2

测试结论：该循环经测试，内部控制执行情况良好，可以适当简化实质性测试程序。

注：其他工作底稿，如生产成本核算与管理制度执行内部控制测试记录（索引号 Y10-2）略。

二、存货的实质性测试程序

1. 存货监盘

（1）存货监盘计划

注册会计师应当根据被审计单位存货的特点、盘存制度和存货内部控制的有效性等情况，在评价被审计单位存货盘点计划的基础上，编制存货盘点计划，对存货监盘做出合理安排。

1）制定存货监盘计划应实施的工作。包括：①了解存货的内容、性质、各存货项目的重要程度及存放场所；②了解存货会计系统及其他相关的内部控制；③评估与存货相关的重大错报风险及审计重要性水平；④查阅以前年度的存货监盘工作底稿；⑤考虑实地查看存货的存放场所；⑥考虑是否需要利用专家或其他注册会计师的工作；⑦复核或与管理当局讨论其存货盘点计划。注册会计师应考虑：存货监盘的时间安排；存货盘点范围和场所的确定；重点人员的分工及胜任能力；盘点前的会议及任务布置；存货的整理和排列；毁损、陈旧、过时、残次及所有权不属于被审计单位的存货的区分；存货的计量工具和计量方法；在产品完工程度的确定方法；存放在外单位的存货的盘点安排；存货收发截至的控制；盘点期间存货移动的控制；盘点表单的设计、使用与控制；盘点结果的汇总及盘盈盘亏的分析、调查与处理等因素。在此基础上，评价能否合理地确定存货的数量和状况。

2）存货监盘计划的主要内容。具体的存货监盘计划主要应包括以下内容：存货监盘的目标、范围及时间安排；存货盘点的要点及关注事项；参加存货监盘人员的分工及抽查的范围。

（2）存货监盘范围

对具体监盘范围的选择十分重要，对重要项目和典型存货项目的有代表性的样本应仔细监盘，对可能过时或损坏的项目要仔细查询，并与管理人员讨论为什么有些重要项目不在盘点之列。

（3）存货监盘时间

监盘的时间以会计期末以前为最优。如果企业有条件进行期中盘点，审计人员应在盘点时加以监督，同时对盘点日和期末间的永续记录加以测试。如果企业的盘点在会计期末以后的时间进行，那么就必须编制从盘点日到期末的存货调节表，但尽量使盘点的时间靠近会计期间。

（4）存货盘点人员

盘点是整个企业的一件大事，企业各级领导以及包括供应、存储、财务、生产等部门的有关人员都应参与。

（5）存货监盘方法

存货的盘点一般采用实地观察与抽点相结合的方法，在盘点开始时，审计人员应亲临现场，密切注意企业的盘点现场以及盘点人员的操作程序和盘点过程。

企业盘点人员盘点过后，审计人员应根据观察的情况，在盘点标签尚未取下之前，选取数额较大、收发频繁的存货项目进行复盘抽点，并将抽查结果填入存货抽查表中。

（6）存货盘点程序

首先，审计人员参与存货实地盘点前的规划；其次，调查企业存货盘点组织与准备工作；再次，实地观察与抽点存货；最后，将有关盘点情况撰写成盘点备忘录，并编制到审计工作底稿中。

2. 存货计价审计

（1）样本的选择

计价测试的样本，应从存货数量已经盘点，单价和金额已经记入存货汇总表的结存存货中选择。抽样时可采用分层抽样法，着重选择结存余额大、价格变化较频繁的项目。

（2）计价方法的确认

注册会计师应掌握企业的存货计价方法，并应对这种计价方法的合理性与一致性予以关注，没有足够的理由，计价方法在同一会计年度内不得变动。同时要注意，在新准则中取消了"后进先出"法。

（3）计价审计

在进行计价审计时，注册会计师首先应对存货价格的组成内容予以审核，然后按照所了解的方法对所选择的存货样本进行计价审计。审计时，应排除企业已有计算程序和结果的影响，独立审计。

在存货计价审计中，如果企业对期末存货采用成本与可变现净值孰低的方法计价，则注册会计师应充分关注企业对存货可变现净值的确定。

3. 存货截至测试

购货业务年底截至测试就是要检查截至当年 12 月 31 日，所购入并已包括在 12 月 31 日存货盘点范围内的存货。购货交易正确截至的关键在于存货实物纳入盘点范围的时间，与存货引起的借贷双方会计科目的入账时间都处于同一会计期间。

购货业务年底截至测试的方法有以下两种：

1）抽查存货盘点日前后的购货发票与验收报告。

2）查阅验收部门的业务记录，凡接近年底购入的货物，必须查明其相应的购货发票是否在同期入账。

4. 存货成本的审计

（1）直接材料成本的审计

直接材料成本的审计程序包括：①抽查产品成本计算单，检查直接材料成本的计算是否正确；②检查直接材料耗用的真实性；③分析比较同一产品前后各年度的直接材料成本；④抽查材料发出及领用的原始凭证；⑤对采用定额成本或标准成本的企业，应检查直接材料成本差异的计算、分配与会计处理是否正确。

（2）直接人工成本的审计

直接人工成本的审计程序包括：①抽查产品成本计算单，检查直接人工成本的计算是否正确；②检查直接人工耗用数量的真实性；③分析比较同一产品前后各年度的直接人工成本；④结合应付工资的检查，抽查人工费用会计记录及会计处理是否正确；⑤对采用定额成本或标准成本的企业，应检查直接材料成本差异的计算、分配与会计处理是否正确。

（3）制造费用的审计

制造费用的审计程序包括：①获取或编制制造费用汇总表，并与明细账、总账核对相符，抽查制造费用中重大数额项目及例外项目是否合理；②审阅制造费用明细账，检查其核算内容及范围是否正确；③必要时，对制造费用实施截至测试；④检查制造费用的分配是否合理；⑤对于采用标准成本法的企业，应抽查标准制造费用的确定是否合理。

（4）主营业务成本的审计

主营业务成本的审计程序包括：①获取或编制主营业务成本明细表，与明细账和总账核对相符；②编制生产成本及销售成本倒轧表，与总账核对相符；③分析比较本年度与上年度主营业务成本总额，以及本年度各月份的主营业务成本金额；④结合生产成本的审计，抽查销售成本结转数额的正确性；⑤检查主营业务成本账户中重大调整事项（如销售退回等）是否有其充分的理由；⑥确定主营业务成本在利润表中是否恰当披露。

三、应付职工薪酬的实质性测试程序

1）获取或编制应付职工薪酬明细表，复核加计正确，并与报表数、总账数和明细账合计数核对相符。

2）对本期职工薪酬执行实质性分析程序。这些程序包括：①检查各月职工薪酬的发生额是否存在异常波动，若有，应查明原因并作出记录；②将本期职工薪酬总额与上期进行比较，要求被审计单位解释大幅增减变动的原因，并取得被审计单位管理层关于职工薪酬标准的决议；③了解被审计单位本期平均职工人数，计算人均薪酬水平，与上期或同行业平均水平进行比较。

3）检查本项目的核算内容是否包括工资、职工福利、社会保险费、住房公积金、工会经费、职工教育经费、解除职工劳动关系补偿、股份支付等明细项目。外商投资企业按规定从净利润中提取的职工奖励及福利基金，也应在本项目核算。

4）检查职工薪酬的计提是否正确，分配方法是否合理，与上期是否一致，分配计入各项目的金额占本期全部职工薪酬的比例与上期比较是否有重大差异。将应付职工薪酬计提数与相关科目进行勾稽。

5）检查应付职工薪酬的计量和确认。①国家规定计提基础和计提比例，应当按照国家规定的标准计提，如医疗保险费、养老保险费、事业保险费、工伤保险费、生育保险费、住房公积金、工会经费以及职工教育经费等；国家没有规定计提基础和计提比例的，如职工福利费等，应按实列支。②被审计单位以其自产产品或外购商品作为非货币性福利发给职工的，应根据受益对象，将该产品或商品的公允价值，计入相关的资产成本或当期损益，同时确认应付职工薪酬。③被审计单位将其拥有的房屋等资产无偿提供给职工使用的，应当根据受益对象，将该住房每期应计提的折旧计入相关资产成本或当期损益，同时确认应付职工薪酬。④被审计单位租赁住房等资产供职工无偿使用的，应当根据受益对象，将每期应付的租金计入相关资产成本或当期损益，同时确认应付职工薪酬。⑤对于外商投资企业，按税后利润提取的职工奖励及福利基金应以董事会决议为依据，并符合有关规定。

6）查阅应付职工薪酬明细账，抽查应付职工薪酬各明细项目的支付和使用情况，检查是否符合有关规定，是否履行审批程序。

7）检查被审计单位实行的工薪制度。①如果被审计单位实行工效挂钩，应取得主管部门确认效益工资发放额的认定证明，并复核确定可予发放的效益工资的有关指标，检查其计提额、发放额是否正确，是否需作纳税调整。②如果被审计单位实行计税工资制，应取得被审计单位平均人数证明，并进行复核，计算可准予税前列支的费用额，对超支部分的工资及附加费作纳税调整，对计缴的工会经费，未能提供《工会经费拨缴款专用收据》的，应提出纳税调整建议。

8）检查应付职工薪酬期末余额中是否存在拖欠性质的职工薪酬，了解拖欠的原因。

9）检查被审计单位的辞退福利核算是否符合有关规定。

10）确定应付职工薪酬的披露是否恰当。

四、其他应审计的相关账户

与本循环相关的其他应审计的账户还包括其他业务成本、材料采购或在途物资、原材料、材料成本差异、库存商品、发出商品、商品进销差价、委托加工物资、委托代销商品、受托代销商品、周转材料、存货跌价准备和受托代销商品款等。

本 章 小 结

1. 业务循环风险评估

（1）存货与生产循环风险评估程序
（2）了解存货与生产循环内部控制
（3）评估重大错报风险

2. 进一步审计程序

（1）存货与生产循环的控制测试程序
（2）存货的实质性测试程序
（3）应付职工薪酬的实质性测试程序
（4）其他应审计的相关账户

第十二章 筹资与投资循环审计

✒️ **引导案例**

【名　　称】美国 ESM 政府证券有限公司巨额舞弊丑闻

【影　　响】国际金融市场的大案。

【案情简介】美国 ESM 政府证券有限公司是美国兰德而堡的一家经纪人公司，专门代理政府证券。许多与 ESM 政府证券有限公司有业务的银行或小城市的市政府并不熟悉政府证券市场。这些客户委托美国 ESM 政府证券有限公司来保存证券，或在再购回协议约定的期限内将证券转移到信托公司的一个分立账户中。

ESM 政府证券有限公司以他们自己的利益为出发点，从事真正的投机交易。即便是在受到客户委托将客户的证券转移到信托公司的情况下，也经常不遵守诺言，仍将这些证券保留在公司内，或将其转移到非分立账户中去。这样，ESM 政府证券有限公司的高级职员就可以按他们自己的意愿来使用这些证券。ESM 政府证券有限公司利用政府市场中要求的较少的保证金产生的相当可观的杠杆作用来进行投机交易，以此为 ESM 政府证券有限公司赚取上百万美元的利润。但是，在 1980 年很短的一段时间内，该公司损失了 8 000 多万美元。到了 1985 年春天，ESM 政府证券有限公司由于无法掩盖账面隐藏的已累积到 3 亿美元的天文数字的亏损而宣告破产。该丑闻引发了一系列事件，最终给美国国内以至国际金融市场带来了巨大的震撼。

【舞弊条件】

1. 重复交易赢得巨额现金流

ESM 政府证券有限公司利用客户的信任，在大部分客户不坚持持有证券的实物的情况下，ESM 政府证券有限公司将同一宗联邦证券卖给不同的客户。因此，尽管事实上 ESM 政府证券有限公司到 1980 年已无力清偿债务了，但由于与客户进行再购回协议交易而获得了巨额资金，使之可以再维持几年。ESM 政府证券有限公司生命的根源是现金流而不是利润，使他们可以继续舞弊，并以一种不断升级的孤注一掷的努力方式，企图重新赢回他们在更早的交易中已输掉的上百万美元。

2. 审计失败

为 ESM 政府证券有限公司提供服务的亚历山大·格兰特会计师事务所在 7 年内没查出 ESM 政府证券有限公司的巨额舞弊。耐人寻味的是，1985 年 2 月 28 日，在亚历山大·格兰特会计师事务所对 ESM 政府证券有限公司的财务报表公布了最后一次审计意见报告后，该丑闻被揭露。此后，亚历山大·格兰特会计师事务所才紧急宣布收回已公布的无保留意见审计报告，并申明该报告不再具有可依赖性。

【案件恶果】 ESM 政府证券有限公司丑闻的主犯分别被指控犯有不同的罪行,并被判处入狱服刑。亚历山大·格兰特会计师事务所为其 60 年历史赢得的信誉与声望付出了沉重的代价,在 ESM 政府证券有限公司丑闻成为全美国范围内报道的热点之后不久,亚历山大·格兰特会计师事务所将名称改为亚历山大·索顿会计师事务所,并在随后的几年中致使该事务所被迫关闭了约 20% 的办事处。时至今日,亚历山大·格兰特会计师事务所的续任者亚历山大·索顿会计师事务所以及为亚历山大·格兰特会计师事务所提供渎职保险的公司,包括法庭判决和庭外和解的费用在内,已经为 ESM 政府证券有限公司的瓦解承担了 1.75 亿美元的赔偿。

第一节　业务循环风险评估

一、筹资与投资业务循环风险评估程序

筹资与投资业务循环风险评估程序的审计目标是:了解筹资与投资循环,评价其设计是否合理并得到执行,评估与财务报表相关的重大错报风险。审计程序如下:

1)询问被审计单位的人员。

2)观察特定控制的运用。

3)检查文件和报告。

4)追踪交易在财务报告系统中的处理过程(穿行测试)。

5)评估与财务报表相关的重大错报风险。

二、了解筹资与投资循环内部控制

1. 筹资循环内部控制

(1)不相容职务分离制度

1)筹资计划编制人员与筹资计划审批人员分离。

2)筹资协议的签订人员与审核人员分离。

3)筹集资金有关的偿付审批人员与执行人员分离。

4)筹集计划执行人员与会计记录人员分离。

证据检查:组织结构图、职责分工文件等。

(2)提出筹资方案

公司证券部(计划部)根据公司的发展战略、资金预算提出筹资方案,明确筹资结构、筹资规模、筹资方式;根据资金需求等情况,逐月编制资金用款计划,并根据资金缺口情况,提出筹资计划。

1)公司应对拟提出的筹资方案进行初步评估。

2)公司拟提出的筹资方案应符合公司的发展战略。

3）公司拟提出的筹资方案应符合公司筹资预算的要求。

4）公司每年年初都应根据当年资金预算编制年度筹资计划。

5）公司应根据各月资金需求，逐月编制资金用款计划。

6）公司应编制贷款方案并提交审批。

证据检查：筹资方案、贷款计划等。

（3）筹资的授权批准控制

筹资的授权批准控制包括授权批准方式、权限、程序和责任。

1）公司应建立筹资授权审批制度。

2）拟筹资项目的规模，审批人的审批权限。

3）拟筹资项目应履行筹资决策程序。

4）项目审批单记录完整。

证据检查：授权文件等。

（4）筹资业务的实施和执行

实施和执行筹资业务应明确各业务处理部门的职责和相应的文件记录。债券或股票的签发和保管委托专门机构代理，公司设有专人负责备查登记并定期与代理机构核对；利息或股息支付应遵循相关程序；筹资业务及时进行会计处理；合同设有专人管理等。

1）拟筹资项目应履行相关程序并经批准。

2）应委托专门机构代理发行债券或股票。

3）应与专门机构签订代理合同等相关的法律性文件。

4）如为借款，应与银行签订借款合同等相关的法律性文件。

5）筹资期间任何关于筹资本金及利息的增减变化应正确、及时地被记录和复核。

6）应根据协议等正确地计算筹资费用。

7）当期筹资费用应被正确地记录和复核。

8）任何筹资费用的支付均应经审批后支付。

9）公司应建立借款合同管理制度。

10）公司应定期按规定程序将合同台账与会计记录进行核对。

11）公司应明确对代理机构的控制责任，定期获取代理信息报告并核对。

12）上述核对如果出现不一致情况，应按规定程序报送相关部门并得到正确处理。

证据检查：代理协议、借款合同、发行（借款）及还款（包括利息）清单，备查簿等。

（5）筹资的监督管理

筹资的监督管理内部控制应明确相关部门的筹资监督管理职能，如各部门的监督管理内容、制度及相关报告等。

1）公司应建立筹资内部控制的监督检查制度。

2）负责筹资业务检查的人员应定期向管理层（治理层）书面报告有关筹资业务的检查情况。

3）管理层（治理层）是否及时地纠正检查发现的薄弱环节。

证据检查：相关绩效考核指标及记录；定期分析报告；内审记录等。

2. 投资循环内部控制

（1）不相容职务分离制度

1）投资项目可行性研究报告编制人员与投资计划编制人员分离。

2）投资计划编制人员与审批人员分离。

3）投资业务执行人员与会计记录人员分离。

4）有价证券保管人员与会计记录人员分离。

5）有价证券操作人员、保管人员不能同时负责有价证券的盘点工作。

6）股利或股息的经办人员与会计记录人员分离。

7）投资处置审批人员与执行人员分离。

证据检查：组织结构图、职责分工文件等。

（2）投资业务追踪分析制度

公司应建立投资业务分析制度。通常情况下分析制度包括投资决策之前的分析和实施投资后的分析。

1）根据发展战略的需要，编制投资预算。

2）建立行业数据库。

3）定期编制与本公司经营相关行业的企业状况分析报告。

4）了解证券市场状况。

5）保证对拟投资项目进行的分析能够为投资决策提供依据。

6）建立一套投资评价指标体系。

7）定期分析投资回报率及影响投资风险因素。

8）如何将分析和评价的结果反馈给管理者和决策者。

9）管理者和决策者是否关注投资分析和评价结果。

10）是否及时调整投资策略。

证据检查：风险管理制度等。

（3）申请立项

投资管理部门对所需要投资的项目，撰写项目建议书，报送评估审核小组。项目建议书经评估审核小组审批通过后，对项目进行可行性研究，并报可行性研究报告，评估审核小组进行项目评估，提出评估意见。相关批准人根据评估审核小组的意见做出批复。应了解描述公司是否建立相关申请立项制度。

1）建立投资申请立项制度。

2）拟投资项目应编有项目建议书并经过审核小组评估。

3）拟投资项目应进行可行性研究并经过评审后提交给批准人。

4）拟投资项目应按规定程序经过批准。

证据检查：项目建议书、审批过程的记录、可行性报告、评估审核意见书、立项批复等。

（4）投资的授权批准控制

投资的授权批准控制包括投资业务的授权批准方式、权限程序和责任。

1）公司建立投资授权审批制度。

2）明确拟投资项目的规模、审批人的审批权限。

3）明确拟投资项目应履行的投资决策程序。

4）项目审批单记录完整。

证据检查：授权、批准文件等。

（5）投资项目的实施和执行

明确股权投资、债券投资的业务处理部门职责和相应的文件记录。投资期间获得的投资收益及时进行会计处理，对外资权益证书和有关凭证的保管与记录情况，投资处置审批与记录等。

1）拟投资项目应履行相关程序并经审议批准。

2）重大并购项目应聘请具有相关执业资格的中介机构（包括财务顾问、律师、注册会计师、注册评估师）对有关事项进行认证并出具意见。

3）重大并购项目应履行向相关监管机构报批、报备、公告程序。

4）应与投资单位签订合同、协议，并获取被投资单位出具的投资证明和交易凭证。

5）股权持有期间任何关于股权变动和投资收益应正确、及时地被记录和复核。

6）对于任何有价证券的存入或取出，都应将其名称、数量、价值及存取的日期等详细记录于备查簿内，并由所有经手人员签名。

7）公司建立投资资产盘点制度。

8）公司应对有价证券定期按规定程序进行盘点核对。

9）上述盘点核对如果出现不一致情况，应按规定程序报送相关部门并得到正确处理。

10）公司应派专人（或部门）保管权益证书，并建立详细记录。

11）公司建立投资资产的处置制度。

12）投资资产处置应履行规定程序并进行正确的处理。

证据检查：审计报告、法律意见书、财务顾问报告、董事会（股东大会）报告决议、合同谈判记录、审核合同的记录、投资协议、权属证明、投资记录、投资处置报告等。

（6）投资的监督管理

投资的监督管理内部控制应明确投资的监督管理内容、制度及相关报告。

1）公司建立对外投资监督管理内容、制度及相关报告。

2）负责对外投资业务检查的人员应定期向管理层（治理层）书面报告有关投资业务的检查情况。

3）管理层（治理层）是否及时纠正检查发现的薄弱环节。

证据检查：相关绩效考核指标及记录；定期分析报告；投资管理部的定期前景分析及预测；内审记录等。

三、评估重大错报风险

1. 内部控制流程（见图 12-1 ~ 图 12-3）

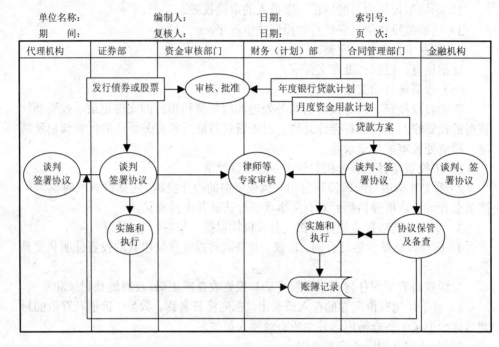

图 12-1 筹资循环内部控制流程

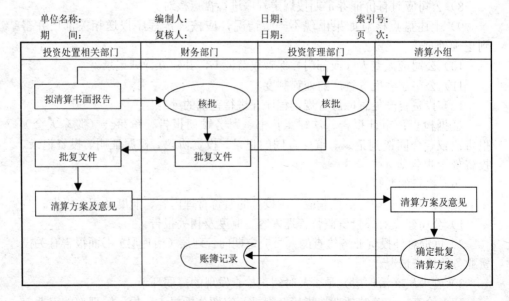

图 12-2 投资循环清算内部控制流程

| 单位名称： | 编制人： | 日期： | 索引号： |
| 期　间： | 复核人： | 日期： | 页　次： |

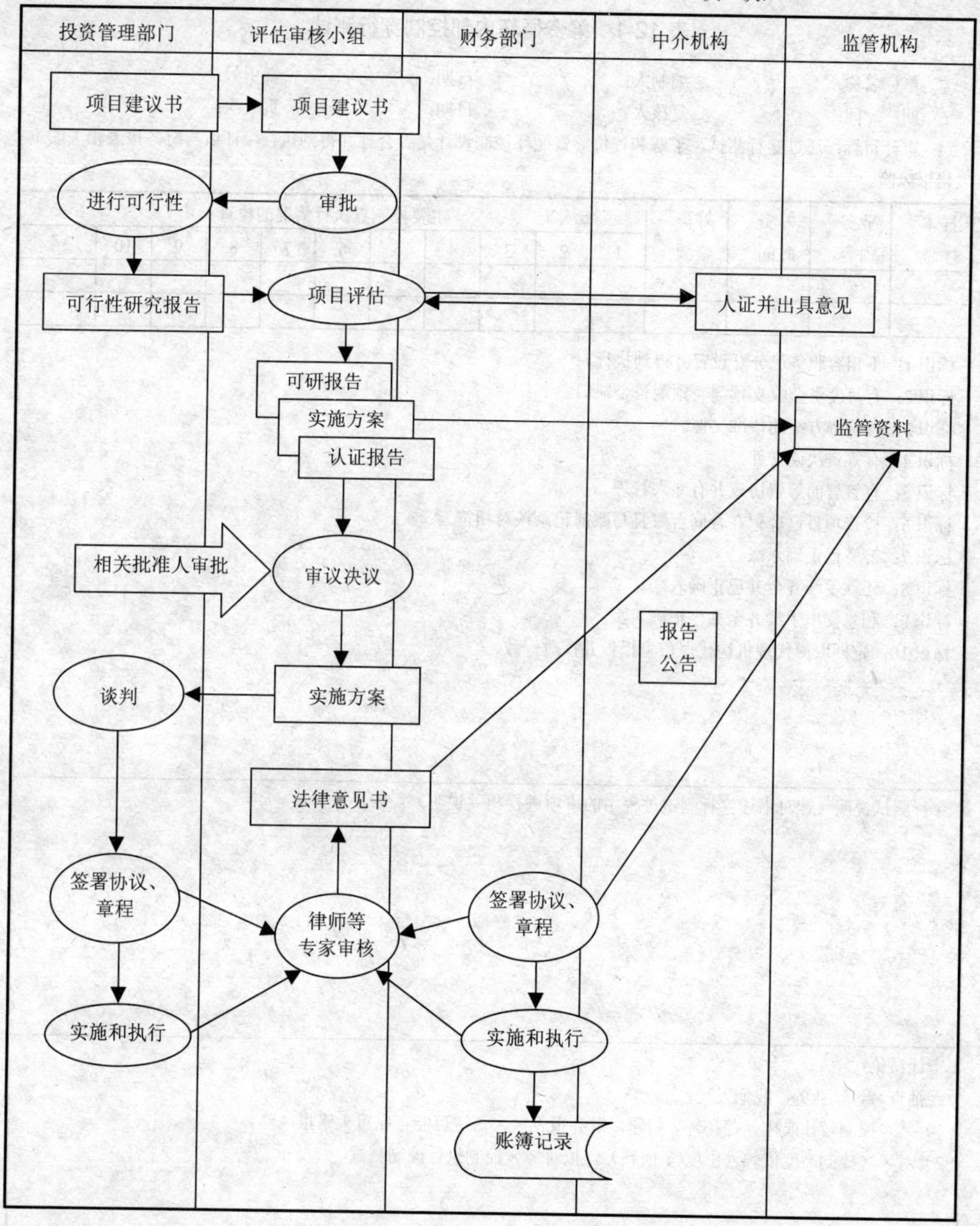

投资管理部门	评估审核小组	财务部门	中介机构	监管机构

项目建议书 → 项目建议书

进行可行性 ← 审批

可行性研究报告 → 项目评估 ← 人证并出具意见

可研报告

实施方案 → 监管资料

认证报告

相关批准人审批 → 审议决议

谈判 ← 实施方案

报告 公告

法律意见书

签署协议、章程

律师等 专家审核

签署协议、章程

实施和执行

实施和执行

账簿记录

图12-3 投资循环内部控制流程

2. 穿行测试工作底稿（见表 12-1、表 12-2）

表 12-1　筹资循环内部控制穿行测试

单位名称：　　　　　　编制人：　　　　　　日　期：　　　　　　索引号：

期　间：　　　　　　　复核人：　　　　　　日　期：　　　　　　页　次：

审计目标：通过穿行测试，了解和评价筹资循环控制设计是否合理并得到执行，评估与财务报表相关的重大错报风险。

样本序号	业务内容	筹资时间	筹资金额	主要控制点执行情况的检查										
				1	2	3	4	5	6	7	8	9	10	…

标识 1：不相容职务已分开设置并得到执行。

标识 2：有月度资金收支预测表预测资金缺口。

标识 3：有筹资方案的核准文件。

标识 4：有筹资决议文件。

标识 5：有签署的筹资协议并有专人管理。

标识 6：检查项目已登记在合同台账且与账簿记录核对相符。

标识 7：筹资已正确入账。

标识 8：还款手续齐全并已正确入账。

标识 9：利息支出手续齐全并已正确入账。

标识 10：定期取得代理机构代理信息报告并核对一致。

……

穿行测试说明（针对上述穿行测试过程中的事项进行相关说明）：

审计结论：

经抽查××笔业务，我们发现：

1）××控制设计或执行存在××问题，财务报表××认定可能存在重大错报风险。

2）对××控制高度依赖（中度/不依赖），拟对××控制执行控制测试。

表 12-2 投资循环内部控制穿行测试

单位名称：　　　　　　编制人：　　　　　　日期：　　　　　　索引号：

期　　间：　　　　　　复核人：　　　　　　日期：　　　　　　页　次：

审计目标：通过穿行测试，了解和评价投资循环控制设计是否合理并得到执行，评估与财务报表相关的重大错报风险。

样本序号	业务内容	投资时间	投资金额	主要控制点执行情况的检查										
				1	2	3	4	5	6	7	8	9	10	…

标识 1：不相容职务已分开设置并得到执行。

标识 2：有投资项目建议书并得到批准。

标识 3：有可行性研究报告并得到批准。

标识 4：有投资项目决议文件。

标识 5：签署投资协议、专人归档管理并定期核对一致。

标识 6：重大并购项目已履行规定程序，并按规定程序报批、报备、公告。

标识 7：定期进行投资分析。

标识 8：已专人保管投资证券、建立备查登记并定期盘点核对一致。

标识 9：投资已正确进行账务处理。

标识 10：已按规定程序进行投资处置。

……

穿行测试说明（针对上述穿行测试过程中的事项进行相关说明）：

审计结论：

经抽查××笔业务，我们发现：

1）××控制设计或执行存在××问题，财务报表××认定可能存在重大错报风险。

2）对××控制高度依赖（中度/不依赖），拟对××控制执行控制测试。

3. 内部控制初步评价表（见表12-3）

表12-3 筹资与投资循环内部控制初步评价表

单位名称：　　　　　编制人：　　　　　日期：　　　　　索引号：

期　　间：　　　　　复核人：　　　　　日期：　　　　　页　次：

内控风险初步评价标准
重要提示： 如出现下列情况应将控制风险评价为高水平。 （1）相关内部控制并未建立 （2）相关内部控制并未得到执行、不能防止或发现和纠正重大错报或漏报 （3）难以对内控制度设计的有效性做出评价

对内控制度的初步评价	
评价依据：流程图（　　　）；调查问卷（　　　）；文字描述（　　　）。	
评价： 简要描述评价过程，发现问题，与财务报表相关的重大错报风险。	
评价结论类型：	结　论
内部控制健全程度	
是否考虑依赖内部控制	
是否执行控制测试	

第二节　进一步审计程序

一、筹资与投资循环的控制测试程序

1. 筹资活动的控制测试

1）取得债券发行的法律性文件，检查债券发行是否经董事会授权、是否履行了适当的审批手续、是否符合法律的规定。

2）检查企业发行债券的收入是否立即存入银行。

3）取得债券契约，检查企业是否根据规定支付利息。

4）检查债券入账的会计处理是否正确。

5）检查债券溢（折）价的会计处理是否正确。

6）取得债券偿还和回购时的董事会决议，检查债券的偿还和回购是否按董事会的授权进行。

2. 投资活动的控制测试

（1）进行抽查

注册会计师应抽查投资业务的会计记录。例如，可从各类投资业务的明细账中抽取部分会计分录，按原始凭证到明细账、总账的顺序核对有关数据和情况，判断其会计处理过程是否合规完整。

（2）审核内部盘核报告

注册会计师应审阅内部审计人员或其他授权人员对投资资产进行定期盘核的报告。应审阅其盘点方法是否恰当、盘点结果与会计记录相核对情况以及出现差异的处理是否合规。如果各期盘核报告的结果未发现账实之间存在差异（或差异不大），说明投资资产的内部控制得到了有效执行。

（3）分析企业投资业务管理报告

对于企业的长期投资，注册会计师应对照有关投资方面的文件和凭据，分析企业的投资业务管理报告。在做出长期投资决策之前，企业最高管理阶层（如董事会）需要对投资进行可行性研究和论证，并形成一定的纪要。投资业务一经执行，又会形成一系列的投资凭据或文件，如证券投资的各类证券，联营投资中的投资协议、合同及章程等。负责投资业务的财务经理须定期向企业最高管理层报告有关投资业务的开展情况（包括投资业务内容和投资收益实现情况及未来发展预测），即提交投资业务管理报告书，供最高管理层投资决策和控制。注册会计师应认真分析这些投资管理报告的具体内容，并对照前述的有关文件和凭据资料，判断企业长期投资业务的管理情况。

相关的控制测试工作底稿见表 12-4、表 12-5。

表 12-4 筹资循环内部控制测试（示例）

单位名称：　　　　　编制人：　　　　　日期：　　　　　索引号：

期　　间：　　　　　复核人：　　　　　日期：　　　　　页　次：

（根据筹资循环内部控制初步评价确定的拟测试的控制执行有效性测试。以其中一个关键控制为例）

测试的控制：登记合同台账且与账簿记录核对相符

相关的财务报表认定：长（短）期借款的完整性、计价和分摊

审计目标：通过测试，确认在本期间内该项控制的运行是有效的

审计过程：采用××抽样方法，选取××个样本（描述样本规模和选样方法），检查借款合同是否被完整地登记在合同台账，并有合同台账与账簿记录核对一致的记录。

样本量	筹资项目名称	筹资日期	筹资决策审批表	筹资决策经适当批准

测试结果：没有发现借款合同未被完整地登记在合同台账，合同台账与账簿记录未核对一致的情况。（根据实际测试情况填写）

审计结论：在本期间内该项控制的运行是有效的。对该控制可以信赖。

表 12-5 投资循环内部控制测试（示例）

单位名称：　　　　　编制人：　　　　日期：　　　　索引号：

期　间：　　　　　　复核人：　　　　日期：　　　　页　次：

（根据投资循环内部控制初步评价确定的拟测试的控制执行有效性测试。以其中一个关键控制为例）

测试的控制：投资决策经过适当的批准

相关的财务报表认定：投资的存在性、权利和义务

审计目标：通过测试，确认在本期间内该项控制的运行是有效的

审计过程：采用××抽样方法，选取××个样本（描述样本规模和选样方法），检查投资决策是否经过适当的批准，对重大投资项目是否经过董事会或股东大会决议审议。

样本量	投资项目名称	投资日期	投资决策审批表	投资决策经适当批准

测试结果：没有发现投资决策未经适当批准的情况。（根据实际测试情况填写）

审计结论：在本期间内该项控制的运行是有效的。对该控制可以信赖。

二、筹资活动的实质性测试程序

1. 短期借款的审计

（1）获取或编制短期借款明细表

复核其加计数是否正确，并与明细账和总账核对相符。

（2）函证短期借款的实有数

注册会计师在期末短期借款余额较大或认为必要时向银行或其他债权人函证短期借款。

（3）检查短期借款的增加

对年度内增加的短期借款，注册会计师应检查借款合同和授权批准，了解借款数额、借款条件、借款日期、还款期限、借款利率，并与相关会计记录相核对。

（4）检查短期借款的减少

对年度内减少的短期借款，注册会计师应检查相关记录和原始凭证，核实还款数额。

（5）检查有无到期未偿还的短期借款

注册会计师应检查相关记录和原始凭证，检查被审计单位有无到期未偿还的短期借款，如有，则应查明是否已向银行提出申请并经同意后办理延期手续。

（6）复核短期借款利息

注册会计师应根据短期借款的利率和期限，复核被审计单位短期借款的利息计算是否正确，有无多算或少算利息的情况，如果有未计利息和多计利息，则应做出记录，必要时进行调整。

（7）检查外币借款的折算

如果被审计单位有外币短期借款，注册会计师应检查外币短期借款的增减变动是否按业务发生时的市场汇率或期初市场汇率折合为本位币金额；期末是否按市场汇率将外币短期借款余额折合为记账本位币金额，折算差额是否按规定进行会计处理；折算方法是否前后期一致。

（8）检查短期借款是否在资产负债表上列报且是否恰当

企业短期借款通常设"短期借款"项目单独列示，对于因抵押而取得的短期借款，应在资产负债表附注中揭示，注册会计师应注意被审计单位对短期借款项目的披露是否充分。

2. 长期借款的审计

1）获取或编制长期借款明细表。复核其加计数是否正确，并与明细账和总账核对相符。

2）了解金融机构对被审计单位的授信情况以及被审计单位的信用等级评估情况，了解被审计单位获得短期借款和长期借款的抵押和担保情况，评估被审计单位的信誉和融资能力。

3）对年度内增加的长期借款，应检查借款合同和授权批准，了解借款数额、借款条件、借款日期、还款期限、借款利率，并与相关会计记录相核对。

4）检查长期借款的使用是否符合借款合同的规定，重点检查长期借款使用的合理性。

5）向银行或其他债权人函证重大的长期借款。

6）对年度内减少的长期借款，注册会计师应检查相关记录和原始凭证，核实还款数额。

7）检查年末有无未偿还的借款，逾期借款是否办理了延期手续，分析计算逾期借款的金额、比率和期限，判断被审计单位的资信程度和偿债能力。

8）计算短期借款、长期借款在各个月份的平均余额，选取适用的利率匡算利息支出总额，并与财务费用的相关记录核对，判断被审计单位是否高估或低估利息支出，必要时进行适当的调整。

9）检查非记账本位币折合记账本位币时采用的折算汇率，折算差额是否按规定进行会计处理。

10）检查借款费用的会计处理是否正确。借款费用指企业因借款而发生的利息及其他相关成本，包括折价或溢价的摊销、辅助费用以及因外币借款而发生的汇兑差额。企业发生的借款费用，可直接归属于符合资本化条件的资产的购建或生产的，应当予以资本化，计入相关资产成本；其他借款费用，应当在发生时根据其发生额确认费用，计入当期损益。

11）检查企业抵押长期借款的抵押资产的所有权是否属于企业，其价值和实际状况是否与抵押契约中的规定一致。

12）检查企业重大的租赁合同，判断被审计单位是否存在资产负债表外融资的现象。

13）检查长期借款是否已在资产负债表上充分披露。

长期借款在资产负债表上列示于长期负债类下，该项目应根据"长期借款"科目的期末余额扣减将于一年内到期的长期借款后的数额填列，该项扣除数应当填列在流动负债类下的"一年内到期的长期负债"项目单独反映。注册会计师应根据审计结果，确定被审计单位长期借款在资产负债表上的列示是否充分，并注意长期借款的抵押和担保是否已在财务报表附注中作了充分的说明。

3. 应付债券的审计

1）取得或编制应付债券明细表，并同有关的明细分类账和总分类账核对相符。应付债券明细账通常都包括债券名称、承销机构、发行日、到期日、债券总额（面值）、实收金额、折价和溢价及其摊销、应付利息、担保情况等内容。

2）检查债券交易的有关原始凭证。这是确定应付债券金额及其合法性的重要程序，注册会计师应做好以下工作：①检查企业现有债券副本，确定其发行是否合法，各项内容是否同相关的会计记录一致；②检查企业发行债券所收入现金的收据、汇款通知单、送款登记簿及相关的银行对账单；③检查用以偿还债券的支票存根，并检查利息费用的计算；④检查已偿还债券数额同应付债券借方发生额是否相符；⑤如果企业发行债券时已作抵押或担保，注册会计师还应检查相关契约的履行情况。

3）检查应计利息、债券折（溢）价摊销及其会计处理是否正确。此项工作一般可通过检查债券利息、溢价、折价等账户分析表来进行。该表可让企业代为编制，注册会计师加以检查，也可由注册会计师自己编制。

4）函证"应付债券"账户期末余额。

5）检查到期应付债券的偿还。

6）检查借款费用的会计处理是否正确。

7）检查应付债券是否已在资产负债表上充分披露。

4. 财务费用的审计

1）获取或编制财务费用明细表。复核其加计数是否正确，并与明细账和总账核对相符。

2）将本期、上期财务费用各明细项目作比较分析，必要时比较本期各月份财务费用，如有重大波动和异常情况应追查原因，扩大审计范围或增加测试量。

3）检查利息支出明细账，确认利息收入的真实性及正确性。

4）检查汇兑损失明细账，检查汇兑损益计算方法是否正确，核对所用汇率是否正确，前后期是否一致。

5）检查："财务费用——其他"明细账，注意检查大额金融机构手续费的真实性与正确性。

6）审阅下期期初的财务费用明细账，检查财务费用各项目有无跨期入账的现象，对于重大跨期项目，应作必要的调整。

7）检查从其他企业或非银行金融机构取得的利息收入是否按规定计缴营业税。

8）检查财务费用的披露是否恰当。

三、投资活动的实质性测试程序

1．交易性金融资产审计

1）获取或编制交易性金融资产明细表。复核其加计数是否正确，并与明细账和总账核对相符。

2）对期末结存的相关交易性金融资产，向被审计单位核实其持有目的，检查本科目核算范围是否恰当。

3）获取股票、债券及基金等交易流水单及被审计单位证券投资部门的交易记录，与明细账核对，检查会计记录是否完整、会计处理是否正确。

4）监盘库存交易性金融资产，并与相关账户余额进行核对，如有差异，应查明原因，并做出记录或进行适当的调整。

5）向相关金融机构发函询证交易性金融资产期末数量以及是否存在变现限制（与存出投资款一并函证），并记录函证过程，取得回函时应检查相关签章是否符合要求。

6）抽取交易性金融资产增减变动的相关凭证，检查其原始凭证是否合法、会计处理是否正确。

7）复核与交易性金融资产相关的损益计算是否准确，并与公允价值变动损益及投资收益等有关数据核对。

8）复核股票、债券及基金等交易性金融资产的期末公允价值是否合理，相关会计处理是否正确。

9）关注交易性金融资产是否存在重大的变现限制。

10）确定交易性金融资产的披露是否恰当。

2．长期股权投资审计

1）获取或编制长期股权投资明细表。复核其加计数是否正确，并与明细账和总账核对相符。

2）根据有关合同和文件，确认股权投资的股权比例和持有时间，检查股权投资核算方法是否正确。

3）对于重大的投资，向被投资单位函证被审计单位的投资额、持股比例及被投资单位发放股利等情况。

4）对于应采用权益法核算的长期股权投资，获取被审计单位已经注册会计师审计的财务报表，如果未经注册会计师审计，则应考虑对被投资单位的财务报表实施适当的审计或审阅程序。具体内容：①复核投资收益时，应以取得投资时被投资单位各项可辨认资产等的公允价值为基础，对被投资单位的净利润进行调整后加以确认；被投资单位采用的会计政策及会计期间与被审计单位不一致的，应当按照被审计单位的会计政策及会计期间对被投资单位的投资报表进行调整，据以确认投资损益。②将重新计算的投资收益与被审计单位所计算的投资收益相核对，如有重大差异，则查明原因，并做适当调整。③检查被审计单位按权益法核算长期股权投资，在确认应分担被投资单位发生的净亏损时，应首先冲减长期权投资的账面价值，其次冲减其他实质上构成对被投资单位净投资的长期权益账面价值（如长期应收款等）；如果按照投资合同和协议约定被审计单位仍需承担额外损失义务的，应按预计承担的义务确认预计负债，并与预计负债中的相应数字核对无误；被投资单位以后期间实现盈利的，被审计单位在其收益分享额弥补未确认的亏损分担额后，恢复确认收益分享额。审计时，应检查被审计单位的会计处理是否正确。④检查除净损益以外被投资单位所有者权益的其他变动，是否调整计入所有者权益。

5）对于采用成本法核算的长期股权投资，检查股利分配的原始凭证及分配决议等资料，确定会计处理是否正确；对被审计单位实施控制而采用成本法核算的长期股权投资，比照权益法编制变动明细表，以备合并报表使用。

6）对于成本法和权益法相互转换的，检查其投资成本的确定是否正确。

7）确定长期股权投资的增减变动的记录是否完整。①检查本期增加的长期股权投资，追查至原始凭证及相关的文件或决议及被投资单位验资报告或财务资料等，确认长期股权投资是否符合投资合同、协议的规定，并已确认投资，会计处理是否正确；②检查本期减少的长期股权投资，追查至原始凭证，确认长期股权投资的收回有合理的理由及授权批准手续，并已确认收回投资，会计处理是否正确。

8）期末对长期股权投资进行逐项检查，以确定长期股权投资是否已经发生减值。包括：①核对长期股权投资减值准备本期与以前年度计提方法是否一致，如有差异，则查明政策调整的原因，并确定政策改变对本期损益的影响，提请被审计单位做适当的披露。②对长期股权投资进行逐项检查，根据被审计单位的经营政策、法律环境的变化、行业的变化、盈利能力等各种情形予以判断长期股权投资是否存在减值迹象。确有出现导致长期股权投资可收回金额低于账面价值的，将可收回金额低于账面价值的差额作为长期股权投资减值准备予以计提；并与被审计单位已计提数相核对，如有差异，则查明原因。③将本期减值准备计提金额与利润表资产减值损失中的相应数字核对无误。④长期股权投资减值准备按单项资产计提，计提依据充分，得到适当批准。减值损失一经确认，在以后会计期间不得转回。

9）结合银行借款等的检查，了解长期股权投资是否存在质押、担保情况。如有，则应详细记录，并提请被审计单位进行充分披露。

10）确定长期股权投资在资产负债表上已恰当列报。与被审计单位人员讨论确定是否存在被投资单位由于所在国家和地区及其他方面的影响，其向被审计单位转移资金的能力受到限制的情况。如存在，则应详细记录受限制的情况，并提请被审计单位充分披露。同时，注册会计师还应查实资产负债表中"长期投资"项目的数字是否与审定数相符；资产负债表中"一年内到期的长期债券投资"项目的数字是否与审定数相符；长期投资超过净资产的50%，是否已在会计报表附注中披露；股票、债券在资产负债表日市价与成本的显著差异是否已在会计报表附注中披露。

四、其他应审计的相关账户

与本循环相关的其他应审计的账户还包括可供出售金融资产、持有至到期投资、投资性房地产、应收利息、投资收益、应收股利、其他应收款、其他应付款、长期应付款、预计负债、所得税费用、递延所得税资产、递延所得税负债、资产减值准备、公允价值变动收益、营业外收入、营业外支出、实收资本（股本）、资本公积、盈余公积、未分配利润、应付股利等。

本 章 小 结

1. 业务循环风险评估

（1）筹资与投资循环风险评估程序
（2）了解筹资与投资循环内部控制
（3）评估重大错报风险

2. 进一步审计程序

（1）筹资与投资循环的控制测试程序
（2）筹资活动的实质性测试程序
（3）投资活动的实质性测试程序
（4）其他应审计的相关账户

第十三章 货币资金审计

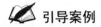 引导案例

案例一 内部审计案例

【名　　称】卞中挪用公款案

【影　　响】中华人民共和国成立以来挪用公款金额最大案。

【案情简介】国家自然科学基金委财务人员卞中从 1995～2003 年的 8 年期间里，利用掌管国家基础科学研究的专项资金下拨权，采用谎称支票作废、偷盖印鉴、削减拨款金额、伪造银行进账单和信汇凭证、编造银行对账单等手段贪污、挪用公款人民币 2 亿余元。卞中实际担负着资金收付的出纳职能，同时所有的银行单据和银行对账单也都由他一手经办，使他得以作案长达 8 年都没有引起怀疑。2003 年春，基金委财务局经费管理处刚来的一名大学生到定点银行拿对账单。一笔金额为 2 090 万元的支出引起了他的注意。这个初入社会的大学生找到卞中刨根问底，这桩涉案金额超过 2 亿元的大案也因此浮出水面。不相容职务分离是内部控制的一个基本原理，通常需要分离的不相容职务包括授权与执行、执行与审核、执行与记录、保管与记录，所谓"管钱不管账，管账不管钱"就是不相容职务分离原理的一个典型运用。货币资金是最容易出现舞弊的一项资产，如果由出纳来负责领取银行对账单、编制银行存款余额调节表，出纳就有可能挪用或侵占公司货币资金，并通过伪造对账单或在余额调节表上做手脚来掩盖自己的舞弊行为。

案例二 国家审计案例

【名　　称】卫生部卫生检疫局私设"小金库"案

【影　　响】国家部局级单位私设"小金库"亿元大案。

【案情简介】

1. 疑点

一个仅有 40 多人的单位，从"小金库"支出的餐费、招待费达 220 万元；以各种名义发放补贴、奖金 231 万元；以参观、考察名义支付公款旅游和出国费用 357 万元；未办理任何审批手续，购置住房、汽车、移动电话等支出 4 658 万元。此外，有 2 500 万元开支无原始单据或票据遗失。

2. 案情

1993 年 2 月和 4 月，卫生检疫局局长曲绪禄签发了《关于成立国境卫生检疫

事业发展基金委员会的通知》和《卫生检疫系统社会保障基金制度的规定》，筹集基金。但是，这两个文件均未经有关部门审批，属曲绪禄擅自签发。此外，曲绪禄还要求局机关各处、室创收，致使各处、室和直属单位纷纷以各种名目向系统内收费。截至 1997 年，卫生检疫局利用行政手段截留收取上述基金及各单位创收金额高达 2.86 亿元。但是，卫生检疫局对所收取的基金以及各处室、直属单位创收的资金没有按规定纳入财务管理，而是由各处、室和直属单位存入 53 个银行账户和 5 个活期存折内，形成一个多部门、多账户、滥行开支、管理混乱的"小金库"。并且，自 1993～1997 年，卫生检疫局各单位共计从"小金库"开支 2.71 亿元，除向下属单位拨款 1.6 亿元外，用于补贴办公等费用竟达 1 700 多万元，擅自对外投资 1 500 多万元，其余大量资金被大肆挥霍浪费。

3. 处理

中央纪委、监察部会同审计署、海关总署、卫生部等有关部门，严肃查处了卫生部原检疫局违反"收支两条线"规定，私设"小金库"的案件，给予原卫生检疫局局长曲绪禄开除党籍、行政撤职处分；给予原卫生检疫局国有资产管理处处长柳伟留党查看两年、行政撤职处分；给予原卫生检疫局法规处处长郝刚行政开除处分，予以党内除名。对于卫生检疫局违反规定滥发奖金等不合理开支依法予以纠正。

第一节　资金管理风险评估

一、资金管理风险评估程序

资金管理风险评估程序的审计目标是：了解货币资金管理内部控制，评价其设计是否合理并得到执行，评估与财务报表相关的重大错报风险。审计程序如下：
1）询问被审计单位的人员。
2）观察特定控制的运用。
3）检查文件和报告。
4）追踪交易在财务报告系统中的处理过程（穿行测试）。
5）评估与财务报表相关的重大错报风险。

二、了解资金管理内部控制

审计人员可以通过文字叙述法、调查表法和流程图法来描述通过询问、观察、检查等方法所了解的被审计单位资金管理内部控制，关注关键控制点，形成审计工作底稿，据以评估重大错报风险。资金管理内部控制参考内容如下：

1. 资金预算

1）公司应根据战略目标和经营计划，编制年度、月度资金预算。

2）公司应制定预算调整政策和程序，必要时对年度、月度资金预算进行调整。

3）公司应设置预算管理部门负责预算工作的组织和执行，授权专门人员负责资金预算的审批。

4）各预算部门应按月编制"资金差异报告表"，分析实际与预算的差异原因，报送预算管理部门。

5）预算管理部门应定期编制预算执行结果报告，作为公司管理层决策经营的参考。

证据检查：年度和月度资金预算，预算调整政策和程序，资金差异报告表，预算执行报告。

2. 现金

1）现金业务中的不相容岗位应当相互分离、制约和监督，出纳不得兼任稽核、会计档案保管和收入、支出、费用、债权债务账目的登记工作。出纳、会计分开，钱账分管。

2）收到现金时，出纳人员应当给缴款人员出具正式收据或发票。

3）定期对收到的货币资金与开具的发票、收据金额进行核对，以确保收到的货币资金全部入账。

4）付出现金时，应当在付款的原始凭证上加盖"付讫"戳记。

5）出纳人员应当严格按《现金管理条例》或公司规定的范围支付现金。

6）出纳人员支付现金时，不得从公司的现金收入中直接支付（坐支现金）。

7）出纳人员应根据授权批准的付款凭证支付现金，不得将现金借给私人、以白条抵库，不得编制用途套取现金。

8）业务人员原则上不得收取现金，特殊情况下应经授权批准；收到现金的业务人员应当及时按照规定将现金以安全和恰当的方式汇回公司指定账户或送交出纳。

9）出纳人员应检查付款凭证/付款申请的合理性，付款凭证/付款申请应由申请人签字；并由复核人审核，复核人应当对批准后的货币资金支付申请进行复核。

10）公司应当指定库存现金限额制度，库存现金限额一般是三天的正常现金支付的需要量，超过应送存银行。

11）库存现金应当存放在符合安全标准的保险柜中。

12）公司空白收款收据、空白发票，应由现金出纳人员妥善保管。

13）每月末，财务部应当指定财务部以外的人员对现金进行盘点，制作现金盘点表。

14）主管人员应当定期或不定期地对库存现金进行核对和抽查。

15）出纳人员应对当天办理的现金收付业务做到日清月结，确保账款相符。

16）出纳人员应当每日逐笔登记"现金日记账"，每天下班之前结出现金余额，与实存现金进行核对相符后，据以编制"库存现金日报表"。

17）出纳人员应当连同原始凭证送交会计人员复核，由会计人员据以填制记账凭单。

证据检查：组织结构图、岗位职责说明书、现金管理制度、收付款凭证、现金日记账、盘点记录。

3. 银行存款

1）银行票据与有关印章保管的职务应当分离。

2）使用网络银行进行电子付款的公司应当遵循二级复核制度，银行出纳和二级复核人员应由不同人员担任，各自保管网络密码，并相互保密。

3）存款的审批人员同出纳、支票保管人员和记账员职责相分离，负责调整银行往来账的人员同现金收付、负责应收和应付款的人员职责分离。

4）公司应根据《人民币银行结算账户管理办法》制定本公司银行账户的使用规定。

5）公司应当《人民币银行结算账户管理办法》及本公司银行账户的规定开立、使用银行账户。

6）公司不得出租、出借银行结算账户，不得利用银行结算账户套取银行信用。

7）所有银行存款的开设和终止是否都有正式的批准手续。

8）出纳人员应对收款凭证和银行对账单核对，以保证存入银行账号的日期和金额正确。

9）对于赊销业务、收款凭证应与应收款账项账簿记录核对一致。

10）银行间资金划转应报经授权人审核批准，并登记于账簿内；银行账簿应定期与银行对账单进行核对，以保证所有的收付款业务均已完整入账。

11）记账凭证与原始凭证的内容、金额应当一致。

12）收款、付款业务的内容应当与企业经营活动相关。

13）出纳人员应根据经过授权审批的付款凭证办理付款业务。

14）赊购的业务，付款凭证与应付账款明细账记录应当核对一致

15）出纳人员应根据经济业务的情况选用恰当的结算方式。

16）出纳人员应检查付款凭证/付款申请的合理性，付款凭证/付款申请应由申请人签字；并由复核人审核，复核人应当对批准后的货币资金支付申请进行复核。

17）银行空白票据应设置专用登记簿上顺号登记，并定期销号。

18）出纳人员必须登记所有支票和其他支票的收支备查记录。

19）公司应当制定支票领用管理办法。

20）支票的签署应当采用会签制度，经过指定的支票签署者的审批后签发。

21）已签署的支票应当由支票签署人保管，直至支票由签署人或其授权的其他职员寄出或递交给受票人为止。

22）支票签章人应当经董事会授权（索取授权书及支票签章样式）。

23）所有支票支出交易应当取得支付凭证。

24）作废支票应当及时注销或者顺号保存。

25）支票的寄发或领取应当有签收或邮寄记录防止支票遗失或被挪用。

26）支票应当依据支票簿顺号开立，并保持完整的记录。

27）未使用的支票应当由非支票签章人另行保存。

28）在收款形式为支票时，出纳人员应当在支票送交银行后，核实款项是否到账。

29）定期直接从银行取得对账单。

30）月末，由除出纳和现金记账人员以外的其他人员对对账单进行审核，以防止对账单被涂改、擦除和添加。

31）月末，由除出纳和现金记账人员以外的其他人员核对对账单上所有的借项、贷项记录和账上的记录；对不符事项编制银行余额调节表，并查明未达账项的原因。

32）由主管人员或独立稽核人员对银行余额调节表进行复核。

33）复核后的银行余额调节表应经复核人员签章。

证据检查：组织结构图、岗位职责说明书、银行存款管理制度、收付款凭证、银行存款日记账、银行对账单、银行余额调节表。

4. 其他货币资金

1）检查公司是否存在银行本票存款、银行汇票存款、信用证存款、信用卡存款、外埠存款、在途货币资金等其他货币资金。

2）外埠存款支用及收回应按公司规定的审批手续执行。

3）对其他货币资金应按会计准则的规定进行正确的账务处理和披露。

证据检查：其他货币资金管理制度、收付款凭证、相关账务处理。

5. 备用金

1）公司应制定备用金的限额管理及拨补办法。

2）公司应对每笔零星支出设定最高限额。

3）出纳人员应根据经适当核准的付款凭证支付备用金。

4）支付现金时，应当在付款的原始凭证上加盖"付讫"戳记。

5）公司应对备用金进行不定期抽点。

证据检查：备用金管理制度、付款凭证、盘点记录。

6. 印章管理

1）公司应当建立印章管理卡，专人领取和归还印章情况在卡上予以记录。

2）财务专用章、财务负责人名章应当分开保管。

3）公司应明确规定不得在空白单据、空白区域及重要事项填写不全的单据、文书上加盖印章。

4）需要新刻印章时应履行相应的审批程序。

证据检查：印章管理制度、使用记录。

三、评估重大错报风险

1. 内部控制流程（见图 13-1、图 13-2）

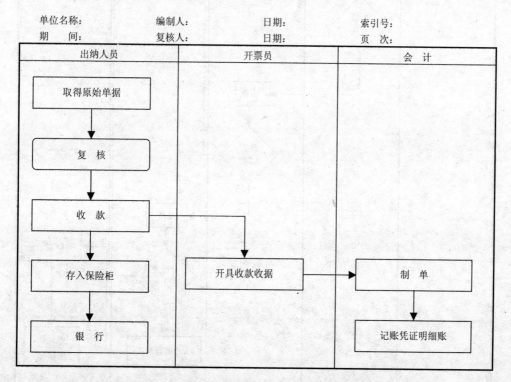

图 13-1 资金管理内部控制（现金收款）流程

单位名称：　　　　　编制人：　　　　　日期：　　　　　索引号：
期　　间：　　　　　复核人：　　　　　日期：　　　　　页　次：

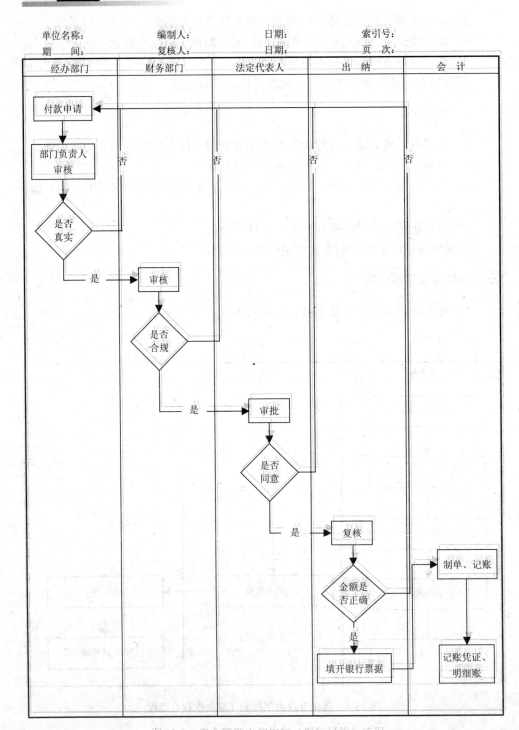

图 13-2　资金管理内部控制（银行付款）流程

2. 穿行测试工作底稿（见表 13-1、表 13-2）

表 13-1 现金付款内部控制穿行测试

单位名称： 编制人： 日期： 索引号：
期 间： 复核人： 日期： 页 次：

审计目标：通过穿行测试，了解和评价现金付款控制设计是否合理并得到执行，评估与财务报表相关的重大错报风险。

样本序号	业务内容	样本日期	样本金额	主要控制点执行情况的检查										
				1	2	3	4	5	6	7	8	9	10	…

标识 1：不相容职务已分开设置并得到执行。
标识 2：申请付款项目有预算。
标识 3：付款符合预算管理要求。
标识 4：付款单据经审核，履行了审批手续。
标识 5：付款后在原始单据加盖"付讫"戳记。
标识 6：付款及时入账。
……

穿行测试说明（针对上述过程需要说明的事项）：

审计结论：
对××控制高度依赖（中度/不依赖），拟对××控制执行控制测试。

表 13-2 银行收款内部控制穿行测试

单位名称： 编制人： 日期： 索引号：
期 间： 复核人： 日期： 页 次：

审计目标：通过穿行测试，了解和评价银行收款控制设计是否合理并得到执行，评估与财务报表相关的重大错报风险。

样本序号	业务内容	样本日期	样本金额	主要控制点执行情况的检查										
				1	2	3	4	5	6	7	8	9	10	…

标识 1：不相容职务已分开设置并得到执行。
标识 2：收款业务的内容与企业经营活动相关。
标识 3：赊销业务、收款凭证与应收账款记录核对一致。
标识 4：收款及时入账。
标识 5：记账凭证与原始凭证的内容、金额核对一致。
标识 6：收款记录与银行对账单核对一致。
……

穿行测试说明（针对上述过程需要说明的事项）：

审计结论：
对××控制高度依赖（中度/不依赖），拟对××控制执行控制测试。

3. 内部控制初步评价表（见表 13-3）

表 13-3　资金管理内部控制初步评价表

单位名称：　　　　　　　编制人：　　　　　　日期：　　　　　　　索引号：

期　　间：　　　　　　　复核人：　　　　　　日期：　　　　　　　页　次：

内控风险初步评价标准
重要提示：
如出现下列情况应将控制风险评价为高水平。
（1）相关内部控制并未建立。
（2）相关内部控制并未得到执行、不能防止或发现和纠正重大错报或漏报。
（3）难以对内控制度设计的有效性做出评价

对内控制度的初步评价	
评价依据：流程图（　　　　）；调查问卷（　　　　）；文字描述（　　　　）。	
评价：	
简要描述评价过程，发现问题，与财务报表相关的重大错报风险。	
评价结论类型：	结　　论
内部控制健全程度	
是否考虑依赖内部控制	
是否执行控制测试	

第二节　进一步审计程序

一、货币资金的内部控制测试程序

1. 抽取并检查收款凭证

为测试货币资金收款内部控制，注册会计师应选取适当样本的货币资金收款凭证，进行如下检查：①核对收款凭证与存入银行账户的日期和金额是否相符；②核对库存现金、银行存款日记账的收入金额是否正确；③核对收款凭证与银行对账单是否相符；④核对收款凭证与应收账款等相关明细账的有关记录是否相符；⑤核对实收金额与销货发票等相关凭据是否一致等。

2. 抽取并检查付款凭证

为测试货币资金付款内部控制，注册会计师应选取适当样本的货币资金付款凭证，进行如下检查：①检查付款的授权批准手续是否符合规定；②核对库存现金、银行存款日记账的付出金额是否正确；③核对付款凭证与银行对账单是否相符；④核对付款凭证与应付账款等相关明细账的记录是否一致；⑤核对实付金额与购货发票等相关凭据是否相符等。

3. 抽取一定期间的库存现金、银行存款日记账与总账核对

首先，注册会计师应抽取一定期间的库存现金、银行存款日记账，检查其有

无计算错误，加总是否正确无误。如果检查中发现的问题较多，说明被审计单位货币资金的会计记录不够可靠。其次，注册会计师应根据日记账提供的线索，核对总账中的库存现金、银行存款、应收账款、应付账款等有关账户的记录。

4. 抽取一定期间的银行存款余额调节表并查阅其是否按月正确编制并经复核

为证实银行存款记录的正确性，注册会计师必须抽取一定期间的银行存款余额调节表，将其同银行对账单、银行存款日记账及总账进行核对，确定被审计单位是否按月正确编制并复核银行存款余额调节表。

5. 检查外币资金的折算方法是否符合有关规定且与上年度一致

对于有外币货币的被审计单位，注册会计师应检查外币货币资金有关的日记账及"财务费用"、"在建工程"等账户的记录，确定企业有关外币资金的增减变动是否采用交易发生日的即期汇率将外币金额折算为记账本位币金额，或者采用按照系统合理的方法确定的、与交易发生日即期汇率近似的汇率折合为记账本位币，选择采用汇率的方法前后各期是否一致；检查企业的外币货币资金的余额是否采用期末即期汇率折合为记账本位币金额；折算差额的会计处理是否正确。

二、货币资金的实质性测试程序

1. 库存现金的实质性测试程序

1）核对库存现金日记账与总账的余额是否相符。注册会计师测试现金余额的起点，是核对库存现金日记账与总账的余额是否相符。如果不相符，则应查明原因，并做出适当的调整。

2）监盘库存现金。监盘库存现金是证实资产负债表中所列现金是否存在的一项重要程序。企业盘点库存现金，通常包括对已收到但尚未存入银行的现金、零用金、找换金等的盘点。盘点库存现金的时间和人员应视被审计单位的具体情况而定，但必须有出纳员和被审计单位会计主管人员参加，并由注册会计师进行监盘。盘点和监盘库存现金的步骤和方法主要有：①制定库存现金盘点程序，实施突击性的检查，时间最好选择在上午上班前或下午下班时进行，盘点的范围一般包括企业各部门经管的现金。在进行现金盘点前，应由出纳员将现金集中起来存入保险柜。必要时可以加以封存，然后由出纳员把已办妥现金收付手续的收付款凭证登入库存现金日记账。如企业库存现金存放部门有两处或两处以上的，应同时进行盘点。②审阅库存现金日记账并同时与现金收付凭证相核对。一方面检查日记账的记录与凭证的内容和金额是否相符；另一方面了解凭证日期与日记账日期是否相符或接近。③由出纳员根据库存现金日记账加计累计数额，结出现金结余额。④盘点保险柜的现金实存数，同时编制"库存现金盘点表"，分币种、面值列示盘点金额。⑤资产负债表日后进行盘点时，应调整至资产负债表日的金额。⑥将盘点金额与库存现金日记账余额进行核对，如有差异，应查明原因，并做出记录或适当的调整。⑦若有冲抵库存现金的借条、未提现支票、未作报销的原始凭证，应在"库存现金盘点表"中注明或做出必要的调整。

3）抽查大额现金收支。注册会计师应抽查大额现金收支的原始凭证内容是否完整，有无授权批准，并核对相关账户的进账情况，如有与被审计单位生产经营业务无关的收支事项，应查明原因，并作相应的记录。

4）检查现金收支的正确截至。被审计单位资产负债表的货币资金项目中的库存现金数额，应以结账日实有数额为准。因此，注册会计师必须验证现金收支的截至日期。通常，注册会计师可考虑对结账日前后一段时间内的现金收支凭证进行审计，以确定是否存在跨期事项，是否应考虑提出调整建议。

5）检查外币现金的折算方法是否符合规定，是否与上年度一致。

6）检查库存现金是否在资产负债表上恰当披露。根据有关规定库存现金在资产负债表的"货币资金"项目中反映，注册会计师应在实施上述审计程序后，确定库存现金账户的期末余额是否恰当，进而确定库存现金是否在资产负债表上恰当披露。

2. 银行存款的实质性测试程序

1）银行存款日记账与总账的余额是否相符。注册会计师测试银行存款余额的起点，是核对银行存款日记账与总账的余额是否相符。如果不相符，则应查明原因，并做出适当的调整。

2）实施实质性分析程序。计算定期存款占银行存款的比例，了解被审计单位是否存在高息资金拆借。如存在高息资金拆借，则应进一步分析拆出资金的安全性，检查高额利差的入账情况；计算存放于非银行金融机构的存款占银行存款的比例，分析这些资金的安全性。

3）取得并检查银行存款余额调节表。检查银行存款余额调节表是证实资产负债表中所列银行存款是否存在的重要程序。银行存款余额调节表通常应由被审计单位根据不同的银行账户及货币种类分别编制。取得银行存款余额调节表后，注册会计师应检查调节表中未达账项的真实性，以及资产负债表日后的进账情况，如果查明存在应于资产负债表日之前进账的，应做出记录并提出适当的调整建议。其程序一般包括：①验算调节表的数字计算；②对于金额较大的未提现支票、可提现的未提现支票以及注册会计师认为重要的未提现支票，列示未提现支票清单，注明开票日期和收款人姓名或单位；③追查截至日期银行对账单上的在途存款，并在银行账户调节表上注明存款日期；④检查截至日仍未提现的大额支票和其他已签发一个月以上的未提现支票；⑤追查截至日银行对账单已收、企业未收的款项性质及款项来源；⑥核对银行存款总账余额、银行对账单加总金额。

4) 函证银行存款余额。银行存款函证是指注册会计师在执行审计业务的过程中，需要以被审计单位的名义向有关单位发函询证，以验证被审计单位的银行存款是否真实、合法、完整。按照规定，各商业银行、政策性银行、非银行金融机构要在收到询证函之日起 10 个工作日内，根据函证的具体要求，及时回函并可按照有关规定收取询证费用；各有关企业或单位根据函证的具体要求回函。

函证银行存款余额是证实资产负债表所列银行存款是否存在的重要程序。通过向往来银行函证，注册会计师不仅可了解企业资产的存在，还可了解企业账面反映所欠银行债务的情况，并有助于发现企业未入账的银行借款和未披露的或有负债。

注册会计师向被审计单位在本年存过款（含外埠存款、银行汇票存款、银行本票存款、信用卡存款、信用证保证金存款）的所有银行发函，其中包括存款账户已结清的银行，因为有可能存款账户已结清，但仍有银行借款或其他负债存在。并且，虽然注册会计师已直接从某一银行取得了银行对账单和所有已付支票，但仍应向这一银行进行函证。向银行函证银行存款余额，一般均采用肯定式函证方式。银行询证函的参考格式见表 13-4。

表 13-4　银行询证函

编号：

××（银行）：

本公司聘请的××会计师事务所正在对本公司××年度财务报表进行审计，按照中国注册会计师审计准则的要求，应当询证本公司与贵行相关的信息。下列信息出自本公司记录，如与贵行记录相符，请在本函下端"信息证明无误"处签章证明；如有不符，请在"信息不符"处注明不符项目及具体内容；如存在与本公司有关的未列入本函的其他重要信息，也请在"信息不符"处列出其详细资料。回函请直接寄至××会计师事务所。

回函地址：　　　　　　　　　　　　　　　　　邮　编：

电　话：　　　　　　　传真：　　　　　　　联系人：

存　款　户：　　　　　　截至　　　　　　　年　　月　　日

银 行 账 号	账 户 性 质	原 币 金 额	备　注

贷　款　户：　　　　　　截至　　　　　　　年　　月　　日

贷款性质	担保或抵押	贷款起止期	利　率	贷款金额	备　注

（公司盖章）　年　月　日

以下仅供被询证银行使用

结论：1）信息证明无误。

（银行盖章）

年　　月　　日

经办人：

2）信息不符，请列明不符项目及具体内容（对于在本函前述第 1 项至第 13 项中漏列的其他重要信息，请列出详细资料）。

（银行盖章）

年　　月　　日

经办人：

5）对定期存款或限定用途的存款，应查明情况，做出记录：①对已质押的定期存款，应检查定期存单，并与相应的质押合同核对，同时关注定期存单对应的质押借款有无入账；②对未质押的定期存款，应检查开户证书原件；③对审计外勤工作结束日前已提取的定期存款，应核对相应的兑付凭证、银行对账单和定期存款复印件。

6）抽查大额银行存款的收支。注册会计师应抽查大额银行存款（含外埠存款、银行汇票存款、银行本票存款、信用卡存款、信用证保证金存款）收支的原始凭证内容是否完整，有无授权批准，并核对相关账户的进账情况。如有与被审计单位生产经营业务无关的收支事项，应查明原因并作相应的记录。

7）关注是否有质押、冻结等对变现有限制或存放在境外的款项。

8）检查银行存款收支的正确截至。抽查资产负债表日前后若干天的银行存款收支凭证实施截至测试，关注业务内容及对应项目，如有跨期收支事项，应考虑是否提出调整建议。

9）检查外币银行存款的折算是否符合有关规定，是否与上一年一致。

10）对不符合现金及现金等价物条件的银行存款，应在审计工作底稿中予以说明。

11）确定银行存款的披露是否恰当。根据有关规定，企业的银行存款在资产负债表的"货币资金"项目中反映，所以，注册会计师应在实施上述审计程序后，确定银行存款账户的期末余额是否恰当，进而确定银行存款是否在资产负债表上恰当披露。

3. 其他货币资金的实质性测试程序

1）核对外埠存款、银行汇票存款、银行本票存款、信用卡存款、信用证保证金存款和存出投资款等各明细账期末合计数与总账数是否相符。

2）获取所有其他货币资金明细的对账单，与账面记录核对，如果存在差异，则应查明原因，必要时应提出调整建议：①对于保证金账户，应将对账单与相应的交易进行核对。检查保证金与相关债务的比例和合同约定是否一致。特别关注是否存在有保证金发生，而被审计单位账面无对应的保证事项涉及的交易的情形。②若信用卡持有人是被审计单位职员，应取得该职员提供的确认书，必要时提出调整建议。③获取存出投资款全部交易流水单，从中抽取若干笔资金存取记录，审查有关原始凭证，关注资金的来源和去向是否正常，是否已正确入账。

3）函证其他货币资金期末余额，并记录函证过程。

4）关注是否有质押、冻结等对变现有限制，或存放在境外，或有潜在回收风险的款项。

5）对于非记账本位币的其他货币资金，检查其采用的折算汇率是否正确。

6）检查期末余额中有无较长时间未结清的款项。

7）抽取若干大额的或有疑问的原始凭证进行测试，检查内容是否完整、有无授权批准，并核对相关账户的进账情况。

8）抽取资产负债表日前后若干天的其他货币资金收支凭证实施截至测试。

9）对不符合现金及现金等价物条件的其他货币资金在审计工作底稿中予以列明。

10）确定其他货币资金的披露是否恰当。

本 章 小 结

1. 资金管理风险评估

（1）资金管理风险评估程序
（2）了解资金管理内部控制
（3）评估重大错报风险

2. 进一步审计程序

（1）货币资金的内部控制测试程序
（2）货币资金的实质性测试程序

第十四章 验 资

引导案例

【名　　称】长城公司验资案例

【影　　响】1992年原野公司后，中国注册会计师执业涉及法律责任的第二桩重大案件

【案情简介】参见表14-1。

表14-1　长城公司发展历程

时　间	事　件
1989年03月16日	公司成立 名称：北京市长城机电产业公司，简称长城公司 注册资金：30万元 法定代表人：沈太福（原长春市经委技术员） 注册地点：北京市海淀区工商行政管理局
1992年05月28日	科研成果"节能电机"通过国家级鉴定
1992年06月02日	利用推广"节能电机"开始在全国16个省市非法集资
1993年	注册资本增加为260万元
1993年02月	9个月时间在全国范围内非法集资高达10多个亿 手段：签定技术开发合同，实为非法集资 条件： （1）投资者投资起点为5 000元，多者不限 （2）投资者可随时提取所投资金（全部或部分均可） （3）投资者每个月都能拿到红利，数额不低于投资额的2%，年息24%） （4）投资者资金无期限，投资者撤出资金为投资的终止
1993年02月25日	中国人民银行北京市分行发出通知要求其停止非法活动
1993年03月06日	中国人民银行总行发出通报要求其停止非法活动
1993年03月16日	公司与中城会计师事务所二分所取得联系
1993年03月27日	中城会计师事务所为公司出具虚假验资报告，收费10万元，欺骗投资者
1993年08月16日	国家国资局、中国证券监督管理委员会撤销中城会计师事务所从事证券业务资产评估资格，两名注册会计师依法判处了有期徒刑

第一节　概　述

一、验资的意义

验资是指注册会计师依法接受委托，对被审验单位注册资本的实收情况或注册资本及实收资本的变更情况进行审验，并出具验资报告。验资作为一项鉴证业务，有着非常重要的意义。

1. 有利于界定产权关系

验资不仅要验证企业资本确实存在，而且要验证资本由谁投入，归谁所有，并使出资人依法取得法律保护。企业依照验资证明发给投资者出资证明，使企业的产权关系明晰化，在当前企业投资主体多元化、产权管理日趋复杂的情况下，界定产权对于建立资本金制度，正确划分经营决策权和收益分配权、保护投资者的合法权益有着重要的作用。

2. 有利于明确投资者的经济责任

现代企业制度的主要形式是公司，股东以其出资额或所持股份对公司承担有限责任，公司以其全部资产对公司债务承担有限责任。通过验资可以确定投资者的出资数额、出资方式、出资期限以及资产作价的合理性和真实性，明确各投资者对企业承担的责任。在企业解散清算和破产清算时，出资者以其投资比例分享剩余财产或承担损失。

3. 有利于维护债权人的合法权益

企业进行经营活动，就要与外界发生经济往来，发生各种债权债务关系。如果投资者撤走资本，就会使债权人的利益受到损害。实行严格的资本验证，可以维护债权人的合法权益。

4. 有利于维护正常的社会经济秩序

验资是对企业行为的首次检验，关系到社会经济秩序的好坏。如果第一关把不严，往往会给一些无本经营的投机公司、皮包公司开绿灯，使其在合法的外衣下从事非法经营活动，扰乱社会经济秩序。

5. 有利于企业取信于社会和促进企业开展正常的生产经营活动

企业注册资本的大小，是衡量企业规模大小的一个标志，通过验资，可以证实企业资本的真实性，取得银行和客户的信任，以发展正常的信用关系。

二、验资的种类和范围

1. 设立验资

设立验资是指注册会计师依法对被审验单位申请设立登记的注册资本的实收情况进行的审验。设立验资的范围一般应限于与被审计单位注册资本的实收情况有关的事项，包括出资者、出资金额、出资方式、出资比例、出资期限和出资币种等。设立验资的主要目的是为了验证被审验单位注册资本的来源是否符合国家有关法律、法规的要求，是否按照合同、协议、章程规定的出资金额、出资方式和出资时间如期足额缴入。

2. 变更验资

变更验资是指注册会计师对被审验单位申请变更登记的注册资本变更情况进行的审验。变更验资的范围一般应限于与被审验单位注册资本和实收资本（股本）增减变动情况有关的事项。增加注册资本时，审验范围包括与增资有关的出资者、出资金额、出资方式、出资比例、出资期限、出资币种以及相关的会计处理等。减少注册资本时，审验范围包括与减资有关的减资者、减资金额、减资方式、减资期限、减资币种、债务清偿或担保情况、相关会计处理以及减资后的出资者、出资金额和出资比例等。变更验资的主要目的在于审验注册资本的变更是否符合法定程序，注册资本的增减是否真实，相关的会计处理是否正确。

三、验资的步骤

1. 验资计划阶段

注册会计师执行验资业务，应当编制验资计划，对验资工作进行合理的安排，在验资计划阶段，注册会计师的工作主要包括三个方面：了解客户的基本情况、签订业务约定书、制定验资工作计划。

（1）了解客户的基本情况

在客户委托验资业务时，注册会计师应当首先了解被审验单位的基本情况，考虑自身的能力和能否保持独立性，并初步评价验资风险，进而决定是否接受委托。需要了解的基本情况包括：①被审验单位的名称、性质、所在行业、规模、组织结构和人员情况等；②验资的目的、范围、时间要求、验资报告的用途等；③出资者、出资金额、出资方式、出资比例、出资期限和出资币种；④是否按会计制度建立了验资所需要的会计账目；⑤如果是分期验资、变更验资或企业改制验资，还应实地查看被审验单位的经营场所、仓库等设施，掌握拟审验实物资产的基本情况。

对于非首次验资，注册会计师应当查阅本审验单位的前期验资报告、近期会计报表和审计报告以及其他与本次验资有关的资料，以了解被审验单位以前的注册资本实收情况。必要时，注册会计师应当考虑查阅前任注册会计师的验资工作底稿。在充分了解客户的基本情况之后，根据职业和经验的判断，注册会计师确定是否接受委托。

（2）签订验资业务约定书

如接受委托，注册会计师应当与委托人就委托目的、审验范围、验资截至日、双方的责任、出具验资报告的时间、验资报告的用途、验资报告的使用范围和使用责任、验资收费和付费的方式、违约责任等事项协商一致，并由会计师事务所与委托人签订验资业务约定书，经双方签字盖章后生效。

（3）制定验资工作计划

会计师事务所在与委托方签订验资业务约定书后，执行验资业务的注册会计师应当编制验资总体计划和验资具体计划，对验资工作进行合理的安排。

2. 验资执行阶段

在验资执行阶段，注册会计师主要开展外勤工作，通过必要的审验方法，获取充分适当的审验证据后，以经过核实的审验证据为依据，形成审验意见，出具验资报告。取证和审验是该阶段的重点。

（1）深入了解被审验单位的情况

通过查阅有关文件、听取该单位有关人员的介绍、实地查看等手段，深入了解被审验单位的组织结构、董事会成员的基本情况和其他重要事项，从而获取充分适当的证据。验资证据是注册会计师在验资过程中采取各种方法获取的验资依据，是支持注册会计师意见的基础。

（2）执行验资业务

在验资过程中，通常采用审阅、核对、实地盘点、函证等审验方法，以取得验资证据。注册会计师在执行验资业务时，为了保证执业质量，减少验资风险，也可以根据需要对某些项目实施一定程度的审计。注册会计师应当对验资过程进行记录，形成验资工作底稿。

（3）形成初步验资意见

注册会计师在对验资证据和工作底稿进行认真的分析研究、归纳鉴定和综合的基础上，形成初步的验资意见。注册会计师在验资过程中对各个项目的验证情况、问题、处理过程和结论都应当形成书面文件，和有关证据及文件资料一起纳入验资工作底稿。

3. 出具验资报告阶段

注册会计师应当在实施必要的审验程序，获取充分适当的审验证据后，以经过核实的审验证据为依据，形成审验意见，出具验资报告。

四、验资的内容

1. 货币资金投入的审验

投资者以货币资金出资的，应以被审验单位开户银行的收款凭证和银行对账单等为主要的审验依据。

1）货币资金投入的一般审验内容应包括：①货币资金出资清单与经批准的合

同、协议、章程等的规定是否一致；②投资者认缴的投资款是否按规定如数、如期地缴入被审验单位开立的银行正式账户或临时账户中；③收款单位是否为被审验单位；④缴款单位是否为被审验单位的投资者；⑤投入货币的币种是否符合合同、协议、章程的规定；⑥缴付款项的用途是否为"投资款"，如果用途为"货款"或"往来款"，则不能作为验资的货币资金；⑦银行回单上是否加盖收讫章或转讫章，必要时可向银行函证；⑧被审验单位的实收资本、银行存款等的会计记录是否完整、正确，与银行对账单的收款日期、金额是否相符。

2）外商投资企业的特殊审验内容：①被审验单位注册资本与投资总额的比例是否符合法定要求；②投资者的出资期限是否符合法定要求；③外方投资者是否以外币出资；④外方投资者的出资比例是否不低于被审验单位注册资本的25%；⑤外方投资者如果用从中国境内其他外商投资企业分得的人民币利润直接投资，是否已获得该外商投资企业所在地的外汇管理部门的批文、认可证明；⑥当投入货币资金的币别与被审验单位的注册资本币别、记账本位币不一致时，其折算汇率是否符合合同、协议、章程以及国家有关财务制度的规定。

3）有限责任公司的特殊审验内容：①是否具备我国《公司法》关于设立有限责任公司的条件，如股东符合法定人数、股东出资额达到法定资本的最低限额；②股东名册所记载的股东出资额是否与各股东实际缴存于被审验单位开设的银行正式账户或临时账户一致。

4）股份有限公司的特殊审验内容：①是否具备我国《公司法》关于设立股份有限公司的条件，如发起人是否符合法定人数、发起人认缴和向社会公开募集的股本是否达到法定资本的最低限额；②对于发起设立的股份有限公司，应审验各股东认缴的股款是否已如数如期缴存于公司开立的银行正式或临时账户，存入数是否与合同、发起人协议、章程的规定一致；③向社会公众股东实际募集的股款是否与承销协议、银行签订的代收股款协议及证券承销机构的承销报告一致；④股份有限公司申请股票上市时，是否已具备法定的上市条件。

2. 实物资产投入的审验

1）一般审验内容：①实物资产出资清单所列的实物品名、规格、数量、质量和作价依据等内容是否齐全；与合同、协议、章程的规定是否一致；是否经被审验单位验收签章并获得投资各方的确认；②投资者以房屋、建筑物出资时，应索取房屋、建筑物的平面图和位置图，并审验房屋建筑物的名称、坐落地点、建筑结构、竣工时间、已使用年限及作价依据，是否与合同、发起人协议、章程的规定相符；其产权是否归投资者所有，是否有房地证书和产权转移的合法证明；③投资者以机器设备和材料等出资的，应审验能否提供制造厂家或销售商的发票、货物运输单、提货单、保险单等单据；④投资者投入的实物资产，属于国有资产的，是否已经具有资产评估资格的评估机构，评估结果是否获得国有资产管理部门的确认；不属于国有资产的，是否已依照国家有关规定办理非国有资产证明，其作价依据是否得到投资方的认可；⑤各投资者与被审验单位之间是否已在规定期限内办妥资产产权转移手续；⑥实地观察和清点实物，并与实物资产出资清单和是否相符；⑦被审验单位的实收资本、有关实物资产等账户的会计处理是否正确。

2）外商投资企业的特殊审验内容：①外方投资者投入的机器设备和材料等实物资产是否为外商投资企业生产所必不可少的；是否为中国不能生产，或虽能生产，但价格过高或技术性能和供应时间不能保证需要的，同时作价不得高于同类机器设备和材料等实物资产的当时国际市场价格。②进口的实物资产是否附有制造厂商或销售商的发票；发票抬头是否为投资者；进口的实物资产是否经过国家商检部门或其认定的其他鉴定机构办理价值鉴定手续，并出具了《财产价值鉴定书》。应注意《财产价值鉴定书》是证明投资者投入财产价值量的有效依据，如果鉴定价值与合同、协议、章程等规定的价值或原始发票价发生差异，按规定应以鉴定价值为准。③《财产价值鉴定书》所列的实物资产是否与海关查验放行清单、货物运输清单、货物提单、保险单及被审验单位的投资实物验收单一致。④投资实物的计价币种有被审验单位的注册资本币别、记账本位币不一致时，采用的折算汇率是否符合合同、协议、章程以及国家有关财务会计制度的规定。

3）有限责任公司的特殊审验内容：①投资实物是否办妥了资产产权转移手续，其作价是否得到了全体股东的认可；②实物资产验收清单列示实物资产项目与合同、协议、章程的规定是否一致。

4）股份有限公司的特殊审验内容：①发起设立的股份有限公司，各投资者投入的实物资产是否符合合同或协议的要求；②发起设立的股份有限公司，投资实物是否经过资产评估机构的评估，评估结果是否获得国有资产管理部门的确认；③非生产经营性的资产是否已按规定剥离；④评估确认后的净资产如何折股，未折股部分的处理是否正确。

3. 无形资产投入的审验

1）一般审验内容：①无形资产出资清单内容与批准的设立合同、协议、章程等的规定是否一致。②以工业产权和非专利技术出资的，提交的相关资料包括名称、专利证书、商标注册书、有效状况、作集资依据等是否齐全；是否已经被审验单位和投资各方确认；是否已办理了财产产权转移手续。③以土地使用权出资的，应取得土地使用权证明和土地平面位置图，核实其名称、地点、面积、用途、使用年限及作价依据是否正确；是否经被审验单位或投资各方确认；是否经土地管理部门批准转让并已办理土地使用权证明的变更登记手续。④以无形资产（不含土地使用权）出资的，除国家另有规定外，其投资额是否超过被审验单位注册资本的20%。⑤被审验单位的实收资本及相关的资产、负债的会计处理是否正确。

2）外商投资企业的特殊审验内容：①外方投资者以工业产权和非专利技术出

资的，是否符合能生产我国急需的新产品或出口适销产品；能显著改进现有产品的性能、质量，提高生产效率，能显著节约原材料、燃料、动力这两个条件之一。②投资无形资产的作价是否正确。③投资无形资产的计价币种与被审验单位的注册资本币别、记账本位币不一致时，所采用的折算汇率是否符合合同、协议、章程及国家有关财务会计制度的规定。

3）有限责任公司的特殊审验内容：①以工业产权和非专利技术作价投资的金额是否超过被审验单位注册资本的20%（国家对采用高新技术成果有特别规定的除外）；②投资无形资产是否依法办理了财产权的转移手续；③投资无形资产是否经评估确认，其作价是否合规、正确。

4）股份有限公司的特殊审验内容：①发起人以工业产权、非专利技术出资是否经评估确认，其作价是否合规、正确，其评估后的作价是否超过股份有限公司的20%；②以发起方式设立的股份有限公司，发起人以无形资产抵作股款，是否依法办理了财产产权的转移手续。

五、验资报告

1. 验资报告要素

验资报告应当包括下列要素：标题、收件人、范围段、意见段、说明段、附件、注册会计师的签名和盖章、会计师事务所的名称、会计师事务所的地址及盖章；报告日期。

（1）标题

验资报告的标题应当统一规范为"验资报告"。

（2）收件人

验资报告的收件人是指注册会计师按照业务约定书的要求致送验资报告的对象，一般是指验资业务的委托人。验资报告应当载明收件人的全称。股份有限公司的收件人是"公司全体股东"；有限责任公司的收件人是"有限责任公司"；一般公司的收件人是"公司"；拟设立的企业，其收件人是"公司（筹）全体股东"。对拟设立的公司，收件人通常是公司登记机关预先核准的名称加"（筹）"。

（3）范围段

验资报告的范围段应当说明审验范围、出资者和被审验单位的责任、注册会计师的责任、审验依据和已实施的主要审验程序等。

审验范围是指注册会计师所验证的被审计单位截至特定日期的注册资本实收情况或注册资本及实收资本变更情况。

出资者和被审验单位的责任是按照法律法规以及协议、合同、章程的要求出资，提供真实、合法、完整的验资资料，保护资产的安全、完整。

注册会计师的责任是按照准则的规定，对被审验单位注册资本的实收情况或注册资本及实收资本变更情况进行审验，出具验收报告。

审验依据是《中国注册会计师审计准则第 1602 号——验资》。

已实施的主要审验程序通常包括检查记录或文件、检查有形资产、观察、询问、函证、重新计算等。

（4）意见段

验资报告的意见段应当说明已审验的被审验单位注册资本实收情况或注册资本及实收资本变更情况。

（5）说明段

验资报告的说明段应当说明验资报告的用途、使用责任及注册会计师认为应当说明的其他重要事项。对于变更验资，注册会计师还应当在验资报告说明段中说明对以前注册资本实收情况审验会计师事务所名称及其审验情况，并说明变更后的累计注册资本实收金额。

（6）附件

验资报告的附件应当包括已审验的注册资本实收情况明细表或注册资本、实收资本变更情况明细表和验资事项说明等。

（7）注册会计师的签名和盖章

验资报告应当由注册会计师签名并盖章，合伙会计师事务所出具的验资报告，应当由一名对验资项目负最终复核责任的合伙人和一名负责该项目的注册会计师签名并盖章。有限责任会计师事务所出具的验资报告，应当由会计师事务所主任会计师或其授权的副主任会计师和一名负责该项目的注册会计师签名并盖章。

（8）会计师事务所的名称、地址及盖章

验资报告应当载明会计师事务所的名称和地址，并加盖会计师事务所公章。

验资报告中的会计师事务所地址通常应注明"中国××市"。

（9）报告日期

验资报告日期是指注册会计师完成审验工作的日期。

致送工商行政管理部门的验资报告应当后附会计师事务所的营业执照复印件；如果由副主任会计师签署报告时，还应当附主任会计师授权副主任会计师签署报告的授权书复印件。

2. 拒绝出具验资报告并解除业务约定的情形

注册会计师在审验过程中，遇有下列情形之一时，应当拒绝出具验资报告并解除业务约定：

1）被审验单位或出资者不提供真实、合法、完整的审验资料的。

2）被审验单位或出资者对注册会计师应当实施的审验程序不予合作，甚至阻挠审验的。

3）被审验单位或出资者坚持要求注册会计师作不实证明的。

例如，遇有下列情形之一时，注册会计师应当拒绝出具验资报告并解除业务约定：①出资者投入的实物、知识产权、土地使用权等资产的价值难以确定；②被审验单位及其出资者不按国家有关规定对出资的实物、知识产权、土地使用权等非货币财产进行资产评估或价值鉴定、办理有关财产权转移手续；③被审验单位减少注册资本或合并、分立时，不按国家有关规定进行公告、债务清偿或提供债务担保；④外汇管理部门在外方出资情况询证函回函中注明附送文件存在虚假、违规等情况；⑤出资者以法律法规禁止的劳务、信用、自然人姓名、商誉、特许经营权或者设定担保的财产等作价出资；⑥首次出资额和出资比例不符合国家有关规定；⑦全体股东的货币出资比例不符合国家有关法律法规规定（一般不低于注册资本的30%）。

第二节　验资范例

【例 14-1】 X 公司系拟设立的有限责任公司，于 2007 年 2 月 25 日取得 H 工商行政管理部门核发的 20070225006 号《企业名称核准通知书》。根据协议、章程的规定，其申请登记的注册资本为人民币 3 000 万元，由甲公司和乙公司于 2007 年 2 月 28 日之前缴足。其中甲公司出资 2 400 万元，占注册资本金额的 80%，出资方式为：甲公司拥有的 a 机器设备 10 台，计 2 100 万元，有效期限尚余 8 年的 b 专利权 1 项，计 300 万元；乙公司出资 600 万元，占注册资本金额的 20%，出资方式为货币。

甲公司于 2007 年 2 月 27 日投入 a 机器设备 10 台，办理了交接手续，X 公司全体股东确认的价值为 2 100 万元；同日，甲公司投入有效期限尚余 8 年的 b 专利权 1 项，办理了交接手续，X 公司全体股东确认的价值为 300 万元；甲公司与 X 公司尚未办妥 b 专利权转让登记手续，但已承诺按照有关规定，在 X 公司成立后 6 个月内办妥 b 专利权转让登记手续，并报公司登记机关备案。

乙公司于 2007 年 2 月 21 日和 23 日分别缴存中国银行××市营业部人民币账户（账号 4518090016891）200 万元和 400 万元。

ABC 会计师事务所的 A 和 B 注册会计师负责执行该项验资业务，在按规定实施了所有的审验程序后，于 2007 年 3 月 2 日结束外勤工作，并于 2007 年 3 月 4 日签发验资报告。

要求：根据上述资料代注册会计师 A 和 B 编制"注册资本实收情况明细表"和"验资报告"。

根据上述资料，编制"注册资本实收情况明细表"及"验资报告"如下：

验 资 报 告

X 有限责任公司全体股东：

我们接受委托，审验了贵公司（筹）截至 2007 年 2 月 28 日止申请设立登记的注册资本实收情况。按照法规以及协议、章程的要求出资，提供真实、合法、完整的验资资料，保护资产的安全、完整是全体股东及贵公司（筹）的责任。我们的责任是对贵公司（筹）注册资本的首次实收情况发表审验意见。我们的审验是依据《中国注册会计师审计准则第 1602 号——验资》进行的。在审验过程中，我们结合贵公司（筹）的实际情况，实施了检查等必要的审验程序。

根据协议、章程的规定，贵公司（筹）申请登记的注册资本为人民币 3 000 万元，由甲公司和乙公司于 2007 年 2 月 28 日之前缴足。经我们审验，截至 2007 年 2 月 28 日止，贵公司（筹）已收到全体股东缴纳的注册资本合计人民币叁仟万元。各股东以货币出资 600 万元，实物出资 2 100 万元，知识产权出资 300 万元，知识产权出资金额占注册资本的比例为 10%。

截至 2007 年 2 月 28 日止，以专利权出资的甲公司尚未与贵公司（筹）办妥 b 专利权转让登记手续，但甲公司与贵公司（筹）已承诺按照有关规定在公司成立后 6 个月内办妥 b 专利权转让登记手续，并报公司登记机关备案。

本验资报告供贵公司（筹）申请办理设立登记及据以向全体股东签发出资证明时使用，不应被视为是对贵公司（筹）验资报告日后资本保全、偿债能力和持续经营能力等的保证。因使用不当造成的后果，与执行本验资业务的注册会计师及本会计师事务所无关。

附件：1．注册资本实收情况明细表
　　　2．验资事项说明
　　　3．本所的《企业法人营业执照复印件》
　　　4．银行进账单等入资凭证复印件
　　　5．实物转让清单
　　　6．专利证书复印件和专利登记簿副本复印件
　　　7．公司设立批文、名称预先核准通知书
　　　8．出资单位资产、负债、权益情况表

ABC 会计师事务所　　　　　　　　　中国注册会计师：×××

（盖章）　　　　　　　　　　　　（主任会计师/副主任会计师）

　　　　　　　　　　　　　　　　　　（签名并盖章）

　　　　　　　　　　　　　　　中国注册会计师：×××

　　　　　　　　　　　　　　　　　　（签名并盖章）

中国××市　　　　　　　　　　　　　年　　　月　　　日

附件 1

注册资本实收情况明细表

截至 2007 年 2 月 28 日止

股东名称	认缴注册资本		实际出资情况						其中，实缴注册资本	
	金 额	出资比例	货 币	实 物	无形资产	净资产	其 他	合 计	金 额	占注册资本比例
甲公司	2 400	80%		2 100	300			2 400	2 400	80%
乙公司	600	20%	600					600	600	20%
合 计	3 000	100%	600	2 100	300			3 000	3 000	100%

附件 2

验资事项说明

一、基本情况

X 公司（筹）（以下简称贵公司）系由甲公司（以下简称甲方）和乙公司（以下简称乙方）共同出资组建的有限责任公司，于 2007 年 2 月 25 日取得 H 工商行政管理部门核发的 20070225006 号《企业名称核准通知书》，正在申请办理设立登记。

二、申请的注册资本及出资规定

根据批准的协议、章程的规定，贵公司（筹）申请登记的注册资本为人民币 3 000 万元，由全体股东于 2007 年 2 月 28 日之前缴足。其中，甲公司应出资人民币 2 400 万元，占注册资本的 80%，出资方式为实物 2 100 万元，知识产权 300 万元；乙公司应出资人民币 600 万元，占注册资本的 20%，出资方式为货币。

三、审验结果

截至 2007 年 2 月 28 日止，贵公司（筹）已收到甲公司和乙公司交纳的注册资本合计人民币 3 000 万元。

（一）甲公司缴纳人民币 2 400 万元。其中，2007 年 2 月 27 日投入 a 机器设备 10 台，X 公司全体股东确认的价值为 2 100 万元；同日，投入有效期限尚余 8 年的 b 专利权 1 项，X 公司全体股东确认的价值为 300 万元。

（二）乙公司缴纳人民币 600 万元，于 2007 年 2 月 21 日和 23 日分别缴存中国银行××市营业部人民币账户（账号 4518090016891）200 万元和 400 万元。

附件 3

本所的《企业法人营业执照复印件》（从略）

附件 4

银行进账单等入资凭证复印件（从略）

附件 5

实物转让清单（从略）

附件 6

专利证书复印件和专利登记簿副本复印件（从略）

附件 7

公司设立批文、名称预先核准通知书（从略）

附件 8

出资单位资产、负债、权益情况表（从略）

本 章 小 结

1. 验资的意义

2. 验资的种类和范围

3. 验资的步骤

（1）计划阶段
（2）执行阶段
（3）报告阶段

4. 验资的内容

（1）货币资金
（2）实物资产
（3）无形资产

5. 验资报告

（1）验资报告要素
（2）拒绝出具验资报告并解除业务约定的情形

6. 验资范例

第三篇　实训篇

实训一　计划审计工作实训

一、目的

通过实训，使学生能够系统、全面地掌握计划审计工作的基本程序及具体方法。

二、要求

根据提供的实训资料，按照审计流程完成计划阶段的各项审计工作，签订业务约定书，制定审计计划，完成各项工作底稿的编制。

三、内容

实训的内容主要包括了解被审计单位的基本情况、初步分析会计报表、确定审计重要性和审计风险、签订业务约定书、评价内部控制制度、制定审计计划等。

四、操作流程

实训主要包括以下几方面内容：
1）了解被审计单位的情况。
2）初审会计报表。
3）签订审计业务约定书。
4）评价内部控制制度。
5）制定审计计划。

五、实训资料

东方股份有限公司委托正大会计师事务所对其 2006 年度财务报表进行审计，

2007年1月28日双方签订审计业务约定书。

正大会计师事务所根据业务需要组织审计小组。该项由审计部经理李平负责，成员有注册会计师王华、肖建，审计助理刘丽、潘红。5人小组于2007年2月1日进驻被审计单位开始工作。

在审计过程中，审计人员及时与被审计单位沟通，对审计中发现的问题，被审计单位均同意进行调整。在所有问题上，双方均达成一致意见。2007年2月25日审计小组结束外勤工作，2007年3月5日提交审计报告，整理归档，结束审计任务。

1. 东方股份有限公司概况

企业名称：东方股份有限公司

注册资本：6 750万元

投 资 人：东方集团投资60%

社会公众：40%

地　　址：广州广园中路2248号

电　　话：020-36698888

纳税人登记号：440209710170069

开 户 行：工商银行景泰办事处

账　　号：123456-1

经营范围：制造、贸易、客运、酒店、旅游及房地产开发

法人代表：李民

企业性质：股份制

所属行业：轻工业

开业日期：1994年10月5日

公司人数：500人

2. 公司财务制度

1）生产部门原材料按照计划成本法核算，招待所材料采用实际成本法核算。

2）坏账准备按照年末应收账款余额的3‰计提。

3）固定资产按机器设备和房屋建筑分类计提折旧。

4）辅助生产费用采用直接分配法核算。

5）发出材料，按照领料部门归集各产品耗用的主要材料计划成本结转。辅助成本按各产品耗用的主要材料费用（计划成本）比例分配。招待所材料发出成本采用先进先出法。

6）期末完工产品成本按约当产量法计算。原材料系生产时一次投入，各车间

产品完工程度为 50%。

7）增值税率 17%，服务业营业税税率为 5%，娱乐业营业税税率为 10%，城市维护建设税税率为 7%，教育费附加 3%，所得税采用应付税款法计算，税率 25%。

8）利润分配方案：按净利润的 10%计提一般盈余公积金，5%计提公益金。剩余利润的 50%向投资者分配。

3. 公司各项法律文件

公司章程、成立时的审计报告、验资报告、营业执照、税务登记证、对外投资合同、无形资产受让合同、借款合同、购销合同等文件均符合规定，此处从略。

4. 公司财务报表资料

公司财务报表资料包括利润表、资产负债表等，见[实训]表 1-1 和[实训]表 1-2。

[实训]表 1-1　利润表（未审）

（企业提供）

编制单位：东方股份有限公司　　　　　2006 年度　　　　　单位：元

项　目	上年累计	本年累计
一、营业收入		
减：营业成本	114 054 395.17	144 502 983.86
营业税金及附加	69 989 244.27	88 738 653.84
销售费用	689 300.80	700 079.60
管理费用	2 928 160.96	3 241 227.99
财务费用	7 106 749.09	15 561 653.22
资产减值损失	4 124 762.97	4 286 025.59
加：公允价值变动收益		
投资收益		
二、营业利润	9 607 997.29	12 227 361.60
加：营业外收入	38 824 174.37	44 202 705.22
减：营业外支出	1 454.96	3 855.18
三、利润总额	116 743.84	33 275.15
减：所得税费用	38 708 885.49	44 173 285.25
四、净利润	4 899 884.40	6 625 992.79
五、每股收益	33 809 001.09	37 547 292.46
（一）基本每股收益		
（二）稀释每股收益		

[实训]表 1-2　资产负债表（未审）

（企业提供）

编制单位：东方股份有限公司　　　　　2006 年 12 月 31 日　　　　　单位：元

资　　产	期初数	期末数	负债和所有者权益	期初数	期末数
流动资产：			流动负债：		
货币资金	44 788 667.25	38 206 645.05	短期借款	36 500 000.00	31 000 000.00
交易性金融资产	15 001 180.64	12 744 604.50	应付票据		
应收票据			应付账款	21 390 920.00	25 900 210.00
应收账款	14 238 787.93	17 373 259.34	预收账款		
减：坏账准备	71 193.94	86 866.30	应付职工薪酬	989 500.64	1 034 525.21
预付账款	7 954 859.43	6 371 118.98	应交税费	2 298 600.01	2 496 882.97
应收股利			应付利息		
应收利息			应付股利	18 000 000.00	27 000 000.00
其他应收款	3 103 291.40	5 920 592.60	其他应付款	4 744 573.27	5 330 163.68
存货	37 226 079.76	40 515 050.52	预提费用	180 000.00	100 000.00
待摊费用			一年内到期的非流动		
一年内到期的非流动			负债		
资产	128 274 716.43	124 978 892.64	其他流动负债		
流动资产合计			流动负债合计	84 103 593.92	92 861 781.86
非流动资产：			非流动负债：		
持有至到期投资	33 258 493.04	60 291 679.81	长期借款	24 000 000.00	18 000 000.00
长期股权投资			应付债券		
长期应收款	69 131 040.17	93 386 495.19	长期应付款		
固定资产	10 008 090.23	16 902 921.89	专项应付款		
减：累计折旧	55 126 973.77	122 254	预计负债		
在建工程		467.83	递延所得税负债		
工程物资			其他非流动负债		
固定资产清理	4 800 000.00		非流动负债合计		
无形资产		3 600 000.00	负债合计	108 103 593.92	110 861 781.86
开发支出			所有者权益		
商誉	3 600 000.00		（或股东权益）：		
长期待摊费用		2 880 000 .00	实收资本（或股本）	45 000 000.00	67 500 000.00
递延所得税资产			资本公积	115 497 150.27	185 997 150.27
其他非流动资产	122 649 923.71		减：库存股		
非流动资产合计		6 480 000.00	盈余公积	8 225 638.17	17 612 461.29
			未分配利润	7 356 750.82	8 517 220.16
			所有者权益		
			（或股东权益）合计	176 079 539.26	279 626 831.72
			负债和所有者权益		
资产总计	284 183 133.18	390 488 613.58	（或股东权益）总计	284 183 133.18	390 488 613.58

六、实训要求

编制工作底稿，替注册会计师完成审计计划阶段的主要工作。

1. 被审计单位基本情况表（见[实训]表 1-3）

[实训]表 1-3　东方股份有限公司基本情况表

审计业务约定书编号：（07）第 092 号　　　　　　　　　　　索引号：X1

被审计单位名称	（中文）东方股份有限公司				法人代表		李　民
	（英文）ORIENT CO.，LTD						
法定地址	广州广园中路 2248 号				电　话		020-36698888
经济性质	股份制	所属行业	轻工业	开业	1994 年 10 月 5 日	邮　编	510450
经营范围	制造、贸易、客运、酒店、旅游及房地产开发				经营期限		20 年
资产总额	39 049 万元	净资产额	27 963 万元	营业收入	14 450 万元	税后利润	3 755 万元

投资者名称	注册资本		实收资本	
	金　额	出资比例/%	金　额	占注册资本%
东方集团	4 050 万元	60	4 050 万元	60
社会公众	2 700 万元	40	2 700 万元	40
合　计	6 750 万元	100	6 750 万元	100

批准机关及证书号码	市计划委员会（94）××号		营业执照号码	302244
注册日期	1994 年 10 月 2 日	主管工商机关	市工商行政管理局	主管税务机关	广园税务所
主要负责人	董事长	李　民	总经理	李　民	财务负责人	张　琼
办公地址	广州广园中路 2248 号		休假日	星期六、日	联系人	李金国

委托项目	类　别	会计报表审计	前任注册会计师审计情况	开业以来，一直由本所审计，去年出具无保留意见审计报告
	目　的	上市公司年度审计		
	范　围	2006 年度		

初步洽谈情况	同意接受委托，初步安排审计分风险评估、风险应对两阶段进行，年度存货盘点，由事务所派人员参加监盘 洽谈人：刘星

备　注	

收费标准	30 万元	人员安排	主办：李平　注册会计师：王华、肖建 助理：刘丽、潘红
时间安排	初步考虑 2 月初进驻现场审计，3 月初出具审计报告		核准　　　陆羽

2. 审计风险初步评价表（见[实训]表1-4）

[实训]表 1-4 审计风险初步评价表

索引号：X2

标 题	说 明	风险评估		
被审计单位名称	东方股份有限公司			
审计内容	2006 年度会计报表审计			
委托人的动机	正常			
项目对独立性影响	不影响			
行业环境	一般			
产品销售情况	尚可			
企业背景	系东方集团投资，东方集团实力雄厚	大	一般	小*
去年是否经过审计	由本所审计	大	一般	小*
是否连续亏损	无亏损	大	一般	小*
资产负债率	30%左右	大	一般	小*
内部管理制度	尚齐全	大	一般*	小
是否潜亏因素	估计潜亏不大	大	一般*	小
事务所人员安排	虽然比较忙，但可以安排	无问题	较紧*	小
结论	根据上述情况，项目可以接受			

部门经理：刘星　　　　主任（副主任）会计师：陆羽

3. 审计业务约定书

正大会计师事务所审计业务约定书

索引号：X3

甲方：东方集团
乙方：正大会计师事务所
丙方：东方股份有限公司

兹由甲方委托乙方对丙方 2006 年度财务报表进行审计，经叁方协商，达成以下约定：

一、业务范围与审计目标

1）乙方接受甲方委托，对丙方按照企业会计准则和《企业会计制度》编制的2006 年 12 月 31 日的资产负债表，2006 年度的利润表、股东权益变动表和现金流量表以及财务报表附注（以下统称财务报表）进行审计。

2）乙方通过执行审计工作，对财务报表的下列方面发表审计意见：①财务报表是否按照企业会计准则和《企业会计制度》的规定编制；②财务报表是否在所有重大方面公允反映被审计单位的财务状况、经营成果和现金流量。

二、甲方的义务

1）按本约定书的约定及时足额支付审计费用。
2）协调审计过程中出现的有关问题。

三、丙方的责任和义务

1. 丙方的责任

1) 根据《中华人民共和国会计法》及《企业财务会计报告条例》，丙方及丙方负责人有责任保证会计资料的真实性和完整性。因此，丙方管理层有责任妥善保存和提供会计记录（包括但不限于会计凭证、会计账簿及其他会计资料），这些记录必须真实、完整地反映丙方的财务状况、经营成果和现金流量。

2) 按照企业会计准则和《企业会计制度》的规定编制财务报表是丙方管理层的责任，这种责任包括：①设计、实施和维护与财务报表编制相关的内部控制，以使财务报表不存在由于舞弊或错误而导致的重大错报；②选择和运用恰当的会计政策；③作出合理的会计估计。

2. 丙方的义务

1) 及时为乙方的审计工作提供其所要求的全部会计资料和其他有关资料（在2007年2月1日之前提供审计所需的全部资料），并保证所提供资料的真实性和完整性。

2) 确保乙方不受限制地接触任何与审计有关的记录、文件和所需的其他信息。

3) 丙方管理层对其作出的与审计有关的声明予以书面确认。

4) 为乙方派出的有关工作人员提供必要的工作条件和协助，主要事项将由乙方于外勤工作开始前提供清单。

5) 按本约定书的约定及时足额支付审计费用以及乙方人员在审计期间的交通、食宿和其他相关费用。

四、乙方的责任和义务

1. 乙方的责任

1) 乙方的责任是在实施审计工作的基础上对丙方财务报表发表审计意见。乙方按照中国注册会计师审计准则（以下简称审计准则）的规定进行审计。审计准则要求注册会计师遵守职业道德规范，计划和实施审计工作，以对财务报表是否不存在重大错报获取合理保证。

2) 审计工作涉及实施审计程序，以获取有关财务报表金额和披露的审计证据。选择的审计程序取决于乙方的判断，包括对由于舞弊或错误导致的财务报表重大错报风险的评估。在进行风险评估时，乙方考虑与财务报表编制相关的内部控制，以设计恰当的审计程序，但目的并非对内部控制的有效性发表意见。审计工作还包括评价管理层选用会计政策的恰当性和作出会计估计的合理性，以及评价财务报表的总体列报。

3) 乙方需要合理计划和实施审计工作，以使乙方能够获取充分、适当的审计证据，为甲方财务报表是否不存在重大错报获取合理保证。

4) 乙方有责任在审计报告中指明所发现的甲方在重大方面没有遵循企业会计准则和《企业会计制度》编制财务报表，且未按乙方的建议进行调整的事项。

5) 由于测试的性质和审计的其他固有限制，以及内部控制的固有局限性，不可避免地存在着某些重大错报在审计后可能仍然未被乙方发现的风险。

6) 在审计过程中，乙方若发现丙方内部控制存在乙方认为的重要缺陷，应向丙方提交管理建议书。但乙方在管理建议书中提出的各种事项，并不代表已全面说明所有可能存在的缺陷或已提出所有可行的改善建议。丙方在实施乙方提出的改善建议前应全面评估其影响。未经乙方书面许可，丙方不得向任何第三方提供乙方出具的管理建议书。

7) 乙方的审计不能减轻丙方及丙方管理层的责任。

2. 乙方的义务

1) 按照约定时间完成审计工作，出具审计报告。乙方应于 2007 年 3 月 31 日前出具审计报告。

2) 除下列情况外，乙方应当对执行业务过程中知悉的丙方信息予以保密：①取得丙方的授权；②根据法律法规的规定，为法律诉讼准备文件或提供证据，以及向监管机构报告发现的违反法规行为；③接受行业协会和监管机构依法进行的质量检查；④监管机构对乙方进行行政处罚（包括监管机构处罚前的调查、听证）以及乙方对此提起行政复议。

五、审计收费

1) 本次审计服务的收费是以乙方各级别工作人员在本次工作中所耗费的时间为基础计算的。乙方预计本次审计服务的费用总额为人民币叁拾万元。

2) 丙方应于本约定书签署之日起三日内支付 50%的审计费用，剩余款项于[审计报告草稿完成日]结清。

3) 如果由于无法预见的原因，致使乙方从事本约定书所涉及的审计服务实际时间较本约定书签订时预计的时间有明显的增加或减少时，甲乙双方应通过协商，相应地调整本约定书第五条第 1 项下所述的审计费用。

4) 如果由于无法预见的原因，致使乙方人员抵达甲方的工作现场后，本约定书所涉及的审计服务不再进行，甲方不得要求退还预付的审计费用；如上述情况发生于乙方人员完成现场审计工作，并离开丙方的工作现场之后，甲方应另行向乙方支付人民币拾万元的补偿费，该补偿费应于甲方收到乙方的收款通知之日起三日内支付。

5) 与本次审计有关的其他费用（包括交通费、食宿费等）由甲方承担。

六、审计报告和审计报告的使用

1) 乙方按照《中国注册会计师审计准则第 1501 号——审计报告》和《中国注册会计师审计准则第 1502 号——非标准审计报告》规定的格式和类型出具审计报告。

2) 乙方向甲方出具审计报告一式叁份。

3) 丙方在提交或对外公布审计报告时，不得修改乙方出具的审计报告及后附的已审计财务报表。当丙方认为有必要修改会计数据、报告附注和所作的说明时，应当事先通知乙方，乙方将考虑有关的修改对审计报告的影响，必要时，将重新出具审计报告。

七、本约定书的有效期间

本约定书自签署之日起生效，并在双方履行完毕本约定书约定的所有义务后终止。但其中第四 2.、2)、五、六、九、十、十一项并不因本约定书终止而失效。

八、约定事项的变更

如果出现不可预见的情况，影响审计工作如期完成，或需要提前出具审计报告时，甲乙双方均可要求变更约定事项，但应及时通知对方，并由双方协商解决。

九、终止条款

1) 如果根据乙方的职业道德及其他有关专业职责、适用的法律、法规或其他任何法定的要求，乙方认为已不适宜继续为甲方提供本约定书约定的审计服务时，乙方可以采取向甲方提出合理通知的方式终止履行本约定书。

2) 在终止业务约定的情况下，乙方有权就其于本约定书终止之日前对约定的审计服务项目所做的工作收取合理的审计费用。

十、违约责任

甲、乙双方按照《中华人民共和国合同法》的规定承担违约责任。

十一、适用法律和争议解决

本约定书的所有方面均应适用中华人民共和国法律进行解释并受其约束。本约定书履行地为乙方出具审计报告所在地，因本约定书所引起的或与本约定书有关的任何纠纷或争议（包括关于本约定书条款的存在、效力或终止，或无效之后果），双方选择以下第 1) 种解决方式：

1) 向有管辖权的人民法院提起诉讼。

2) 提交管辖权的司法仲裁委员会仲裁。

十二、双方对其他有关事项的约定

本约定书一式叁份，甲、乙、丙方各执一份，具有同等法律效力。

甲　　方：东方集团（盖章）　　　　乙　　方：正大会计师事务所（盖章）

授权代表：孙力（签名并盖章）　　　授权代表：陆羽（签名并盖章）

二〇〇七年一月二十八日　　　　　　二〇〇七年一月二十八日

4. 经营环境及状况调查表（见[实训]表 1-5）

[实训]表 1-5　经营环境及状况调查表

单位名称：东方股份有限公司	2006 年度　　　　　　　索引号：X4
工 作 项 目	重要事项说明
（1）查阅客户所属行业资料 （2）参观生产过程和办公场所 （3）询问管理当局和内审人员	1. 外部环境 东方股份有限公司属于塑料工业行业，最近几年全国塑料产销量保持稳定，国家对塑料工业没有优惠政策。该公司在行业中属于较大的企业，具有一定的声誉。 2. 企业生产条件 东方股份有限公司改制不到 3 年，设备较新，劳动生产率较高。与同类企业比，人员相对较少，技术较先进。生产过程简单，生产周期较短，它按照客户的订货单进行投料生产，无产品积压情况。 3. 市场分析 东方股份有限公司主要生产反射器、注塑模具、汽车塑料零件，市场占有率约为 70%，主要是内销。价格比较稳定。销售对象多数是老客户。由于产品质量好，在客户中有较好的声誉，因此，销售逐年增长。

调查人员：刘丽　　日期：2007.02.01　　复核人员：李平　　日期 2007.02.02

5. 正大会计师事务所分析性测试情况工作底稿

（1）分析性测试情况导引表（见[实训]表 1-6）

[实训]表 1-6　分析性测试情况导引表

单位名称：东方股份有限公司	2006 年度　　　　　　　索引号：X5
工 作 项 目	重要事项说明
（1）横向趋势分析表（X5-1） （2）资产负债表纵向趋势分析表（X5-2） （3）利润表纵向趋势分析表（X5-3） （4）比率趋势分析表（X5-4）	整体变动情况说明： 整体变动情况，尚属正常，无重大异常。固定资产、在建工程变动超过 30%，属于正常原因增加。 可能存在风险的项目和交易： 1）产品生产成本核算及销售成本结转 2）管理费用发生额的检查 3）在建工程重点工程成本正确性的检查 4）财务费用发生额的检查，年末利息是否足额计提 5）销售收入的正确性，是否有提前实现的情况 6）应收账款期末余额的检查

编制人员：王华　　日期：2007.02.01　　复核人员：李平　　日期 2007.02.02

（2）横向趋势分析表（见[实训]表1-7）

[实训]表 1-7　横向趋势分析表

单位名称：东方股份有限公司　　　　2006 年度　　　　单位：千元　　　　索引号：X5-1

编制人员：王华　　　　日期：2007.02.01　　　　复核人员：李平　　　　日期 2007.02.02

会计报表项目	2005 年	2006 年	2006 年比 2005 年增长	
	已审数	未审数	金额	%
	①	②	③=②-①	④=③/①
主营业务收入	113 774	137 881	24 107	21.19
主营业务成本	69 865	83 500	13 635	19.52
营业毛利	43 909	54 381	10 472	23.85*
利润总额	38 709	44 173	5 464	14.12*
净利润	33 809	37 547	3 738	11.06
存货	37 226	40 515	3 289	8.84
应收账款	14 239	17 373	3 134	22.01*
速动资产	77 061	74 158	-2 903	-3.77
流动资产	128 274	124 979	-3 295	-2.57
流动负债	84 103	92 862	8 759	10.41*
流动资产净额	44 171	32 117	-12.054	-27.29*
固定资产	69 131	93 386	24 255	35.09*
在建工程	55 127	122 254	67 127	121.77*
资产总额	284 183	390 489	106 306	37.41*
负债总额	108 103	110 862	2 759	2.55
实收资本	45 000	67 500	22 500	50.00*
净资产额	176 080	279 627	103 547	58.81*

说明①

2006 年未审会计报表项目同 2005 年审定会计报表的比较分析：

1）销售收入同比增长 21.19%,销售成本同比幅度略缓于销售收入的增长，使毛利同比增长上升至 23.85%。从报表数据反映情况来看，被审计单位生产成本控制有效，使销售成本相应降低。实质性测试时，要抽样检查产品生产成本计算是否正确，特别是完工产品结转成本同销售产品结转成本是否相符。

2）尽管销售收入和销售毛利同比有大幅度增长，但利润同比增长幅度远小于前者，说明被审计单位费用及其支出增加较多，进一步分析为管理费用同比增加 845 万元，增长 118.96%。实质性测试时，结合原始凭证的抽查，要分析管理费用大幅度增加的原因。

3）应收账款同比增长 22.01%,同销售收入增加基本同步，合理。

4）流动负债同比增长 10.41%,仔细分析报表项目为应付账款和应付利润同比增加所致。其中年末应付利润系根据董事会有关 2006 年预分方案按年末股本量乘以每股 0.4 元现金红利，从"未分配利润"转入的应付股利。由于流动资产增加速度缓于流动负债的增长，同比流动资产净增加额为负增长 27.29%。

5）固定资产同比增长 35.09%,主要为科技大楼年末交付使用。

6）在建工程同比增长 121.77%,系"双加"工程、新厂房工程年内建设资金大量投入所致。终审时要注意"双加"工程等重点工程的成本核算正确性，注意其应付设备款工程款是否应同应付货款分开核算，工程用材料是否另行堆放；还要注意"双加"工程贷款的利息是否计入工程成本。

7）由于年内固定资产、在建工程、应收账款等占用的资金同比增加较多，资产总额同比增长 37.41%。

8）同比股本和净资产分别增长 50%、58.8%,系年内转配股所致。

---

① 该栏仅分析增减比例超过 10%的项目。

（3）资产负债表纵向趋势分析表（见[实例]表1-8）

[实例]表1-8　资产负债表纵向趋势分析表

单位名称：东方股份有限公司　　　2006 年度　　　　单位：千元　　　索引号：X5-2
编制人员：王华　　　日期：2007.02.01　　　复核人员：李平　　　日期：2007.02.02

会计报表项目	2005 年		2006 年		增减数	说　明①
	已审数	%	未审数	%		
	①	②	③	④	⑤=④-②	2006 年未审会计报
流动资产	128 275	45.14	124 979	32.01	-13.13%*	表项目同 2005 年年
长期股权投资	33 258	11.70	60 292	15.44	3.74%	审定会计报表的比
固定资产净额	59 123	20.80	76 484	19.59	-1.21%	较分析：
在建工程	55 127	19.40	122 254	31.30	11.90%	（1）流动资产占总
长期待摊费用	3 600	1.27	2 880	0.74	-0.53%	资产比重同比下降
无形及其他资产	4 800	1.69	3 600	0.92	-0.77%	13.13%，系在建工程
资产合计	284 183	100.00	390 489	100.00		在总资产中比重大
流动负债	84 103	29.60	92 862	23.78	-5.82%	大提高所致
长期负债	24 000	8.44	18 000	4.61	-3.83%	（2）在建工程同比
负债合计	108 103	38.04	110 862	28.39	-9.65%	增加 11.9%，系"双加"
实收资本	45 000	15.83	67 500	17.29%	1.46%	工程和新厂房工程投
其他权益	131 080	46.13	212 127	54.32	8.19%	入的建设款所致
负债权益合计	284 183	100.00	390 489	100.00		

（4）利润表纵向趋势分析表（见[实训]表1-9）

[实训]表1-9　利润表纵向趋势分析表

单位名称：东方股份有限公司　　　2006 年度　　　　单位：千元　　　索引号：X5-3
编制人员：王华　　　日期：2007.02.01　　　复核人员：李平　　　日期 2007.02.02

会计报表项目	2005 年		2006 年		增减数	说　明②
	已审数	%	未审数	%		
	①	②	③	④	⑤=④-②	2006 年未审会计
一、营业收入	114 054		144 503			报表项目同 2005
（主营业务收入）	(113774)	(100)	(137 881)	(100)		年年审定会计报
减：营业成本	69 989	61.52	88 739	64.36	2.84%	表的比较分析：
营业税金及附加	689	0.60	700	0.50	-0.10%	（1）同比分析，
销售费用	2 928	2.57	3 241	2.35	-0.22%	2006 年管理费用占
管理费用	7 107	6.25	15 562	11.29	5.04%	同年销售收入的
财务费用	4 125	3.63	4 286	3.11	-0.52%	11.29%，2005 年仅
加：投资收益	9 608	8.44	12 227	8.87	0.43%	为 6.25%，同比增加
二、营业利润	38 824	25.68	44 202	23.19	-2.49%	5.04%。实质性测
加：营业外收入	2		4			试时，应检查和分
减：营业外支出	117	0.10	33	0.02	-0.08%	析管理费用上升
三、利润总额	38 709	34.02	44 173	32.04	-1.98%	的原因
减：所得税费用	4 900	4.31	6 626	4.81	0.50%	（2）其余都属
四、净利润	33 809	29.71	37 547	27.23	-2.48%	正常

---

① 该栏仅分析增减比例超过 10%的项目。
② 该栏仅分析增减比例超过 5%的项目。

（5）比率趋势分析表（见[实训]表 1-10）

[实训]表 1-10　比率趋势分析表

单位名称：东方股份有限公司　　　　2006 年度　　　　　单位：千元　　　　索引号：X5-4
编制人员：王华　　　日期：2007.02.01　　复核人员：李平　　　日期：2007.02.02

比率指标	计算公式	2005 年 ①	2006 年 ②	增减数 ③=②-①	说　明①
偿债能力比率					2006 年未审会计报表项目同 2005 年审定会计报表项目的比较：
1. 流动比率	流动资产/流动负债	1.53	1.35	-18%	（1）同比，利息保障系数提高 87%，经分析估计年内配股资金使银行贷款减少，相应减少利息支出
2. 速动比率	速动资产/流动负债	0.92	0.80	-12%	
财务杠杆比率					
1. 负债比率	负债总额/资产总额	0.38	0.28	-10%	
2. 资本对负债比率	资本额/负债总额	0.42	0.61	19%	
3. 利息保障系数	（税前利润+利息支出）/利息支出	10.98	11.85	87%	
经营效率比率					（2）同比，应收账款周转速度提高 52%，有两方面的原因：销售收入同比有大幅度提高，平均应收账款余额有所减少
1. 存货周转率	销售成本/平均存货	1.92	2.15	23%	
2. 应收账款周转率	营业收入/平均应收账款	8.20	8.72	52%	
3. 总资产周转率	营业收入/平均总资产	0.41	0.41		
获利能力比率					
1. 销售利润率	利润总额/营业收入×100%	34.02%	32.04%	-1.98%	
2. 资产报酬率	净利润/平均净资产×100%	22.55%	19.39%	-3.16%	
3. 总资产报酬率	净利润/平均总资产×100%	12.20%	11.13%	-1.07%	

（6）重要性标准初步估计表（见[实训]表 1-11）

[实训]表 1-11　重要性标准初步估计表

单位名称：东方股份有限公司　　　　2006 年度　　　　　单位：元　　　　索引号：X10
编制人员：肖建　　　日期：2007.02.03　　复核人员：李平　　　日期：2007.02.03

年份或项目	税前利润法	总收入法	总资产法	
2003	19 807 344.00			
2004	22 827 000.00			
2005	38 708 885.49			
前三年平均	27 114 409.83			
当年未审数	44 173 285.25			
重要性比例	3%～5%	0.5%～1%	0.5%～1%	
重要性标准（绝对值）	1 800 000.00			
说　明	（1）方法适用范围：①利润法用于比较稳定、回报率较合理的企业；②收入法用于微利企业和商业企业；③资产法用于金融、保险或其他资产大而利润小的企业 （2）以上方法三者只用其一，不能三者同时使用 （3）所有未调整不符事项金额总和不超过确定的重要性标准 （4）应交税金不在重要性标准之内 （5）重要性标准计算基础以当年未审定数为主，适当参考前 3 年平均数 （6）各账户和各交易层次重要性水平为会计报表层次重要性水平的 1/6～1/3			

部门经理对总体审计重要性标准的意见：对审计中发现的需要调整的事项，在征得被审计单位同意的前提下，能调整的尽量调整而不受 1 800 000 元的影响；反之，所有未调整不符事项金额总和不能超过 1 800 000.00 元。
刘星 2007.02.08

---

① 该栏仅分析增减比例超过 50%以上的指标。

实训二 货币资金审计实训

一、库存现金的审查

1）2007 年 1 月 10 日上午 8 时，CPA 对永兴公司的库存现金进行突击盘点，盘点情况如下：

现钞：100 元币 10 张，50 元币 13 张，10 元币 16 张，5 元币 19 张，2 元币 22 张，1 元币 25 张，5 角币 30 张，2 角币 20 张，1 角币 4 张，硬币 5 角 8 分。现钞总计 1 993.98 元。

2）已收款尚未入账的收款凭证 3 张，计 130 元。

3）已付款尚未入账的付款凭证 5 张，计 520 元。其中有马明借条一张，日期为 2006 年 7 月 15 日，余额 200 元，未经批准和说明用途。

4）盘点日库存现金账面余额为 1 890.20 元，2007 年 1 月 1 日至 2007 年 1 月 10 日收入现金 4 560.16 元，支出现金 4 120 元，2006 年 12 月 31 日库存现金账面余额为 1 060.04 元。

5）根据资料，请代注册会计师编制 2007 年 1 月 10 日库存现金盘点表（见[实训]表 2-1）并核定 2006 年 12 月 31 日库存现金账面余额的正确性。

[实训]表 2-1　库存现金盘点表

年　月　日

项　目	金　额	备　注
1. 实点库存现金金额 　加：白条抵库数 　加：代保管现金		
2. 实际库存现金金额		
3. 库存现金账面余额		
加：已收款尚未入账的收款凭证 　减：已付款尚未入账的付款凭证		
4. 库存现金实际账面余额		
5. 库存现金溢余或短缺		
6. 银行规定库存现金限额		
7. 存在问题： 　（1）白条抵库数 　（2）代管现金数 　（3）超出库存现金限额		

财务主管：　　　　　　出纳：　　　　　　审计人员：

二、银行存款的审查

审计人员在 2007 年 3 月 14 日检查了某企业 2 月份银行存款日记账。2 月 28 日银行对账单余额为 223 546 元，银行存款日记账为 220 000 元，核对后发现有下列不符情况：

1）2 月 8 日，银行对账单上收到外地汇款 8 500 元（查系外地某乡镇企业），但日记账上无此记录。

2）2 月 22 日，对账单上有存款利息 460 元，日记账上为 454 元（查系记账凭证写错）。

3）2 月 25 日，对账单付出 8 500 元（查系转账支票），但日记账无此记录。

4）2 月 26 日，日记账上付出 40 元，对账单上无此记录（查系记账员误记）。

5）2 月 28 日，日记账上有存入转账支票 4 000 元，但对账单上无此记录。

6）2 月 28 日，日记账上有付出转账支票 2 000 元，但对账单上无此记录。

7）对账单有 2 月 28 日收到托收款 5 500 元，但日记账上无此记录。

8）根据资料，请代注册会计师编制银行存款调节查验表（见[实训]表 2-2）。

[实训]表 2-2　银行存款调节查验表

被审计单位：　　　　　　　　　　　　　　　　开户银行：

银行账号：　　　　　　　　　　　　　　　　　币　种：

项　目	会计人员填制	查验调整
银行对账单余额（　年　月　日）		
加：银行已付，企业尚未入账金额		
其中：1.		
2.		
减：银行已收，企业尚未入账额		
其中：1.		
2.		
调整后银行对账单余额		
银行存款日记账余额（　年　月　日）		
加：企业已付，银行尚未入账金额		
其中：1.		
2.		
减：企业已收，银行尚未入账金额		
其中：1.		
2.		
调整后银行存款日记账余额		

经办会计人员：　　　　（盖章）　　　会计主管：　　　　（盖章）

编制：　　　　　　　日期：　　　　审计人员：　　　　日期：

实训三 应收账款审计实训

（以东方股份有限公司为例）

一、审计目标

应收账款审计目标主要包括：①确定应收账款是否存在；②确定应收账款是否归被审计单位所有；③确定应收账款和坏账准备增减变动的记录是否完整；④确定应收账款是否可收回，坏账准备的计提是否恰当；⑤确定应收账款和坏账准备年末余额是否正确；⑥确定应收账款和坏账准备在会计报表上的披露是否恰当。

二、审计程序（见[实训]表 3-1～[实训]表 3-5）

[实训]表 3-1 应收账款和坏账准备审计程序表

索引号：A4（含 A5）

单位名称：东方公司		查验人员：肖建	日期：2007.02.06	
截 止 日：2006.12.31		复核人员：李平	日期：2007.02.08	
审计重点	审 计 程 序		执行情况说明	索引号
按常规程序进行审计。重点是分析应收账款的账龄和余额构成；分析应收账款余额收不回的可能	（1）核对应收账款明细余额账与总账、报表余额是否相符		（1）相符	A4-1
	（2）获取或编制应收账款余额明细表，复核加计数额是否正确		（2）自编	A4-2
	（3）分析应收账款的账龄及余额构成，选取账龄长、金额大的应收款项向债务人进行函证，并根据回函情况编制函证结果汇总表。回函金额不符的，要查明原因作出记录或适当调整；未回函的，可再次复询，如不复询可采用替代审计程序进行检查，根据替代检查结果判断其债权的真实性与可收回性		（3）发函 18 封，回函 15 封，确认 14 封，有异议及未回函的已作替代审计程序进行检查	A4-2 A4-3 A4-4
	（4）对未发询证函的应收账款，应抽查有关的原始凭证		（4）已抽查	A4-5
	（5）检查应收账款中有无债务人破产或者死亡的，以及破产或者遗产清偿后仍无法收回的，或者债务人长期未履行偿债义务的。检查坏账损失的会计处理是否经授权批准。注意是否有已确认为坏账的应收账款长期不作处理的情况		（5）无	N/A
	（6）检查有无不属于结算业务的债权，如有，应作出记录或作适当调整		（6）无	N/A
	（7）对于用非记账本位币结算的应收账款，检查其采用的汇率及折算方法是否正确		（7）已核对正确	A4-2
	（8）分析应收账款明细账余额，对于出现贷方余额的项目，应查明原因，必要时作重分类调整		（8）有一笔，已作重分类分录	A4-2
	（9）验明应收账款是否已在资产负债表上恰当披露		（9）已披露	A4-1
	（10）核对坏账准备总账与报表的余额是否相符		（10）相符	A5-1
	（11）按计提坏账准备的范围、标准测算已提坏账准备是否充分，若有大额差异应进行调整		（11）调整后符合规定比率	A5-2

审计重点	审 计 程 序	执行情况说明	索引号
	（12）检查年度内坏账损失的原因是否清楚，有无授权批准，有无已作坏账损失处理后又收回的账款	（12）（13）（14）无异常情况	A5-2
	（13）检查资产负债表日后仍未收回的长期挂账应收账款		
	（14）检查向债务人询证回函的例外事项及存有争议的余额		
	（15）检查坏账准备的借方记录是否与列作坏账损失的账项一致	（15）无	A5-2
	（16）复核计算坏账准备余额占应收账款余额的比率，并和以前年度的相关比率核对，检查分析其重大差异	（16）已复核	A5-2
	（17）验明坏账准备是否已在资产负债表上恰当披露	（17）已披露	A4-1

[实训]表 3-2 应收账款和坏账准备审计表

索引号：A4-1（含 A5-1）

单位名称：东方公司   查验人员：肖 建   日期：2007.02.06
截 止 日：2006.12.31   复核人员：李 平   日期：2007.02.08

上年末审定数	索引号	项目	本位币金额	索引号	调整分录金额（+-）	重分类分录金额（+-）	审定数
14 238 787.93B	Z15	报表数	应收账款 17 373 259.34G	Z10		（A4-2）+1 500 000.00	18 873 259.34 T/B
71 193.94 B	Z15	报表数	坏账准备 86 866.30 G	Z9	（A5-2）+7 500.00		94 366.30 T/B

重分类分录：
　　借: 应收账款　　　　　1 500 000.00
　　　　贷: 预收货款　　　　　　1 500 000.00
调整分录：
　　借: 管理费用　　　　　7 500.00
　　　　贷: 坏账准备　　　　　7 500.00
审计标识：
C: 已发询证函
B: 与上年已审会计报表核对相符
G: 与总账核对相符
S: 与明细账核对相符
T/B: 与试算平衡表核对相符

　　审计结论：经审计调整后，余额可以确认。

[实训表 3-3 应收账款余额明细表

单位名称：东方公司   单位：元   2006 年 12 月 31 日   索引号：A4-2

债务人名称	业务内容摘要	年初余额	年末余额 原币	年末余额 本位币	账龄 1年以下	账龄 1～2 年	账龄 2～3 年	账龄 3 年以上	备注
××汽车工具厂	货款	650 000.00		150 000.00	√				C
××大众塑料配套厂	货款	4 000 000.00		3 500 000.00	√				C
××交通器材设施厂	货款	50 200.00		45 000.00	√				
××小轮车总厂	货款	90 000.00		90 000.00		√			C
××易初摩托公司	货款	1 000 000.00		1 000 000.00		√			
上海车业股份公司	货款			−1 500 000.00	√				系预收货款，作重分类 分录进行调整
××新华金属制品厂	货款		USD60 600	502 870.92	√				C8.298 2
××自行车厂	货款		USD 58 800	487 934.16	√				8.298 2
…									
××汽车标牌厂	货款	589 430.00		589 600.00	√				C
××压缩机公司	货款								
红光自行车配件厂	货款	350 000.00		350 000.00			√		C产品质量纠纷，正在诉讼之中
××汽车配件公司	货款	3 941 789.50						350 000.00	经重分类调整后余额 18 873 259.34元可确认
合 计		14 238 787.93B		17 373 259.34G	15 933 259.34	1 090 000.00		350 000.00	

查验人员：昌建   日期：2007.02.06   复核人员：李平   日期：2007.02.08

[实训]表 3-4　应收账款函询情况表

索引号：A4-3

2006 年 12 月 31 日

单位名称：　东方公司　　　　　　单位：　元

序号	选取样本目的	单位名称	期末余额（2006年10月31日）	是否收到回函	回函直接确认	调节后可以确认	争议未决金额	其他	通过替代审计可确认金额	未核实金额	审计意见
						可以直接确认			未收到回函（A4-4）		
1	A	××汽车工具厂	650 000.00	√	650 000.00	A4-3-1					确认
2	A	××大众塑料厂	3 500 000.00	√	3 500 000.00						确认
3	A	××易剞摩托公司	1 000 000.00	√	1 000 000.00						确认
4	A	××新华金属制品厂	502 870.92	√		502 870.92					确认
5	A	××汽车标牌厂	589 600.00	×					589 600.00		确认
6	A	××五金交电公司	550 000.00	×					550 000.00		确认
7	A	××塑料机械公司	570 800.12	×					570 800.12		确认
8	A	××童车厂	1 199 614.18	√	1 199 614.18						确认
⋮											
18	C	红光自行车配件厂	350 000.00	√			350 000.00				确认 2007 年处理
		总值	11 402 667.48		7 639 782.26	1 702 485.10	350 000.00		1 710 400.12		

抽取业务应收账款样本户数：18　　　　抽取样本的总金额：11 402 667.48　　　　收到回函的样本金额：9 692 267.36　　　　回函可以确认的金额：9 342 267.36

企业期末应收账款客户总数：40　　　　企业期末应收账款总金额：15 003 509.84　　　　占样本总金额的比例：85%　　　　通过替代审计可确认金额：1 710 400.12

抽取样本占户数的比例：45%　　　　抽取样本占总额的比例：76%　　　　　　　　　　可确认金额占样本总额的比例：96.93%

查验人员：　肖　建　　　日期：　2007.2.6　　　　复核人员：　李　平　　　日期：　2007.2.8

选取样本目的：A. 大额　　B. 异常　　C. 账龄长　　D. 随机

询证函的格式如下：

询 证 函

索引号：A4-3-1

致：×××汽车工具厂

编号：061070

本公司聘请的正大会计师事务所正在对本公司会计报表进行审计，按照《中国注册会计师独立审核准则》的要求，应当询证本公司与贵公司的往来账项。下列数额出自本公司账簿记录，如与贵公司记录相符，请在本函下端"数额证明无误"处签章证明；如有不符，请在"数额不符及需加说明事项"处详为指正。回函请直接寄至正大会计师事务所。

地址：广州市广园中路 1355 号
邮编：51040
电话：63070768
传真：(020) 63243522

（本函仅为复核账目之用，并非催款结算。）

截止日期	贵公司欠	欠贵公司	备 注
2006 年 10 月 31 日	650 000.00 元		

若款项在上述日期之后已经付清，仍请及时函复为盼。

东方股份有限公司

（公司印签）

2007 年 2 月 1 日

数额证明无误：

签章：＿＿＿×××汽车工具厂＿＿＿

日期：＿＿2007 年 2 月 8 日＿＿

数额不符及需加说明事项：

签章：＿＿＿＿＿＿＿＿＿

日期：＿＿＿＿＿＿＿＿＿

[实训]表 3-5　应收账款函询未回替代程序检查表

2006 年度

单位名称:　东方公司　　　　　　　　　　　　　　　　　　　　　　　　　　　单位:　元　　　　　　索引号: A4-4

债务人员名称	借方入账			审计日止	事由	应收账款内容				拖欠原因	审计确认意见
	日　期	凭证号	金　额	是否收到	事　由	发票号	货　名	数　量	金　额		
××汽车标牌厂	2006/5/6	转15	589 600.00	×	销售	015648	A—1	100	589 600.00	资金周转困难	确认
××五金交电公司	2006/2/10	转30	550 000.00	√	销售	012346	B—1	200	550 000.00		确认
××塑料机械公司	2006/3/4	转45	570 800.12	√	销售	013466	A—2	100	570 800.12		确认

查验人员:　肖　建　　　　日期:　2007.02.09　　　　　　　　复核人员:　李　平　　　　日期:　2007.02.10

[实训] 表 3-6　坏账准备检查情况表

单位名称：　东方公司　　　　　查验人员：　肖 建　　　　　日期：　2007.02.06
截 止 日：　2006.12.31　　　　　复核人员：　李 平　　　　　日期：　2007.02.08

索引号：A5-2

年初余额	本年增加		本年减少		年末余额（已提数）	应提坏账准备比例	已审应收账款余额	应提坏账准备余额	应提坏账准备与已提的差异	审计意见
	计 提	坏账收回	坏账冲销	冲回						
71 193.94	15 672.36				86 866.30	5‰	18 873 259.34	94 366.30	7 500.00	补提

1. 年初坏账准备 = 年初应收账款余额 × 5‰

$$= 14\ 238\ 787.93 × 5‰$$

$$= 71\ 193.94$$

2. 年末坏账准备未审余额 = 年末应收账款未审余额 × 5‰

$$= 17\ 373\ 259.34 × 5‰$$

$$= 86\ 866.30$$

经查，年内未发生坏账事项，也无已作坏账损失处理后又收回的款项。年末由于应收账款调整而相应调整的坏账准备为

应提坏账准备余额 = 已审应收账款余额 × 5‰

$$= 18\ 873\ 259.34 × 5‰$$

$$= 94\ 366.30$$

年末应作补提坏账准备会计分录为

借：管理费用——坏账准备　　　　7 500.00（94 366.30 - 86866.30）

贷：坏账准备　　　　　　　　　　　　　　　　7 500.00

实训要求：了解审计项目工作底稿之间的关系，体会项目审计的全貌和完整过程。

实训四 存货计价审计实训

一、实训目的

通过本实训，使学生熟悉存货计价审计的基本内容和具体操作程序，基本掌握存货计价审计的测试工作，并能根据测试的结果对被审计单位存货的计价问题发表恰当的审计意见。

二、实训资料

正大会计师事务所自 2003 年开始接受东方公司董事会委托，对东方公司进行年度会计报表审计。根据双方签订的审计约定书，于 2005 年 3 月 10~25 日对东方公司 2004 年度的会计报表进行审计，正大会计师事务所派出注册会计师张亮、伍少庆、李敏对东方公司进行审计。

东方公司资产负债表列示"存货"项目数额为 9 553 984 元，注册会计师伍少庆、李敏通过计价测试及抽查盘点和索取其他资料发现东方公司存在如下问题：

1）对存货进行计价测试，主要原材料铝锭采用实际成本核算，在检查东方公司计算过程时，发现该公司每月月末均有估价入库、月初冲回的情况，但在计算各期间加权平均价格时，其计算公式中的当月入库数量及金额未将估价冲回部分作为计算基数，引起误差。经检查，全年发出成本 37 956 795 元，实际为 38 468 346 元，少转成本 511 551 元，因为在产品和产成品在期初期末数量正常变化较小，故可全部调整计入当期产品销售成本。

2）通过对实行计划成本核算的主要原材料钢板的成本差异率分配情况进行检查发现，由于东方公司办理估价入库时仅按计划单位计算估价数额，未考虑材料成本差异，经计算，应补计材料成本差异 360 000 元，应冲回销售成本338 816 元。

3）对存货进行抽查，其结果如下：①共抽验 6 860 559 元，占存货总额的 71.8%；②主要原材料钢板、铝锭，采用的计算方法存在误差，分别为 2%和 0.0625%，误差较小，可予以确认；③委托代销产品共 24 户，数量 2 400 吨，价值 240 万元。仅有 2 户期末库存清单为 300 吨，其他 22 户为 2 100 吨，价值 210 万元，无法履行必要的审计程序获得审计证据，应发表保留意见。

4）相关资料整理见[实训]表 4-1～[实训]表 4-4。

[实训]表 4-1　存货结存金额及存货盘存数据表　　　单位：元

存货类别	结存金额	存货盘存表金额
1．原材料	4 550 000	4 550 000
（1）原材料	4 200 000	4 200 000
A．原材料及主要材料	2 500 000	2 500 000
B．辅助材料	1 200 000	1 200 000
C．修理用配件	500 000	500 000
（2）包装物	350 000	350 000
2．在产品	480 000	480 000
3．产成品	2 200 000	2 200 000
4．材料成本差异	−76 016	−76 016
5．委托代销产品	2 400 000	2 400 000
合　计	9 553 984	9 553 984

[实训]表 4-2　材料成本差异汇总表　　　单位：元

项　目	结存			本期发出金额
	金　额	差　异	差异率	
1～6 月				
期　初	1 580 000	−135 880	−8.6%	
本期进货	12 000 000	−480 000		
合　计	13 580 000	−615 880		1 250 000
7～12 月				
期　初	7 000 000	−302 400	−4.32%	
本期进货	10 000 000	−990 000		
合　计	17 000 000	−1 292 400		16 000 000

[实训]表 4-3　存货明细账部分数据汇总表　　　单位：元

存货名称	计量单位	期初（上月末）			本期入库		
		数　量	单　价	金　额	数　量	单　价	金　额
铝锭	吨						
3 月		12 000	160.000	1 920 000	15 000	151.667	2 275 000
7 月		10 000	156.000	156 000	17 000	148.880	1 531 000
8 月		12 000	151.550	181 822	20 000	154.000	3 080 000
9 月		13 000	149.880	194 922	22 000	153.880	3 366 000
12 月		12 000	148.730	1 784 760	24 000	157.080	3 770 000

存货名称	计量单位	本期发出			本期末结存		
		数　量	单　价	金　额	数　量	单　价	金　额
铝锭	吨						
3 月		13 000	156.6216	2 036 081	14 000	154.2080	21 589 199
7 月		15 000	151.5100	2 272 778	12 000	151.5100	1 818 222
8 月		19 000	155.2000	2 948 800	13 000	149.8800	1 949 222
9 月		25 000	153.3600	3 814 012	10 000	150.1200	1 501 210
12 月		28 000	153.3600	4 294 201	8 000	157.5700	126 055

计价方法：加权平均

[实训]表 4-4　主要材料、甲产品近期出入库数据汇总表　　　　单位：元

品名型号	计量单位	实存数量	近期出库	近期入库	账面结存	
					数　量	单　价
钢板	吨	6 500	38 600	30 000	5 000	200.0
铝锭	吨	9 950	24 000	26 000	8 000	157.5
甲产品	吨	3 000	5 000	5 800	2 200	

（参考资料：李晓慧，高伟. 2003. 审计工作底稿编制个案. 上海：上海财经大学出版社）

三、实训要求

根据以上资料，首先代注册会计师编制调整分录，其次填写存货审定表、材料成本差异分配审定表、存货计价审定表及存货抽盘表（见[实训]表 4-5～[实训]表 4-8），并代注册会计师对该公司有关存货的相关内容做出恰当的审计结论。

[实训]表 4-5　存货审定表

索　引	项　目	期初数	期末未审数	调整数	已审数	
合　计						

审计标识及说明：

1）执行核对程序后的结果。

2）参与盘点及抽查盘点的结果和评价（并与相关底稿交叉索引）；对首次接受委托的客户，其期初存货公允、合理性的证实请单独开列工作底稿；此部分应形成的底稿包括盘点表、盘点计划、监（抽）盘计划、监（抽）盘结果说明等。

3）各存货构成项目计价合理性、金额准确性审计的结论性意见。

审计结论：

[实训]表 4-6 材料成本差异分配审定表

被审计单位：　　　　编制人：　　　　日期：　　　　索引号：
截 止 日：　　　　复核人：　　　　日期：　　　　页 次：

项 目	结 存			本期发出			核 对
	金 额	差 异	差异率	金 额	差 异	差异率	
1～6 月							
期 初							
本期进货							
合 计							

项 目	结 存			本期发出			核 对
	金 额	差 异	差异率	金 额	差 异	差异率	
7～12 月							
期 初							
本期进货							
合 计							

审计说明及调整分录：

审计结论：

[实训]表 4-7 存货计价审定表

被审计单位：　　　　编制人：　　　　日期：　　　　索引号：
截 止 日：　　　　复核人：　　　　日期：　　　　页 次：

存货名称	计量单位	期初（上月末）			本期入库			本期发出			本期末结存			调整数	审定数
		数量	单价	金额	数量	单价	金额	数量	单价	金额	数量	单价	金额		
铝锭	吨														
3 月															
7 月															
8 月															
9 月															
12 月															

审计说明及调整分录：

审计结论：

[实训]表 4-8　存货抽盘表

被审计单位：　　　　　　编制人：　　　　　　日期：　　　　　　索引号：
截止日：　　　　　　　　复核人：　　　　　　日期：　　　　　　页次：

| 序　号 | 品　名 | 计量单位 | 实存数 | 发出数量 | 收入数量 | 账面结存 | | 差　异 | | | 调整数 | 审定数 |
						实存数	金　额	数量	数量	单　价	金　额		

审计说明：

_____

审计结论：

_____

实训五　生产成本审计实训

一、实训资料

1. 基本情况

某 CPA 对被审单位××公司的 2005 年存货、生产成本及营业成本进行审计，通过审查该公司的产品销售成本明细表，并与有关明细账、总账核对相符。有关数字如下。

材料期初余额：80 000 万元，本期购进材料 150 000 万元，材料期末余额 60 000 万元，本期销售材料 10 000 万元，直接人工成本 15 000 万元，制造费用 42 000 万元，在产品期初余额 23 000 万元，在产品期末余额 30 000 万元，产成品期初余额 40 000 万元，产成品期末余额 50 000 万元。该公司采用先进先出法进行存货计价。

2. 审计程序及审计依据

CPA 在审计过程中采用了以下审计程序：

1）对该公司的存货内部控制制度和产品销售成本内部控制制度进行了测试与评价。

2）核对了各存货项目明细账和总账余额。

3）对主要材料、产成品、在产品进行了抽查、盘点，抽查盘点金额达存货总额的 60%。

4）对存货计价进行了测试。

5）对直接材料成本、直接人工成本和制造费用进行了实质性测试，对产品销售成本进行了实质性测试。

在实施了以上审计程序后，发现该公司存在以下问题：①本期已入库，但尚未收到结算凭证的材料 5 000 万元未做暂估价入账处理；②已领未用的材料 1 000 万元，未做"假退料"处理；③将在建工程发生的工人工资计入生产成本 2 000 万元；④本期发生的大修理费用 6 000 万元全部计入当期制造费用（按规定应分 3 年摊销，本期应分摊 2 000 万元）；⑤经对期末在产品的盘点发现，在产品的实际金额为 38 000 万元。

二、实训要求

根据以上情况，进行审计调整，并将调整分录过入"生产成本及主营业务成本倒轧表"。

三、实训参考答案

CPA 根据以上查证的事项，编制了以下审计调整分录：

1）借：原材料　　　　　　　　　　　　　　　　　　　　5 000
　　　贷：应付账款　　　　　　　　　　　　　　　　　　　　5 000

同时，作下月初会计分录：

　　借：原材料　　　　　　　　　　　　　　　　　　　　5 000
　　　贷：应付账款　　　　　　　　　　　　　　　　　　　　5 000

由于原材料的购进少记 5 000 万元，使直接材料成本少计 5 000 万元，应调增生产成本，会计分录为：

　　借：生产成本　　　　　　　　　　　　　　　　　　　5 000
　　　贷：原材料　　　　　　　　　　　　　　　　　　　　5 000

2）因月末未做"假退料"处理，使直接材料成本多计 1 000 万元，应调减生产成本，会计分录为：

　　借：原材料　　　　　　　　　　　　　　　　　　　　1 000
　　　贷：生产成本　　　　　　　　　　　　　　　　　　　1 000

同时，做下月初的领料分录：

　　借：生产成本　　　　　　　　　　　　　　　　　　　1 000
　　　贷：原材料　　　　　　　　　　　　　　　　　　　　1 000

3）因将在建工程所负担的工人工资计入当年生产成本，使当期直接人工成本虚增 2 000 万元，应调减生产成本。会计分录为：

　　借：在建工程　　　　　　　　　　　　　　　　　　　2 000
　　　贷：生产成本　　　　　　　　　　　　　　　　　　　2 000

4）因公司未按期分摊大修理费用，使制造费用多计，生产成本虚增 4 000 万元，应调减生产成本。会计分录为：

　　借：长期待摊费用　　　　　　　　　　　　　　　　　4 000
　　　贷：生产成本　　　　　　　　　　　　　　　　　　　4 000

以上四项业务共使生产成本多计 2 000 万元，从而使产品成本虚增 2 000 万元，应予以调减，会计分录为：

　　借：生产成本　　　　　　　　　　　　　　　　　　　2 000
　　　贷：库存商品　　　　　　　　　　　　　　　　　　　2 000

5）因期末多转产成品成本，使期末产成品多计，在产品少计 8 000 万元，应予以转回，会计分录为：

　　借：生产成本　　　　　　　　　　　　　　　　　　　8 000
　　　贷：库存商品　　　　　　　　　　　　　　　　　　　8 000

6）将以上审计调整分录过入"生产成本及主营业务成本倒轧表"（见[实训]

表 5-1）。

[实训]表 5-1　生产成本及主营业务成本倒轧表

被审计单位名称：××公司　　　　审计项目名称：主营业务成本　　　　会计期间：2005 年度

	签 名	日 期	索引号	
编制人	李 文	2006.01.10	B1-1/1	
复核人	孙 浩	2006.01.15	页次：1	
索引号	项 目	未审数	调整或重分类分录（贷）	审定数
	原材料期初余额	80 000		80 000
	加：本期购进	150 000	借 5 000	155 000
	减：原材料期末余额	60 000	借 1 000	61 000
	其他发出额	10 000		10 000
	直接材料成本	160 000	借 4 000	164 000
	加：直接人工成本	15 000	贷 2 000	13 000
	制造费用	42 000	贷 4 000	38 000
	生产成本	217 000	贷 2 000	215 000
	加：在产品期初余额	23 000		23 000
	减：在产品期末余额	30 000	借 8 000	38 000
	产品生产成本	210 000		200 000
	加：产成品期初余额	40 000		40 000
	减：产成品期末余额	50 000		50 000
	主营业务成本	200 000	贷 10 000	190 000

审计标识说明：

审计结论：由于多计库存商品生产成本 10 000 万元，导致多计主营业务成本 10 000 万元，使库存商品销售利润少计 10 000 万元。

审计调整分录为：

借：库存商品　　　　　　　　　　　　　　　　10 000

　　贷：主营业务成本　　　　　　　　　　　　　　　10 000

实训六　固定资产审计实训

一、固定资产及折旧审计

1. 实训目的

通过本实训熟悉固定资产内部控制制度测试的基本内容和具体操作程序，根据符合性测试的结果评估其风险，并能从事固定资产的实质性测试工作。

2. 实训资料

东方会计师事务所于 2004 年初次接受爱迪股份有限公司（以下简称爱迪公司）董事会委托，对该公司进行年度会计报表审计。根据双方签订的审计约定书，于 2004 年 2 月 11～18 日对爱迪公司 2003 年度的会计报表进行审计。根据制定的审计计划，由审计人员孙笛、齐权、龚桐负责固定资产的审计测试与取证工作。

爱迪公司 2003 年 12 月 31 日资产负债表及固定资产账上反映的情况，见[实训]表 6-1。

[实训]表 6-1　固定资产及折旧表　　　　　单位：元

固定资产类别	固定资产原价		累计折扣		净　值	
	年初余额	年末余额	年初余额	年末余额	年初余额	年末余额
房屋建筑物						
其中:1. 生产用	12 083 400.00	13 833 400.00	5 885 010.40	4 739 463.40	6 198 389.60	9 093 936.57
2. 非生产用	5 283 656.00	7 883 656.00	1 634 638.72	1 760 125.55	3 649 017.28	6 123 530.45
小　计	17 367 056.00	21 717 056.00	7 519 649.12	6 499 588.98	9 847 406.88	15 217 467.02
机械设备						
其中:1. 通用设备	9 854 264.00	9 854 264.00	3 251 907.12	4 102 330.00	6 602 356.88	5 751 933.90
2. 专用设备	52 367 825.00	55 767 825.00	7 331 495.50	11 411 730.00	45 036 329.50	44 356 095.00
3. 运输设备	4 253 658.00	4 203 658.00	13 611 710.56	1 518 167.65	2 892 487.44	2 685 490.35
4. 其他设备	4 725 023.00	4 725 023.00	897 754.37	1 458 850.85	3 827 268.63	3 266 172.15
小　计	71 200 770.00	74 550 770.00	12 842 327.55	18 491 078.60	58 358 442.45	56 059 691.40
合　计	88 567 826.00	96 267 826.00	20 361 976.67	24 990 667.58	68 205 849.33	71 277 158.42

2003 年，爱迪公司固定资产增减变化情况如下：

1）本年度固定资产增加：①5 月 10 日，从"在建工程"转入生产用户房屋（甲产品生产线厂房）3 750 000 元，机械设备（甲产品生产线）6 100 000 元；②9 月 1 日，直接购入并投入使用的运输设备 400 000 元；③12 月 10 日，从"在建工程"转入非生产用房屋价值 2 600 000 元。

2）本年度固定资产减少情况：①3 月 5 日，转"待处理财产损溢"950 000 元。其中，房屋建筑物（蒸汽车间厂房），原值 2 000 000 元，净值 450 000 元；

生产（专）用设备，原值 1 800 000 元，净值 500 000 元。②8 月 1 日，向外出售生产（专）用机械设备，原值 900 000 元，净值 250 000 元。③12 月 1 日，向外出售运输设备（汽车）原值 450 000 元，净值 90 000 元。

注册会计师在审计过程中发现以下问题：

1）非生产用东风 140 汽车账面 20 台，实际盘点 16 台。经查询有关资料及向有关人员调查，了解到这 4 台汽车已于 2003 年 6 月 20 日变卖，实际收款 48 000元，并将实际收到的价款记入"其他应付款"科目。这 4 台车变卖时的账面原值为 220 000 元，净值为 49 062.74 元。

2）公司新建丙产品生产线一条，并已投入生产，但固定资产账中并没有记录。经详查，该条生产线已于 2003 年 6 月 1 日开始试生产，2003 年 12 月 10 日办理了整体竣工验收手续，投入正常生产。经查"在建工程"科目，该条生产线实际投资 18 600 000 元。其中：机械设备 12 500 000 元，房屋建筑物 5 800 000 元，贷款利息及其他费用 300 000 元。

3）审计人员审查在建工程转入固定资产的情况时，发现 5 月 10 日转入的机械设备 6 100 000 元中，有自产设备 800 000 元是按成本价从存货中直接转入的（不含税销售价为 1 000 000 元）。

4）审计人员审核管理费时发现，2003 年 12 月 10 日该公司支付奥迪车附加费、牌照费、运输费 86 500 元，经查固定资产账中没有此项记录，调查发现是该公司的原料供应商奖励给该公司的，车价为 400 000 元。

5）审计人员在审问董事会会议纪要时发现，2003 年 3 月该公司董事会做出决定，以 9 000 000 元投资于某国外公司合资兴办凯龙有限责任公司，占注册资本的 51%。经审阅凯龙公司的章程发现，爱迪公司实际以评估现值 9 600 000 元（4月 30 日为基准日）的实物资产投资，其中：房屋建筑物原值 5 000 000 元，净值 4 200 000 元，评估值 4 850 000 元；专用设备原值 7 000 000 元，净值 4 829 802.60元，评估值 4 750 000 元。了解到该合资公司已于 2003 年 5 月进行验资并登记注册，但在爱迪公司"长期投资"科目未发现此项投资，也未发现固定资产减少的记录。

具体的实物抽查反映的问题，见[实训]表 6-2。

3. 实训要求

根据以上资料请代注册会计师对爱迪公司的相关业务内容编制调整分录，并填写固定资产及累计折旧审定表（见[实训]表 6-3）、固定资产抽查盘点表见[实训]表 6-4 等固定资产类的审计工作底稿（其中，厂房的月折旧率为 2.639%，办公楼的月折旧率为 1.979%，生产线的月折旧率为 7.919%，运输设备的月折旧率为9.896%）。

[实训]表 6-2　　具体的实物抽查反映问题

索引号	项　目	账面数			实际核实盘点		
		数量	金　额	存放地点	数　量	金　额	存放地点
1	桑塔纳轿车	3 辆	530 000.00	厂内	3	530 000.00	厂办公室
2	加长解放双排	3 辆	61 500.00	厂内	3	61 500.00	销售科
3	达西亚汽车	3 辆	48 000.00	厂内	3	48 000.00	供应科
4	大轿车	3 辆	269 100.00	厂内	3	269 100.00	车队
5	装载机	1 辆	487 500.00	厂内	3	487 500.00	销售科
6	东风 140 卡车	20 辆	1 010 000.00	厂内	16	790 000.00	车队
7	翻斗车	3 辆	73 905.00	厂内	3	73 905.00	供应科
8	奥迪轿车				1	400 000.00	厂办公室
9	车床 CT6140	1 台	58 850.00		1	58 850.00	机修车间
10	钻床 E3125-6	1 台	14 882.00		1	14 882.00	机修车间
11	锅炉 SHLW-1.27AD	2 台	800 800.00		2	800 800.00	动力车间
12	铣床 X630-W	1 台	44 018.00		1	44 018.00	机修车间
13	精密平磨床	1 台	221 500.00		1	221 500.00	机修车间
14	化验仪器	1 套	13 000.00		1	13 000.00	机修车间
15	自动热膨胀仪	1 套	187 440.00		1	187 440.00	机修车间
16	控制柜 H2K	1 台	32 172.00		1	32 172.00	机修车间

（参考资料：李晓慧，高伟. 2003. 审计工作底稿编制个案. 上海：上海财经大学出版社）

[实训]表 6-3　　固定资产及累计折旧审定表

被审计单位：　　　　　　　　编制人：　　　　　　　日期：　　　　　　　　索引号：
截　止　日：　　　　　　　　复核人：　　　　　　　日期：　　　　　　　　页　次：

索引号		固定资产类别						累计折旧					
		期初余额	本期增加	本期减少	期末账面未审数	调整数	审定数	期初余额	本期增加提取	本期增加转入	本期减少	期末账面未审数	调整数	审定数
	房屋建筑物												
	1. 生产用												
	2. 非生产用												
	3. 未使用												
	机械设备												
	1. 通用设备												
	2. 未用设备												
	3. 运输设备												
	4. 其他设备												
	5. 未使用（封存）												
	合　计												

[实训]表 6-4　固定资产抽查盘点表

被审计单位：　　　　编制人：　　　　日期：　　　　索引号：
截　止　日：　　　　复核人：　　　　日期：　　　　页　次：

索引号	项 目	账面数			实际核实盘点			差异数
		数　量	金　额	存放地点	数　量	金　额	存放地点	

审计说明及调整分录：

_____

审计结论：

_____

二、固定资产减值准备审计

1. 实训目的

通过本实训熟悉固定资产减值准备的计提范围和计提方法，能够对企业采用虚假方式计提的资产减值准备进行调整。

2. 实训资料

注册会计师张东、李茜、王楠审计大华公司 2004 年度会计报表时，了解到该公司固定资产期末计价采用成本与可变现净值孰低法。

在实质性测试中发现如下问题：

1）1995 年开始使用的冲压机床账面原值 600 000 元，已提取累计折旧 140 000 元，减值准备为零，但由于设备生产出的产品大量为不合格品，大华公司按设备资产净值为零，大华公司按设备资产净值补提减值准备 460 000 元。

2）1999 年建成使用的罐装生产线账面原值 300 000 元，未提取累计折旧和减值准备，因该设备长期未使用，并在可预见的未来不会再使用，经认定其转让价值为 100 000 元，大华公司全额提取减值准备 300 000 元。

3）2000 年购入的大型运输车辆账面原值 2 000 000 元，已提取累计折旧 500 000 元，并提取减值准备 1 500 000 元，该车辆上年度已遭毁损，不再具有使用价值和转让价值，在上年度已全额计提减值准备，大华公司本年度又计提减值准备 400 000 元。

4）2001 年购入的设备账面原值 380 000 元，已提取累计折旧 60 000 元，并已提取减值准备 40 000 元，目前未发现该设备有减值迹象。但大华公司从谨慎性原则出发，自本年度起每年计提减值准备 30 000 元。

3. 实训要求

1）根据以上资料代注册会计师提出对被审计单位的调整建议。

2）将固定资产减值准备审计程序表（见[实训]表 6-5）的有关内容补充完整，并填写固定资产减值准备明细表（见[实训]表 6-6），然后编制调整分录。

[实训]表 6-5　固定资产差事值准备审计程序表

被审计单位：		签　名	日　期	索引号	
项目：	编制人			页　次	
截止日：	复核人			执行情况	索引号
（1）核对固定资产减值准备报表数、总账与明细账相符					
（2）查明固定资产减值准备计提的方法是否符合规定，前后期是否一致，依据是否充分，并做出记录					
（3）实际发生的固定资产损失转销是否符合有关法规规定的审批手续，会计处理是否正确					

[实训]表 6-6　固定资产减值准备明细表

被审计单位：　　　　　　编制人：　　　　　　日期：　　　　　索引号：
截　止　日：　　　　　　复核人：　　　　　　日期：　　　　　页　次：

类别	名称、规格及型号	计量单位	账面数量	账面净值	可收回金额	减值准备								
						期初余额	本期计提			本期转回			期末余额		
							未审数	调整数	审定数	未审数	调整数	审定数	未审数	调整数	审定数

审计说明：

审计结论：

实训七　应付账款审计实训

一、实训目的

通过本实训熟悉应付账款内部控制制度测试的基本内容，具体掌握应付账款的实质性测试工作。

二、实训资料

长通会计师事务所自 2003 年开始接受昌盛股份有限公司董事会委托，对昌盛股份有限公司进行年度会计报表审计。根据双方签订的审计约定书，于 2005 年 3 月 11~20 日对昌盛公司 2004 年度的会计报表进行审计。编制审计计划时，报表层的重要性水平是根据总资产的 0.5%确定的，为 430 万元，分配至应付账款的重要性水平是 25 万元。该公司应付账款有明细账 34 笔，审计人员确定函证其中的 30%（10 个客户），据此对 50 000 元以上的账户发出函证。根据制定的审计计划，由审计人员伍鸣、张亮负责应付账款的审计测试与取证工作。发现的问题归纳如下。

1）记账人员在登记总账时误将应记入"应付账款"总账的内容串记到"应收账款"总账中，而明细账没有串记，造成"应付账款"总账借方少记 200 000 元，而"应收账款"总账借方多记 200 000 元。

2）审查"应付账款"明细账，发现其中债权人忠诚公司仅 12 月份贷方发生额就高达 160 万元，相当于前 11 个月合计数 200 万元的 80%。经核对发现，12 月 25 日 1056#凭证记录金额为 120 万元，会计分录为：

借：银行存款 　　　　　　　　　　　　　　　1 200 000

　　贷：应付账款 　　　　　　　　　　　　　　　　1 200 000

所附原始凭证为银行存款进账单和销售给忠诚公司的销售发票。经查询系该公司隐匿销售收入的行为。

3）发现存在挂账时间达 3 年以上的红星公司应付账款 80 000 元，而查询有公关部门了解到，红星公司已于两年前破产。

4）应付账款明细账中北方公司贷方余额为 1 000 000 元，为昌盛公司临时借入款项，用于结算工程价款。

5）发出的函证共计 10 户，收回 9 户，对未收回的雾华公司 150 000 元进行了如下替代程序：①检查购销合同，合同号为 0086 号，双方约定货物收到后 6 个月付款；②查验仓库收货记录，供货方所发货物与合同到一致，已办理估价入库手续（价格与合同一致）；③查验昌盛公司付款凭证为 2005 年 2 月份银付字 48 号，所付银行汇票存根联收款单位名称与合同相符。

三、实训要求

1) 根据以上资料试着代注册会计师填制应付账款审定表、应付账款明细检查表（见[实训]表 7-1 和[实训]表 7-2）。

[实训]表 7-1　应付账款审定表

被审计单位：　　　　　编制人：　　　　　日期：　　　　　索引号：
截　止　日：　　　　　复核人：　　　　　日期：　　　　　页　次：

索引号	应调整账户名　　　总账面余额	未审数	调整数	重分类调整数	审定数	备 注

审计说明及调整分录：

审计结论：

[实训]表 7-2　应付账款明细检查表

被审计单位：　　　　　编制人：　　　　　日期：　　　　　索引号：
截　止　日：　　　　　复核人：　　　　　日期：　　　　　页　次：

序　号	户　名	主要内容	未审数	函　证	其他程序	调整数	审定数

审计说明及调整分录：

审计结论：

2) 若昌盛公司执意不对有关账户进行调整，则试着代注册会计师考虑审计报告的类型，并对具体内容加以说明。

实训八　所得税审计实训

一、实训资料

1. 金华公司 2006 年 12 月编制的利润表见[实训]表 8-1，所得税审定表见[实训]表 8-2。

[实训]表 8-1　利润表

编制单位：金华公司　　　　　　　　　　2006 年 12 月　　　　　　　　　　单位：元

项　目	本月数	本年合计
一、营业收入	112 000.00	7 660 000.00
减：营业成本	55 000.00	797 500.00
营业税金及附加	15 000.00	201 000.00
销售费用	18 000.00	980 000.00
管理费用	12 000.00	780 000.00
财务费用	17 000.00	273 500.00
资产减值损失		
加：投资收益	26 000.00	645 000.00
二、营业利润	21 000.00	6 857 000.00
加：营业外收入	39 500.00	379 000.00
减：营业外支出	13 035.00	125 070.00
三、利润总额	47 465.00	7 110 930.00
减：所得税费用	11 866.25	1 777 732.50
四、净利润	35 598.75	5 333 197.50

[实训]表 8-2　所得税审定表

被审计单位名称		签　名	日　期	索引号
		编制人		
会计期间或截止日		复核人		

项　目	金额/元
利润总额	
加：调整项目	
1.	
2.	
3.	
…	
减：调整项目	
1.	
2.	
3.	
应纳税所得额	
企业所得税率/%	
应交所得税	
被审计单位已计提所得税	
应调整金额	

2）审计人员对该公司利润的真实性和合法性进行审计后，发现如下情况：① 2006 年 12 月 20 日售给宏达公司甲产品 50 000 元，该产品成本 35 000 元，货款 50 000 元和税金 8500 元已收到，成本和货款均未入账；②2006 年 12 月 14 日将甲产品作为福利分给个人 2 000 元，未作销售，税金 340 元也未记账，但成本 1400 元已结账；③营业费用中有属于应由下年摊销的广告费 7 000 元；④2006 年度管理费用中，业务招待费超过标准 2 000 元；⑤2006 年盘点存货，甲材料盘盈 1 000 千克，价值 26 000 元，计入资本公积。⑥由于火灾造成一台设备净损失 5 000 元，冲减盈余公积；⑦支付违反税法的罚款 3 200 元，列入营业外支出；⑧当年利润总额中有收到的国库券利息收入 10 000 元；⑨2005 年底尚有未弥补的亏损 30 000 元（可在 2006 年税前弥补）。

二、实训要求

1）指出各情况对利润总额和所得税有何影响，编制对应的会计调整分录。

2）填制审计工作底稿"所得税审定表"（直接填[实训]表 8-2），结果见[实训]表 8-3。

三、实训参考答案

1）借：主营业务成本   35 000

       贷：库存商品   35 000

    借：银行存款   58 500

       贷：主营业务收入   50 000

             应交税费——应交增值税（销项税额）   8 500

应调增利润总额和应纳税所得额 15 000 元。

2）借：应付职工薪酬——应付福利费   1 740

       贷：主营业务成本   1 400

             应交税费——应交增值税（销项税额）   340

应调增利润总额和应纳税所得额 1 400 元。

3）借：长期待摊费用——广告费   7 000

       贷：销售费用——广告费   7 000

应调增利润总额和应纳税所得额 7 000 元。

4）不编制调整分录，对利润总额没有影响，但应调增应纳税所得额 2 000 元。

5）借：资本公积   26 000

       贷：管理费用——流动资产盘盈   26 000

应调增利润总额和应纳税所得额 26 000 元。

6）借：营业外支出——非常损失   5 000

       贷：盈余公积   5 000

应调减利润总额和应纳税所得额 5 000 元。

7）不编制调整分录，对利润总额没有影响，但应调增应纳税所得额 3 200 元。

8）不编制调整分录，对利润总额没有影响，但应调减应纳税所得额 10 000 元。

9）不编制调整分录，对利润总额没有影响，但应调减应纳税所得额 30 000 元。

[实训]表 8-3　所得税审定表

被审计 单位名称	金华公司	签　名		日　期	索引号
		编制人	***	***	D13
会计期间 或截止日	2006 年 12 月	复核人	***	***	
项　目				金额/元	
利润总额				47 465.00	
加：调整项目					
1.产品销售收入				15 000.00	
2.福利产品多转销售成本				1 400.00	
3.多摊销的广告费				7 000.00	
4.多计业务招待费				2 000.00	
5.流动资产盘盈				26 000.00	
6.罚款支出				3 200.00	
减：调整项目					
1.火灾损失				5 000.00	
2.国库券利息收入				10 000.00	
3.弥补以前年度亏损				30 000.00	
应纳税所得额				57 065.00	
企业所得税率（%）				25%	
应交所得税				14 266.25	
被审计单位已计提所得税				11 866.25	
应调整金额				2 400.00	

实训九　投资审计实训

一、实训目的

通过本实训，使学生熟悉投资审计内部控制制度测试的基本内容和具体操作程序，尤其明确应结合被审计单位的实际情况选择合适的审计程序达到预定审计目标的具体操作程序，并能根据测试的情况对被审计单位的有关情况做出初步评价。

二、实训资料

2005 年 2 月 10 日，正大会计师事务所的注册会计师张杰、王彤、孙博、赵华四人接受委派，对同心集团股份有限公司（以下简称同心公司）进行年度审计。同心公司设立财务部来对公司的财务进行核算和管理，并采用计算机记账。注册会计师张杰、王彤在调查中了解到同心公司对外投资以购买股票为主要方式，并且股票由专人负责登记记账，部分投资的股票由众诚证券公司代为保管。其他相关资料整理、摘录如下：

1）交易性金融资产在报表中列示内容及审计人员审定资料见[实训]表 9-1 和[实训]表 9-2。

[实训]表 9-1　交易性金融资产账表认定数据

金额单位：元

项　目	未审数	审定数
资产负债表所列示报表数额	6 601 853.29	6 601 853.29
交易性金融资产明细账所列示数额	6 601 853.29	6 601 853.29
合　计	6 601 853.29	6 601 853.29

[实训]表 9-2　交易性金融资产明细账的相关数据

金额单位：元

有价证券名称	数量	票面值	总成本	收盘价	期末市价
福耀玻璃	15 000	1.50	123 613.20	8.20	123 000.00
北亚集团	60 000	2.00	778 649.67	12.75	765 000.00
浦东大众	10 000	1.70	321 083.50	25.70	254 000.00
新黄埔	50 000	1.90	464 726.27	8.02	401 000.00
宁波中面	315 700	2.10	3 160 068.21	10.30	3 251 710.00
飞乐股份	100 000	3.40	1 541 187.44	7.19	719 000.00
北京天桥	8 250	1.50	30 525.00	5.78	47 685.00

2）交易性金融资产抽查记录见[实训]表 9-3。

[实训]表 9-3　交易性金融资产抽查记录

金额单位：元

日　期	凭证号	业务内容	对应科目	金　额
6 月 2 日	15	购入飞乐股份 1 500 股	银行存款	18 000.00
6 月 3 日	5	出售新黄埔 1 000 股	银行存款	25 200.00
		结转亏损	投资收益	6 800.00
6 月 30 日	50	购入浦东大众 10 000 股	银行存款	321 083.50

3）企业具体业务处理过程说明。在交易性金融资产的会计处理过程中是按照购入股票或债券的取得成本，借记"交易性金融资产"科目，按支付的价款中包含的已宣告尚未领取的现金股利和应计未收的债券利息，借"应收股利"、"应收利息"科目，按实际支付的价款，贷记"银行存款"科目，交易性金融资产持有期间所获得的现金投利或利息（对取得交易性金融资产时已记入应收项目的股利或利息外）应作为投资成本的收回，冲减短期投资账面价值。交易性金融资产取得时，在支付的价款中包含的已宣告尚未领取的股利或应计未收的债券利息在实际收到时冲减应收股利或应收利息，不冲减投资的账面价值。分配股票股利不影响投资企业的资产或所有者权益的金额，所以不作会计分录。但是，它影响股票的每股成本，所以要作备查登记。

企业出售股票、债券等短期投资时，其结转的短期投资成本，按个别计价法计算确定出售部分的成本。出售交易性金融资产的收入与成本的差额，作为投资损益。

4）审计人员所做出的部分认定：①抽查 2004 年 6 月所有的股票购入、售出业务，复核损益计算是否准确，并与投资收益有关的项目核对是否相符，抽正确率为 100%；②对中诚证券公司发出函证，中诚证券公司回函确认代为同心公司保管部分股票；③交易性金融资产在资产负债表中的披露是适当的。

三、实训要求

根据以上资料和修订完成的交易性金融资产审定程序表分别代注册会计师填写交易性金融资产审定表、审计后正确的交易性金融资产余额明细表、交易性金融资产及相关收益检查表等审计工作底稿（分别见[实训]表 9-4～[实训]表 9-6）。

[实训]表 9-4　正大会计师事务所交易性金融资产审定表

被审计单位：		签　名		日　期		
项　目：	编制人				索引号	
截至日：	复核人				页　次	
索引号	项　目	未审数		调整数	审定数	
	合　计					

审计说明及调整分录：

审计结论：

[实训]表 9-5　正大会计师事务所交易性金融资产余额明细表

被审计单位：			签　名		日　期		
项　目：		编制人：				索引号	
截止日：		复核人：				页　次	
有价证券名称	数　量	票面值		总成本		收盘价	期末市价

[实训]表 9-6　正大会计师事务所交易性金融资产及相关收益检查表

被审计单位：			签　名	日　期			
项目：		编制人			索引号		
截止日：		复核人			页　次		
日　期	凭证号	业务内容	对应科目		金　额	核对内容	
核对内容说明：			审计说明：				

实训十 完成审计工作实训

一、实训目的

了解完成审计工作的实务操作，掌握调整分录汇总表、未调整不符事项汇总表、重分类分录汇总表和试算平衡表审计工作底稿的编制方法。

二、实训资料

1. 未审资产负债表

东方公司未经审计的 2005 年 12 月 31 日资产负债表项目余额见[实训]表 10-1。

[实训]表 10-1 未审资产负债表

金额单位：元

项　目	年末数	项　目	年末数
货币资金	192 640 000	短期借款	17 300 000
交易性金融资产		交易性金融负债	
应收票据		应付票据	150 000 000
应收股利		应付账款	202 000 000
应收利息		预收账款	46 900 000
应收账款	304 000 000	应付职工薪酬	2 075 000
其他应收款		应付股利	
预付账款	41 730 000	应交税费	59 280 000
应收补贴款		其他应付款	9 750 000
存货	279 560 000	预提费用	
待摊费用	15 650 000	预计负债	
一年内到期的长期债权投资		一年内到期的长期负债	
其他流动资产		其他流动负债	
长期股权投资	30 000 000	长期借款	47 680 000
固定资产原价	487 720 000	应付债券	
减：累计折旧	117 400 000	长期应付款	
减：固定资产减值准备	50 000 000	专项应付款	
工程物资		其他长期负债	
在建工程	98 800 000	递延税款贷项	
固定资产清理		股本	500 000 000
无形资产	10 125 000	资本公积	96 180 000
长期待摊费用		盈余公积	6 660 000
其他长期资产		其中：法定公益金	2 220 000
递延税款借项		未分配利润	155 000 000
		其中：拟分配现金股利	
合　计	1 292 825 000	合　计	1 292 825 000

2. 未审利润及所有者权益变动表

东方公司未经审计的 2005 年度利润及所有者权益变动表项目发生额见[实训]表 10-2。

[实训]表 10-2　未审利润及所有者权益变动表

金额单位：元

项　目	本年累计数
一、营业收入	600 000 000.00
减：营业成本	410 000 000.00
营业税金及附加	2 000 000.00
销售费用	17 500 000.00
管理费用	39 140 000.00
财务费用	30 247 164.20
加：投资收益	16 640 000.00
二、营业利润	117 752 835.80
加：营业外收入	
减：营业外支出	320 000.00
三、利润总额	117 432 835.80
减：所得税费用	37 432 835.80
四、净利润	80 000 000.00
加：年初未分配利润	75 000 000.00
五、可供分配的利润	155 000 000.00
减：提取法定盈余公积	
提取法定公益金	
六、可供投资者分配的利润	155 000 000.00
减：应付优先股股利	
提取任意盈余公积	
应付普通股股利	
转作股本的普通股股利	
七、未分配利润	155 000 000.00

3. 被审计单位的核算误差

1）正大事务所的 CPA 王华担任东方股份有限公司 2005 年度财务报表审计的项目负责人，他在汇总各审计小组成员的审计工作底稿时，发现审计小组查证出东方公司的核算误差如下：

① 2005 年 12 月 31 日，东方公司盘点成品仓库，发现 D 产品短缺 40 万元，查清短缺原因，其中属于一般经营损失部分为 35 万元，属于非常损失部分为 5 万元，由于结账时间在前，公司未在 2005 年度进行相应的会计处理。

② 2005 年 1 月，东方公司购买价格为 24 万元的管理部门用轿车 1 辆并入账，当月启用，但当年未计折旧。（公司采用使用年限法核算固定资产折旧，该类固定资产预计使用年限为 5 年，预计净残值率为 5%。）

③ 12 月 30 日，东方公司销售商品 5 万元，成本为 3.5 万元，收到一个月的银行承兑汇票一张，发票、提货单已交付购货方，会计部门未予入账，由于该商品仍在仓库中，已计入了期末存货盘点表中。

④ 东方公司 12 月 10 日支付了 120 万元的下年度广告费，均已计入当期的期间费用。

⑤ 东方公司 2005 年 12 月 31 日未审计的资产负债表反映的应收账款项目借方余额为 10 000 万元，坏账准备项目贷方余额为 10 万元。经 CPA 审阅应收账款的明细账，发现应收账款中有贷方余额 2 000 万元。（东方公司采用备抵法核算坏账，坏账准备按应收账款期末余额的 0.5%计列。）

⑥ 东方公司有一栋办公大楼，于 2004 年 12 月已交付使用，但由于尚未办理竣工决算审计，2005 年东方公司仍把此办公大楼挂在在建工程中，2005 年借款利息资本化 8 万元仍增加到办公大楼的价值中，年末办公大楼总价值为 408 万元。（办公大楼的预计使用年限为 38 年，净残值率为 5%。）

⑦ 东伊公司系东方公司于 2005 年 1 月 1 日在伊拉克投资设立的联营公司，其 2005 年度财务报表反映的净利润为 5 000 万元。东方公司占东伊公司 50%的股权比例，对其财务和经营政策具有重大影响，故在 2005 年度财务报表中采用权益法确认了该项投资收益 2 500 万元。东伊公司 2005 年度财务报表未经其他事务所审计，正大事务所也未能审计。

2）王华根据在审计计划中制定的东方公司 2005 年度财务报表层次的重要性水平为 300 万元，分配至财务报表项目的部分重要性水平见[实训]表 10-3。

[实训]表 10-3　部分财务报表项目的重要性水平

财务报表项目	重要性水平/万元	财务报表项目	重要性水平/万元
应收账款	50	主营业务收入	80
坏账准备	0.5	主营业务成本	50
存货	15	销售费用	5
固定资产	100	管理费用	10
累计折旧	40	财务费用	8
在建工程	60	营业外支出	2
预收账款	4		

三、实训要求

1）假如不考虑财务报表项目的重要性水平，CPA 应建议被审计单位如何调整会计分录？（仅考虑上述超过财务报表项目重要性水平的核算差异的调整对税金、利润的影响。）

2）假如考虑财务报表项目重要性水平，上述哪些核算差异应汇总到调整分录汇总表，哪些应汇总到重分类分录汇总表，哪些应汇总到未调整不符事项汇总表？

3）根据 2 试代为编制上列工作底稿。

4）假如被审计单位对上述应调整事项均同意进行调整，则 CPA 该出具什么意见类型的审计报告？

5）假如被审计单位对上述应调整事项均不同意进行调整，则 CPA 该出具什么意见类型的审计报告？

6）假如被审计单位除第⑥项不同意调整外（固定资产事项），其余均同意调整，试代为草拟审计报告。

7）编制试算平衡表审计工作底稿。

四、实训参考答案

1）假如不考虑财务报表项目的重要性水平，CPA 应建议被审计单位调整如下会计分录。

① CPA 建议的调整分录为：

借：管理费用	350 000
营业外支出——非常损失	50 000
贷：库存商品	400 000

② CPA 建议的调整分录为：

借：管理费用——折旧费 41 800[（240 000-240 000×5%）/60×11]	
贷：累计折旧	41 800

③ CPA 建议的调整分录为：

借：应收票据	50 000
贷：主营业务收入	50 000
借：主营业务成本	35 000
贷：库存商品	35 000

④ CPA 建议的调整分录为：

借：长期待摊费用	1 200 000
贷：销售费用	1 200 000

⑤ CPA 建议的调整分录为：

借：应收账款	20 000 000
贷：预收账款	20 000 000
借：管理费用——提取坏账准备　　500 000　　（12 000 万×0.5%-10 万）	
贷：坏账准备　　　　　　　　500 000	

⑥ CPA 建议的调整分录为：

借：固定资产	4 000 000
财务费用	80 000
贷：在建工程	40 080 000
借：管理费用——折旧费	100 000
贷：累计折旧	100 000

⑦ 仅考虑上述超过财务报表项目重要性水平的核算差异的调整对税金、利润的影响，需要作调整分录。

调整所得税如下：

借：本年利润　　　　　　　　　　　　39 600（120 000×33%）

　　贷：应交税费——应交所得税　　　　　　　　　　　　39 600

调整未分配利润如下：

借：本年利润　　　　　　　　　　　　80 400（120 000-39 600）

　　贷：利润分配——未分配利润　　　　　　　　　　　80 400

调整利润分配相关项目如下：

借：利润分配——未分配利润　　　　　12 060（80 400×15%）

　　贷：盈余公积　　　　　　　　　　　　　　　　　　12 060

2）假如考虑财务报表项目重要性水平，上述（1）④、⑤-2、⑥-1、⑥-2、⑦-1、⑦-2、⑦-3 核算差异应汇总到调整分录汇总表，②、③-1、③-2 应汇总到未调整不符事项汇总表，⑤-1 应汇总到重分类分录汇总表。

3）审计工作底稿见[实训]表 10-4~[实训]表 10-6。

[实训]表 10-4　调整分录汇总表

被审计单位：东方公司　　　　编制：王华　28/1/2006　　　　索引号：Z9
会计期间：2005 年　　　　　　复核：李明　28/1/2006　　　　页　次：

序号	调整内容及项目	索引号	调整金额		影响利润（+-）	备　注
			借　方	贷　方		
1	管理费用	E2	350 000		-350 000	√仅调表
	营业外支出——非常损失		50 000		-50 000	
	库存商品			400 000		
2	长期待摊费用	A8	1 200 000			
	销售费用			1 200 000	+1 200 000	√
3	固定资产	A11	40 000 000			
	财务费用		80 000		-80 000	
	在建工程			4 080 000		
4	管理费用——折旧费	E2-1	100 000		-100 000	√
	累计折旧			100 000		
5	管理费用——提取坏账准备	E2-2	500 000		-500 000	√
	坏账准备			500 000		
6	本年利润		39 600		-39 600	
	应交税费——应交所得税			39 600		
7	本年利润		80 400			
	利润分配——未分配利润			80 400		
8	利润分配——未分配利润		12 060			
	盈余公积			12 060		

被审计单位代表：胡海　　　　　　　参加人员：高虎、刘磊
项目负责人：王华　　　　　　　　　审计人员：郑易、顾全明、原虹
双方签字：胡海、王华　　　　　　　签字日期：2006/2/4
√：被审计单位接受调整建议

[实训]表 10-5　未调整不符事项汇总表

被审计单位：东方公司　　　编制：王华　　28/1/2006　　　　索引号：Z12
会计期间：2005　　　　　　复核：李明　　28/1/2006　　　　页　次：

序　号	调整内容及项目	索引号	调整金额		备　注
			借　方	贷　方	
1	管理费用——折旧费	A10	41 800		×
	累计折旧			41 800	
2	应收票据	D1	50 000		×
	主营业务收入			50 000	
3	主营业务成本		35 000		×
	库存商品			35 000	

未予调整的影响：　　金额　　　　　百分比
1. 净利润　　　　　　　　　　　0.1%
2. 净资产
3. 总资产　　　　　126 800　　　0.05%

审计结论：汇总的不作调整的核算误差没有超过重要性水平，可以不作调整

被审计单位代表：胡海　　　　　　参加人员：高虎、刘磊
项目负责人：王华　　　　　　　　审计人员：郑易、顾全明、原虹
双方签字：胡海、王华　　　　　　签字日期：2006/2/4
×：被审计单位可以不接受调整建议

[实训]表 10-6　重分类分录汇总表

被审计单位：东方公司　　　编制：王刘　　28/1/2006　　　　索引号：Z10
会计期间：2005 年　　　　　复核：李明　　28/1/2006　　　　页　次：

序　号	调整内容及项目	索引号	调整金额		备　注
			借方	贷方	
1	应收账款	A5	20 000 000		应收账款贷方余额，调表不调账 √
	预收账款			20 000 000	

被审计单位代表：胡海　　　　　　参加人员：高虎、刘磊
项目负责人：王华　　　　　　　　审计人员：郑易、顾全明、原虹
双方签字：胡海、王华　　　　　　签字日期：2006/2/4
√：被审计单位接受调整建议

4）假如被审计单位对上述应调整事项均同意进行调整，则 CPA 该出具无保留意见类型的审计报告。

5）假如被审计单位对上述应调整事项均不同意进行调整，则 CPA 该出具否定意见类型的审计报告。

6）假如被审计单位除第⑥项外（固定资产事项）其余均同意调整，则 CPA 该出具保留意见类型审计报告。导致保留意见的事项段落如下（其他段落省略）：

"经审计，我们发现贵公司有一栋办公大楼，于 2004 年 12 月已交付使用，但由于工程的决算没有经过审计，2005 年贵公司仍将此办公大楼挂在在建工程中，2005 年借款利息资本化 8 万元仍增加在办公大楼的价值中，年末办公大楼总价值

为 4 008 万元。我们认为,按《企业会计准则》的有关规定,在建工程在完工交付使用的尚未办理竣工决算时,应根据工程预算、造价或者实际成本等,按估计的价值转入固定资产,并按规定计提固定资产折旧。待办理竣工决算手续后再调整。为购建该固定资产的借款利息自投入使用不得予以资本化,应记入当期损益。但贵公司未接受我们的意见。该事项使贵公司 2005 年 12 月 31 日资产负债表的固定资产增加 40 000 000 元,在建工程减少 40 080 000 元,累计折旧增加 1 000 000 元,该年度利润表净利润减少 1 080 000 元"。

7)编制试算平衡表审计工作底稿。

东方公司 2005 年 12 月 31 日资产负债表试算平衡表审计工作底稿见[实训]表 10-7。

[实训]表 10-7 资产负债表试算平衡表审计工作底稿

金额单位:元

项 目	审计前金额	调整金额		审定金额	重分类调整		报表反映数
	借 方	借 方	贷 方	借 方	借 方	贷 方	借 方
货币资金	192 640 000.00						
交易性金融资产							
应收票据							
应收股利							
应收利息							
应收账款	304 000 000.00						
减:坏账准备							
其他应收款							
预付账款	41 730 000.00						
应收补贴款							
存货	279 560 000.00						
待摊费用	15 650 000.00						
一年内到期的长期债权投资							
其他流动资产							
长期股权投资	30 000 000.00						
固定资产原价	487 720 000.00						
减:累计折旧	117 400 000.00						
减:固定资产减值准备	50 000 000.00						
工程物资							
在建工程	98 800 000.00						
固定资产清理							
无形资产	10 125 000.00						
长期待摊费用							
其他长期资产							
递延税款借项							
合 计	1 292 825 000.00						

续表

项　目	审计前金额	调整金额		审定金额	重分类调整		报表反映数
	贷　方	借　方	贷　方	贷　方	借　方	贷　方	贷　方
交易性金融负债							
短期借款	17 300 000.00						
应付票据	150 000 000.00						
应付账款	202 000 000.00						
预收账款	46 900 000.00						
应付职工薪酬	2 075 000.00						
应交税费	59 280 000.00						
其他应付款	9 750 000.00						
预提费用							
预计负债							
一年内到期的长期负债							
其他流动负债							
长期借款	47 680 000.00						
应付债券							
长期应付款							
专项应付款							
其他长期负债							
递延税款贷项							
股本	500 000 000.00						
资本公积	96 180 000.00						
盈余公积	6 660 000.00						
其中: 法定公益金	2 220 000.00						
未分配利润	155 000 000.00						
合计	1 292 825 000.00						

东方公司 2005 年度利润及所有者权益变动表试算平衡表审计工作底稿见[实训]表 10-8。

[实训]表 10-8　利润及所有者权益变动表试算平衡表审计工作底稿

金额单位：元

项　目	审计前金额	调整金额		审定金额
		借　方	贷　方	
一、营业收入	600 000 000.00			
减：营业成本	410 000 000.00			
营业税金及附加	2 000 000.00			
销售费用	17 500 000.00			
管理费用	39 140 000.00			
财务费用	30 247 164.20			
加：投资收益	16 640 000.00			
二、营业利润	117 752 835.80			
加：营业外收入				
减：营业外支出	320 000.00			
三、利润总额	117 432 835.80			
减：所得税费用	37 432 835.80			
四、净利润	80 000 000.00			
加：年初未分配利润	75 000 000.00			
五、可供分配的利润	155 000 000.00			
减：提取法定盈余公积				
提取法定公益金				
六、可供投资者分配的利润	155 000 000.00			
减：应付优先股股利				
提取任意盈余公积				
应付普通股股利				
转作股本的普通股股利				
七、未分配利润	155 000 000.00			

实训十一　审计方法实训

一、审阅法

1. 实训资料

澳达公司 2007 年 5 月产品销售费用明细账见[实训]表 11-1。

[实训]表 11-1　产品销售费用明细账

金额单位：元

2007年 月	日	摘要	包装费	运输费	装卸费	保险费	广告费	展览费	其他
5	1	付 1#产品包装费	2 500						
5	2	付报刊广告费					3 000		
5	3	付展览公司展览费						9500	
5	3	付运费		650					
5	5	招待客户用餐费							1 050
5	7	付装卸费			400				
5	8	付赔偿金							6 000
5	11	付 2#产品包装费	3 000						
5	13	付车站装卸费			860				
5	18	付销货合同违约金							4 000
5	22	付电台产品广告费					4 000		
5	26	付运输保险费				1480			
5	31	付门市部职工工资							2 650
5	31	付门市部差旅费							1 200
5	31	销售费用结转	8 500	650	2260	1480	9 000		21 890

2. 实训要求

对产品销售费用明细账进行审阅，判断存在（或可能存在）的问题。

3. 参考答案

招待客户用餐应计入"管理费用"账户，付赔偿金、付销货合同违约金应计入"营业外支出"账户。澳达公司产品销售费用明细账混淆费用支出界限，影响了对企业损益的正确反映，同时也影响了应纳税计算的正确性。另外，"销售费用结转"栏的数字计算也有错误。

二、重新计算

1. 实训资料

1）海天股份公司为经批准的上市公司，2006 年末股权总数为 2 000 万股。为了公司的进一步发展，经股东大会讨论决定并经主管部门批准，公司以 4:1 的比例进行配股，以扩大公司的股本。配股的资金于 2006 年 7 月 1 日由证券公司划入公司银行存款账户。配股后，公司的股权总数扩大到 2 500 万股。

2) 2006 年度财务报表附注列示公司每股净资产指标为每股 3.17 元，公司列示了以下计算公式，并对计算方法进行了说明。

$$每股净资产＝净资产总额/股权总数$$
$$＝71\,430\,400/（2\,000+500×6/12）＝3.17（元/股）$$

报表附注中说明，由于配股的资金是在 2006 年 7 月转入公司账户的，公司实际运用这些资金的时间只有半年，因此在计算每股净资产时，股权总数的确定采用了加权平均的方法。

2. 实训要求

运用重新计算的审计方法验证每股净资产，说明是否接受这一指标。

3. 参考答案

$$每股净资产＝净资产总额/股权总数$$
$$＝71\,430\,400/（2\,000+500）＝2.86（元/股）$$

对该指标不予接受。

三、调节法

1. 实训资料

S 公司 2006 年 12 月 31 日产品——羊毛衫明细账结存数量见[实训]表 11-2。

[实训]表 11-2　明细账结存数量

金额单位：元

品　种	一等品	二等品	三等品
男式	640	160	50
女式	880	220	100
童式	450	120	30

遵照审计人员的要求，该公司于 2007 年 1 月 15 日上午进行了盘点，盘点结果见[实训]表 11-3。

[实训]表 11-3　盘点一览表

金额单位：元

品　种	一等品	二等品	三等品
男式	608	216	46
女式	857	255	58
童式	414	56	20

查阅产成品仓库卡片，1 月 1 日至 14 日收付记录见[实训]表 11-4。

[实训]表 11-4　收付记录

金额单位：元

品　种	收　入			支　出		
	一等品	二等品	三等品	一等品	二等品	三等品
男式	1 240	160	50	1 172	204	54
女式	1 430	170	100	1 393	195	142
童式	640	160	50	666	224	60

2. 实训要求

根据 2007 年 1 月 15 日实际盘点结果，用调节法核实 2006 年 12 月 31 日结存数，并与原明细账结存数量核对，检查原记录的真实性和正确性。

3. 参考答案

见[实训]表 11-5。

[实训]表 11-5　调节法核实结存数

金额单位：元

品　种	一等品	二等品	三等品
男式	540	260	50
女式	820	280	100
童式	440	120	30

四、查询法

1. 实训资料

L 公司 2006 年 12 月 31 日应收账款明细资料见[实训]表 11-6。

[实训]表 11-6　L 公司 2006 年 12 月 31 日应收账款明细资料

金额单位：元

客　户	摘　要	发票号码	销售日期	金　额
东南公司	销售	00033212	1999 年 03 月	178 000
平阳批发站	销售	00067320	2003 年 04 月	56 000
市城建局	销售	00071912	2004 年 03 月	224 380
四海无线电二厂	销售	00071913	2004 年 04 月	9 000
西关民族乐器厂	销售	00072405	2005 年 06 月	1 200
晋源园林局	销售	00072488	2006 年 11 月	78 000
鱼洲联合垦殖场	销售	00072490	2006 年 11 月	51 200
合　计				597 780

2. 实训要求

根据上述资料说明是否对各项应收账款进行查询，查询哪些单位，采用什么方法进行查询，并说明理由。

3. 参考答案

对 2006 年 12 月 31 日以前的应收账款可分别采用询问及查询方法进行核查。其中对东南公司、平阳批发站、市城建局所欠货款，应采用询问（面询）方式予以重点调查。其他应收账款由于时间短或金额小，可以采用函询的方式予以核实。

五、核对法

1. 资料实训

华丰有限公司 2002 年 6 月 30 日编制的资产负债表部分项目金额如下：

1）"应收账款"项目 4 000 元。

2）"坏账准备"项目 500 元。

3）"预付账款"项目 1 500 元。

4）"存货"项目 266 000 元。

5）"待摊费用"项目 500 元。

6）"应付账款"项目 3 500 元。

7）"预收账款"项目 1 250 元。

8）"预提费用"项目-200 元。

9）"应交税金"项目 350 元。

10）"应付利润"项目 450 元。

11）"利润分配"项目 500 元。

经审计人员张明审查，该公司 2002 年 6 月末有关账户余额见[实训]表 11-7。

[实训]表 11-7　华丰有限公司 2002 年 6 月末有关账户余额

单位：元

总　账			所属明细账		
账　户	借　方	贷　方	账　户	借　方	贷　方
应收账款	4 000		A 公司 B 公司	5 000	1 000
预付账款	1 500		C 公司 D 公司	1 750	250
坏账准备		500			
材料采购	5 000		甲材料	5 000	
原材料	250 000		甲材料 乙材料	25 000 225 000	
低值易耗品	1 000				
材料成本差异		2 000			
产成品	4 000		丙产品	4 000	
委托代销商品	6 000		丙产品	6 000	
待摊费用	500				
应付账款		3 500	E 公司 F 公司	400	3 900
预收账款		1 250	G 公司 H 公司	150	1 400

续表

总　账			所属明细账		
账　户	借　方	贷　方	账　户	借　方	贷　方
预提费用	200				
应交税费		350			
应付利润		450			
利润分配		500	未分配利润		500

2. 实训要求

核对纠正华丰公司编制的资产负债表项目错误金额，并说明理由。

3. 参考答案

1) "应收账款"项目 5 150 元。

2) "坏账准备"项目-500 元。

3) "预付账款"项目 2 150 元。

4) "存货"项目 264 000 元。

5) "待摊费用"项目 700 元。

6) "应付账款"项目 4 150 元。

7) "预收账款"项目 2 400 元。

8) "预提费用"项目 0 元；其余正确。

六、分析程序

1. 实训资料

A 注册会计师对 X 公司 2004 年度会计报表进行审计，该公司为一均衡生产企业，2004 年度产销形势与上年相当，且未发生资产债务重组行为。A 注册会计师已经对该公司 2003 年度会计报表进行了审计，有关利润表的情况见[实训]表 11-8。

[实训]表 11-8　利润表

金额单位：元

项　目	2004 年度未审数/元	2003 年度审定数/元
一、主营业务收入	336 000 000	240 000 000
减：主营业务成本	262 000 000	204 000 000
主营业务税金及附加	1 720 000	1 200 000
二、主营业务利润	72 280 000	3 480 000
加：其他业务利润	700 000	686 000
减：营业费用	1 620 000	1 600 000
管理费用	10 550 000	9 000 000
财务费用	3 200 000	2 800 000
三、营业利润	57 610 000	22 086 000
加：投资收益	—	—
补贴收入	5 000 000	

续表

项　目	2004 年度未审数/元	2003 年度审定数/元
营业外收入	1 000 000	800 000
减：营业外支出	950 000	900 000
四、利润总额	62 660 000	21 986 000
减：所得税（33%）	20 677 800	7 255 380
五、净利润	41 982 200	14 730 620

2. 实训要求

在计划阶段，A 注册会计师准备利用分析性复核程序，确定重点审计项目，试代 A 注册会计师完成上述工作，指出该利润表的审计重点并简单说明理由。

3. 参考答案

1）主营业务收入：均衡企业，大幅度提高。

2）主营业务成本：毛利率，2004 年 21.5%，2003 年 14.5%。

3）营业费用：2004 年与 2003 年持平。

4）补贴收入：属于稳定项目。

5）营业外收支：偶然项目。

第四篇 习 题 篇

习题一 概 论

一、单项选择题

1. 1844 年到 20 世纪初是注册会计师审计形成阶段。下列说法错误的是（   ）。

    A. 当时的英国审计为详细审计，需要对每一笔会计账目进行审查

    B. 审计的目的是查错防弊，保护资产安全和完整

    C. 审计报告使用人更为突出债权人

    D. 注册会计师的法律地位得到法律确认

2. 注册会计师职业诞生的标志是（   ）。

    A. 1845 年英国修改《公司法》

    B. 1853 年爱丁堡会计师协会成立

    C. 1721 年英国"南海公司事件"

    D. 1887 年美国公共会计师协会成立

3. 下列有关审计方法的变化发展过程说法正确的是（   ）。

    A. 审计抽样的引入早于制度基础审计的建立

    B. 继风险导向审计之后，审计抽样与制度基础审计先后形成

    C. 制度基础审计的建立早于审计抽样的引入

    D. 继制度基础审计之后，审计抽样与风险导向审计先后形成

4. 注册会计师审计往往要对内部审计的情况进行了解，并考虑利用其工作成果，因为（   ）。

    A. 在审计监督体系中，内部审计的独立性最弱

B．在审计方式上，内部审计的安排最灵活

C．在审计内容和目的上，内部审计主要是检查各项内部控制的执行情况

D．在审计职责和作用上，注册会计师出具的审计报告具有鉴证作用

5．注册会计师审计起源于（　　）。

   A．意大利合伙企业制度   B．英国股份制企业制度

   C．美国现代企业制度   D．日本股份制企业制度

6．我国"审计"一词最早出现于（　　）。

   A．西周审计萌芽时期   B．隋唐时期

   C．宋代   D．元明清时期

7．审计最基本的职能是（　　）。

   A．经济评价   B．经济监督

   C．经济鉴证   D．经济管理

8．下列审计中，属于强制性审计的是（　　）。

   A．政府审计   B．经济效益审计

   C．任意审计   D．部门审计

9．我国审计机关由（　　）领导。

   A．中国 CPA 协会   B．财政部

   C．国务院   D．全国人民代表大会

10．以会计账目为直接审查对象的审计，称为（　　）。

   A．账项基础审计   B．制度基础审计

   C．风险导向审计   D．计算机信息系统审计

二、多项选择题

1．下列有关注册会计师审计提法正确的有（　　）。

A．注册会计师产生的直接原因是财产所有权和经营权的分离

B．注册会计师审计要适应商品经济的发展

C．注册会计师审计具有独立、客观、公正的特性

D．注册会计师审计随企业管理的发展而发展

2．关于审计的独立性，下列说法正确的有（　　）。

A．政府审计在独立性上体现为单向独立，仅独立于被审计单位

B．民间审计表现为双向独立，既独立于第三关系人，又独立于第一关系人

C．内部审计仅仅强调与所审的其他职能部门相对独立

D．民间审计独立行使审计监督权，不受其他行政机关、社会团体和个人的干涉

3．时至今日，称为四大国际事务所的是（　　）。

  A．普华永道   B．安永   C．毕马威

D. 德勤　　　　　　　　　E. 安达信

4. 截止 2006 年 10 月 31 日，下列关于全国事务所的数量和执业 CPA 的人数说法错误的是（　　　）。

　　A. 6 440；15 378　　　　　　　B. 6 440；72 037

　　C. 5 490；72 037　　　　　　　D. 2 560；72 037

5. CPA 进行年度会计报表审计时，应对被审计单位的内部审计进行了解，并可以利用内部审计的工作成果，这是因为（　　　）。

　　A. 内部审计是 CPA 审计的基础

　　B. 内部审计是被审计单位内部控制的重要组成部分

　　C. 内部审计和 CPA 审计在工作上具有一定程度的一致性

　　D. 利用内部审计工作成果可以提高 CPA 的工作效率

6. 关于独立审计（即社会审计/民间审计/CPA 审计）的下述提法，正确的有（　　　）。

　　A. 独立审计是随着商品经济的发展而发展的

　　B. 独立审计是由会计师事务所和注册会计师实施的审计

　　C. 独立审计的产生早于政府审计

　　D. 独立审计独立于政府和任何企业或经济组织

7. 有关审计与企业财务会计关系的下列表述中，正确的提法有（　　　）。

　　A. 审计与企业财务会计的目的均是提高企业的经济效益

　　B. 审计与企业财务会计的工作对象均是企业的经营管理活动

　　C. 审计是对企业财务会计认定的内容进行再认定

　　D. 审计是对企业财务会计监督的内容进行再监督

8. 下列关于注册会计师审计与政府审计的提法中，恰当的是（　　　）。

　　A. 注册会计师审计和政府审计均属于外部审计，相对于被审计单位而言，具有较强的独立性

　　B. 由于政府审计机构属于国家审计机关，所以较民间审计更具有独立性

　　C. 注册会计师审计与政府审计在审计目标上是不同的

　　D. 注册会计师审计和政府审计均依据独立审计准则执行审计业务

9. 下列关于抽样审计的说法中，正确的是（　　　）。

　　A. 在审计范围从会计账目扩大到资产负债表的同时，审计抽样得以初步发展

　　B. 在审计范围扩大到测试相关内部控制的同时，审计抽样方法得到了推广

　　C. 在制度基础审计方法得到推广的同时，审计抽样方法得以普遍运用

　　D. 现阶段，抽样方法已成为注册会计师审计中一种必须使用的方法

10. 现代审计（20 世纪 40 年代以后的管理审计、国际审计阶段）的重要标

志有（　　　）。

  A．抽样审计方法得到普遍运用

  B．风险导向审计

  C．计算机信息系统审计

  D．注册会计师审计业务扩大到代理纳税、会计服务、管理咨询等领域

三、判断题

  1．我国法律中规定民间审计独立行使审计监督权，不受其他行政机关、社会团体和个人的干涉。　　　　　　　　　　　　　　　　　　（　　　）

  2．审计就是查账。　　　　　　　　　　　　　　　　　　　（　　　）

  3．CPA 审计产生的直接原因是财产所有权和经营管理权的分离。（　　　）

  4．民间审计担负的是对全民财产的审计责任。　　　　　　　（　　　）

  5．风险导向审计要求 CPA 将审计资源分配到最容易导致会计报表出现重大错报的领域。　　　　　　　　　　　　　　　　　　　　　（　　　）

  6．以内部控制为基础的抽样审计被称为制度基础审计方法。（　　　）

  7．CPA 审计的特征是独立性、客观性、公正性。　　　　　　（　　　）

  8．在我国只准设立普通合伙或有限责任公司制的会计师事务所。（　　　）

  9．有限责任会计师事务所应以其全部资产对其债务承担有限责任。（　　　）

  10．凡依法批准设立的事务所，均为中国注册会计师协会的团体会员。（　　　）

四、简答题

  1．在审计监督体系中，为什么政府审计、内容审计和 CPA 审计这三方既相互联系又各自独立？

  2．在审计工作中，CPA 为什么必须考虑是否利用内部审计的工作成果？

参考答案

一、单项选择题

1．C　2．B　3．A　4．C　5．A　6．C　7．B　8．A　9．C　10．A

二、多项选择题

1．ABC　2．AC　3．ABCD　4．ACD　5．BCD　6．ABD　7．BCD　8．AC　9．ABC　10．ABCD

三、判断题

1．×　2．×　3．√　4．×　5．√　6．√　7．√　8．√　9．√　10．√

四、简答题

1. 答:

（1）在审计监督体系中，政府审计、内部审计和CPA审计都是现代审计体系的组成部分，三方既相互联系，又各自独立、各司其职、泾渭分明地在不同领域中实施审计。

（2）它们各有特点，相互不可替代，因此不存在主导和从属的关系。

（3）从发展的观点来看，随着政治的逐步民主化，以监督国家经济活动为主要特征的政府审计，将在更多的国家实施；随着企业规模的逐步扩大和内部管理的科学化，内部审计将得到更大的发展；随着经济的逐步市场化，CPA审计将在整个审计监督体系中占据日益重要的地位。

2. 答：任何一种外部审计在对一个单位进行审计时，都要对其内部审计的情况进行了解，并考虑是否利用其工作成果。这是因为：

（1）内部审计是单位内部控制的一个重要组成部分。外部审计人员在对被审计单位进行审计时，要对内部控制进行测评，就必须了解其内部审计的设置和工作情况。

（2）内部审计和外部审计在工作上具有一致性。这就为外部审计利用内部审计工作的成果创造了条件。

（3）利用内部审计工作成果可以提高工作效率，节约审计费用。外部审计人员在对内部审计工作进行评价以后，利用其全部或部分工作成果，可以减少现场测试的工作量，提高工作效率，从而节约被审计单位的审计费用。

习题二 注册会计师职业规范体系

一、单项选择题

1. 事务所应当周期性地选取已完成的业务进行检查，周期最长不得超过（　　）年。在每个周期内，应对每个项目负责人的业务至少选取（　　）项进行检查。
   - A. 3；1
   - B. 1；3
   - C. 1；1
   - D. 2；2

2. 2006 年 2 月 15 日，财政部发布了（　　）项中国 CPA 执业准则，自（　　）起在所有事务所施行。
   - A. 39；2007 年 1 月 1 日
   - B. 48；2006 年 7 月 1 日
   - C. 26；2006 年 7 月 1 日
   - D. 48；2007 年 1 月 1 日

3. 下列基于责任方认定的业务是（　　）。
   - A. 预测性财务信息审核
   - B. 产品质量鉴证
   - C. 会计核算系统鉴证
   - D. IT 系统鉴证

4. （　　）是 CPA 将鉴证业务风险降至该业务环境下可接受的水平，以此作为以消极方式提出结论的基础。
   - A. 验资
   - B. 历史财务信息审计
   - C. 会计服务
   - D. 财务报表审阅

5. 从下列鉴证业务结论的表述中，传达的是合理保证的鉴证业务的是（　　）。
   - A. 基于本报告所述的工作，我们没有注意到任何事项使我们相信，根据×标准×系统在任何重大方面是无效的
   - B. 基于本报告所述的工作，我们没有注意到任何事项使我们相信，责任方作出的"根据×标准×系统在所有重大方面是有效的"这一认定是不公允的
   - C. 我们认为，责任方作出的根据×标准×内部控制在所有重大方面是有效的
   - D. 我们认为，我们没有注意到任何事项使我们相信，根据×标准×系统在任何重大方面是无效的

6. 事务所（　　）对质量控制制度承担最终责任。
   - A. CPA
   - B. 项目负责人
   - C. 副主任会计师
   - D. 主任会计师

7. 事务所应当制定政策和程序，培育以（　　）的内部文化。
   - A. 客户为导向
   - B. 质量为导向
   - C. 服务为导向
   - D. 市场为导向

8. 由于我国上市公司财务报表审计涉及公众利益的范围大，因此，对所有的上市公司财务报表审计，要求定期轮换（　　）。

  A．事务所   B．项目小组

  C．项目负责人   D．项目经理

9. 在下列各项中，属于违反职业道德规范行为的是（　　）。

  A．CPA 按照业务约定和专业准则的要求完成委托业务

  B．CPA 应当对执行业务过程中知悉的商业秘密保密

  C．除有关法规允许的情形外，事务所不得以或有收费形式为客户提供鉴证服务

  D．CPA 可以对其能力进行广告宣传，但不得诋毁同行

10. 下列某事务所在南京日报上准备做的广告词中违反职业道德的是（　　）。

  A．本所已搬迁到南京市山西路 120 号江苏国贸大厦

  B．本所因业务拓展的需要，现招聘 10 名 CPA

  C．本所与江苏天润事务所合并，特此公告

  D．本所是南京地区服务第一、质量第一的优秀事务所

二、多项选择题

1. 下列各项中，符合 CPA 职业道德规范的有（　　）。

  A．事务所没有以降低收费的方式招揽业务

  B．事务所为争取更多的客户对其能力做广告宣传

  C．事务所可允许有条件的其他单位以本所名义承办业务

  D．事务所没有雇佣正在其他事务所执业的 CPA

2. 下列项目中可以作为鉴证对象的是（　　）。

  A．预测的财务状况、经营成果和现金流量

  B．企业的运营情况

  C．设备的生产能力

  D．企业的内部控制

3. 事务所的领导层应当树立质量至上的意识。事务所应当通过下列（　　）措施实现质量控制的目标。

  A．合理确定管理责任，以避免重商业利益轻业务质量

  B．建立以质量为导向的业绩评价、薪酬及晋升的政策和程序

  C．遵守职业道德规范

  D．投入足够的资源制定和执行质量控制政策和程序，并形成相关文件记录

4. CPA 对客户负有的责任是（　　）。

  A．按时按质完成委托业务

B. 保守执行业务中知悉的商业秘密

C. 不按服务成果大小收取报酬

D. 不得代行委托单位管理决策的职能

5. 下列情形不损害独立性的有（　　）。

    A. 2006 年 7 月，ABC 事务所按照正常借款程序和条件，向 X 银行以抵押贷款方式借款 1 000 000 元，用于购置办公用房

    B. 审计小组成员甲 CPA 的妻子自 2004 年年度起一直担任 X 银行的统计员

    C. ABC 事务所聘用律师协助开展工作，要求该律师书面承诺按照中国 CPA 职业道德规范的要求提供服务

    D. 乙 CPA 的妹妹在 V 商业银行财务部从事会计核算工作，但非财务部负责人，如出纳。乙 CPA 未予回避

6. 下列（　　）因素的存在，将鉴证业务风险降至零几乎不可能，也不符合成本效益原则。

    A. 选取特定项目

    B. 在决策时认为判断可能出现错误和由于人为失误而导致内部控制失效

    C. 小型企业拥有的员工通常较少，限制了其职责分离的程度

    D. 鉴证对象是矿产资源的储量

7. CPA 不能出具无保留结论的报告的情况有（　　）。

    A. CPA 的结论提及责任方的认定，且该认定未在所有重大方面作出公允表达

    B. CPA 的结论直接提及鉴证对象和标准，且鉴证对象信息存在重大错报

    C. 在承接业务后，如果发现标准或鉴证对象不适当，可能会误导预期使用者

    D. 在承接业务后，如果发现标准或鉴证对象不适当，造成工作范围受到限制，决定解除业务约定

8. 事务所可通过（　　）形式，传达以质量为导向的内部文化行动和信息。

    A. 培训研讨班　　　　　　　　　B. 非正式的谈话

    C. 职责说明书　　　　　　　　　D. 新闻通信

9. 甲 CPA 已连续五年担任 V 公司年度会计报表审计的签字 CPA。根据有关规定，在审计 V 公司 2006 年度会计报表时，ABC 事务所（是全国性 XYZ 事务所集团的成员）决定不再由甲担任签字 CPA。但在成立 V 公司 2006 年度会计报表审计项目组时，XYZ 事务所要求其继续担任外勤审计负责人。此时，ABC 事务所可以立即将相关信息告知（　　），以便他们采取适当的行动。

    A. 有关项目负责人　　　　　　　B. ABC 事务所的其他适当人员

    C. ABC 事务所聘用的专家　　　　D. XYZ 事务所的人员

10. ABC 事务所为了争揽业务，在报纸上做了广告，协会秘书长找所长谈话

提醒，说明事务所不宜刊登广告，下列理由中最具说服力的有（　　）。

    A. CPA 的服务质量及能力无法由广告内容加以评估

    B. 广告可能威胁专业服务的精神

    C. 广告可能威胁事务所的形象

    D. 广告可能导致同行之间的不正当竞争

三、判断题

1. 事务所不得以或有收费形式为客户提供鉴证服务。　　　　（　　）

2. CPA 只要在审计过程中保持了公正无偏的态度，在履行专业判断和发表审计意见时不依赖和屈从于外界的压力和影响，没有主观偏袒任何一方当事人，即可被认为恰当地遵守了独立性原则。　　　　（　　）

3. 执行审计业务的 CPA 不得为被审计单位提供代为编制会计报表等专业服务。　　　　（　　）

4. CPA 应当对其利用的专家工作结果负责，但专家应对其选用的假设和方法负责。　　　　（　　）

5. 事务所为某企业提供会计服务后，就不得接受该企业当年度的审计委托。　　　　（　　）

6. 事务所到外地承办审计业务，不需要当地任何政府部门的批准。（　　）

7. 财务报表审阅业务是一项有限保证的鉴证业务，在该业务中，CPA 主要通过询问、函证和分析程序来获取充分、适当的证据。　　　　（　　）

8. 事务所挑选不参与该业务的人员，在出具报告前，对项目组作出的重大判断和在准备报告时形成的结论作出客观评价的过程，项目质量控制复核并不减轻项目负责人的责任，更不能替代项目负责人的责任。　　　　（　　）

9. 事务所应当自业务报告宣告日起，对业务工作底稿至少保存 10 年。如果法律法规有更高的要求，还应保存更长时间。　　　　（　　）

10. 重要性与鉴证业务之间存在直接的关系，这种关系存在一种反向的关系。重要性水平越高，鉴证业务风险越低；重要性水平越低，鉴证业务风险越高。（　　）

四、简答题

1. 资料：X 银行拟申请公开发行股票，委托 ABC 事务所审计其 2004 年度、2005 年度和 2006 年度会计报表，双方于 2006 年底签定审计业务约定书。

假定 ABC 事务所及其审计小组成员与 X 银行及其他被审计单位存在以下（1）～（11）种情况。

要求：试分别针对下述情况，判断 ABC 事务所或相关 CPA 的独立性是否会受到损害，并简要说明理由。

（1）ABC 事务所与 X 银行签定的审计业务约定书约定：审计费用为 1 500 000

万元。X 银行在 ABC 事务所提交审计报告时支付 50%的审计费用，剩余 50%视股票能否上市决定是否支付。

（2）ABC 事务所的合伙人甲 CPA 目前担任 X 银行的独立董事。

（3）审计小组成员丙 CPA 自 2005 年以来一直协助 X 银行编制会计报表。

（4）甲 CPA 已连续 5 年担任 V 公司年度会计报表审计的签字 CPA。根据有关规定，在审计 V 公司 2006 年度会计报表时，ABC 事务所决定不再由甲 CPA 担任签字 CPA。但在成立 V 公司 2006 年度会计报表审计项目组时，ABC 事务所要求其继续担任外勤审计负责人。

（5）由于 V 公司降低 2006 年度会计报表审计费用近 1/3，导致 ABC 事务所审计收入不能弥补审计成本，ABC 事务所决定不再对 V 公司下属的两个重要的销售分公司进行审计，并以审计范围受限为由出具了保留意见的审计报告。

（6）V 公司由于财务困难，应付 ABC 事务所 2003 年度审计费用 100 万元一直没有支付。经双方协商，ABC 事务所同意 V 公司延期至 2005 年底支付。在此期间，V 公司按银行同期贷款利率支付资金占用费。（V 商业银行以 2003 年底经营亏损为由，要求 ABC 事务所降低一定数额的审计收费，但允诺给予其正在申请的购买办公楼的按揭贷款利率予以相应优惠。ABC 事务所同意了 V 商业银行的要求，并与之签订了补充协议。）（X 集团享有 X 事务所的净资产 200 万元，X 事务所在脱钩改制后的 1 年内不收审计费，3 年内无偿使用 X 集团提供的办公场所，五年后按市场价格租用。）（Y 事务所的 CPA 张三，将 A 公司的审计业务变更至 X 事务所，并利用业余时间参与审计工作，审计收费比前任事务所少 30%。X 事务所支付给张三业务收入的 10%。X 事务所制订的审计计划中主任会计师的工作时间为五天，而张三所的主任会计师的工作时间为 10 天。

（7）甲 CPA 持有 V 商业银行的股票 100 股，市值约 600 元。由于数额较小，甲 CPA 未将该股票售出，也未予回避。

（8）ABC 事务所与 V 商业银行信贷评审部进行业务合作：由信贷评审部介绍需要审计的贷款客户，ABC 事务所负责审计工作，最后由信贷评审部复核审计质量。鉴于双方各自承担的工作，相关审计收费由双方各按 50%比例分配。（X 事务所与审计部建立长期的业务合作关系，双方可互相帮助支持。X 事务所应参加每年审计部的内部审计工作，做到随叫随到，其主任会计师刘某担任审计部的高级顾问。审计部介绍集团外业务成功后，事务所应至少聘用一名审计部的人员共同组成审计小组，并向审计部支付该业务收入的 30%的专家费。）

（9）由于审计部没有能力对 X 集团下属企业的厂长离任实施审计，X 事务所应委派一名合伙人无偿对参与审计的人员进行离任审计业务的专项培训，并予以相关技术指导。X 事务所在业务繁忙，人手、经验不足时，应优先安排审计部人员参加。

（10）ABC 事务所将其简介委托 V 商业银行信贷部向申请贷款的客户赠送，

该简介内容真实、客观。(V公司在某国设有分支机构，该国允许事务所通过广告承揽业务，因此，ABC事务所委托该分支机构在该国媒体进行广告宣传，以招揽该国在中国设立的企业的审计业务。相关广告费已由ABC事务所支付。)

(11) 前任CPA对V公司2001年度会计报表出具了标准无保留意见审计报告，ABC事务所在审计过程中发现该会计报表存在重大错报，因认为事实已非常清楚，所以决定不再提请V公司与前任CPA联系。

2. 前后任会计师事务所如要沟通，沟通的内容有哪些？

3. 适当的标准应当具备哪些特征？

4. 简要说明如何做好一个合格的审计项目负责人。

参考答案

一、单项选择题

1. A 2. D 3. A 4. D 5. C 6. D 7. B 8. C 9. D 10. D

二、多项选择题

1. AD 2. ABCD 3. ABD 4. ABD 5. ABC 6. ABCD 7. ABC 8. ABCD 9. ABCD

10. ABD

三、判断题

1. × 2. × 3. √ 4. √ 5. × 6. √ 7. × 8. √ 9. × 10. √

四、简答题

1. 答：均对独立性产生威胁。

(1) 经济利益威胁。或有收费方式承办业务。

(2) 自我评价威胁。事务所的高级管理人员或员工不得担任鉴证客户的董事(包括独立董事)、经理及其他关键管理职务。

(3) 自我评价威胁。违反了会计咨询与审计业务不相容的原则。

(4) 关联关系威胁。会计师事务所的高级管理人员或签字注册会计师与鉴证客户长期交往，不担任签字注册会计师后又担任外勤审计负责人。

(5) 外界压力威胁。受到鉴证客户降低收费的压力而不恰当地缩小工作范围。

(6) 经济利益威胁。与鉴证客户存在专业服务收费以外的直接经济利益。(与鉴证客户存在专业服务收费以外的间接经济利益，与鉴证客户存在专业服务收费以外的直接经济利益。)

(事务所违反了职业行为中有关对同行的责任的规定：会计师事务所不得雇佣正在其他会计师事务所执业的注册会计师，注册会计师不得以个人名义同时在两家或两家以上的会计师事务所执业。事务所还违反了职业道德中不得以降低收费的方式招揽业务的规定。)

（7）经济利益威胁。与 V 商业银行存在除审计收费以外的直接经济利益，损害审计独立性。

（8）经济利益威胁。属于向第三方支付佣金或回扣，与 V 商业银行存在除审计收费以外的直接经济利益，损害审计独立性。（违反了不得以不正当手段招揽业务的规定。）

（9）X 事务所违反了 CPA 应当遵循技术规范执行业务的规定，其代行管理决策的职能。

（10）违反职业道德规范。不得不经邀请直接或请人向非客户发放。（违反职业道德规范。在跨国执行业务时，在允许做广告的国家执行业务的注册会计师，不应该在禁止做广告的国家通过出版或散发的报纸或杂志做广告来谋求优势。同样，在禁止做广告的国家执行业务的注册会计师，也不应在允许做广告的国家出版的报纸或杂志上做广告。）

（11）违反职业道德规范。应提请审计客户告知前任 CPA，并要求审计客户安排三方会谈，以便采取措施进行妥善处理。

2. 答：后任 CPA 向前任 CPA 询问的内容应当合理、具体，通常包括：

（1）是否发现管理层在诚信方面的问题。

（2）前任 CPA 与管理层在重大会计、审计等问题上存在的意见分歧。

（3）前任 CPA 从被审计单位监事会、审计委员会或其他类似机构了解到的管理层舞弊、违反法规行为以及内部控制的重大缺陷。

（4）前任 CPA 认为导致被审计单位变更事务所的原因。

3. 答：适当的标准应当具备下列所有特征：

（1）相关性：相关的标准有助于得出结论，便于预期使用者做出决策。

（2）完整性：完整的标准不应忽略业务环境中可能影响得出结论的相关因素，当涉及列报时，还包括列报的基准。

（3）可靠性：可靠的标准能够使能力相近的注册会计师在相似的业务环境中，对鉴证对象做出合理一致的评价或计量。

（4）中立性：中立的标准有助于得出无偏见的结论。

（5）可理解性：可理解的标准有助于得出清晰、易于理解、不会产生重大歧义的结论。注册会计师应当考虑运用于具体业务的标准是否具备上述特征，以评价该标准对此项业务的适用性。

4. 答：在实务工作中，项目负责人应当充分发挥示范作用和领导作用，除带头按照法律法规、职业道德规范和审计准则的要求执行审计工作，并实施事务所质量控制制度中只适用于单项审计业务的质量控制程序外，还要组织、协调和管理好整个项目组各成员的工作。只有这样，才能保证审计质量。在负责项目方面应做好下面几项工作：

（1）审计前应全面了解所分派项目的情况，总体评价审计风险。

1）查阅以前年度的审计底稿。

2）上网查阅有关被审计单位的各项定期报告和临时公告。

3）与被审计单位沟通，了解被审计单位以前年度遗留问题的解决情况和本期经营及效益情况，了解被审计单位本年度是否有重大的重组和投资等重大事项。

（2）及时全面地制定总体审计策略和重要审计领域的具体审计计划。

（3）认真组织现场审计，合理安排审计人员，督导其他审计人员的工作。

（4）把握重点审计领域和重点审计事项。

（5）认真复核审计底稿。

（6）善于与被审计单位沟通，对于重大事项应与其他审计人员、质监人员沟通，并及时向部门负责人及分管该项目的所有领导汇报。

（7）收集归纳审计问题，认真撰写审计报告。

（8）认真复核财务报表及其附注，撰写审计报告。

（9）关注审计报告出具后的期后事项。

（10）对审计项目组成员的工作做出评价。

习题三 审 计 目 标

一、单项选择题

1．"存在或发生"认定和"完整性"认定，分别与（　　）有关。
   A．财务报表要素的低估和高估
   B．财务报表要素的高估和低估
   C．财务报表要素的缩小错误和夸大错误
   D．财务报表要素的错误、舞弊和不法行为

2．"权利或义务"认定只与（　　）的组成要素有关。
   A．资产负债表　　　　　　　　B．利润表
   C．现金流量表　　　　　　　　D．全部财务报表

3．下列认定中，与利润表组成要素无关的认定是（　　）。
   A．存在或发生　　　　　　　　B．权利和义务
   C．计价和分摊　　　　　　　　D．截止或分类

4．具体审计目标"确认已存在的金额均已记录"，是由被审计单位管理层关于（　　）的认定推论得出的。
   A．存在或发生　　　　　　　　B．权利和义务
   C．计价和分摊　　　　　　　　D．完整性

5．交易和事项已记录于正确的会计期间是（　　）认定包括的内容。
   A．存在或发生　　　　　　　　B．权利和义务
   C．截止　　　　　　　　　　　D．计价和分摊

6．管理层对财务报表的下列认定中，CPA 通过分析存货周转率最有可能证实的是（　　）。
   A．存在或发生　　　　　　　　B．计价和分摊
   C．权利和义务　　　　　　　　D．完整性

7．甲公司将 2007 年度的主营业务收入列入 2006 年度的财务报表，则其 2006 年度财务报表存在错误的认定是（　　）。
   A．存在　　　　B．计价　　　　C．发生　　　　D．完整性

8．CPA 为明确被审计单位的会计责任获取的下列审计证据中，无效的审计证据是（　　）。
   A．审计业务约定书　　　　　　B．管理层声明书
   C．律师声明书　　　　　　　　D．管理建议书

9．在审计实施阶段，下列哪一个审计程序或概念必须运用（　　）。
   A．控制测试　　　　　　　　　B．实质性测试

　　　　C．分析程序　　　　　　　　　D．重要性

　10．下列各项中，（　　）违反了权利和义务认定。

　　　　A．将未发生的销售登记入账　　B．已发生的销售业务未登记入账

　　　　C．未将作为抵押物的存货披露　D．待摊费用摊销期限不恰当

二、多项选择题

　1．列入审计业务约定书中的所谓"审计范围"是要明确所审会计报表的
（　　）。

　　　　A．相应的审计范围　　　　　　B．名称

　　　　C．日期　　　　　　　　　　　D．期间

　2．一般地说，审计具体目标必须根据（　　）来确定。

　　　　A．被审计单位管理当局认定　　B．审计项目

　　　　C．审计总目标　　　　　　　　D．被审计单位会计报表的真实性程度

　3．完整性认定主要与下列（　　）项目的低估有关。

　　　　A．应付账款　　B．应收账款　　　C．应付票据　　　D．应收票据

　4．在会计报表审计阶段，审计的特征有（　　）。

　　　　A．审计目标向管理领域深入和发展

　　　　B．审计由静态审计发展到动态审计

　　　　C．增加了"管理审计"的内容

　　　　D．形成了一套较完整的理论和方法

　5．审计过程是指审计工作从开始到结束的整个过程，一般包括（　　）。

　　　　A．计划阶段　　　　　　　　　B．实施阶段

　　　　C．审计报告阶段　　　　　　　D．审计完成阶段

　6．事务所评价专业胜任能力，通常要评价（　　）。

　　　　A．确定审计小组的关键成员

　　　　B．评价独立性

　　　　C．评价保持应有的谨慎能力

　　　　D．考虑在审计过程中向外界专家寻求协助的需要

　7．被审计单位的会计责任包括（　　）。

　　　　A．建立、健全内部控制制度

　　　　B．保护资产的安全完整

　　　　C．保证会计资料的真实、合法和完整

　　　　D．保证财务报表的质量

8. 凡与（　　）有关的资料，均属于财务报表的审计范围。

　　A. 被审计单位内部控制制度　　B. 管理活动

　　C. 被审计财务报表　　　　　　D. CPA 审计意见

9. 事务所签署审计业务约定书前应了解的被审计单位基本情况包括（　　）。

　　A. 经营风险及经营情况　　　　B. 以前年度审计情况

　　C. 财务会计机构及工作组织　　D. 业务性质、经营规模和组织结构

10. 对于（　　）报表项目，注册会计师应侧重验证其"存在性"。

　　A. 存货　　B. 销售收入　　C. 应收账款　　D. 现金

三、判断题

1. 审计业务约定书具有经济合同性质，一经约定双方签字认可，即可成为注册会计师与委托人之间在法律上生效的契约。　　　　　　　　　　　　（　　）

2. 甲公司于×年 12 月 31 日向 B 公司发出商品 150 万元，次年 1 月 4 日办妥托收手续，甲公司在发出商品时，确认收入，A 公司的做法违反了"完整性"认定。　　　　　　　　　　　　　　　　　　　　　　　　　　　　　　（　　）

3. 独立检查发票金额同会计记录金额的一致性是检查计价。　　　　（　　）

4. 审计工作的测试限制和内部控制的固有局限性均导致注册会计师在形成审计意见时，仍然不能排除某些重要问题未被发现的可能性。　　　　　　（　　）

5. 如果被审计单位在账簿中登记了未发生的经济业务，则其违反了完整性认定。　　　　　　　　　　　　　　　　　　　　　　　　　　　　　　　（　　）

6. 会计师事务所无论承办何种业务，都要与委托人签订业务约定书。（　　）

7. 实施 2006 年度主营业务收入的截止测试时，CPA 应该以该年度的销售发票为起点，以检查是否高估主营业务收入。　　　　　　　　　　　　　（　　）

8. CPA 在对财务报表审计时，可以只关注与财务报表编制和审计有关的内部控制，而不对内部控制本身发表鉴证意见。　　　　　　　　　　　　（　　）

9. 甲 CPA 审计 W 公司 2006 年度财务报表时，一般情况下，甲应将管理费用划入购货与付款循环。　　　　　　　　　　　　　　　　　　　　　（　　）

10. 在将审计业务变更为执行商定程序业务时，CPA 可在报告中提及已执行的程序。　　　　　　　　　　　　　　　　　　　　　　　　　　　　　（　　）

四、简答题

1. CPA 通常依据各类交易、账户余额和列报的相关认定确定审计目标，根据审计目标设计审计程序。下表给出了应收账款的相关认定。

应收账款的相关认定	审计目标	审计程序
存在		（1）
		（2）
权利		（1）
		（2）
完整性		（1）
		（2）
计价		（1）
		（2）

　　要求：请根据表中给出的相关认定确定审计目标，并针对每一审计目标简要设计两项审计程序，将答案直接填入给定的表格内即可。

　　2. XYZ 公司是一家大型家电上市公司。ABC 事务所在接受审计委托后，委派甲 CPA 担任 2006 年度财务报告审计项目负责人。经过审计，甲 CPA 发现下列事项。

　　（1）XYZ 公司 2006 年 12 月 31 日没有销售 A 商品给 B 公司，但在销售日记账中却记录了一笔销售 A 商品 8 000 万元。

　　（2）XYZ 公司 2006 年 12 月 31 日实际销给 C 公司商品 4 000 万元，但在销售明细账和总账中未发现有此记录。

　　（3）在销售明细账中，发出商品的数量与账单上的数量不符，查明是开账单时使用了错误的销售价格，比实际少计 300 万元。

　　（4）XYZ 公司 2006 年 12 月 31 日实际销售给 D 公司商品 6 000 万元，入账时间是 2007 年 1 月 8 日。

　　（5）XYZ 公司 2006 年 12 月 31 日实际销售给 E 公司商品 10 万元，采取现金交易，由于该企业是老客户，会计记录为赊销。

　　（6）在 XYZ 公司应收账款明细表中发现应收 F 公司的账款 2 000 万元，经函证和实施相应的替代程序，F 公司根本没有购买过 XYZ 公司商品。

　　（7）XYZ 公司将 G 公司寄售商品列入其存货盘点范围内。

　　（8）在 XYZ 公司销售发运单中发现应收 H 公司的账款 500 万元，但在应收账款明细表中却没有发现对 H 公司应收账款的记录。

　　（9）甲 CPA 发现的错报要求 XYZ 公司调整，财务总监同意在审计后调整。

　　（10）复核董事会会议记录时发现了固定资产抵押，但财务报表附注没有披露。

　　（11）检查关联方和关联交易时，发现 XYZ 公司销售给子公司 9 000 万元，但在财务报表中反映的数据只有 2 000 万元。

　　（12）XYZ 公司未将一年内到期的长期负债 1 000 万元列为流动负债。

　　（13）XYZ 公司的财务报表附注中说明家电存货成本核算方法是个别计价法，但经查明实际运用的是加权平均法。

要求：试着代甲 CPA 分析判断公司这些交易、事项、账户余额和列报违反了哪些管理层在财务报表上的认定？将判断结果用"√"填列在下表中。

事 项	发 生	完整性	准确性	截 止	分 类	准确性和计价	计价和分摊	存 在	权利和义务	发生及权利和义务	分类和可理解性
1											
2											
3											
4											
5											
6											
7											
8											
9											
10											
11											
12											
13											

五、综合题

下表共列示了投资、应收账款和固定资产项目的若干审计目标及可能实施的主要审计程序。试着针对每一审计目标，选出能够实现该审计目标的一项最佳审计程序，将其英文大写字母编号填列在题后表格内，每一项审计程序最多只能被选择一次。

审计项目名称	审计目标	审计程序
投资	（1）在财务报表中，投资项目的分类反映恰当 （2）在资产负债表日，会计记录所反映的投资确实归属被审计单位 （3）投资的计价准确	A. 将投资项目各明细账期初余额与上年度审计工作底稿核对 B. 确定负债转让有价证券的职员没有接触现金、银行存款等 C. 检查长期投资与短期投资在分类上相互划转已进行正确的会计处理 D. 抽查投资交易记录原始凭证、证实有关凭证是否已预先编号 E. 确定投资价格的任何波动已进行恰当的会计处理 F. 函证资产负债表日被托管的所有有价证券 G. 将重大投资交易记录与董事会会议纪要核对，确定所有的交易均已经批准或授权
应收账款	（4）在资产负债表日，应收账款记录完整 （5）在资产负债表日，被审计单位对所有的应收账款均具有法定收款权 （6）在资产负债表日，应收账款余额正确 （7）在财务报表中，应收账款分类反映恰当	A. 分析应收账款同销售的比例关系，并同期前比较 B. 实施销售截止测试，确定销售业务和相应的存货及销货成本记录在恰当的会计期间 C. 按计提坏账准备的范围、标准测算已提坏账准备是否充分，并提请调整大额差异 D. 检查销售退回和折让是否附有按顺序编号并经主管人员核准的贷项通知单 E. 复核所有贷款协议，确定应收账款已作抵押 F. 抽查被审计单位职员及有关部门的暂借款项的记录，确定已计入正确的账户 G. 分析应收账款各月末余额与应付账款月末余额的非正常比例关系

续表

审计项目名称	审计目标	审计程序
固定资产	（8）被审计单位对所审计会计期间内所增固定资产享有所有权 （9）在资产负债表日，所有在册固定资产均存在 （10）在资产负债表日，所有固定资产的净值均已正确计量	A. 将固定资产明细账期初余额与上年度审计工作底稿核对 B. 复核折旧费用的计提并确定固定资产有效使用年限及折旧方法同以前年度一贯 C. 确定固定资产记录部门与保管使用部门的职责分离 D. 审查固定资产契约和保险单据 E. 实施截止测试，证实固定资产维修费用已记入恰当的会计期间 F. 确定所有机器设备均已保险 G. 实地检查所有主要的机器设备

审计目标	（1）	（2）	（3）	（4）	（5）	（6）	（7）	（8）	（9）	（10）
审计程序										

参考答案

一、单项选择题

1．B　2．A　3．B　4．D　5．C　6．B　7．C　8．D　9．B　10．C

二、多项选择题

1．BCD　2．AC　3．AC　4．ABCD　5．ABD　6．ABCD　7．ABCD　8．CD　9．ABCD 10．ACD

三、判断题

1．×　2．×　3．√　4．×　5．×　6．√　7．×　8．√　9．√　10．√

四、简答题

1．答：

应收账款的相关认定	审计目标	审计程序
存在	应收账款是否存在	（1）向客户函证 （2）检查销售合同、销售发票和发运凭证
权利	应收账款是否归被审计单位所有	（1）检查销售合同、销售发票和发运凭证 （2）以应收账款明细账为起点，检查有关合同，确定是否已经贴现、出售或质押
完整性	应收账款增减变动记录是否完整（或所有应当记录的应收账款是否均已记录）	（1）选取发运凭证、追查至销售发票和银行存款日记账、应收账款明细账 （2）选取销售发票、追查至发运凭证和银行存款日记账、应收账款明细账
计价	应收账款是否可以收回，计提的坏账准备是否适当	（1）检查期后已收回应收账款情况 （2）分析应收账款账龄，确定坏账准备计提是否适当

2. 答:

事 项	发 生	完整性	准确性	截 止	分 类	准确性和计价	计价和分摊	存 在	权利和义务	发生及权利和义务	分类和可理解性
1	√										
2		√									
3			√								
4				√							
5					√						
6								√			
7									√		
8		√									
9							√				
10										√	
11						√					
12											√
13						√					

五、综合题

审计目标	(1)	(2)	(3)	(4)	(5)	(6)	(7)	(8)	(9)	(10)
审计程序	C	F	E	B	E	C	F	D	G	B

习题四　审计证据与审计工作底稿

一、单项选择题

1. 在下列各类审计证据中，证明力最强的是（　　）。
   A. CPA 自行编制的往来账项调节表　　　B. 应收账款函证的回函
   C. 被审计单位自己编制的现金盘点表　　D. 应付账款函证的回函

2. 下列审计证据中，证明力最强的是（　　）。
   A. 监盘所获取的库存现金盘点表
   B. 观察所获取的固定资产内控执行情况的记录
   C. 已经获得被审计单位以外的第三方所确认的会计凭证
   D. 已经获得银行存款调节表佐证的口头证据

3. 风险评估程序包括（　　）。
   A. 询问　　　B. 分析程序　　　C. 控制测试　　　D. 观察和检查

4. CPA 在审计过程中怀疑被审计单位发出存货却没有给顾客开票，需要确认销售是否完整。CPA 应当从发货单中选取样本，追查与每张发货单相应的销售发票副本，以确定是否每张发货单均已开具发票。如果 CPA 从销售发票副本中选取样本，并追查至与每张发票相应的发货单，由此所获得的证据与（　　）目标就不相关。
   A. 真实性　　　B. 完整性　　　　C. 可理解性　　　D. 准确性

5. CPA 实施的下列程序中，（　　）是重新执行。
   A. CPA 利用被审计单位的银行存款日记账和银行对账单，重新编制银行存款余额调节表，并与被审计单位编制的银行存款余额调节表进行比较
   B. 对应收账款余额和银行存款的函证
   C. 以人工方式或使用计算机辅助设计技术，对记录或文件中的数据计算的准确性进行核对
   D. 对客户执行的存货盘点或控制活动进行观察

6. 实物证据通常能证明（　　）。
   A. 实物资产的所有权　　　　　　　B. 实物资产是否存在
   C. 实物资产的计价准确性　　　　　D. 有关会计记录是否正确

7. 事务所接受委托对被审计单位进行审计所形成的审计工作底稿，其所有权应归属于（　　）。
   A. 事务所　　　　　　　　　　　　B. 被审计单位
   C. 进行审计的 CPA　　　　　　　　D. 委托单位

8. 审计工作底稿的归档期限为审计报告日后的（　　　）天内。

    A. 30　　　　　　　　B. 60　　　　　　　　C. 90　　　　　　　　D. 180

9. 有关审计证据可靠性的下列表述中，CPA 认同的是（　　　）。

    A. 书面证据与实物证据相比是一种辅助证据，可靠性较弱

    B. 内部证据在外部流转并获得其他单位承认，则具有较强的可靠性

    C. 被审计单位管理层声明书有助于审计结论的形成，具有较强的可靠性

    D. 环境证据比口头证据重要，属于基本证据，可靠性较强

10. 下列不属于分析程序的是（　　　）。

    A. 本期销售收入的实际数与计划数比较

    B. 销售利润率与行业平均水平比较

    C. 应收账款前后两年的差额

    D. 将本年期初余额与上年期末余额比较

二、多项选择题

1. 属于实质性测试程序的有（　　　）。

    A. 交易实质性测试　　　　　　　　B. 余额实质性测试

    C. 会计信息分析程序　　　　　　　　D. 非会计信息应用的分析程序

2. 运用分析程序的方法，可以达到的审计目标有（　　　）。

    A. 计价和分摊　　　B. 存在　　　C. 准确性　　　D. 分类

3. 注册会计师对会计报表审计的审计程序，按其运用目的进行分类，可以分为（　　　）。

    A. 风险评估程序

    B. 控制测试程序

    C. 实质性测试程序

    D. 对被审计单位会计报表发表审计意见的程序

4. 注册会计师在通过实质性测试程序获取审计证据时，应考虑的相关事项是（　　　）。

    A. 资产负债是否存在

    B. 资产负债在某一特定时日的归属性

    C. 资产或负债的内部控制是否有效

    D. 收入和费用是否归属当期并相互匹配

5. 下列关于三种审计程序的说法中正确的是（　　　）。

    A. 在评估认定层次重大错报风险时，预期控制的运行是有效的，CPA 应当实施控制测试以支持评估结果

    B. 仅实施实质性程序不足以提供认定层次充分、适当的审计证据，CPA 应当实施控制测试，以获取内部控制运行有效性的审计证据

C. CPA 可以通过实施风险评估程序获取充分、适当的审计证据，作为发表审计意见的基础

D. 无论评估的重大错报风险如何，CPA 均应当针对所有重大的各类交易、账户余额、列报实施实质性程序，以获取充分、适当的审计证据

6. 如果小型被审计单位会计记录不完整、内部控制不存在或管理层缺乏诚信，可能导致无法获取充分、适当的审计证据，CPA 不应当考虑（　　　）。

A. 主要采取实质性程序

B. 拒绝接受委托或解除业务约定

C. 根据审计范围受到限制的程度出具保留意见或无法表示意见的审计报告

D. 在审计业务约定书载明 CPA 和业主各自的责任

7. 在记录实施审计程序的性质、时间和范围时，CPA 应当记录测试的特定项目或事项的识别特征。如在对被审计单位生成的订购单进行细节测试时，CPA 一般不可能以（　　　）作为测试订购单的识别特征。

A. 订购单中记录的采购项目　　　B. 订购单中记录的采购金额

C. 订购单的编号　　　　　　　　D. 订购单的供货商

8. 下列有关审计证据的充分性和适当性的说法中正确的有（　　　）。

A. 审计证据的充分性是对审计证据数量的衡量

B. 审计证据的适当性是对审计证据质量的衡量

C. 错报风险越大，需要的审计证据可能越多；审计证据质量越高，需要的审计证据可能越少

D. CPA 可以依靠获取更多的审计证据来弥补质量上的缺陷

9. CPA 在对某客户进行审计的过程中，关于收集到的审计证据，正确的说法有（　　　）。

A. 销货发票副本比购货发票更为可靠

B. 审计助理人员盘点存货的记录比客户自编的存货盘点表更为可靠

C. 审计人员收回的应收账款函证回函比询问客户应收账款负责人的记录更为可靠

D. 从客户以外的机构或人员取得的书面证据比客户自行编制的书面证据要可靠

10. 下列文件中通常应作为审计工作底稿保存的有（　　　）。

A. 重大事项概要　　　　　　　B. 财务报表草表

C. 有关重大事项的往来信件　　D. 对被审计单位文件记录的复印件

三、判断题

1. 在完成最终审计档案的归整工作后，如果发现有必要修改现有审计工作底稿，CPA 只需记录修改审计工作底稿对审计结论产生的影响。 （ ）

2. 从一般意义上讲，在我国，审计档案的所有权应属于执行该项业务的 CPA 保管。 （ ）

3. 如果识别出的信息与针对某重大事项得出的最终结论相矛盾或不一致，CPA 应当记录形成最终结论时如何处理该矛盾或不一致的情况。 （ ）

4. CPA 获取审计证据时，不论是重要的审计项目，还是一般的审计项目，均应考虑成本效益原则。 （ ）

5. 对审计工作底稿作出的变动如果发生在归整工作结束前，无论是否出具新的审计报告，原审计工作底稿中的内容均构成了原审计报告的支持性证据。（ ）

6. 细节测试和实质性分析程序的审计工作底稿所记录的审计程序基本相同，但两类审计工作底稿都应当充分、适当地反映 CPA 执行的审计程序。 （ ）

7. 记录如何处理识别出的信息与针对重大事项得出的结论相矛盾或不一致的情况是非常必要的，它有助于 CPA 关注这些矛盾或不一致，并对此执行必要的审计程序以恰当地解决这些矛盾或不一致。因此，CPA 需要保留不正确的或被取代的资料。 （ ）

8. 某 CPA 通过检查委托加工协议发现被审计单位有委托加工材料，且委托加工材料占存货比重较大，如果 CPA 发函询证后证实委托加工材料已加工完成并返回被审计单位，委托加工协议和询证函回函这两个不同来源的证据不一致，委托加工材料是否真实存在受到质疑。这时，CPA 应追加审计程序，确认委托加工材料收回后是否未入库或被审计单位收回后予以销售而未入账。 （ ）

9. 存货监盘是证实存货存在性认定的不可替代的审计程序，CPA 在审计中不得以检查成本高和难以实施为由而不执行该程序。 （ ）

10. 风险评估程序并不能识别出所有的重大错报风险，虽然它可作为评估财务报表层次和认定层次重大错报风险的基础，但并不能为发表审计意见提供充分、适当的审计证据。所以为了获取充分、适当的审计证据，CPA 还需要实施进一步审计程序，包括实施函证询问和分析程序。 （ ）

四、简答题

甲 CPA 在对 F 公司 2005 年度会计报表进行审计时，收集到以下六组审计证据：
（1）收料单与购货发票。
（2）销货发票副本与产品出库单。
（3）领料单与材料成本计算表。
（4）工资计算单与工资发放单。

（5）存货盘点表与存货监盘记录。

（6）银行询证函回函与银行对账单。

要求：试分别说明每组审计证据中哪项审计证据较为可靠，并简要说明理由。

五、综合题

根据下列审计工作底稿的内容，指出其中错误所在，并列出至少六个常用的审计符号。

业务类审计工作底稿基本格式

	签　名	日　期	索引号
编制人	王　衡	12.31	E
复核人	洪　实	12.30	页次

被审计单位名称：ABC 股份有限公司

审计项目名称：原材料

会计期间或截止日：2006.1.1～2006.12.31

索引号	审计内容及说明	金　额
A	审计程序实施记录（略）	
K	审计标识说明	
E	资料来源说明	
审计结论	原材料没问题	

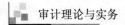

参考答案

一、单项选择题

1. B　2. A　3. B　4. B　5. A　6. B　7. A　8. B　9. B　10. D

二、多项选择题

1. ABCD　2. ABCD　3. ABC　4. ABD　5. ABD　6. ACD　7. ABD　8. ABC　9. BCD　10. ACD

三、判断题

1. ×　2. ×　3. √　4. ×　5. √　6. ×　7. ×　8. √　9. √　10. ×

四、简答题

答：

（1）购货发票比收料单可靠。这是因为购货发票来自于公司以外的机构或人员，而收料单是公司自行编制的。

（2）销货发票副本比产品出库单可靠。这是因为销货发票是在外部流转，并获得公司以外的机构或个人的承认；而产品出库单仅在公司内部流转。

（3）领料单比材料成本计算表可靠。这是因为领料单被预先连续编号，并且经过公司不同部门人员的审核，而材料成本计算表只在会计部门内流转。

（4）工资发放单比工资计算单可靠。这是因为工资发放单需经会计部门外的工资领取人签字确认，而工资计算单只在会计部门内部流转。

（5）存货监盘记录比存货盘点表可靠。这是因为存货监盘记录是 CPA 自行编制的，而存货盘点表是公司提供的。

（6）银行询证函回函比银行对账单可靠。这是因为银行询证函回函是 CPA 直接获取的，未经公司有关职员之手，存在伪造、涂改的可能性小。

五、综合题

答：

1. 底稿中的错误有：

（1）截止日只能为时点不能为时期。

（2）编制人签名时间应在复核人之前。

（3）页次应为阿拉伯数字。

（4）索引号与右上角索引号重复。

（5）审计程序实施记录不能省略。

（6）审计标识说明不存在不适用。

（7）金额缺少。

（8）审计结论不能用绝对肯定的说法。

（9）资料来源未进行说明。

2. 常用的审计符号有：

∧：纵加核对

B：与上年结转数核对一致

G：与总分类核对一致

T/B：与试算平衡表核对一致

C\：已收回询证函

＜：横加核对

T：与原始凭证核对一致

S：与明细账核对一致

C：已发询证函

习题五　计划审计工作

一、单项选择题

1．虽然保持客户关系及具体审计业务和评价职业道德的工作贯穿审计业务的全过程，但是这两项活动需要安排在其他审计工作（　　），以确保 CPA 已具备执行业务所需要的独立性和专业胜任能力，且不因管理层诚信问题而影响 CPA 保持该项意愿等情况。

　　A．之前　　　　　　B．之中　　　　　　C．之后　　　　　　D．全过程

2．连续审计时，CPA 通常执行（　　）质量控制程序。

　　A．针对建立有关客户关系和承接具体审计业务

　　B．针对建立有关客户关系和具体审计业务

　　C．针对保持客户关系和承接具体审计业务

　　D．针对保持客户关系和具体审计业务的

3．应收账款年末余额为 5 000 万元，CPA 抽查 15%的样本发现金额有 200 万元的高估，高估部分为账面金额的 10%，据此 CPA 推断误差是（　　）。

　　A．200 万元　　　B．300 万元　　　C．400 万元　　　D．500 万元

4．CPA 在将净利润作为确定某被审计单位重要性水平的基础时，因情况变化使该被审计单位本年度净利润出现意外的增加或减少，CPA 可能认为选择（　　）作为确定重要性水平的基础更加合适。

　　A．本年度净利润　　　　　　B．上年度净利润

　　C．近几年的平均净利润　　　D．本年度平均净利润

5．CPA 在实施细节测试时发现最近购入存货的实际价值为 15 000 元，但账面记录的金额却为 10 000 元。因此，存货和应付账款分别被低估了 5 000 元，这里被低估的 5 000 元就是（　　）。

　　A．涉及主观决策的错报

　　B．已识别的对事实的具体错报

　　C．实质性分析程序推断出的估计错报

　　D．测试样本估计出的总体的错报

6．CPA 需要在（　　）之前，评估尚未更正错报单独或累积的影响是否重大。

　　A．收集审计证据　　　　　　B．编制审计工作底稿

　　C．出具审计报告　　　　　　D．签订业务约定书

7．CPA 根据客户的预算资料及行业趋势等要素，对客户年度销售费用独立做出估计，并与客户账面金额比较，发现两者间有 50%的差异；考虑到估计的精

确性有限，CPA 根据经验认为 10%的差异通常是可以接受的，而剩余 40%的差异需要有合理的解释，并取得佐证性证据；假定 CPA 对其中 30%的差异无法得到合理的解释或不能取得佐证，则该部分差异金额即为（　　）。

  A．推断误差   B．具体错报

  C．重大错报   D．判断差异

 8．在计划审计工作时，CPA 应当考虑导致财务报表发生重大错报的原因，并应当在了解被审计单位及其环境的基础上，确定一个可接受的重要性水平，即首先为财务报表层次确定重要性水平，以（　　）。

  A．确定进一步审计程序的性质、时间和范围

  B．确定风险评估程序

  C．发现在金额上重大的错报

  D．发现在性质上重大的错报

 9．CPA 在判断错报的性质是否重要时应当考虑的具体情况有（　　）。

  A．管理层通过错报来达到有关奖金或其他激励政策规定的要求，从而增加其报酬

  B．与被审计单位所处行业及其环境相关的关键性披露

  C．关联方交易

  D．管理层及治理层报酬

 10．如果尚未更正错报汇总数超过了重要性水平，对财务报表的影响可能是重大的，CPA 应当考虑通过扩大审计程序的范围或要求管理层调整财务报表降低审计风险。如果管理层拒绝调整财务报表，并且扩大审计程序范围的结果不能使 CPA 认为尚未更正的汇总数不重大，CPA 应当考虑出具（　　）的审计报告。

  A．无保留意见   B．非无保留意见

  C．标准报告   D．非标准报告

二、多项选择题

 1．CPA 开展初步业务活动有助于确保在计划审计工作时达到下列要求（　　）。

  A．CPA 已具备执行业务所需要的独立性

  B．不存在因管理层诚信问题而影响 CPA 保持该项业务意愿的情况

  C．CPA 已具备执行业务所需要的专业胜任能力

  D．与被审计单位不存在对业务约定条款的误解

 2．总体审计策略的作用有（　　）。

  A．用以确定审计范围、时间和方向

  B．指导制定具体的审计计划

  C．计划风险评估程序

D. 计划实施的进一步审计程序

3. 进一步审计程序的总体方案主要是指 CPA 针对各类交易、账户余额和列报决定采用的总体方案，包括（　　　）。

A. 控制测试 　　　　　　　　　B. 实质性方案

C. 综合性方案 　　　　　　　　D. 实质性程序

4. CPA 为审计工作制定具体的审计计划时，计划的其他审计程序可以包括（　　）。

A. 阅读含有已审计财务报表的文件中的其他信息

B. 风险评估程序

C. 计划实施的进一步审计程序

D. 与被审计单位律师直接沟通

5. 下列关于交易、账户余额、列报及其认定重大错报风险较高的，说法正确的有（　　　）。

A. 技术进步可能导致某项产品陈旧，进而导致存货易于发生高估错报（计价认定）

B. 对高价值的、易转移的存货缺乏实物安全控制，可能导致存货的存在性认定出错

C. 管理层缺乏诚信、治理层形同虚设而不能对管理层进行有效监督

D. 会计计量过程受重大计量不确定性影响，可能导致相关项目的准确性认定出错

6. CPA 在（　　　）时应考虑重要性及其与审计风险的关系。

A. 确定审计程序的性质、时间和范围

B. 确定认定层次的性质、时间和范围

C. 评价错报的影响

D. 评价审计风险的影响

7. 在既定的审计风险水平下，下列表述正确的有（　　　）。

A. 可接受的检查风险水平与认定层次重大错报风险的评估结果成正向关系

B. 可接受的检查风险水平与认定层次重大错报风险的评估结果成反向关系

C. 评估的重大错报风险越高，可接受的检查风险越低

D. 评估的重大错报风险越低，可接受的检查风险越高

8. 重要性与审计风险之间存在反向关系。通常，4 000 元的重要性水平比 2 000 元的重要性水平高。在理解两者之间的关系时，必须注意，重要性水平是 CPA 从财务报表使用者的角度进行判断的结果。如果重要性水平是 4 000 元，则意味着（　　　）。

A. 低于 4 000 元的错报不会影响到财务报表使用者的决策

B. 低于 4 000 元的错报会影响到财务报表使用者的决策

C. 此时 CPA 需要通过执行有关的审计程序来合理保证能发现高于 4 000 元的错报

D. 此时 CPA 不需要通过执行有关的审计程序来合理保证能发现高于 4 000 元的错报

9. 在确定审计程序后，如果 CPA 决定接受更低的重要性水平，审计风险将增加。CPA 应当选用下列（   ）方法将审计风险降至可接受的低水平。

A. 如有可能，通过扩大控制测试范围，降低评估的重大错报风险，并支持降低后的重大错报风险水平

B. 如有可能，通过实施追加的控制测试，降低评估的重大错报风险，并支持降低后的重大错报风险水平

C. 通过修改计划实施的实质性程序的性质，降低检查风险

D. 通过修改计划实施的实质性程序的时间和范围，降低检查风险

10. 如果已识别但尚未更正错报的汇总数接近重要性水平，CPA 应当考虑（   ）。

A. 扩大审计程序的范围

B. 该汇总数连同尚未发现的错报是否可能超过重要性水平

C. 通过实施追加的审计程序

D. 要求管理层调整财务报表降低审计风险

三、判断题

1. 项目负责人和项目组其他关键成员应当参与计划审计工作。　（　　）

2. 在实务中，事务所不必区别首次接受审计委托和连续审计的情况制定不同的质量控制程序。　（　　）

3. CPA 在了解被审计单位及其环境的过程中，注意到被审计单位对主要业务的处理依赖复杂的自动化信息系统，因此计算机信息系统的可靠性及有效性对其经营、管理、决策以及编制可靠的财务报告具有重大影响。对此，注册会计师可能会在具体的审计计划中制定相应的审计程序，并相应地调整总体审计策略的内容，做出利用信息风险管理专家工作的决定。　（　　）

4. 在实务中，CPA 也可以采用将审计总体审计策略和具体的审计计划合并为一份审计计划文件的方式，提高编制及复核工作的效率，增强其效果。（　　）

5. 计划审计工作是一个持续的、不断修正的过程，贯穿于整个审计业务的始终。　（　　）

6. CPA 应在评估检查风险的基础上，计划对项目组成员工作的指导、监督与复核的性质、时间和范围。　（　　）

7. 在评价审计程序结果时，CPA 确定的重要性和审计风险，可能与计划审计工作时评估的重要性和审计风险存在差异。在这种情况下，CPA 应当重新确定重要性和审计风险，并考虑实施的审计程序是否充分。　　　　　（　　　）

8. 在计划审计工作时，CPA 应当考虑导致财务报表发生重大错报的原因，并应当在了解被审计单位及其环境的基础上，确定一个可接受的重要性水平，即首先为各类交易、账户余额或列报认定层次确定重要性水平，以发现在金额上重大的错报。同时，CPA 还应当评估财务报表层次的重要性，以便确定进一步审计程序的性质、时间和范围，将审计风险降至可接受的低水平。　　　　　（　　　）

9. 如果财务报表中的某项错报足以改变或影响财务报表使用者的相关决策，则该项错报就是重要的，否则就不重要。　　　　　（　　　）

10. 由于固有风险和控制风险不可分割地交织在一起，有时无法单独进行评估，CPA 可以将这两者合并为"重大错报风险"进行评估。　　　　　（　　　）

四、简答题

试述总体审计策略与具体审计计划的关系；同时比较总体审计策略与具体审计计划的内容有何不同。

参考答案

一、单项选择题

1. A　2. D　3. B　4. C　5. B　6. C　7. A　8. C　9. A　10. B

二、多项选择题

1. ABCD　2. AB　3. BC　4. AD　5. ABD　6. AC　7. BCD　8. AC　9. ABCD　10. BCD

三、判断题

1. √　2. ×　3. √　4. √　5. √　6. ×　7. √　8. ×　9. √　10. √

四、简答题

1. 答：制定总体审计策略与具体审计计划的过程紧密联系，并且两者的内容也紧密相关。总体审计策略一经制定，CPA 应当针对总体审计策略中所识别的不同事项，制定具体审计计划，并考虑通过有效利用审计资源以实现审计目标，值得注意的是，虽然编制总体审计策略的过程通常在具体审计计划之前，但是两项计划活动并不是孤立、不连续的过程，而是内在紧密联系的，对其中一项的决定可能会影响甚至改变对另外一项的决定。例如，注册会计师在了解被审计单位及其环境的过程中，注意到被审计单位对主要业务的处理依赖复杂的自动化信息系统，因此计算机信息系统的可靠性及有效性对其经营、管理、决策以及编制可靠的财务报告具有重大影响。为此，注册会计师可能会在具体审计计划中制定相应的审计程序，并相应地调整总体审计策略的内容，做出利用信息风险管理专家工作的决定。

2. 答：注册会计师应当根据实施风险评估程序的结果，对总体审计策略的内容予以调整。在实务中，注册会计师将制定总体审计策略和具体审计计划相结合进行，可能会使计划审计工作更有效率及效果，并且注册会计师也可以采用将总体审计策略和具体审计计划合并为一份审计计划文件的方式，以提高编制及复核工作的效率，增强其效果。

注册会计师应当在总体审计策略中清楚地说明下列内容：

（1）向具体审计领域调配的资源，包括向高风险领域分派有适当经验的项目组成员，就复杂的问题利用专家工作等。

（2）向具体审计领域分配资源的数量，包括安排到重要存货存放地观察存货盘点的项目组成员的数量，对其他注册会计师工作的复核范围，对高风险领域安排的审计时间预算等。

（3）何时调配这些资源，包括是在期中审计阶段还是在关键的截止日期调配资源等。

（4）如何管理、指导、监督这些资源的利用，包括预期何时召开项目组预备会和总结会，预期项目负责人和经理如何进行复核，是否需要实施项目质量控制复核等。

3. 答：CPA 应当为审计工作制定具体的审计计划。具体的审计计划比总体审计策略更加详细，其内容包括为获取充分、适当的审计证据以将审计风险降至可接受的低水平，项目组成员拟实施的审计程序的性质、时间和范围。具体的审计计划应当包括风险评估程序、计划实施的进一步审计程序和其他审计程序。

习题六 实施审计工作

一、单项选择题

1. 《中国 CPA 审计准则第 1211 号——了解被审计单位及其环境并评估重大错报风险》作为专门规范风险评估的准则，规定 CPA 应当（　　），以充分识别和评估财务报表重大错报风险，设计和实施进一步审计程序。

    A. 了解被审计单位及其环境

    B. 初步了解业务环境

    C. 了解被审计单位公允价值计量和披露的程序

    D. 了解客户的业务和经营状况

2. CPA 在了解内部控制时通常不用（　　）。

    A. 风险评估程序　　　　　　　　B. 询问

    C. 穿行测试　　　　　　　　　　D. 分析程序

3. CPA 针对销售交易，追踪从订单处理→核准信用状况及赊销条款→填写订单并准备发货→编制货运单据→订单运送/递送至客户或由客户提货→开具销售发票→复核发票的准确性并邮寄/送至客户→生成销售日记账→汇总销售日记账，并过账至总账和应收账款明细账等交易的整个流程，考虑之前对相关控制的了解是否正确和完整，并确定相关控制是否得到执行，这是（　　）。

    A. 重新执行测试　　　　　　　　B. 抽样测试

    C. 实质性测试　　　　　　　　　D. 穿行测试

4. CPA 对商品实际发货数量与开票数量进行定期核对调节的程序，本身就足以对销售流程中"存在性"这一目标提供合理保证，并且也能对销售流程中（　　）这一目标提供合理保证。

    A. 完整性　　　　　　　　　　　B. 准确性

    C. 计价性　　　　　　　　　　　D. 可理解性

5. 只有认为控制设计合理、能够防止或发现和纠正认定层次的重大错报，CPA 才有必要进行（　　）。

    A. 细节测试　　　　　　　　　　B. 了解内部控制

    C. 实质性测试　　　　　　　　　D. 控制测试

6. 通常情况下，CPA 出于成本效益的考虑可以采用（　　）设计进一步审计程序，即将测试控制运行的有效性与实质性程序结合使用。

    A. 控制测试　　　　　　　　　　B. 综合性方案

    C. 实质性程序　　　　　　　　　D. 实质性方案

7. 在财务报表重大错报风险的评估过程中，CPA 识别的重大错报风险与财务报表整体广泛相关，进而影响多项认定。如果是后者，则属于（　　）的重大错报风险。

  A．某类交易、账户余额的认定层次 B．财务报表层次

  C．认定层次   D．列报层次

  8．CPA 应当针对评估的财务报表层次重大错报风险确定下列（　　）总体应对措施。

  A．分派更有经验或具有特殊技能的审计人员或利用专家的工作

  B．综合性方案

  C．实质性方案

  D．细节测试

  9．如果拟信赖的控制自上次测试后未发生变化，且不属于旨在减轻特别风险的控制，CPA 应当运用职业判断确定是否在本期审计中测试其运行有效性，以及本次测试与上次测试的时间间隔，但两次测试的时间间隔不得超过（　　）年。

  A．1   B．2   C．3   D．4

  10．（　　），CPA 通常不需要增加自动化控制的测试范围。

  A．系统使用的表格发生变动

  B．系统使用的其他永久性数据发生变动

  C．系统使用的文档发生变动

  D．ABC 项都未发生变动

二、多项选择题

  1．我国出台的审计风险准则，包括（　　）。

  A．《中国 CPA 审计准则第 1101 号——财务报表审计的目的和一般原则》

  B．《中国 CPA 审计准则第 1301 号——审计证据》

  C．《中国 CPA 审计准则第 1211 号——了解被审计单位及其环境并评估重大错报风险》

  D．《中国 CPA 审计准则第 1231 号——针对评估的重大错报风险实施的程序》

  2．穿行测试即追踪交易在财务报告信息系统中的处理过程，可经常用于（　　）。

  A．了解被审计单位的业务流程

  B．了解被审计单位的内部控制

  C．对被审计单位的内部控制进行控制测试

  D．对被审计单位进行实质性程序

  3．如果根据职业判断认为从被审计单位外部获取的信息有助于识别重大错报风险，则 CPA 应当实施（　　）其他审计程序以获取这些信息。

A．询问被审计单位聘请的外部法律顾问、专业评估师、投资顾问和财务顾问

B．阅读证券分析师、银行、评级机构出具的有关被审计单位及其所处行业的经济或市场环境等状况的报告

C．阅读贸易与经济方面的期刊杂志

D．阅读法规或金融出版物，以及政府部门或民间组织发布的行业报告和统计数据

4．CPA 在确定审计程序的范围时，下列说法正确的有（　　　　）。

A．确定的重要性水平越低，CPA 实施进一步审计程序的范围越广

B．评估的重大错报风险越高，对拟获取的审计证据的相关性、可靠性的要求越高，因此 CPA 实施的进一步审计程序的范围也越广

C．如果 CPA 计划从测试控制中获取更高的保证程度，则控制测试的范围就更广

D．计划获取的保证程度越高，对测试结果的可靠性要求就越高，CPA 实施的进一步审计程序的范围就越广

5．控制测试的程序包括（　　　　）。

A．询问　　　　　　　　　　　B．穿行测试

C．重新执行　　　　　　　　　D．观察、检查

6．下列针对期中证据以外的、剩余期间的补充证据的描述中正确的有（　　　）。

A．评估的重大错报风险对财务报表的影响越大，CPA 需要获取的剩余期间的补充证据越多

B．对自动化运行的控制，CPA 更可能测试信息系统一般控制的运行有效性，以获取控制在剩余期间运行有效性的审计证据

C．如果 CPA 在期中对有关控制运行有效性获取的审计证据比较充分，可以考虑适当减少需要获取的剩余期间的补充证据

D．剩余期间越长，CPA 需要获取的剩余期间的补充证据越多

7．CPA 在确定某项控制的测试范围时，下列描述正确的有（　　　　）。

A．拟信赖期间越长，控制测试的范围越大

B．对审计证据的相关性和可靠性要求越高，控制测试的范围越大

C．当针对其他控制获取审计证据的充分性和适当性较高时，测试该控制的范围可适当缩小

D．在风险评估时，对控制运行有效性的拟信赖程度越高，需要实施控制测试的范围越小

8．下列（　　　）的特殊性质，决定了 CPA 必须在期末（或接近期末）实施实质性程序。

A．系统变动导致某类交易记录难以获取

　　B．收入截止认定

　　C．未决诉讼

　　D．控制环境和其他相关的控制较好

9．CPA实施的下列审计程序中可能适用的具有不可预见性的有（　　）。

　　A．函证确认销售条款或者销售额较不重要、以前未曾关注的销售交易，例如对出口销售实施实质性程序

　　B．使用计算机辅助审计技术审阅销售及客户账户

　　C．测试金额为负或是零的账户，或者余额低于以前设定的重要性水平的账户

　　D．把所有函证账户的截止日期提前或者推迟

10．实质性程序包括（　　）。

　　A．对各类交易、账户余额、列报的细节测试

　　B．实质性方案

　　C．实质性分析程序

　　D．分析程序

三、判断题

　　1．了解被审计单位及其环境是必要程序，一个连续和动态地收集、更新与分析信息的过程，贯穿于整个审计过程的始终。　　　　　　　　　　　（　　）

　　2．内部控制存在固有的局限性，无论如何设计和执行，只能对财务报告的可靠性提供合理的保证。　　　　　　　　　　　　　　　　　　　　　（　　）

　　3．内部控制的某些要素更多地对被审计单位整体层面产生影响，而其他要素则可能更多地与业务流程相关。在实务中，CPA往往从被审计单位整体层面和业务流程层面分别了解和评价被审计单位的内部控制。　　　　　　　　　（　　）

　　4．CPA应当及时将注意到的内部控制设计或执行方面的重大缺陷，告知所有的管理层或治理层。　　　　　　　　　　　　　　　　　　　　　（　　）

　　5．控制与认定直接或间接相关；关系越间接，控制对防止或发现并纠正认定错报的效果越大。　　　　　　　　　　　　　　　　　　　　　　　（　　）

　　6．被审计单位可能为了保证盈利目标的实现，而在会计期末以后伪造销售合同以虚增收入，此时，注册会计师需要考虑在资产负债表日，这个特定时点获取被审计单位截止期末所能提供的所有销售合同及相关资料，以防范被审计单位在资产负债表日后伪造销售合同虚增收入的做法。　　　　　　　　　（　　）

　　7．财务报表层次的重大错报风险很可能源于薄弱的控制环境。薄弱的控制环境带来的风险可能对财务报表产生广泛的影响，难以限于某类交易、账户余额、列报，CPA应当采取总体应对措施。　　　　　　　　　　　　　　（　　）

　　8．无论选择何种方案，CPA都应当对所有重大的各类交易、账户余额、列

报设计实施实质性程序。 （　　）

9. 如果针对特别风险仅实施实质性程序，CPA 应当使用细节测试，或将细节和实质性分析程序结合使用，以获取充分、适当的审计证据。 （　　）

10. 如果 CPA 拟信赖针对特别风险的控制，那么所有关于该控制运行有效性的审计证据必须来自当年的控制测试。相应地，CPA 应当在每次审计中都测试这类控制。 （　　）

四、简答题

1. 了解被审计单位及其环境是必要程序，为 CPA 在哪些关键环节做出职业判断提供了重要基础？为什么？

2. CPA 针对评估的财务报表层次重大错报风险采取的总体应对措施有哪些？

3. CPA 进行控制测试时，下表中列举了部分在销售交易中的控制目标是否达到的问卷调查，试填写相关认定。

控制目标是否达到的问题	有关认定
怎样确保没有记录虚构或重复的销售？	
怎样确保所有的销售的收款均已记录？	
怎样保证货物运送给正确的收货人？	
怎样保证发货单据只有在实际发货时才开具？	
怎样保证发票正确反映了发货的数量？	

参考答案

一、单项选择题

1. A 2. D 3. D 4. A 5. D 6. B 7. B 8. A 9. B 10. D

二、多项选择题

1. ABCD 2. ABC 3. ABCD 4. ABCD 5. ABCD 6. ABCD 7. ABC 8. BC 9. ABCD 10. AC

三、判断题

1. √ 2. √ 3. √ 4. × 5. × 6. √ 7. √ 8. √ 9. √ 10. √

四、简答题

1. 答：了解被审计单位及其环境是必要程序，是一个连续和动态地收集、更新与分析信息的过程，贯穿于整个审计过程的始终，特别是为注册会计师在下列环节做出职业判断提供重要基础：

（1）确定重要性水平，并随着审计工作的进展评估对重要性水平的判断是否仍然适当。

（2）考虑会计政策的选择和运用是否恰当，以及财务报表的列报是否适当。

（3）识别需要特别考虑的领域，包括关联方交易、管理层运用持续经营假设的合理性，或交易是否具有合理的商业目的等。

（4）确定在实施分析程序时所使用的预期值。

（5）设计和实施进一步审计程序，以将审计风险降至可接受的低水平。

（6）评价所获取审计证据的充分性和适当性。

2. 答：针对财务报表层重大错报风险的总体应对措施：

（1）向审计项目组强调在获取审计证据过程中保持职业怀疑态度的必要性。

（2）分派更有经验或具有特殊技能的审计人员或利用专家。

（3）向审计项目组提供更多督导。

（4）在选择进一步审计程序时，应当注意使某些程序不被管理层预见或事先了解，即增加审计程序的不可预见性。

（5）对拟实施审计程序的性质、时间和范围作出总体修改。

3. 答：

控制目标是否达到的问题	有关认定
怎样确保没有记录虚构或重复的销售？	发生
怎样确保所有的销售的收款均已记录？	完整
怎样保证货物运送给正确的收货人？	发生
怎样保证发货单据只有在实际发货时才开具？	发生
怎样保证发票正确反映了发货的数量？	准确性

习题七　完成审计工作

一、单项选择题

1. 甲 CPA 作为 ABC 事务所审计项目负责人，在审计以下单位 2006 年底财务报表时分别遇到以下情况：乙公司于 2005 年 5 月为 L 公司 1 年期银行借款 9 000 万元提供担保，因 L 公司不能及时偿还，银行于 2006 年 11 月向法院提起诉讼，要求乙公司承担连带清偿责任。2006 年 12 月 31 日，乙公司在咨询律师后，根据 L 公司的财务状况，计提了 5 000 万元的预计负债。对于上述预计负债，公司已在财务报表附注中进行了适当披露。截止审计工作完成日，法院尚未对该项诉讼作出判决。假定上述情况对各被审计单位 2006 年度财务报表的影响都是重要的，且被审计单位均拒绝接受甲 CPA 提出的审计处理建议。在不考虑其他因素影响的前提下，甲 CPA 应对 2006 年度财务报表出具（　　）的审计报告。

    A．带强调事项段的无保留意见　　　B．标准无保留意见

    C．保留意见　　　　　　　　　　　D．带强调事项段的保留意见

2. A 公司与乙公司于 2007 年 8 月签订不可撤销合同，A 公司向乙公司销售设备 50 台，合同价格每台 100 万元（不含税）。该批设备在 2008 年 1 月 25 日交货。至 2007 年末 A 公司已生产 40 台设备，由于原材料价格上涨，单位成本已达到 102 万元，本合同已成为亏损合同。预计其余未生产的 10 台设备的单位成本与已生产的设备的单位成本不同。则 A 公司对有标的部分应计提存货跌价准备（　　）万元。

    A．20　　　　　B．80　　　　　C．100　　　　　D．102

3. CPA 对被审计单位年度财务报表审计时，应关注其经营风险。下列各种迹象中，不属于经营方面而属于财务方面的是（　　）。

    A．会计主管人员离职且无人替代

    B．失去主要市场、特许权或主要供应商

    C．人力资源或重要原材料短缺

    D．存在大量不良资产且长期未作处理

4. 某公司计算现金流量表的相关资料如下：

    本期销售收入　　　　　　　1 000 万元

    期初应收账款　　　　　　　100 万元

    期末应收账款　　　　　　　200 万元

    CPA 运用重新计算程序，计算的本期销售收入是（　　）万元。

    A．100　　　　　B．200　　　　　C．900　　　　　D．1 000

5. 甲公司 2007 年资产负债表和利润表的部分资料如下：

（1）主营业务收入 5 000 万元。

（2）主营业务成本 3 500 万元。

（3）资产负债表（部分）。

资 产	年初数	年末数	负债和股东权益	年初数	年末数
应收票据	300	0	应付账款	500	300
应收账款	594	891	预收账款	100	200
预付账款	200	100			
存货	600	900			

其他资料如下：

（1）"应交税金——应交增值税"科目借方发生额含增值税进项税额 340 万元、已交税金 310 万元、转出未交增值税 200 万元，贷方发生额为销售商品发生的销项税额 850 万元，"应交税费——未交增值税"科目借方发生额为交纳的增值税 180 万元。

（2）本期应收账款计提坏账准备 3 万元。

（3）"制造费用"及"生产成本"科目借方发生额含工资及福利费 1 000 万元，折旧费 180 万元，不含其他摊入的费用。CPA 运用重新计算程序计算的销售商品、提供劳务收到的现金金额是（　　　）万元。

A. 5 950　　　　B. 3 060　　　　C. 5 850　　　　D. 6 050

6．在审计报告日期晚于管理层签署已审计财务报表日期时，CPA 获取的进一步审计程序证据是（　　　）。

A. 补充的总经理声明书　　　　B. 补充的管理层声明书

C. 补充的治理层声明书　　　　D. 补充的律师声明书

7．从下列引言段的文字描述中，可以看出为无法表示意见的审计报告是（　　　）。

A. 我们审计了后附的 ABC 股份有限公司（以下简称 ABC 公司）财务报表，包括 20×1 年 12 月 31 日的资产负债表，20×1 年度的利润表、股东权益变动表和现金流量表以及财务报表附注。ABC 公司 20×0 年 12 月 31 日资产负债表，20×0 年度的利润表、股东权益变动表和现金流量表以及财务报表附注未经审计

B. 我们审计了后附的上海自动化仪表股份有限公司（以下简称"贵公司"）财务报表，包括 2006 年 12 月 31 日的资产负债表和合并的资产负债表、2006 年度的利润表和合并的利润及利润分配表、现金流量表和合并的现金流量表以及财务报表附注和合并的财务报表附注

C. 我们接受委托，审计后附的 ABC 股份有限公司（以下简称 ABC 公司）财务报表，包括 20×1 年 12 月 31 日的资产负债表，20×1 年度的利润表、股东权益变动表和现金流量表以及财务报表附注

　　D. 我们审计了 ABC 股份有限公司（以下简称 ABC 公司）财务报表，包括 20×1 年 12 月 31 日的资产负债表，20×1 年度的利润表、股东权益变动表和现金流量表以及财务报表附注

　　8. 在上期财务报表未经更正且比较数据未经恰当重述和充分披露的情形下，CPA 应出具（　　）的审计报告。

　　A. 保留意见　　　　　　　　　　B. 否定意见

　　C. 无法表示意见　　　　　　　　D. 无保留意见带强调事项段

　　9. 在 CPA 的审计工作底稿的审计报告草稿中有如下表述："根据我们的审查，（1）2006 年，贵公司在连续两年亏损的情况下继续亏损，账面亏损金额为人民币 10 967 万元，实际亏损金额为 31 729 万元，贵公司净资产出现负数，账面资产总额为人民币 111 696 万元，实际资产总额为 95 816 万元，账面净资产为人民币 -1 0188 万元，实际为 -12 836 万元。（2）贵公司目前涉及诉讼案件 66 起，涉及金额人民币 20 267 万元；贵公司作为原告的 13 起，涉及金额人民币 1 379 万元。上述诉讼案均未在账表中反映。（3）函证其他应收款出现差异 6 291 万元，贵公司拒绝进行调整。"根据以上情况，CPA 对 XYZ 公司 2006 年会计报表应出具（　　）的审计报告。

　　A. 无保留意见带强调事项段　　　B. 无法表示意见

　　C. 否定意见　　　　　　　　　　D. 否定意见带强调事项段

　　10.（　　）的审计报告意味着，CPA 通过实施审计工作，认为被审计单位财务报表的编制符合合法性和公允性的要求，合理地保证财务报表不存在重大错报。

　　A. 无保留意见带强调事项　　　　B. 无保留意见

　　C. 保留意见带强调事项　　　　　D. 保留意见

二、多项选择题

　　1. CPA 在审计报告上签名并盖章，有利于明确法律责任。下列人员中可以签章的有（　　）。

　　A. 项目负责人　　　　　　　　　B. 独立复核人

　　C. 副主任会计师　　　　　　　　D. 主任会计师

　　2. 从性质上看，以下（　　）的错报 CPA 认为是严重的。

　　A. 舞弊相对于错误　　　　　　　B. 小额利润相对于小额亏损

　　C. 存款结余相对于透支　　　　　D. 办公用品直接作为制造费用

　　3. 下列情形中，可以称为新任 CPA 的有（　　）。

　　A. 首次接受委托情形下对本期财务报表实施审计的 CPA

　　B. 当被审计单位财务报表首次接受审计时，首次对财务报表实施审计的 CPA

C. 当上期财务报表由其他事务所审计时，对本期财务报表实施审计的前任 CPA

D. 当上期财务报表由其他事务所审计时，对本期财务报表实施审计的后任 CPA

4. 在某些方面影响财务报表使用者的决策，但对财务报表整体仍然是公允的，CPA 可以出具保留意见的审计报告，例如（　　）。

A. 被审计单位在资产负债表日拥有的存货金额较大（超过重要性水平），已将其用作商业银行贷款抵押品，但没有在财务报表附注中进行披露

B. 被审计单位在资产负债表日拥有的存货金额很大，存货出现错报，远远超过重要性水平

C. 现金与应收账款的分类不当

D. 被审计单位受到其他单位起诉，指控其侵犯专利权，要求其停止侵权行为并赔偿造成的损失，法院已经受理但尚未审理

5. 在被审计单位上市公司财务报表报出后，如果知悉在审计报告日已存在的、导致修改审计报告的事实，而被审计单位管理层未采取任何行动，CPA 不应考虑在（　　）指定的媒体上刊登公告，指出审计报告日已存在的、对已公布的财务报表存在重大影响的事项及其影响。

A. 证券类报纸　　　　　　　　B. 中国 CPA 协会

C. 证券交易所　　　　　　　　D. 中国证券监督管理委员会

6. 对于在证券交易所上市交易的股份有限公司而言，其治理层一般为（　　）。

A. 工会　　　　B. 董事会　　　　C. 监事会　　　　D. 股东大会

7. CPA 应当直接与治理层沟通的事项包括（　　）。

A. 注册会计师的责任　　　　　B. 计划的审计范围和时间

C. 审计工作中发现的问题　　　D. 注册会计师的独立性

8. 在无保留意见审计报告中，需要在强调事项段中强调的事项包括（　　）。

A. 对持续经营能力产生重大疑虑

B. 重大不确定事项

C. 管理层选用其他编制基础

D. 需要修改其他信息但被审计单位拒绝修改

9. 其他信息主要包括（　　）。

A. 被审计单位治理层的经营报告　　B. 财务数据摘要

C. 计划的资本性支出　　　　　　　D. 存货周转率

10. 非无保留意见的审计报告包括（　　）。

A. 保留意见的审计报告　　　　　B. 否定意见的审计报告

C. 标准报告　　　　　　　　　　D. 无法表示意见的审计报告

三、判断题

1. 甲股份有限公司为一家化工企业，生产过程中因意外事故导致有毒气体外泄，对临近乙企业造成严重污染，并发生职工中毒。为此，2007 年 10 月 12 日，乙公司向法院提起诉讼，要求赔偿 2 000 万元，直到 2007 年 12 月 31 日，该诉讼尚未判决。甲公司因案情复杂，无法估计赔偿金额，未确认预计负债。为此，在财务报表附注中应披露如下。或有事项：本公司因生产经营过程中发生意外事故，导致乙企业环境污染并发生人员中毒，乙企业向法院提起诉讼，要求本公司赔偿 2 000 万元。目前，此案正在审理中。　　　　　　　　　（　　）

2. 在上期财务报表审计中，前任 CPA 由于被审计单位在财务报表附注中对某响应当予以披露的重大事项未予披露而出具了非标准审计报告，该重大事项在本期仍然存在，但被审计单位已经按照有关会计准则的要求作了充分披露，那么 CPA 在本期审计时就不需因此而出具非标准审计报告。　　　　　　（　　）

3. 当被审计单位多项可能导致对持续经营能力产生重大疑虑的事项或情况存在重大不确定性时，如果 CPA 难以判断财务报表编制基础是否适合继续采用持续经营假设，并且财务报表已作出充分披露，CPA 应当考虑出具在意见段之后增加强调事项段的审计报告。　　　　　　　　　　　　　　　　（　　）

4. 如果管理层选用了其他基础编制财务报表。在这种情况下，CPA 实施补充的审计程序后，认为管理层选用的其他编制基础是适当的，且财务报表已作出充分披露，CPA 应当出具保留意见的审计报告，并考虑在审计意见之前增加说明事项段，提醒财务报表使用者关注管理层选用的其他编制基础。　（　　）

5. 甲 CPA 于 2007 年 3 月 25 日，完成对 Y 公司 2006 年度财务报表的外勤审计工作，2007 年 3 月 26 日取得 Y 公司管理层声明书，2007 年 3 月 28 日编写完成审计报告，2007 年 3 月 30 日将审计报告送交 Y 公司。Y 公司给甲 CPA 的管理层声明书上签署日期是 2006 年 3 月 25 日。　　　　　　　　　　（　　）

6. CPA 应当在审计报告中清楚地表达对财务报表的意见，并对出具的审计报告的真实性和合法性负责。　　　　　　　　　　　　　　　　　（　　）

7. 在实务中，CPA 通常把审计报告和已审计财务报表一同提交给管理层。如果管理层批准并签署已审计财务报表，则 CPA 可签署审计报告。　（　　）

8. 审计报告的日期不应早于 CPA 获取充分、适当的审计证据（包括管理层认可对财务报表的责任且已批准财务报表的证据），并在此基础上对财务报表形成审计意见的日期。　　　　　　　　　　　　　　　　　　　（　　）

9. 当 CPA 因审计范围受到限制而出具保留意见的审计报告时，意见段的措辞应当表明保留意见是针对审计范围对财务报表可能产生的影响而不是针对审计范围限制本身。　　　　　　　　　　　　　　　　　　　　　（　　）

10. 在审计过程中，CPA 可以建议被审计单位根据会计准则的要求调整会计

报表，也可以主动为被审计单位调整会计报表。 （ ）

四、简答题

1. 试根据 ABC 公司的下列情况分别判断审计意见类型。

（1）无法对存货期初余额 100 万元实施适当的审计程序。

（2）向 XYZ 公司连续两次发函询证 50 万元应收账款均未接到回函，无法实施替代审计程序验证其真实性。

（3）ABC 股份有限公司 2006 年度的存货计价方法由 2005 年度的先进先出法改为后进先出法，并已在附注 10 中作出说明。

（4）2007 年 2 月甲公司状告 ABC 公司侵权，要求赔偿 100 万元，法院尚未作出最终裁定。ABC 公司已就此在附注 11 中作出说明。

（5）在 2006 年 12 月 31 日对 ABC 公司 A 产品进行监盘时，发现数量短缺 100 件，A 产品单位成本 850 元，但 ABC 股份有限公司未作调整。

（6）部分存货采购手续不全，无法实施适当的审计程序。

（7）ABC 股份有限公司在 2006 年 12 月 28 日开具销售发票，出售 A 产品并确认销售收入 450 万元，销售成本 402 万元，而该批产品在 2007 年 1 月 13 日才办理产品出库手续。ABC 公司拒绝调整 2006 年度财务报表。

（8）ABC 股份有限公司 2006 年 9 月投入使用的厂房仍列在建工程，该在建工程账面价值 120 万元，折旧年限为 10 年，无残值，公司固定资产采用平均年限法计提折旧。ABC 公司拒绝调整 2006 年度财务报表。

（9）ABC 公司持有的 X 股票在 2006 年 5 月后大幅度下跌，公司如果将股票在 2007 年 3 月 10 日将短期投资股票转让，将导致 570 万元投资损失。ABC 公司拒绝在 2006 年报表中作出调整。

（10）消防部门认为 ABC 公司消防设施陈旧，建议更新。公司拟在 2007 年投资 200 万元改造消防系统。ABC 公司未在 2006 年财务报表中对此进行披露。

2. 深圳 ABC 事务所 A 和 B 两个 CPA 审计深圳市机场股份有限公司 2006 年财务报表时，确认附注十、诉讼事项中披露的下列事项属实。

经本公司报案，本公司原总经理 ZSX 涉嫌贷款诈骗犯罪被深圳市公安局经济犯罪侦查局于 2005 年 1 月 24 日立案侦查，并经深圳市人民检察院批准于 2005 年 3 月 1 日被深圳市公安局逮捕。深圳市公安局侦查上述案件结束后，已移送深圳市人民检察院并由其提起公诉。2006 年 4 月 25 日和 5 月 11 日，深圳市中级人民法院先后两次开庭审理 ZSX 等四人涉嫌贷款诈骗案件。截止 2007 年 3 月 3 日，深圳市中级人民法院尚未作出判决。

相关贷款银行起诉本公司的情况如下：

（1）2005 年 1 月 24 日，兴业银行广州分行起诉本公司至广东省高级人民法院，要求：解除原被告双方签署的共计人民币 225 000 000.00 元的借款合同，并返还借款本金、利息及罚息共计人民币 227 125 929.36 元以及原告为实现债权而支付的所有费用。

2005 年 12 月 19 日广东省高级人民法院下达（2005）粤高法民二初字第 1 号《民事裁定书》，由于本案与深圳市公安局立案侦查案件属同一借款合同事实，且该案现仍在侦查之中未结案，故裁定：中止本案诉讼，待深圳市公安局侦查 ZSX 等人利用本案借款合同涉嫌犯罪一案的相关事实确认之后继续审理。2006 年 6 月 9 日，广东省高级人民法院认为深圳市公安局的侦查已终结，遂通知本公司恢复民事诉讼，并于 2006 年 6 月 27 日重新开庭审理上述借款纠纷一案，本公司相应提交了答辩状。审庭结束后，广东省高级人民法院要求对涉案的贷款合同等资料进行司法鉴定。2006 年 11 月 15 日，中华人民共和国公安部物证鉴定中心出具了公物证鉴字（2006）5410 号《物证鉴定书》，鉴定结论为：涉案材料中的深圳机场公章、财务专用章、ZSX 私人印章、深圳机场董事会议中的董事签名均是虚假的。

截止 2007 年 3 月 3 日，广东省高级人民法院尚未作出判决。

（2）2005 年 2 月 21 日，上海浦东发展银行广州流花支行起诉本公司至广东省广州市中级人民法院，要求：

1）判令第一被告（本公司）返还借款本金共计人民币 30 000 000.00 元支付其还清全部借款之日止的利息，计至起诉之日利息共计人民币 283 200.00 元。

2）判令第一被告支付原告实现债权的律师费共计人民币 379 066 .00 元。

3）判令第二、三被告（公司和个人担保人）对第一被告的上述债务承担带清偿责任。

4）本案诉讼费全部由被告承担。2006 年 1 月 11 日，中华人民共和国公安部受广东省广州市中级人民法院委托，就本案涉及的送检物证作出[2005]公物证鉴字第 8086 号《物证鉴定书》，鉴定的主要结论是送检材料上部分印章与本公司自有印章不符，送检材料上 ZSX 个人签名是其本人亲自书写。

2006 年 5 月 12 日，广州市中级人民法院认为，ZSX 等人涉嫌犯罪的刑事案件的相关事实的认定，直接影响到上海浦东发展银行广州流花支行诉讼深圳机场 3 000 万元借款纠纷一案的审理；该案应在 ZSX 等人涉嫌犯罪的刑事案件的相关事实确认之后继续审理。广州市中级人民法院遂下达（2005）穗中法民二初字第 79 号《民事裁定书》，裁定中止该案诉讼。

截止 2007 年 3 月 3 日，广州市中级人民法院尚未恢复审理。

本公司认为：本公司自 1998 年 3 月 28 日成立以来，从未在兴业银行广州分行、上海浦东发展银行广州分行开设银行账户，也没有与以上两家银行发生任何资金业务往来关系，更没有在以上两家银行申请贷款授信额度。截止 2006 年 12 月 31 日，通过查询银行信贷咨询系统，本公司贷款卡显示不良负债计人民币 225 000 000.00 元，该不良负债系上述案件所述的诈骗贷款信息。

根据本公司聘请的常年法律顾问以及专项法律顾问的律师意见，ZSX 涉嫌贷款诈骗是其个人行为；上述案件涉及经济犯罪嫌疑，应当根据最高人民法院有关规定，将案件移送检察机关，或者依法中止诉讼；上述案件不是正常的贷款纠纷案件，而是贷款诈骗案件和违法发放贷款案件，且本公司未在上述银行开设银行账户，也未收到上述银行任何贷款，更未使用过上述银行贷款，犯罪嫌疑人非法签订贷款合同已经触犯刑律，是非法、无效的，本公司不应当依照非法无效的贷款合同承担归还贷款本息的责任。

要求：在不考虑其他条件的前提下，A 和 B 两个 CPA 应当对 Y 公司 2006 年度财务报表出具何种类型的审计报告？并试着代为编制该审计报告（假设报告编号为 CA106）。

参考答案

一、单项选择题

1. A 2. B 3. D 4. C 5. A 6. B 7. C 8. A 9. C 10. B

注释：

5. 销售商品、提供劳务收到的现金=5000+850+（300-0）+（594-891）+（200-100）-3

$$=5950（万元）。$$

二、多项选择题

1. ACD 2. ABC 3. ABD 4. AC 5. ABC 6. BC 7. ABCD 8. ABCD 9. ABCD 10. ABD

三、判断题

1. √ 2. √ 3. × 4. × 5. × 6. × 7. × 8. √ 9. √ 10. ×

注释：

3. 出具无法表示意见的审计报告。

4. 出具带强调事项段的无保留意见审计报告。

四、简答题

1. 答：

（1）保留意见或无法表示意见。

（2）保留意见或无法表示意见。

（3）保留意见或否定意见。

（4）带强调事项段的无保留意见审计报告。

（5）保留意见。

（6）保留意见或无法表示意见。

（7）保留意见。

（8）保留意见。

（9）带强调事项段的无保留意见审计报告。

（10）无保留意见。

2. 答：出具带强调事项段的无保留意见（如下所示）。

审 计 报 告

深 N 财审报字（2007）第 CA106 号

深圳市机场股份有限公司全体股东：

我们审计了后附的深圳市机场股份有限公司（以下简称"深圳机场"）财务报表，包括二〇〇六年十二月三十一日的公司及合并资产负债表，二〇〇六年度的公司及合并利润表、利润分配表和现金流量表以及财务报表附注。

一、管理层对财务报表的责任

按照企业会计准则和《企业会计制度》的规定编制财务报表是 ABC 公司管理层的责任。这种责任包括：（1）设计、实施和维护与财务报表编制相关的内部控制，以使财务报表不存在由于舞弊或错误而导致的重大错报。（2）选择和运用恰当的会计政策。（3）做出合理的会计估计。

二、注册会计师的责任

我们的责任是在实施审计工作的基础上对财务报表发表审计意见。我们按照中国注册会计师审计准则的规定执行了审计工作。中国注册会计师审计准则要求我们遵守职业道德规范，计划和实施审计工作以对财务报表是否不存在重大错报获取合理的保证。

审计工作涉及实施审计程序，以获取有关财务报表金额和披露的审计证据。选择的审计程序取决于注册会计师的判断，包括对由于舞弊或错误导致的财务报表重大错报风险的评估。在进行风险评估时，我们考虑与财务报表编制相关的内部控制，以设计恰当的审计程序，但目的并非对内部控制的有效性发表意见。审计工作还包括评价管理层选用会计政策的恰当性和做出会计估计的合理性，以及评价财务报表的总体列报。

我们相信，我们获取的审计证据是充分、适当的，为发表审计意见提供了基础。

三、审计意见

我们认为，深圳机场财务报表已经按照企业会计准则和《企业会计制度》的规定编制，在所有重大方面公允反映了深圳机场二〇〇六年十二月三十一日的公司及合并财务状况以及二〇〇六年度的公司及合并经营成果和现金流量。

四、强调事项

我们提醒财务报表使用者关注,如财务报表附注十所述,深圳机场原总经理 ZSX 因涉嫌贷款诈骗罪被深圳市公安局逮捕,并由深圳市人民检察院提起刑事诉讼。该案涉嫌被诈骗的两家贷款银行相继起诉深圳机场,要求深圳机场返还借款本金、利息及罚息等共计人民币257 788 195.36 元(利息及罚息计至起诉之日)。截止二〇〇七年三月三日,相关人民法院对上述案件已裁定中止审理或正在审理中,尚未做出最终判决。由于深圳机场从未办理和使用上述贷款,根据深圳机场法律顾问等方面的意见,ZSX 涉嫌贷款诈骗为其个人行为,与深圳机场无关。本段内容不影响已发表的审计意见。

深圳 ABC 事务所有限公司　　　　　　　　中国注册会计师:×××
　　（盖章）　　　　　　　　　　　　　　　　（签名并盖章）

　　　　　　　　　　　　　　　　　　　　中国注册会计师:×××
　　　　　　　　　　　　　　　　　　　　　　（签名并盖章）

中国　深圳　　　　　　　　　　　　　　　二〇〇七年三月三日

习题八 审计抽样

一、单项选择题

1. 根据细节测试的目的和特点所采用的审计抽样称为（　　）。
   - A. 变量抽样
   - B. 属性抽样
   - C. 统计抽样
   - D. 非统计抽样

2. 注册会计师按照既定的审计程序，无法对样本取得相应的审计证据，在没有或者无法实施替代审计程序时，应将有关样本视为（　　）。
   - A. 可容忍误差
   - B. 误差
   - C. 错误
   - D. 应调整审计差异

3. 注册会计师希望从 2 000 张编号为 0001～2000 的支票中抽取 100 张进行审计，随机确定的抽样起点为 1 955，采用系统抽样法，抽取到的第四个样本号为（　　）。
   - A. 2015
   - B. 0015
   - C. 2005
   - D. 1995

4. 在分层抽样中，一般不应（　　）。
   - A. 对不同层次使用不同的抽样比率
   - B. 对不同层次实施不同的审计程序
   - C. 对包含最重要项目的层次全部审计
   - D. 对数量大而特征值低的层次放弃审计

5. 下列属于抽样风险的信赖不足风险是（　　）。
   - A. 根据抽样结果对实际存在重大错报的账户余额得出不存在重大错报的结论
   - B. 根据抽样结果对实际不存在重大错报的账户余额得出存在重大错报的结论
   - C. 根据抽样结果对内控制度的信赖程度高于其实际应信赖的程度
   - D. 根据抽样结果对内控制度的信赖程度低于其实际应信赖的程度

6. 用来估计总体中的错误金额的抽样称为（　　）。
   - A. 属性抽样
   - B. 变量抽样
   - C. 统计抽样
   - D. 非统计抽样

7. 如果注册会计师推断的总体误差超过可容忍误差，经重估后的抽样风险不能接受，应当（　　）。
   - A. 增加样本量或执行替代审计程序
   - B. 增加样本量或执行追加审计程序
   - C. 增加样本量或执行扩大审计程序

D．建议管理当局调整会计报表或发表保留意见

8．在控制测试中，信赖过度风险与样本数量之间是（　　　）。

A．同向变动关系　　　　　　　B．反向变动关系

C．同比例变动关系　　　　　　D．反比例变动关系

9．应收账款总金额为 400 万元，重要性水平为 6 万元，根据抽样结果推断的差错额为 4.5 万元，而账户的实际错报为 8 万元，这时，注册会计师承担了（　　　）。

A．误拒风险　　　　　　　　　B．误受风险

C．可信赖程度　　　　　　　　D．可容忍误差

10．有关审计抽样的下列表述中，正确的是（　　　）。

A．注册会计师可采用统计抽样或非统计抽样方法选取样本，只要运用得当，均可获得充分、适当的审计证据

B．审计抽样适用于控制测试和实质性测试中的所有审计程序

C．统计抽样和非统计抽样方法的选用，影响运用于样本的审计程序的选择

D．信赖过度风险和误受风险影响审计效率

二、多项选择题

1．在抽样风险中，导致注册会计师执行额外的审计程序，降低审计效率的风险有（　　　）。

A．信赖不足风险　　　　　　　B．信赖过度风险

C．误受风险　　　　　　　　　D．误拒风险

2．统计抽样的分类方法有很多，其常用的分类方法及其种类有（　　　）。

A．按选取样本方法的不同，有随机抽样与系统抽样

B．按抽样决策的依据不同，有统计抽样与非统计抽样

C．按抽样技术的不同，有固定样本量抽样、停—走抽样与发现抽样

D．按抽样所欲了解的总体特征的不同，有属性抽样与变量抽样

3．在样本的设计过程中，同样本量成正向关系的因素有（　　　）。

A．审计对象总体　　　　　　　B．可信赖程度

C．可容忍误差　　　　　　　　D．预期总体误差

4．在控制测试和实质性测试中都可以采用审计抽样的方法，但通常不用于（　　　）程序。

A．分析性复核　　　　　　　　B．函证

C．观察　　　　　　　　　　　D．检查

5．注册会计师在实质性测试中运用审计抽样，如果推断的总体误差超过可容忍误差，经重估后的抽样风险不能接受，则注册会计师应（　　　）。

A．增加样本量　　　　　　　　B．执行替代程序

    C. 修改控制测试程序　　　　　　D. 修改实质性测试程序

6. 注册会计师对抽查出的 50 个样本实施审计程序时，其中有两个样本无法实施既定的审计程序取得审计证据，则（　　）。

    A. 再另抽两个样本代替这两个样本

    B. 如果这两个样本的金额较小，可以忽略

    C. 实施替代程序

    D. 无法实施替代程序时，应将其作为一项样本误差

7. 下列出现的各种失误中属于非抽样风险的是（　　）。

    A. 对抽取的样本进行审查时未能查出样本中的错误

    B. 由于专业判断失误导致审计结论与被审计单位的实际情况不符

    C. 对抽取的样本进行审查时采用的审计程序与审计目标不相关

    D. 注册会计师根据抽样结果过高地信赖了被审计单位的内控制度

8. 在进行控制测试时，注册会计师如认为抽样结果无法达到其对所测试的内部控制的预期信赖程度，应当考虑（　　）。

    A. 增加样本量　　　　　　　　　B. 执行替代审计程序

    C. 修改实质性测试程序　　　　　D. 发表保留意见或否定意见

9. 下列各项中，与注册会计师设计样本时所确定的样本量存在反向变动关系的有（　　）。

    A. 抽样风险　　　　　　　　　　B. 可信赖程度

    C. 可容忍误差　　　　　　　　　D. 预期总体误差

10. 有关审计抽样的下列表述中，注册会计师不能认同的有（　　）。

    A. 审计抽样适用于会计报表审计的所有审计程序

    B. 统计抽样的产生并不意味着非统计抽样的消亡

    C. 统计抽样能够减少审计过程中的专业判断

    D. 对可信赖程度要求越高，需选取的样本量就应越大

三、判断题

1. 抽查是指注册会计师在实施审计程序时从审计对象总体中选取一定数量的样本进行测试，并根据测试结果，推断总体特征。（　　）

2. 统计抽样是以概率论和数理统计为理论基础的现代抽样方法，因此，采用统计抽样能比采用非统计抽样选取更加适当的样本。（　　）

3. CPA 认为抽样结果有 95% 的可信赖程度，亦即认为抽样结果有 5% 的可容忍误差。（　　）

4. 发现抽样与停—走抽样的实质性区别仅在于前者是一次性设定预期总体误差为零，然后通过抽样审查寻找有无与"预期总体误差"相矛盾的证据，后者则是从设定预期总体误差为零开始，通过逐步调整增加预期总体误差使之与样本误差

逐渐吻合。（　　）

5．CPA 在进行控制测试时，应关注的抽样风险是信赖不足风险和信赖过度风险。（　　）

6．统计抽样有着充分的数学依据和健全的内部控制前提，因此采用非统计抽样所收集的审计证据不如采用统计抽样所收集的审计证据更为充分、适当。（　　）

7．非统计抽样和统计抽样是两种不同的抽样技术，注册会计师在执行审计测试时可根据需要任选一种。（　　）

8．注册会计师设计的样本是否合理，将直接影响所选取的样本的质量。（　　）

9．使用随机选样的方法时，必须建立总体与随机数表的数字的一一对应关系。（　　）

10．在评价抽样结果时，如果推断的总体误差超过可容忍误差，注册会计师应增加实质性测试程序。（　　）

四、简答题

1．为什么注册会计师推断总体误差后，应将总体误差同可容忍误差进行比较？

2．举例说明总体误差等于样本误差加或减可容忍误差。

3．可信赖程度、可容忍误差、预期总体误差与选取的样本量之间的关系是什么？

4．独立审计准则为什么要求注册会计师执行审计测试应尽量应用统计抽样技术？注册会计师运用统计抽样比运用非统计抽样更能提供审计准则所要求的充分、适当的证据吗？

5．注册会计师 X 抽样审查了下表所列的情况。

审查内容	样本及其容量	可容忍误差	推断误差	总体实际误差
未批准的赊销	销货发票副本 200 张	2%	1.5%	10%
假应收账款	向 150 户顾客发函	10 000 元	20 000 元	14 000 元
虚列现金支出	200 笔支出及凭证	1%	25%	0.5%
漏记应付账款	材料验收单 100 张	5 000 元	8 670 元	3 000 元

要求：根据上表所列情况请回答：

（1）未批准赊销的情况属于哪种抽样风险？

（2）虚列现金支出抽样结果表明可能使注册会计师对相关内部控制信赖不足还是信赖过度？

（3）虚构应收账款的抽样结果是否影响抽样效果？

（4）漏记应付账款的情况影响实质性测试的效率，还是影响实质性测试的效果？

6．注册会计师 Y 从被审计单位预先编号的销货发票中选取 10 张副本作为样本，凭单号码，从 6 587～8 346。由于销货发票的编号是四位数，所以以随机数表所列数字的后四位数来与发票编号对应。从第 1 002 项下第一栏为起点，路线为第一栏、第二栏、第三栏、……、第八栏依次进行。要求选出 10 个样本。附随机数表如下所示：

项　次	1	2	3	4	5	6	7	8
1 000	37 039	97 547	64 673	31 546	99 314	66 854	97 855	99 965
1 001	25 145	84 834	23 009	51 584	66 754	77 785	52 357	25 532
1 002	98 433	54 725	18 864	65 866	76 918	78 825	58 210	76 835
1 003	97 965	68 548	81 545	82 933	93 545	85 959	63 282	61 454
1 004	78 049	67 830	14 624	17 563	25 697	07 734	48 243	94 318
1 005	50 203	25 658	91 478	08 059	23 308	48 130	65 047	77 873
1 006	40 059	67 825	18 934	64 998	49 807	71 126	77 818	56 893
1 007	84 350	67 241	54 031	34 535	04 093	35 062	58 163	14 205

参考答案

一、单项选择题

1. A　2. B　3. B　4. D　5. D　6. D　7. A　8. B　9. B　10. A

二、多项选择题

1. AD　2. BD　3. ABD　4. AC　5. AB　6. CD　7. ABC　8. AC　9. AC　10. AC

三、判断题

1. ×　2. √　3. ×　4. √　5. √　6. ×　7. ×　8. ×　9. √　10. ×

四、简答题

1. 答：可容忍误差是指事先确定的审计后总体可接受的误差的程度，总体误差是指总体实际的误差或审查样本后得出总体误差的程度。两者并不是完全无关，应该比较，即要将实际确定的结果与事先估计的结果进行比较，这样才能保证审计结论尽可能正确。

2. 答：例如，总体有 100 个明细账，累计账面价值 1 000 万元。现从中抽查 10 个明细账，账面余额合计为 100 万元，审计后确认的账面价值应为 90 万元，则样本误差为 10 万元(账面价值被高估)，推断的总体误差为 100 万元。但 10 个账户不可能完全代表 100 个账户，总有推断误差。假定可容忍误差为 8 万元，则总体误差额就在 100 万元加或减 8 万元之间，即在 92～108 万元之间，即总体被高估了 92～108 万元，从而进一步得出结论：总体的正确额应在 892～908 万元之间。

3. 答：

（1）可信赖程度是指样本性质能够代表总体性质的可靠性程度，即审计结论正确的可能性，或合理保证的程度。可信赖程度与抽样风险是互补的。可信赖程度越高，抽样风险越低，要求审计结论越正确或保证程度越高，需要的样本量就越多。

（2）可容忍误差是注册会计师愿意接受的审计对象总体的最大误差，即重要性水平，可容忍误差越大，重要性水平越高，需要的样本量就越少。

（3）预期总体误差是注册会计师根据经验和分析估计的总体中差错的程度，预计总体中存在的差错越多，需要的样本量就越多。

4. 答：

（1）独立审计准则要求注册会计师执行审计测试应尽量应用统计抽样技术，是因为可利用概率法则来量化和控制抽样风险。

（2）统计抽样和非统计抽样只要运用得当，都可提供充分适当的证据，同时，统计抽样和非统计抽样的选用并不影响单个样本项目证据的适当性，审计证据是否适当与注册会计师的专业判断有关，与抽样的方法无关。

5. 答：

（1）未批准赊销属于信赖过度风险。

（2）虚列现金支出可能使注册会计师给予相关内部控制信赖不足。

（3）虚构应收账款的抽样结果对审计效果不影响。

（4）漏记应付账款直接影响实质性测试的效率，但不影响其效果。

6. 答：样本号依次为：6 918、8 210、6 835、7 965、8 049、7 830、7 563、7 734、8 243、8 059。

习题九　销售与收款循环审计

一、单项选择题

1. 2006 年 7 月 1 日，某建筑公司与客户签订一项固定造价建造合同，承建一幢办公楼，预计 2007 年 12 月 31 日完工，合同总金额为 12 000 万元，预计总成本为 10 000 万元。截止 2006 年 12 月 31 日，该建筑公司实际发生合同成本 3 000 万元。假定该建筑合同的结果能够可靠地估计，2006 年度对该项建造合同确认的收入为（　　）万元。

    A. 3 000　　　　　B. 3 200　　　　　C. 3 500　　　　　D. 3 600

2. 注册会计师对被审计单位实施销货业务的截止测试，其主要目的是为了检查（　　）。

    A. 年底应收账款的真实性　　　　B. 是否存在过多的销货折扣
    C. 销货业务的入账时间是否正确　　D. 销货退回是否已经核准

3. 在审查上市公司的销售交易时，下列程序中的（　　）一般无须实施。

    A. 从主营业务明细账中抽取几笔分录，追查有无发运凭证及其他佐证凭证
    B. 从发货部门大档案中选取部分发运凭证，追查至有关的销售发票副本
    C. 将销售发票存根上所列的单价与经批准的商品价目表进行比较核对
    D. 将所选取的发运凭证的日期与营业收入明细账的日期进行比较

4. 为了证实被审计单位登记入账的销售是否均正确地计价，下列程序中的（　　）是最无效的。

    A. 将销售发票上的数量与发运凭证上的数量核对
    B. 将销售发票上的单价与商品价目表上的价格核对
    C. 将销售发票上的数量与销售单上的数量核对
    D. 将销售单上的金额与顾客订货单上的金额核对

5. 在销售与收款循环的下列各项内部控制目标中，与（　　）目标相应的关键内部控制措施最多地涉及"授权"问题。

    A. 登记入账的销售交易确系发货给真实的顾客
    B. 所有的销售交易均已登记入账
    C. 登记入账的销售数量确系发货的数量，并正确地开具收款账单和登记入账
    D. 销售交易已正确地记入明细账并经正确汇总

6. 对询证函的下列处理方法中，正确的是（　　）。

    A. 在粘封询证函中对其统一编号，并将发出询证函的情况记录于工作

底稿

B. 询证函经事务所盖章后，由 CPA 直接发出

C. 收回询证函后将重要的回函复制给被审计单位以帮助催收货款

D. 对以电子方式回收的询证函，要求被询证单位将复印件盖章后寄至事务所

7. 确定函证对象后，如果被审计单位不同意对某函证对象进行函证，以下方案中，不应选取的是（　　　）。

A. 如果被审计单位的要求合理，则应当实施替代程序

B. 如果被审计单位的要求合理，且无法实施替代程序，则应视为审计范围受到限制

C. 如果被审计单位的要求不合理，可以不实施替代程序，并将其视为审计范围受到限制

D. 如果被审计单位的要求不合理，且无法实施替代程序，则应视为审计范围受到限制

8. 如果应收账款明细账出现贷方余额，CPA 应当提请被审计单位编制重分类分录，以便在资产负债表中（　　　）项目反映。

A. "预付账款"　　　　　　　　B. "预收账款"

C. "应收账款"　　　　　　　　D. "应付账款"

9. 为了充分发挥函证的作用，应恰当地选择函证的实施时间。CPA 可在（　　　）的恰当时间内实施函证。

A. 资产负债表日前　　　　　　B. 利润表日前

C. 资产负债表日后　　　　　　D. 现金流量表日后

10. 甲 CPA 在 2007 年审计 M 公司坏账准备时注意到以下事项，其中，正确的是（　　　）。

A. M 公司于 2003 年应收某公司的货款逾期至今，双方正在讨论该应收账款的重组事宜。考虑到重组前景不明，M 公司在 2006 年末对该应收账款全额计提坏账准备

B. M 公司于 2006 年向某公司预付了材料采购款。由于该公司因停产而无法履行交货义务，M 公司将该预付账款转为应收账款并计提相应的坏账准备

C. M 公司获知某公司已经严重资不抵债，收款无望，因此，对应收该公司尚未逾期的货款全额计提坏账准备

D. M 公司应收某关联公司的货款截止 2006 年末已逾期 3 年以上，原因是对方长期处于停产状态而无力偿还，考虑到该公司为关联方，M 公司未全额计提坏账准备

二、多项选择题

1. 在对特定的主营业务收入期间主营业务的收入进行审计时，注册会计师应重点关注的与被审计单位主营业务收入确认有密切关系的日期包括（　　）。

    A．销售截止测试实施日期   B．发票开具日期或者收款日期

    C．记账日期   D．发货日期或提供劳务日期

2. 检查开具发票或收款的日期、记账的日期、发货的日期（　　）不是营业收入截止测试的关键所在。

    A．是否在同一会计期间   B．是否临近

    C．是否在同一天   D．相距是否不超过 30 天

3. 为了确保销售收入截止的正确性，对被审计单位无用的制度有（　　）。

    A．建立严格的赊销审批制度

    B．发运单连续编号并在发货当日签发

    C．经常与顾客对账核对

    D．询问被审计单位管理层

4. 为了审查应收票据的贴现，有效的审计程序是（　　）。

    A．向被审计单位的开户银行函证

    B．审查被审计单位的相关会议记录

    C．向被审计单位的债务单位函证

    D．询问被审计单位管理层

5. 被审计单位管理人员、附属公司所欠款项应与客户的欠款分开记录，不是被审计单位确保其关于应收账款（　　）认定的重要方法。

    A．发生   B．完整性

    C．表达与披露   D．所有权

6. 函证应收账款时，在（　　）情况下，不宜采用否定式函证方式。

    A．个别账户的欠款金额较大

    B．欠款存在争议、差错等

    C．预计差错率较高或内部控制无效

    D．欠款金额较小的债务人数量较多

7. 在 CPA 寄发的企业应收账款询证函中，摘录了如下四个语句，你认为能表明"肯定式"询证函的语句是（　　）。

    A．回函请直接寄往"××会计师事务所"

    B．如与贵公司记录相符，请在本函下端"数据证明无误"处签名盖章

    C．若款项在上述日期之后已经付清，仍请及时复函为盼

    D．如与贵公司记录不符，请在"数据不符"处列明不符金额

8. 应收账款否定式函证回函的客户一般均对被审计单位的记载和叙述持有异

议，但有的情况下 CPA 仍然认可被审计单位应收账款的存在性，这些情况包括（　　）。

　　A．债务人已于函证日前付款，而被审计单位在函证日前尚未收到款项

　　B．被审计单位已发出商品，但货物在途，询证函早于货物送达客户

　　C．货物已送达债务人，但债务人尚未收到询证函

　　D．债务人要求退货

　　9．CPA 在确定应收账款的时间时，下列四种决策中除（　　）以外，最需要以较低固有风险和控制风险评估水平为前提。

　　A．以资产负债表日为截止日，充分考虑对方的复函时间

　　B．以资产负债表日前的适当时间为截止日，并对所函证项目自截止日起至资产负债表日为止发生的变动实施对交易、账户余额的实质性测试程序

　　C．在期后的适当时间实施，尽可能做到在审计工作结束前取得全部资料

　　D．以资产负债表日后的适当时间为截止日，并对所函证项目自截止日起至资产负债表日为止发生的变动实施对交易、账户余额的实质性测试程序

　　10．对应收票据进行对交易、账户余额的实质性测试程序，实施（　　）审计程序可以证实有关具体审计目标。

　　A．编制应收账款明细表　　　　B．检查应收票据手续是否健全

　　C．向开票人函证　　　　　　　D．检查应收票据在报表中的披露

三、判断题

　　1．在审计实务中，当应收账款的余额是由少量的大额应收账款和大量的小额应收账款构成时，CPA 可以对所有的或抽取的大额应收账款样本采用积极的函证方式，而对抽取的小额应收账款样本则采用消极的函证方式。　　　　（　　）

　　2．对外转让土地使用权和销售商品房的，通常应在土地使用权和商品房已经移交并将发票结算账单提交对方时确认收入。　　　　　　　　　　　（　　）

　　3．如果应收账款最终收回或收到退货，则说明当时入账的销售业务是真实的；如果应收账款贷方发生额是注销坏账或长期挂账，则说明当时入账的销售业务是虚构的。　　　　　　　　　　　　　　　　　　　　　　　　　　　　（　　）

　　4．对于大额应收账款余额，CPA 必须采用肯定式函证予以证实。　（　　）

　　5．如果对应收账款函证的结果没有差异，则说明全部应收账款都是正确的，不会存在错误。　　　　　　　　　　　　　　　　　　　　　　　　　（　　）

　　6．对应收账款进行函证，即使应收账款得到了债务人的承认，也并不一定能收回来，况且函证也不可能发现应收账款所有的问题，因此，应收账款函证并不是一项必要的审计程序。　　　　　　　　　　　　　　　　　　　　（　　）

7. 在审计销售费用时，如被审计单位系商品流通企业，且已将管理费用科目的核算内容并入本科目核算，应同时实施管理费用审计程序。　　　（　　）

8. 如果被审计单位是上市公司，则在其财务报表附注中应按税费种类分项列示应交税费金额，并说明本期执行的法定税（费）率。对于超过法定交纳期限的，应列示主管税务部门的批准文件。　　　（　　）

9. 确定长期应收款的披露是否恰当，CPA 应注意一年内到期的长期应收款是否在编制报表时已重分类至 1 年内到期的非流动资产。　　　（　　）

10. CPA 应检查被审计单位资产负债表中应收票据项目的数额是否与审定数相符，是否剔除了有关的风险与报酬业已转移的已贴现票据。　　　（　　）

四、简答题

1. CPA 在实务中可以运用哪几种函证方式？同时应当采取哪些措施对函证实施过程进行控制？

2. CPA 接受了 ABC 公司的审计委托，试回答：

（1）CPA 在对 ABC 公司销货业务的真实性进行实质性测试时，应关心哪些种类的可能错误？

（2）针对每类可能的错误，CPA 应选择何种实质性测试程序进行测试？

参考答案

一、单项选择题

1. D　2. C　3. B　4. D　5. C　6. A　7. C　8. B　9. C　10. C

二、多项选择题

1. BCD　2. BCD　3. ACD　4. ABD　5. ABD　6. ABC　7. BC　8. ABD　9. ACD　10. ACD

三、判断题

1. √　2. √　3. ×　4. ×　5. ×　6. ×　7. √　8. ×　9. √　10. √

四、简答题

1. 答：函证方式分为积极函证方式和消极函证方式。CPA 可采用积极的或消极的函证方式实施函证，也可将两种方式结合使用。

CPA 应当采取下列措施对函证实施过程进行控制：

（1）将被询证者的名称、地址与被审计单位的有关记录核对。

（2）将询证函中列示的账户余额或其他信息与被审计单位的有关资料核对。

（3）在询证函中指明直接向接受审计业务委托的会计师事务所回函。

（4）询证函经被审计单位盖章后，由注册会计师直接发出。

（5）将发出询证函的情况形成审计工作记录。

（6）将收到的回函形成审计工作记录，并汇总统计函证结果。

2. 答：注册会计师至少应关心三类可能的错误及对应的实质性测试程序如下：

（1）未曾发货却已将销售交易登记入账。逆查法，营业收入明细账——原始发运凭证。

如果没有发运凭证，则销售交易是不真实的。如果对发运凭证的真实性也有怀疑，就可能有必要再进一步追查存货的永续盘存记录，测试存货余额有无减少。

（2）重复入账。检查法，检查有序号的销货交易记录清单，查明是否重复编号或缺号。

（3）虚假入账。检查法，检查销售明细账中对应的销售单，确定销售是否经过赊销批准或发货审批。

检查上述三类多报销货错误的可能性的另一个有效的办法，是追查应收账款明细账中贷方发生额的记录。如果应收账款最终得以收回货款或者收到退货，则记录入账的销售交易一开始通常是真实的；如果贷方发生额是注销坏账，或者直到审计时所欠货款仍未收回，就必须详细追查相应的发运凭证和顾客订货单等，因为这些迹象都说明可能存在虚构的交易。

习题十 采购与付款循环审计

一、单项选择题

1. 下列内容中属于固定资产内部控制弱点的是（　　）。
   A. 购买设备的付款支票未经会计主管签章
   B. 设备通常在所估计使用寿命即将结束时才重置固定资产
   C. 所有设备的购买均由使用设备部门自行办理
   D. 出售提尽折旧的旧设备时，将所得价款计入其他收益

2. 购货与付款循环中真实性目标的关键内部控制程序是（　　）。
   A. 已填制的验收单均已登记入账
   B. 注销凭证以防止重复使用
   C. 采购的价格和折扣均经适当批准
   D. 内部核查应付账款明细账的内容

3. 在以下关于应付账款函证的说法中，不正确的是（　　）。
   A. 一般情况下，应付账款不需要函证
   B. 函证可以用来证实应付账款的真实性，并发现高估应付账款的情况
   C. 查找未入账的业务是审计应付账款的重要目标，函证无法达到这一目标
   D. 函证只能证实应付账款的高估，而不能发现应付账款的低估

4. 函证上市公司应付账款时，注册会计师选择在资产负债表日欠款余额不大，甚至为零的重要供货方发函询证，原因很可能是多方面的，你认为最能反映账户特点的原因是（　　）。
   A. 审计准则明确要求注册会计师向重要的供货方函证
   B. 注册会计师怀疑欠款余额较小是被审计单位低估的结果
   C. 注册会计师欲通过函证程序证实应付余额没有被高估
   D. 重要的供货方很可能与被审计单位串通舞弊

5. 实地观察固定资产，一般是为了证实固定资产的真实存在。为此，注册会计师最好采用（　　）观察程序。
   A. 以固定资产明细分类账为起点，追查实存固定资产
   B. 先从实地追查至明细分类账，再从明细分类账追查至实地
   C. 以实地为起点，追查明细分类账
   D. 先从明细分类账追查至实地，再从实地追查至明细分类账

6. 固定资产折旧审计的主要目标不应包括（　　）。
   A. 确定固定资产的增加、减少是否符合预算和经过授权批准

B. 确定折旧政策和方法是否符合国家有关财会法规的规定

C. 确定适当的折旧政策和方法是否得到一贯遵守

D. 确定折旧额的计算是否正确

7. 下列不属于固定资产相关内部控制制度的有（ ）。

A. 固定资产预算制度 B. 固定资产处置制度

C. 固定资产折旧制度 D. 固定资产定期盘点制度

8. 下列说法正确的是（ ）。

A. 已计提减值准备的固定资产，应当按照该固定资产的净值以及尚可使用寿命重新计算确定折旧率和折旧额

B. 如果已计提减值准备的固定资产价值又得以恢复，应当按照固定资产价值恢复后的净值，以及尚可使用寿命重新计算确定折旧率和折旧额

C. 因固定资产减值准备而调整固定资产折旧额时，对此前已计提的累计折旧不作调整

D. 因固定资产减值准备而调整固定资产折旧额时，对此前已计提的累计折旧应作调整

9. 固定资产和在建工程审计工作底稿及其他相关审计工作底稿中有以下结论，其中错误的是（ ）。

A. 对某项在建厂房工程，建议将相关土地使用权一并转入该项在建工程核算

B. 对某项尚未办理竣工决算但已启用的在建工程，建议暂估转入固定资产并计提折旧

C. 对用流动资金借款建造的某项固定资产，建议冲销其已经资本化的借款费用

D. 对市场价格已大幅下跌的某项固定资产，建议按资产评估价值低于账面价值的差额计提减值准备

10. 在对 M 公司 2006 年度会计报表审计中，CPA 负责生产成本及主营业务成本的审计。在审计过程中，CPA 遇到以下问题，试代为做出正确的职业判断。以下对制造费用的审计调整建议中正确的是（ ）。

A. 对 M 公司本年度闲置生产设备计提的折旧费用，由制造费用调整至管理费用

B. 对 M 公司本年度发生的生产设备大修理费用，由制造费用调整至管理费用

C. 对 M 公司本年度根据车间管理人员工资计提的工会经费，由制造费用调整至管理费用

D. 对 M 公司本年度生产用固定资产大修理期间的停工损失，由制造费用调整至管理费用

二、多项选择题

1. 在对甲公司 2006 年度会计报表进行审计时，CPA 负责采购与付款循环的审计。在审计过程中，CPA 遇到以下事项，试代为做出正确的职业判断。公司 2006 年 11 月份与乙公司签订一项供销合同，由于甲公司未按合同发货，致使乙公司发生重大经济损失，被乙公司起诉，至 2006 年 12 月 31 日法院尚未判决。甲公司需偿付乙公司经济损失 157.5 万元。甲公司不再上诉，并假定赔款已经支付。甲公司 2006 年度财务报表批准报出日为 2007 年 4 月 28 日，报告年度资产负债表中有关项目调整错误的有（　　）万元。（不考虑所得税因素。）

  A. "预计负债"项目调增 22.5；"其他应付款"项目调增 0

  B. "预计负债"项目调减 135；"其他应付款"项目调增 157.5

  C. "预计负债"项目调增 22.5；"其他应付款"项目调增 157.5

  D. "预计负债"项目调减 157.5；"其他应付款"项目调增 22.5

2. 下列各项中表明所购建固定资产达到预定可使用状态的有（　　）。

  A. 与固定资产购建有关的支出不再发生

  B. 固定资产的实体建造工作已经全部完成

  C. 固定资产与设计要求或者合同要求相符

  D. 试生产结果表明固定资产能够正常生产出合格产品

3. 下列各项中，应计入固定资产成本的有（　　）。

  A. 固定资产进行日常修理发生的人工费用

  B. 固定资产安装过程中领用原材料所负担的增值税

  C. 固定资产达到预定可使用状态后发生的专门借款利息

  D. 固定资产达到预定可使用状态前发生的工程物质盘亏净损失

4. 某企业 2007 年 6 月 20 日自行建造的一条生产线投入使用，该生产线建造成本为 740 万元，预计使用年限为 5 年，预计净残值为 20 万元，采用年数总和法计提折旧，预计 2007 年 12 月 31 日该生产线的可收回金额为 600 万元，企业财务部在 2007 年 12 月 31 日考虑减值准备后的该生产线的账面价值错误的有（　　）万元。

  A. 20   B. 120   C. 600   D. 620

5. 对 L 公司与固定资产相关的内部控制进行控制测试后，CPA 根据掌握的情况形成职业判断，其中正确的有（　　）。

  A. L 公司建立比较完善的固定资产处置制度，且 2006 年发生的处置业务没有对当期损益产生重大影响，CPA 决定不再对固定资产处置业务进行实质性程序

  B. L 公司的固定资产没有按类别对部门的使用状况等进行明细核算，CPA 决定减少相关的控制测试并加大实质性程序的样本量

C. L 公司建立了比较完善的固定资产定期盘点制度，于 2006 年 12 月 31 日对固定资产进行了全面盘点，并根据盘点结果进行了相关会计处理，CPA 决定适量减少抽查 L 公司固定资产的样本量

D. L 公司 2006 年度固定资产的实际增减变化与固定资产年度预算基本一致，CPA 决定减少对固定资产增减变化进行实质性程序的样本量

6. 为证实 Q 公司对外购固定资产所有权的认定，以下各项审计程序中，可以实现上述审计目标的有效实质性程序是（　　）。

A. 通过审阅内部会议记录、借款合约、银行函证等方式，查明固定资产有无提供担保抵押或受限制使用等情况，并汇总列示其数量及账面价值

B. 检查购货合同、购货发票、保险单、发运凭证、所有权证等

C. 检查本年度减少的固定资产是否经过授权批准，是否正确及时地入账

D. 实地抽查部分金额较大或异常的固定资产，确定其是否实际存在，有无有物无账或有账无物的情况

7. 假定不考虑重要性水平，CPA 对下列事项应提出审计调整建议的有（　　）。

A. L 公司 2006 年 10 月从母公司购买办公楼，并于当月启用，该办公楼自 2006 年 11 月计提折旧，截止 2006 年 12 月 31 日，L 公司尚未取得该办公楼的产权证明

B. 为保持某设备的生产能力，L 公司对该设备进行修理和改造，发生 80 万元维修改造费，并将其记入固定资产账面价值

C. 尚未办理竣工决算，L 公司对于 2006 年 5 月启用的厂房暂估入账，并按规定计提折旧，该厂房竣工决算于 2007 年 1 月 5 日完成，其固定资产原值也相应自 2007 年 1 月起按决算金额进行了调整

D. L 公司的某台生产设备因关键部件老化而经常生产大量的不合格产品，因此 L 公司对该设备全额计提了减值准备

8. 注册会计师审查被审计单位列入在本年购入的固定资产是否属实时所采取的测试程序包括（　　）。

A. 审核卖方发票

B. 审核验收报告

C. 实地审核资产

D. 追查各项购入金额和品种至明细分类账

9. 为证实购货与付款循环中购货业务记录的及时性，注册会计师在实质性测试中应比较（　　）上所记载的日期。

A. 卖方发票　　　B. 采购明细账　　　C. 付款凭单　　　D. 验收单

10. 注册会计师证实被审计单位应付账款是否在资产负债表上充分披露时，应当考虑的情况包括（　　）。

A. 应付账款明细账的期末贷方余额是否并入应付账款项目

B. 应付账款明细账的期末借方余额是否并入预付账款项目

C. 以担保资产换取的应付账款是否在会计报表附注中予以揭示

D. 应付账款分类是否恰当

三、判断题

1. 验收商品时，企业验收部门首先应当比较所收商品是否与验收报告单上所列的商品相符，包括商品的名称、说明、数量、到货时间等，然后再盘点商品并检查商品有无损坏。 （　　）

2. 对大规模企业而言，企业内部各个部门都可填列请购单，为了加强控制，企业的请购单必须连续编号。 （　　）

3. 应付账款通常不需函证，这是因为函证难以查出未记录的应付账款。如果函证，最好采用否定式函证方式。 （　　）

4. 由于多数舞弊企业在低估应付账款时，以漏记赊购业务为主，所以函证无益于寻找未入账的应付账款。 （　　）

5. 注册会计师在对固定资产进行实质性测试时，常常将固定资产的分类汇总表与累计折旧分类汇总表合并编制。 （　　）

6. 自行建造固定资产达到预定可使用状态前，该项目的工程物资盘盈应当计入当期营业外收入。 （　　）

7. 固定资产折旧方法变更应作为会计政策变更进行会计处理。 （　　）

8. 甲公司将自产的一批消费品（非金银首饰）用于在建工程。该批消费品成本为 300 万元，计税价格为 500 万元。该批消费品适用的增值税税率为 17%，消费税税率为 10%。据此计算，CPA 认为应计入在建工程成本的金额为 435 万元。
（　　）

9. 某增值税一般纳税企业因暴雨毁损库存材料一批，该批原材料实际成本为 20 000 元，收回残料价值 800 元，保险公司赔偿 21 600 元。该企业购入材料的增值税税率为 17%，企业认为该批毁损原材料造成的非常损失净额是 8 800 元。
（　　）

10. 固定资产的保险不属于企业固定资产的内部控制范围，因此，CPA 在检查、评价企业的内部控制时，一般不对其进行控制测试。 （　　）

四、简答题

公开发行 A 股的 X 股份有限公司（以下简称 X 公司）系 ABC 会计师事务所的常年审计客户。A 和 B 注册会计师负责对 X 公司 2005 年度会计报告表进行审计，并确定会计报表层次的重要性水平为 1 200 000 元。X 公司 2005 年度财产报告于 2006 年 2 月 25 日获董事会批准，并于同日报送证券交易所。X 公司适用的增值税税率为17%。其他的相关资料如下：

[资料一] X公司未经审计的2005年度会计报表部分项目的年末余额或本年发生额如下：

项 目	金额/万元	项 目	金额/万元
资产总额	21 000	未分配利润	900
股本	7 500	主营业务收入	18 000
资本公积-股份溢价	4 000	利润总额	300
法定盈余公积	1 000	净利润	200

[资料二] 在对X公司的审计过程中，A和B注册会计师注意到以下事项：为建造厂房和生产线，X公司于2005年6月1日分别向F银行借入年利率为5%的专项长期借款9 000 000元，向H银行借入年率为6%的专项长期借款6 000 000元。该工程预计建造期为1年6个月，采用出包方式，按照工程进度于每月月初支付当月工程进度款。2005年6月12日，每月月初实际支付的工程进度款分别为8 000 000元、2 500 000元、500 000元、1 000 000元、200 000元和1 000 000元。X公司2005年12月31日未经审计的该项在建工程余额为14 172 500元，其中包括利息费用472 500元。

要求：在[资料一]的基础上，如果不考虑审计重要性水平，针对[资料二]中的事项，试回答A和B注册会计师是否需要提出审计处理建议？若需要提出审计调整建议，试直接列示审计调整分录（审计调整分录均不考虑对X公司2005年度的企业所得税、期末结转损益及利润分配的影响）。

五、综合题

乙股份有限公司（以下简称乙公司）为华东地区的一家上市公司，属于增值税一般纳税企业，适用的增值税率为17%。乙公司2003～2006年与固定资产有关的业务资料如下：

（1）2003年12月1日，乙公司购入一条需要安装的生产线，取得的增值税专用发票上注明的生产线价款为1 000万元，增值税额为170万元；发生保险费为2.5万元，款项均以银行存款支付；没有发生其他相关税费。公司编制2003年12月1日取得该生产线的会计分录：

借：在建工程　　　　　　　　　　　　　　　　　　　1 172.5
　　贷：银行存款　　　　　　　　　　　　　　　　　　　1 172.5

（2）2003年12月1日，乙公司开始以自营方式安装该生产线。安装期间领用生产用原材料实际成本和计税价格均为10万元，发生安装工人工资为5万元，没有发生其他相关税费。该原材料未计提存货跌价准备。公司编制2003年12月安装该生产线的会计分录：

借：在建工程　　　　　　　　　　　　　　　　　　　　16.7
　　贷：原材料　　　　　　　　　　　　　　　　　　　　10
　　　　应交税金——应交增值税（进项税额转出）　　　1.7
　　　　应付工资　　　　　　　　　　　　　　　　　　　5

（3）2003年12月31日，生产线达到预定可使用状态，当日投入使用。该生产线预计使用年限为6年，预定净残值为13.2万元，采用直线法计提折旧。公司编制2003年12月31日该生产线达到预定可使用状态的会计分录：

借：固定资产　　　　　　　　　　　　　　　　　　　1 189.2
　　贷：在建工程　　　　　　　　　　　　　　　　　　1 189.2

（4）2004年12月31日，乙公司在对该生产线进行检查时发现其已经发生减值。乙公司预计该生产线在未来4年内每年产生的现金流量净额分别为100万元、150万元、200万元、300万元，2009年生产的现金流量净额以及该生产线使用寿命结束时处置形成的现金流量净额合计为200万元；假定按照5%的折现率和相应期间的时间价值系数计算该生产线未来现金流量的现值；该生产线的销售净价为782万元。未来现金流量现值为807.56万元。

（5）2005年1月1日，该生产线的预计尚可使用年限为5年，预计净残值为12.56万元，采用直线法计提折旧。公司计算2004年度该生产线计提的折旧为196万元。

（6）2005年6月30日，乙公司采用出包方式对该生产线进行改良。当日，该生产线停止使用，开始进行改良，在改良过程中，乙公司以银行存款支付工程总价款为122.14万元。

编制的2005年6月30日该生产线转入改良时的会计分录为：

借：在建工程　　　　　　　　　　　　　　　　　　　728.06
　　累计折旧　　　　　　　　　　　　　　　　　　　　275.5
　　固定资产减值准备　　　　　　　　　　　　　　　　185.64
　　贷：固定资产　　　　　　　　　　　　　　　　　　1 189.2

（7）2005年8月20日，改良工程完工验收合格并于当日投入使用，预计尚可使用年限为8年，预计净残值为10.2万元，采用直线法计提折旧。2005年12月31日，该生产线未发生减值。公司计算2004年12月31日该生产线应计提的固定资产减值准备金额185.64万元，编制相应的会计分录：

借：营业外支出　　　　　　　　　　　　　　　　　　185.64
　　贷：固定资产减值准备　　　　　　　　　　　　　　185.64

公司计算的2005年度该生产线改良前计提的折旧额为79.5万元。

计算2005年8月20日改良工程达到预定可使用状态后该生产线的成本为850.2万元。

计算2005年度该生产线改良后计提的折旧额为35万元。

（8）2006年4月30日，乙公司与丁公司达成协议，以该生产线抵偿所欠丁公司相同金额的货款。当日，乙公司与丁公司办理完毕财产移交手续，不考虑其他相关税费。假定2006年4月30日该生产线的账面价值等于其公允价值。

公司编制的2006年4月30日该生产线抵偿债务的会计分录：

借：固定资产清理   780.2

    累计折旧   70

    贷：固定资产   850.2

借：应付账款   780.2

    贷：固定资产清理   780.2

要求：CPA对资料（1）～（8）运用重新计算程序进行审计，试分别判断是否需要提出审计处理建议？若需要提出审计调整建议，请直接列示审计调整分录（编制审计调整分录时不考虑流转税、费用以及损益结转，也不考虑对所得税和利润分配的影响）。

参考答案

一、单项选择题

1. C 2. B 3. D 4. B 5. A 6. A 7. C 8. C 9. D 10. A

二、多项选择题

1. ACD 2. ABCD 3. BD 4. ABD 5. BCD 6. ABCD 7. ABC 8. ABC 9. BD 10. ABCD

三、判断题

1. × 2. × 3. × 4. √ 5. √ 6. × 7. × 8. √ 9. × 10. √

注释：

6. 自行建造固定资产达到预定可使用状态前，该项目的工程物资盘盈应当冲减所建工程项目的成本。

7. 按规定，固定资产折旧方法变更应作为会计估计变更进行会计处理。

9. 该批毁损原材料造成的非常损失净额=20 000+20 000×17%-800-21 600 =1 000（元）。

四、简答题

解：X公司2005年度应计利息 = 9 000 000×5%×7/12 + 6 000 000×6%×7/12

                  = 262 500 + 210 000

                  = 472 500（元）

计算累计支出加权平均数=8 000 000×7/12 + 2 500 000×6/12+500 000×5/12 +500 000×4/12

$\qquad$ + 1 000 000×3/12 + 200 000×2/12 + 1 000 000×1/12

$\qquad$ =4 666 666.67 + 1 250 000 + 208 333.33 + 166 666.67

$\qquad$ + 250 000 + 33 333.33 + 83 333.33

$\qquad$ = 6 658 333.3（元）

计算资本化率= 472 500 /（9 000 000×7/12 + 6 000 000×7/12）

$\qquad$ = 472 500 / 8 750 000

$\qquad$ = 5.4%

计算应当计入当期损益的利息金额= 427 500 – 359 550.00 = 112 950（元）

故对事项（3），A 和 B 注册会计师应提请 X 公司作以下审计调整分录：

借：财务费用　　　　　　　　　　　　　　　　　　　　　　　112 950

　　贷：在建工程　　　　　　　　　　　　　　　　　　　　　　　112 950

五、综合题

解：

（1）重新计算生产线的入账成本为

$\qquad$ 1000+170+2.5=1172.5（万元）

（2）重新计算领用原材料应缴纳的增值税=10×17%=1.7（万元）

$\qquad$ 重新计算领用原材料，缴纳增值税，支付安装工人工资所增加的生产线成本为

$\qquad$ 10+1.7+5=16.7（万元）

（3）重新计算生产线的支付使用成本为

$\qquad$ 1172.5+16.7=1189.2（万元）

（4）重新计算生产线 2004 年折旧额为

$\qquad$ （1189.2-13.2）÷6=196（万元）

$\qquad$ 重新计算生产线 2004 年 12 月 31 日账面价值为

$\qquad$ 1189.2-196=993.2（万元）

$\qquad$ 重新计算生产线 2004 年 12 月 31 日可收回金额为

$\qquad$ 未来现金流量现值807.56 万元，大于销售净价 782 万元，

$\qquad$ 故可收回金额为 807.56 万元

$\qquad$ 重新计算应计提的减值准备为

$\qquad$ 993.2-807.56=185.64（万元）

（5）2005 年 1 月 1 日至 2005 年 6 月 30 日，生产线应计提折旧为

$\qquad$ （807.56-12.56）÷5÷2=79.5（万元）

$\qquad$ 重新计算至 2005 年 6 月 30 日，生产线共计提折旧为

$\qquad$ 196+79.5=275.5（万元）

（6）重新计算生产线结转入改良时的成本为

$$1189.2-185.64-275.5=728.06（万元）$$

（7）重新计算2005年8月20日改良工程达到预定可使用状态后该生产线的成本为

$$728.06+122.14=850.2（万元）$$

（8）重新计算2005年度该生产线改良后计提的折旧额为

$$（850.2-10.2）\div 8\times \frac{4}{12}=35（万元）$$

重新计算至2006年4月30日，生产线的账面价值=850.2-35×2=780.2（万元）

审计结论：经重新计算，未发现异常，余额可以确认。无需编制调整分录。

习题十一 存货与生产循环审计

一、单项选择题

1. 在对 K 公司 2006 年度财务报表进行审计时，CPA 负责存货与生产循环的审计。在审计过程中遇到以下问题，试代为做出正确的专业判断。在对存货减值准备进行审计时，发现 K 公司存在以下事项，其中正确的是（　　）。

   A. 甲材料资产负债表日的账面成本高于市场价格，按二者的差额计提减值准备

   B. 乙材料在资产负债表日已发生贬值，但因期后以高于账面成本的价格出售给关联方，未计提减值准备

   C. 丙材料在资产负债表日已发生贬值，但因期后市场价格有所回升，未计提减值准备

   D. 丁材料在资产负债表日已发生毁损，直接计入当期损益，未计提减值准备

2. 在对 M 公司 2006 年度财务报表进行审计时，CPA 负责生产成本及主营业务成本的审计。在审计过程中遇到以下问题，请代为做出正确的专业判断。

   （1）M 公司的会计政策规定，入库产成品按实际生产成本入账，发出产成品按先进先出法核算。2006 年 12 月 31 日，M 公司甲产品期末结存数量为 120 件，期末余额为 5 210 万元，M 公司 2006 年度甲新产品的相关明细资料如下（数量单位为件，金额单位为人民币万元，假定期初余额和所有的数量、入库单价均无误）：

日 期	摘 要	入 库			发 出			结 存		
		数 量	单 价	金 额	数 量	单 价	金 额	数 量	单 价	金 额
01 月 01 日	期初余额							500		2 500
03 月 01 日	入库	400	5.1	2 040				900		4 540
04 月 01 日	销售				800	5.2	4 160	100		380
08 月 01 日	入库	1 600	4.6	7 360				1 700		7 740
10 月 03 日	销售				400	4.6	1 840	1 300		5 900
12 月 01 日	入库	700	4.5	3 150				2 000		9 050
12 月 31 日	销售				800	4.8	3 840	1 200		5 210
12 月 31 日	期末余额							1 200		5 210

在进行测试后，CPA 应提出的审计调整建议是（　　）。

   A. 调增主营业务成本 190 万元　　　　B. 调减主营业务成本 190 万元

   C. 调增主营业务成本 240 万元　　　　D. 调减主营业务成本 240 万元

   （2）假定 M 公司 2006 年度共生产和销售乙、丙两种产品，年初、年末存货除产成品库存外，无其他存货，发出存货采用先进先出法核算。M 公司存货跌价

准备年初、年末账户余额均为 1 300 万元，2006 年度未作存货跌价准备的转销和转回。乙、丙两种产品的详细资料如下：乙产品年初库存 1 000 件，单位成本为 2 万元，单位产品可变现净值为 1.5 万元；本年度生产乙产品 2 000 件，单位成本为 1.8 万元，本年度销售 1 500 件，乙产品年末单位可变现净值为 1.7 万元。丙产品年初库存 800 件，单位成本为 5 万元，单位产品可变现净值为 4 万元；本年度生产丙产品 2 000 件，单位成本为 4.5 万元，本年度销售 300 件，丙产品年末单位可变现净值为 5.5 万元。在对存货跌价准备进行测试后，CPA 提出的审计调整建议是（   ）。

    A. 存货跌价准备转销 800 万元，转回 500 万元

    B. 存货跌价准备转销 500 万元，转回 800 万元

    C. 存货跌价准备转销 800 万元，转回 500 万元，提取 150 万元

    D. 存货跌价准备转销 500 万元，转回 800 万元，提取 150 万元

3. CPA 在对生产循环进行分析性复核时发现存货周转率发生较大波动，得出的下列判断中，不恰当的是（   ）。

    A. 被审计单位存货成本项目发生变动

    B. 销售价格发生变动

    C. 存货核算方法发生变动

    D. 销售额发生变动

4. 一般来说，（   ）仅和存货与生产循环有关，而与其他任何循环无关。

    A. 采购材料和储存材料   B. 购置加工设备和维护加工设备

    C. 预付保险费和理赔   D. 加工产品和储存完工产品

5. 下列各项中，属于生产成本审计实质性程序的是（   ）。

    A. 对成本进行分析性复核

    B. 审查有关凭证是否进行适当的审批

    C. 审查有关记账凭证是否附有原始凭证，以及原始凭证的顺序编号是否完整

    D. 询问和观察存货的盘点及接触、审批程序

6. 一般来说，存货跌价准备应当按照（   ）计提。

    A. 单个存货项目   B. 存货类别

    C. 存货总体   D. 存货用途

7. 以下有关期末存货的监盘程序中，与测试存货盘点记录的完整性不相关的是（   ）。

    A. 从存货盘点记录中选取项目追查至存货实务

    B. 从存货实务中选取项目追查至存货盘点记录

    C. 在存货盘点过程中关注存货的移动情况

    D. 在存货盘点结束前，再次观察盘点现场

8. 当存在（　　　）情况时，CPA 应当提请被审计单位将存货账面余额全部转入当期损益。

　　A. 市价持续下跌，并在一年内无回升希望

　　B. 生产中不需要，且无转让价值的存货

　　C. 存货市价因技术原因已跌到成本以下

　　D. 存货市价因供求或过时等原因已跌到成本以下

9. CPA 在设计与存货项目相关的审计程序时，确定了以下审计策略，其中，不正确的是（　　　）。

　　A. 对单位价值较高的存货，以实施实质性程序为主

　　B. 对由少数项目构成的存货，以实施实质性程序为主

　　C. 对单位价值较高的存货，以实施控制测试为主

　　D. 实施实质性程序时，抽查存货的范围取决于存货的性质和样本选择方法。

10. K 公司实行实地盘存制。CPA 在复核 2006 年 1 月 2 日对 K 公司的存货监盘备忘及相关审计工作底稿时，注意到以下情况，其中做法正确的是（　　　）。

　　A. 监盘前将抽盘范围告知 K 公司，以便其做好相关准备

　　B. 索取全部盘点表并按编号顺序汇总后，进行账账、账实核对

　　C. 抽盘后将抽盘记录交予 K 公司，要求 K 公司据以修正盘点表

　　D. 未能监盘期初存货，根据期末监盘结果倒推存货期初余额，并予以确认

二、多项选择题

1. 下列有关存货审计的表述中不正确的有（　　　）。

　　A. 对存货进行监盘是证实存货"完整性"和"权利"认定的重要程序

　　B. 对难以盘点的存货，某些情况下可根据企业存货收发制度确认存货数量

　　C. 存货计价审计的样本应着重选择余额较小且价格变动不大的存货项目

　　D. 存货截止测试的主要方法是抽查存货盘点日前后的购货发票与验收报告（或入库单），确定每张发票均附有验收报告（或入库单）

2. 注册会计师对被审计单位购货业务进行年底截止测试的方法有（　　　）。

　　A. 实地观察与抽查购货

　　B. 抽查存货盘点日前后的购货发票与验收报告

　　C. 查阅验收部门的业务记录

　　D. 了解购货的保险情况和存货保护措施

3. CPA 对某公司 2004 年度财务报表进行审计时，实施存货截止测试可能查明（　　　）。

A．少计 2004 年度的存货和应付账款

B．多计 2004 年度的存货和应付账款

C．虚增 2004 年度的利润

D．虚减 2004 年度的利润

4．CPA 制定存货监盘计划应实施的工作有（ ）。

A．了解存货的内容、性质、各存货项目的重要程度及存放场所

B．了解存货会计系统及其他相关的内部控制

C．评估与存货相关的重大错报风险及审计重要性水平

D．查阅以前年度的存货监盘工作底稿

5．如果要确定直接材料成本的准确性，CPA 实施的审计程序可能包括（ ）。

A．抽查材料领用单，查明是否已经适当授权批准

B．抽查产品成本计算单，检查相关计算是否正确

C．分析比较同一产品前后年度的直接材料成本，查明是否存在重大波动

D．检查直接材料成本在财务报表中的披露是否恰当

6．下列项目中属于存货成本审计的有（ ）。

A．直接材料成本的审计   B．直接人工成本的审计

C．制造费用的审计   D．管理费用的审计

7．根据我国的会计准则，CPA 可以允许被审计单位采用以下方法对存货进行计价（ ）。

A．先进先出法   B．后进先出法

C．加权平均法   D．成本与市价孰低法

8．如果验收报告日是在 12 月 25 日，而相应的购货发票在次年 1 月 5 日收到，则以下做法正确的有（ ）。

A．在 1 月 5 日收到发票时以发票价入账

B．在 12 月 25 日以暂估价入账，次年初红字冲销

C．在 12 月 31 日以暂估价入账，次年初红字冲销

D．在 1 月 10 日付款时以付款价入账

9．对于存放或寄销在外地的存货，CPA 可以采取（ ）对策。

A．亲自前往盘点   B．委托当地 CPA 盘点

C．向寄销单位函证   D．审查存放证明或寄销合同

10．如果购货发票在 12 月 30 日收到，并于当天入账，而相应的货物于 1 月 3 日收到，并验收入库，则在资产负债表日，会出现以下情况（ ）。

A．高估购货和应付账款   B．低估购货和应付账款

C．高估利润   D．低估利润

三、判断题

1．CPA 为某公司 2006 年度会计报表审计的项目负责人，需要对助理人员编制的审计工作底稿进行复核。以下是助理人员在审计相关会计估计时得出的审计结论，试代为判断是否正确：某公司在资产负债表日对一批账面价值为 100 万元，可变现净值为 84 万元的存货计提了跌价准备 16 万元。该批存货在资产负债表日至审计报告日出售了 50%，销售收入为 41 万元。助理人员确认某公司对该批存货计提的跌价准备是合理的。　　　　　　　　　　　　　　　　　（　　）

2．CPA 在抽样进行存货计价测试时，一般采用固定样本抽样方法进行。（　　）

3．因为不存在满意的替代程序来观察和计量期末存货，只有监盘才能确定存货的真实性，所以 CPA 必须对存货进行监盘。　　　　　　　　　（　　）

4．存货截止测试的主要方法是，抽查存货盘点日前后的购货发票与购货合同，检查每张发票是否均有购货合同。　　　　　　　　　　　　　（　　）

5．在对工资费用进行分析性复核时，CPA 不仅应将本期工资费用总额与上期比较，而且应将本期各月的工资费用进行比较，以查明是否有异常波动。（　　）

6．采用永续盘存制，并不意味着无须对存货实物进行盘点，被审计单位每年至少对存货进行一次全面盘点。　　　　　　　　　　　　　　　（　　）

7．在成本上升的情况下，从原来采用加权平均法改用先进先出法计算发出产品成本，会虚增当期利润。　　　　　　　　　　　　　　　　　（　　）

8．与存货验收相关的内部控制的总体目标是所有收到的货物都已得到记录。与采购相关的内部控制的总体目标是所有交易都已获得适当的授权与批准。

（　　）

9．企业实施存货盘点的时间可能是资产负债表日以前，也可能是资产负债表日，还可能是资产负债表日之后。　　　　　　　　　　　　　（　　）

10．领料单可以一料一单，也可以多料一单，通常需一式两联，仓库部门发出原材料后，其中一联连同原材料交还领料部门，一联留仓库部门据以登记原材料明细账。　　　　　　　　　　　　　　　　　　　　　　（　　）

四、简答题

1．CPA 在制定存货监盘计划时应考虑哪些问题？
2．如何开展直接人工成本的审计？

参考答案

一、单项选择题

1．D　2．(1) D　(2) D　3．B　4．D　5．A　6．A　7．A　8．B　9．C　10．B

二、多项选择题

1. AC　2. BC　3. ABCD　4. ABCD　5. ABC　6. ABC　7. ACD　8. BC　9. ABCD
10. AD

三、判断题

1. √　2. ×　3. √　4. ×　5. √　6. ×　7. √　8. √　9. √　10. ×

四、简答题

1. 答：注册会计师应考虑：存货监盘的时间安排；存货盘点范围和场所的确定；重点人员的分工及胜任能力；盘点前的会议及任务布置；存货的整理和排列；毁损、陈旧、过时、残次及所有权不属于被审计单位的存货的区分；存货的计量工具和计量方法；在产品完工程度的确定方法；存放在外单位的存货的盘点安排；存货收发截止的控制；盘点期间存货移动的控制；盘点表单的设计、使用与控制；盘点结果的汇总及盘盈盘亏的分析、调查与处理等因素。在此基础上，评价能否合理确定存货的数量和状况。

2. 答：注册会计师可以从以下五方面开展直接人工成本的审计：

（1）抽查产品成本计算单，检查直接人工成本的计算是否正确。

（2）检查直接人工耗用数量的真实性。

（3）分析比较同一产品前后各年度的直接人工成本。

（4）结合应付工资的检查，抽查人工费用会计记录及会计处理是否正确。

（5）对采用定额成本或标准成本的企业，应检查直接材料成本差异的计算、分配与会计处理是否正确。

习题十二　筹资与投资循环审计

一、单项选择题

1. CPA 审查股票发行费用的会计处理时，若股票溢价发行，应查实被审计单位按规定将各种发行费用（　　）。
   - A. 先从溢价中抵消
   - B. 作为长期待摊费用
   - C. 作为递延资产
   - D. 作为当期管理费用

2. 企业不能接受投资者以（　　）方式进行的投资。
   - A. 无形资产
   - B. 货币资金
   - C. 实物资产
   - D. 租赁资产

3. H 公司对下列长期股权投资的核算由权益法改为成本法，其中，正确的是（　　）。
   - A. H 公司持有某公司 60%的股份，该公司 2006 年末因严重亏损已经资不抵债，H 公司董事会于 2007 年 1 月决定，对该项投资 2007 年度改按成本法核算
   - B. H 公司持有某公司 70%的股份，2007 年 6 月 1 日该公司依法宣告破产，H 公司董事会决定，对该项投资自该日起按成本法核算
   - C. H 公司持有某公司 35%的股份，2007 年有迹象表明该公司可能遭受巨额担保损失，H 公司董事会决定，对该项投资 2007 年度改按成本法核算
   - D. H 公司持有某公司 60%的股份，2007 年 1 月 1 日将其中 49%的股份予以转让，H 公司董事会决定，对该项投资 2006 年度改按成本法核算

4. A 公司为建造厂房于 2006 年 4 月 1 日从银行借入 2 000 万元专门借款，借款期限为两年，年利率为 6%。2006 年 7 月 1 日，A 公司采取出包方式委托 B 公司为其建造该厂房，并预付了 1 000 万元工程款，厂房实体建造工作于当日开始。该工程因发生施工安全事故在 2006 年 8 月 1 日至 11 月 30 日中断施工，12 月 1 日恢复正常施工，至年末工程尚未完工。该项厂房建造工程在 2006 年度应予资本化的利息金额为（　　）万元。
   - A. 80
   - B. 40
   - C. 30
   - D. 10

5. 甲公司所得税税率为 33%，2007 年末长期股权投资账面余额为 220 万元，其中原始投资成本为 200 万元，按权益法确认投资收益 20 万元，没有计提减值准备。通常情况下，应确认为递延所得税负债（　　）万元。
   - A. 5
   - B. 20
   - C. 66
   - D. 200

6. 甲企业于 2007 年 1 月 1 日取得联营企业 30%的股权，取得投资时被投资单位的固定资产公允价值为 1 200 万元，账面价值为 600 万元，固定资产的预计

使用年限为 10 年，净残值为零，按照直线法计提折旧。被投资单位 2007 年度利润表中净利润为 500 万元。被投资单位当期利润表中已按其账面价值计算扣除的固定资产折旧费用为 60 万元，按照取得投资时点上固定资产的公允价值计算确定的折旧费用为 120 万元，假定不考虑所得税影响，按照被投资单位的账面净利润计算确定的投资收益为（　　　）万元。

    A．132　　　　　B．150　　　　　C．440　　　　　D．600

7．甲公司持有丙公司股票，这些股票被归类为可供出售金融资产。购买该股票时的公允价值为 300 万元，2007 年末，该股票的公允价值为 260 万元。按照《企业会计准则第 22 号——金融工具确认和计量》规定，可供出售金融资产公允价值变动形成的利得或损失，除减值损失和外币货币资金金融资产形成的汇兑损益外，应当直接计入所有者权益。应确认相应的递延所得税资产（　　　）万元。

    A．300　　　　　B．260　　　　　C．40　　　　　D．10

8．按照有关规定，股本溢价应扣除相关的发行费用减去（　　　）方可计入资本公积。

    A．发行股票冻结期间所产生的利息收入

    B．发行股票冻结期间所产生的利息支出

    C．发行股票期间所产生的利息收入

    D．发行股票交易期间所产生的利息收入

9．如果被审计单位的投资证券是委托某些专门机构代为保管的，为证实这些投资证券的真实存在，注册会计师应（　　　）。

    A．实地盘点投资证券

    B．获取被审计单位管理当局声明

    C．向代保管机构发函询证

    D．逐笔检查被审计单位的相关会计记录

10．资本公积的实质性测试程序范围不应包括（　　　）。

    A．接受捐赠非现金资本准备　　　　　B．接受现金捐赠

    C．其他资本公积　　　　　　　　　　D．可转换公司债券

二、多项选择题

1．CPA 在审查被审计单位长期股权投资是否在资产负债表上恰当披露时，应查实（　　　）。

    A．资产负债表中"长期投资"项目的数字是否与审定数相符

    B．资产负债表中"一年内到期的长期债券投资"项目的数字是否与审定数相符

    C．长期投资超过实收资本的 50%，是否已在会计报表附注中披露

　　D．是否已披露股票、债券在资产负债表日市价与成本的显著差异

2．CPA 通常可根据（　　　）等标准对被审计单位长期投资入账价值加以确认。

　　A．财产鉴定价值　　　　　　　B．实际支付的价款

　　C．资产评估并经确认的价值　　D．投资各方协议定价

3．CPA 应重点调查的与长期投资相关的内部控制制度有（　　　）。

　　A．职责分工制度　　　　　　　B．资产保管制度

　　C．记名登记制度　　　　　　　D．定期盘点制度

4．投资内部控制的制度测试一般不包括（　　　）。

　　A．了解投资内部控制制度　　　B．进行简易抽查

　　C．审阅内部盘核报告　　　　　D．获取或编制有关明细表

5．在对股份有限公司会计报表进行审计时，长期投资的审计程序主要包括（　　　）。

　　A．检查长期投资入账基础是否符合投资合同、协定的规定，会计处理是否正确

　　B．检查长期投资的核算是否按规定采用权益法或成本法，对于采用权益法的，应获取被投资单位经 CPA 审计的年度财务报表

　　C．检查长期投资与短期投资在分类上相互划转的会计处理是否正确

　　D．检查长期投资是否超过被审计单位净资产的 50%

6．我国法律规定，企业减资必须满足的条件是（　　　）。

　　A．事先通知所有债权人，债权人无异议

　　B．经股东大会决议同意，并修改公司章程

　　C．减资数额不得超过实收资本大于注册资本的数额

　　D．减资后的注册资本不得低于法定注册资本的最低限额

7．对以下（　　　）的情形，CPA 应认可被审计单位的将长期投资转为短期投资的做法。

　　A．企业生产经营急需资金　　　B．长期投资确实不能带来经济效益

　　C．长期投资将于年内到期　　　D．为提高"流动比率"的账面结转

8．下列（　　　）的情况 CPA 应提请被审计单位计提无形资产减值准备。

　　A．某项无形资产已被其他新技术替代，且无使用价值和转让价值

　　B．某项无形资产已被新技术替代，但仍有部分使用价值和转让价值

　　C．某项无形资产已超过法律保护期，且不能为企业带来经济利益

　　D．某项无形资产已超过法律保护期，但仍有部分使用价值和转让价值

9．对追溯调整期间各时点的长期投资，CPA 可采取（　　　），来检查长期投

资减值准备的计提及会计处理是否正确。

    A. 向被审计单位索取长期投资的市价和市价的资料来源

    B. 取得被投资单位经审计的会计报表

    C. 取得被投资单位未经审计的会计报表

    D. 在对被投资单位会计报表进行分析性复核上，检查被审计单位的追溯调整是否正确

10. 权益法下，CPA 应重点审查"长期投资"账户以下问题（   ）。

    A. 接受投资企业净资产增减变化额是否真实、准确

    B. 投资企业投资占被投资企业实收资本或股本的比例及按此分享的净资产增减额是否真实、准确

    C. 长期投资转化为短期投资的合理性

    D. 股票在资产负债表日市价与成本是否有显著变动

三、判断题

1. CPA 在审计某企业时，认同企业对自用房地产转换为以公允价值计量的投资性房地产的会计处理是：若转换日公允价值大于账面价值，差额就计入公允价值变动损益，若转换日公允价值小于账面价值，差额就计入资本公积。（   ）

2. 长期借款在资产负债表上列示于长期负债类下，该项目应根据"长期借款"科目的末期余额扣减将于一年内到期的长期借款后的数额填列，该项扣除数应当填列在长期负债类下的"一年内到期的长期负债"项目单独反映。（   ）

3. 如果企业应付债券业务不多，CPA 可直接进行实质性程序；如果企业应付债券业务繁多，CPA 就可考虑进行控制测试。（   ）

4. CPA 对于负责项目的审计，主要是防止企业低估债务。低估债务经常伴随着高估成本费用，从而低估利润的目的。（   ）

5. 企业购建的符合借款费用资本化条件的固定资产各部分分别完工，每部分在其他部分继续建造过程中可供单独使用，且为使该部分资产达到预定可使用状态所必要的构建活动实质上已经完成的，应当停止与该部分资产相关的借款费用资本化。（   ）

6. 甲 CPA 是 S 公司 2006 年度会计报表审计的项目经理，在编制审计计划前，需对 S 公司提供的未审计报表及其附注进行审核。假定 S 公司 2002 年度无须编制合并会计报表，也未发生重大重组行为，在不考虑披露格式、内容的完整性等其他因素的前提下，针对 S 公司 2006 年度财务报表附注中披露的以下内容，试代为进行审核，并分别判断其在数字上的逻辑关系、披露数字反映的分类或会计处理等方面是否正确。会计报表项目注释中披露的资本公积增减变动情况如下。（   ）

单位：元

项　目	2005 年 12 月 31 日 账面余额	本期增加	本期减少	2006 年 12 月 31 日 账面余额
资本溢价	235 674 567.12		23 567 467.12	0
股权投资准备	49 543 253.69		4 325 432.88	45 217 820.81
拨款转入	2 000 000.00	2 654 723.15		4 654 723.15
其他资本公积	204 562.18			204 562.18
合　计	287 422 382.99	2 654 723.15	240 000 000.00	50 077 106.14

注：资本公积"本期减少"系转增股本所致。

7. 企业发生的借款费用，可直接归属于符合资本化条件的资产的购建或生产的，应当予以资本化，计入成本费用；其他借款费用，应当在发生时根据其发生额确认费用，计入当期损益。　　　　　　　　　　　　　　　　　　（　　）

8. CPA 在审计了企业的资产和负债后，往往只花费相对较少的时间对所有者权益进行审计。因此，在审计过程中，对所有者权益没有必要单独进行审计。

（　　）

9. 检查实收资本（股本）增减变动的原因时，对首次接受委托的客户，除取得验资报告外，还应检查并复印记账凭证及进账单。　　　　　　　（　　）

10. 资本公积是非经营性因素形成的不能计入实收资本的所有者权益，主要包括投资者实际缴付的出资超过其资本份额的差额（如股本溢价、资本溢价）和其他资本公积等。　　　　　　　　　　　　　　　　　　　　　　　（　　）

四、综合题

1. 甲和乙 CPA 对 XYZ 股份有限公司 2006 年度的财务报表进行审计。该公司 2006 年度未发生购并、分立和债务重组行为，供、产、销形势与上年相当。该公司提供的未经审计的 2006 年度合并会计报表附注的部分内容如下所示。

长期借款项目附注　　　　　2006 年年末余额 13 730 万元　　　　　金额单位：万元

贷款单位	贷款金额	借款期限	年利率/%	借款条件
A 银行第一营业部	1 800	2004 年 8 月～2008 年 7 月	9.72	抵押借款
B 银行第一营业部	11 650	2003 年 9 月～2007 年 8 月	7.65	抵押借款
C 银行第一营业部	280	2006 年 1 月～2008 年 1 月	5.925	担保借款
合　计	13 730			

要求：假定上述附注内容中的年初数和上年比较均已审定无误，你作为甲和乙 CPA，在审计计划阶段，试运用专业判断，必要时运用分析性复核的方法，分别指出上述附注内容中存在的不合理之处，并简要说明理由。

2. 假如你是 CPA，在对 T 公司进行预审的过程中，发现以下事项，应当如何处理？

（1）实收资本与验资报告及营业执照不一致。

（2）资本公积转增资本时不按原出资比例转增或准备类资本公积转增资本。

（3）盈余公积不合法转增资本（如亏损没有弥补前转增，不按原出资比例转增，不达到注册资本的25%转增）。

（4）长期股权账面价值为200万元，被投资方已破产。

（5）长期债权投资300万元，查明2007年3月到期。

（6）被投资单位A公司为海外公司，长期股权投资占股权份额为60%，累计确认投资收益600万元，其中本年度确认200万元，没有获取A公司的会计报表。

（7）对B公司的长期投资占60%，但一直按成本法核算，自2003年1月1日起，改为权益法核算。

（8）2006年12月由于对外投资，所有长期投资的初始成本合计超过净资产的50%。

（9）无形资产——专利技术、专利期满且由于技术进步已无使用价值和转让价值，但是报当地税务部门核准损失尚未批准，仍挂在账上。

（10）发行股票的发行价格为6 000万元，面值为5 000万元，委托代理发行手续费及佣金为1 100万元，发行股票冻结期间产生的利息收入为200万元。

参考答案

一、单项选择题

1. A 2. D 3. B 4. D 5. A 6. B 7. D 8. A 9. C 10. D

注释：

4. $1000×6\%/12×2=10$（万元）

5. 递延所得税负债=应纳税暂时性差异×所得税税率=$20×25\%=5$（万元）

6. 假定不考虑所得税的影响，按照被投资单位的账面净利润计算确定的投资收益为150万元（$500×30\%$）。如按该固定资产的公允价值计算确定的净利润为440万元（500-60），投资企业按照持股比例计算确认的当期投资收益为132万元。

7. 递延所得税资产=可抵扣暂时性差异×所得税税率=$40×25\%=10$（万元）

二、多项选择题

1. ABD 2. BCD 3. ABCD 4. AD 5. ABCD 6. ABD 7. ABC 8. BD 9. ABD 10. AB

三、判断题

1. × 2. × 3. √ 4. × 5. √ 6. × 7. × 8. × 9. √ 10. √

四、综合题

1. 答：上述附注内容中可能存在一个不合理之处：公司向 B 银行第一营业部借入的长期借款 11 650 万元的借款期限为："2003 年 9 月～2007 年 8 月"，按照《企业会计制度》的规定，在编制会计报表时，应对其进行会计报表重分类调整，并入"一年内到期的长期负债"项目。

2. 答：

（1）追查原因，若是合理的变更资本，则建议被审计单位变更合同、章程、重验资和变更注册登记。若是评估调账等不合理变更资本，则建议调整。

（2）不合法，建议调整。不能直接用于转增资本的资本公积有接受捐赠非现金资产准备、股权投资准备、关联方交易差价。

（3）建议调整。

（4）获取或检查被投资单位破产公告和已审计的清算报表，建议确认资产损失。借记投资收益，贷记长期股权投资。

（5）审阅债券到期日，建议转入"一年内到期的长期债权投资"，列入流动资产下。

（6）视同审计范围受限，考虑发表保留或无法表示意见的审计报告。

（7）重大差错更正，应当采用追溯调整法。

（8）建议在财务报表附注中充分披露，否则考虑出具保留或否定意见审计报告。

（9）获取并检查专利期满且由于技术进步已无使用价值和转让价值的证据，建议调整借记管理费用、贷记无形资产。当地税务部门是否核准损失，仅影响该损失在税前列支，不影响会计处理。

（10）计入资本公积的金额=（6000－5000）－（1100－200）=100（万元）

习题十三　货币资金审计

一、单项选择题

1. CPA 对库存现金监盘，通常采用（　　）进行。
   A. 编制盘点计划　　　　　　　　B. 编制盘点问卷调查
   C. 预告　　　　　　　　　　　　D. 突击

2. CPA 对被审计单位的现金进行盘点，其范围描述最恰当的是（　　）。
   A. 出纳员保管的现金　　　　　　B. 财务部门保管的现金
   C. 各部门保管的现金　　　　　　D. 存入银行的现金

3. 2007 年 3 月 5 日 CPA 对 N 公司全部现金进行盘点，确认实有现金数额为 1 000 元。N 公司 3 月 4 日账面库存现金余额为 2 000 元，3 月 5 日发生的现金收支全部未登记入账，其中收入金额为 3 000 元，支出金额为 4 000 元，2007 年 1 月 1 日至 3 月 4 日现金收入总额为 165 200 元，现金支出金额为 165 500 元，则推断 2006 年 12 月 31 日库存现金余额为（　　）元。
   A. 1 300　　　　　B. 2 300　　　　　C. 700　　　　　D. 2 700

4. 货币资金内部控制的以下关键环节中，存在重大缺陷的是（　　）。
   A. 财务专用章由专人保管，个人名章由本人或其授权人员保管
   B. 对重要货币资金支付业务，实行集体决策
   C. 现金收入及时存入银行，特殊情况下，经主管领导审批方可坐支现金
   D. 指定专人定期核对银行账户，每月核对一次，编制银行存款余额调节表，使银行存款账面余额与银行对账单调节相符

5. CPA 实施的下列各项审计程序中，能够证实银行存款是否存在的是（　　）。
   A. 分析定期存款占银行存款的比例
   B. 检查银行存款余额调节表
   C. 函证银行存款余额
   D. 检查银行存款收支的正确性

6. 在进行年度会计报表审计时，为了证实被审计单位在临近 12 月 31 日签发的支票未予入账，CPA 实施的最有效实质性程序是（　　）。
   A. 审查 12 月 31 日的银行存款余额调节表
   B. 函证 12 月 31 日的银行存款余额
   C. 审查 12 月 31 日的银行对账单
   D. 审查 12 月份的支票存根

7. N 公司某银行账户的银行对账单余额与银行存款日记账余额不符，CPA 应当执行的最有效的审计程序是（　　）。

A. 重新测试相关的内部控制

B. 审查银行对账单中记录的该账户资产负债表日前后的收付情况

C. 审查银行存款日记账中记录的该账户资产负债表日前后的收付情况

D. 审查该账户的银行存款余额调节表

8. 针对 N 公司下列与现金相关的内部控制，CPA 应提出改进建议的是（　　）。

A. 每日及时记录现金收入并定期向顾客寄送对账单

B. 担任登记现金日记账及总账职责的人员与担任现金出纳职责的人员分开

C. 现金折扣需经过适当审批

D. 每日盘点现金并与账面余额核对

9. CPA 对被审计单位库存现金进行盘点时，如果发现有冲抵库存现金的借条、未作报销的原始凭证等，应在（　　）中注明或作必要的调整。

A. 库存现金日记账　　　　　　B. 库存现金盘点表

C. 其他货币资金日记账　　　　D. 会计报表附注

10. 确定是否对各银行的存款余额进行函证，主要取决于（　　）。

A. 是否已取得银行对账单　　　B. 是否已取得所有支付支票存根

C. 各银行存款余额的大小　　　D. 本期是否发生了银行存款收付业务

二、多项选择题

1. 对被审计单位现金进行盘点，时间最好选择在（　　）进行。

A. 上午上班前　　　　　　　　B. 白天上班时

C. 下午下班时　　　　　　　　D. 期末

2. 下列属于货币资金内部控制测试的程序有（　　）。

A. 了解货币资金内部控制

B. 抽取并检查收款凭证

C. 检查外币资金的折算方法是否符合有关规定，是否与上年度一致

D. 抽取一定期间银行存款余额调节表

3. 下列对现销收入进行的内部控制测试程序中，能达到完整性认定的有（　　）。

A. 观察

B. 检查是否存在未入账的现金收入

C. 检查是否向顾客寄送对账单，了解是否定期进行

D. 检查复核标记

4. 监盘库存现金是 CPA 证实资产负债表所列现金是否存在的一项重要程序，被审计单位不是必须参加盘点的人员是（　　）。

A. 会计主管人员和内部审计师　　B. 出纳员和会计主管人员

C. 现金出纳员和银行出纳员　　D. 出纳员和内部 CPA

5. 下列关于库存现金盘点的提法中，正确的有（　　）。

A. 盘点库存现金是证实收到的现金收入是否已全部登记入账的一项重要程序

B. 盘点对象通常包括已收到但未存入银行的现金

C. 通常实施突击性检查

D. 如果企业现金存放部门有两处或两处以上者，应同时进行盘点

6. CPA 向开户银行函证，可实现的目标有（　　）。

A. 银行存款真实存在　　B. 是否有欠银行的付债

C. 是否有漏列的银行借款　　D. 是否有充作抵押担保的存货

7. 为了做到银行存款在财务报表上正确截止，对于以下未达账项（　　），CPA 应当要求被审计单位编制会计分录调整。

A. 银行已付，企业未入账的支出　　B. 银行已收，企业未入账的收入

C. 企业已付，银行未入账的支出　　D. 企业已收，银行未入账的收入

8. CPA 实施的下列各项审计程序中，能够证明银行存款是否存在的有（　　）。

A. 定期存款占银行存款的比例　　B. 检查银行存款余额调节表

C. 函证银行存款余额　　D. 检查银行存款收支的正确截止

9. 资产负债表日后盘点库存现金时，CPA 应在盘点金额的基础上（　　）以调整至资产负债日的金额。

A. 扣减资产负债表日至盘点日库存现金增加额

B. 扣减资产负债表日至盘点日库存现金减少额

C. 加计资产负债表日至盘点日库存现金增加额

D. 加计资产负债表日至盘点日库存现金减少额

10. 被审计单位银行存款通常应列于资产负债表的流动资产项内，除非其为（　　）。

A. 1 年以上的定期存款　　B. 外部存款

C. 限定用途的存款　　D. 投资缴入的投资款

三、判断题

1. CPA 应向被审计单位年末所有有余额的银行发出询证函。　　（　　）

2. 由于现金盘点往往在资产负债表日后进行，CPA 需要根据资产负债表日至审计报告日之间所有现金收支数倒推计算资产负债表日的现金数额。　　（　　）

3. 助理人员审计了 R 公司提供的相关银行存款余额调节表中的调节事项，对其中应予调整的事项提出了审计调整建议。在 R 公司接受调整建议后，助理人员得出其不再存在未入账银行存款收支业务的审计结论。　　（　　）

4. 被审计单位资产负债表上的库存现金数额,应当以结账日库存现金日记账余额为准。 (   )

5. 向银行函证银行存款余额,一般均采用肯定式函证方式。 (   )

6. 某公司为加强货币资金支付管理,货币资金支付审批实行分级管理办法:单笔付款金额在 10 万元以下的,由财务部经理审批;单笔付款金额在 10~50 万元的,由财务总监审批;单笔付款金额在 50 万元以上的,由总经理审批。这种办法符合内部控制的要求。 (   )

7. 企业的其他货币资金业务通常较少,CPA 可以直接实施实质性程序。(   )

8. 虽然 CPA 已直接从某一银行取得了银行对账单和所有已付支票,但仍应向这一银行进行函证。 (   )

9. CPA 审查银行存款时,应当注意资产负债表上银行存款数字是否已经包括银行当年最后一天收到或付出的款项。 (   )

10. 被审计单位资产负债表上的银行存款数额,应以编制或取得银行存款余额调节表日银行存款账户数额为准。 (   )

四、简答题

CPA 在对 P 公司 2006 年度财务报表进行审计时,对 P 公司的银行存款实施的部分审计程序为:

(1) 取得 2006 年 12 月 31 日银行存款余额调节表。

(2) 向开户银行寄发银行询证函,并直接收取寄回的询证函回函。

(3) 取得开户银行 2007 年 1 月 31 日的银行对账单。

要求:根据上述材料回答下列问题。

(1) CPA 向开户银行询证的作用有哪些?

(2) CPA 采取什么方式才能直接收回开户银行的询证函回函?目的是什么?

(3) CPA 取得银行存款余额调节表后,应检查哪些内容?

(4) 请问 CPA 索取开户银行 2007 年 1 月 31 日的银行对账单,能证实 2006 年 12 月 31 日银行存款余额调节表的哪些内容?

参考答案

一、单项选择题

1. D 2. C 3. B 4. C 5. C 6. D 7. D 8. B 9. B 10. D

二、多项选择题

1. AC 2. BCD 3. ABCD 4. ACD 5. BCD 6. ABCD 7. AB 8. BC 9. AD 10. AC

三、判断题

1. × 2. × 3. ×4. × 5. √6. × 7. √ 8. √ 9. √ 10. ×

四、简答题

答:

（1）CPA 通过向开户银行函证，不仅可以查明 P 公司银行存款、借款的存在性，而且可以发现企业未登记入账的银行存款、借款。

（2）在询证函内指明回函直接寄往 CPA 所在的事务所，或在询证函内附上贴足邮票的以 CPA 所在的事务所为回函地址的信封，CPA 直接收回开户银行询证函的目的是防止 P 公司截留或更改回函。

（3）CPA 应检查银行存款余额调节表中未达账项的真实性，以及资产负债表日后的入账情况。

（4）CPA 索取开户银行 2007 年 1 月 31 日的银行对账单，可以证实列示在银行存款余额调节表上的在途存款和未兑现支票的真实性。

习题十四　验　资

一、单项选择题

1. 验资报告只能保证以下（　　）事项。
   - A. 验资报告日后资本保全
   - B. 验资报告日后办理工商登记
   - C. 验资报告日后持续经营能力
   - D. 验资报告日后偿债能力

2. 在变更验资时，CPA 对于尚未建立会计账目的被审验单位，应当（　　）。
   - A. 拒绝接受验资委托
   - B. 将建立账目作为验资工作的一部分
   - C. 在了解时代为建立
   - D. 在实地审验之前提请其建立必要的会计账目

3. 投资者以知识产权、非专利技术和土地使用权等无形资产出资时，注册会计师不需要验证的是（　　）。
   - A. 验证其产权归属
   - B. 验证其价值确认
   - C. 验证其会计处理是否正确
   - D. 验证其报表披露

4. 通常情况下，CPA 在验资过程中不会采用的审计方法是（　　）。
   - A. 监盘
   - B. 观察
   - C. 分析性复核
   - D. 查询和函证

5. 下列（　　）不是出具验资报告的前提。
   - A. 完成预定的审计程序
   - B. 取得充分、适当的审验证据
   - C. 分析和评价审验结论
   - D. 验资工作底稿已经归档保管

6. CPA 应当在验资报告的说明段予以反映并说明理由的是（　　）。
   - A. 审验单位不提供真实合法完整的验资资料
   - B. 被审验单位对注册会计师的审验程序不予合作
   - C. 被审验单位要求注册会计师做出不真实的证明
   - D. 重要事项与被审验单位有关协议等不符合

7. 在验证货币资金投入时，最主要的验资依据来自于以下（　　）方面。
   - A. 被审验单位的管理当局
   - B. 被审验单位的投资者
   - C. 被审验单位的客户银行
   - D. 被审验单位的会计资料

8. 验资报告的日期是指注册会计师（　　）的日期。
   - A. 完成外勤工作
   - B. 完成审验工作
   - C. 完成审核工作
   - D. 完成审计工作

9. 验资报告应当载明收件人的全称。对拟设立的公司，收件人通常是（　　）。
   - A. 公司登记机关预先核准的名称加"（筹）"

B．公司登记机关预先核准的名称

C．办理公司登记股东

D．办理公司登记合伙人

10．出资者一次缴足出资，CPA 应检查全体股东或者发起人的货币出资金额是否不低于注册资本的（　　）。

A．20%　　　　B．30%　　　C．40%　　　　D．50%

二、多项选择题

1．验资报告的附件包括（　　）。

A．已审验的实收资本明细表

B．被审验单位填写的注册资本实收情况明细表

C．注册资本、实收资本变更情况明细表

D．验资事项说明

2．变更验资报告的说明段应当说明（　　），以及 CPA 认为应当说明的其他重要事项。对此，CPA 还应当在验资报告说明段中予以说明。

A．验资报告的用途

B．验资报告的使用责任

C．对以前注册资本实收情况审验的会计师事务所名称及审验情况

D．变更后的累计注册资本实收情况

3．CPA 出具的验资报告不能被视为对被审验单位的（　　）做出的保证。

A．日后偿还债务能力　　　　B．经营效率

C．持续经营能力　　　　　　D．经营效果

4．CPA 在验资时，无论出资者以货币资金出资，还是以实物资产、无形资产出资，均应对所出资资产的（　　）等内容进行审验。

A．产权转移手续　　　　　　B．会计处理

C．价值认定　　　　　　　　D．是否符合合同、章程、协议的规定

5．验资报告具有法定证明效力，其主要用途在于（　　）。

A．被审验单位明示其持续经营能力

B．被审验单位向企业登记机关申请设立或变更登记

C．被审验单位向出资者签发出资证明

D．被审验单位出资者在规定期限内办理产权转移手续

6．验资报告的范围段应当说明（　　）。

A．审验范围　　　　　　　　B．出资者和被审验单位的责任

C．注册会计师的责任　　　　D．审验依据和已实施的主要审验程序

7．出资者和被审验单位的责任有（　　）。

A．按照法律法规以及协议、合同、章程的要求出资

　　B．保证不抽走注册资金

　　C．提供真实、合法、完整的验资资料

　　D．保护资产的安全、完整

8．验资意见是指（　　），被审验单位的实收资本（股本）及相关的资产、负债的数额。

　　A．被审验单位实际存在的　　　　　B．截至验资报告日为止

　　C．注册会计师能够确认的　　　　　D．截至签发营业执照为止

9．验资报告的作用主要体现在（　　）这几个方面。

　　A．证明企业已经设立　　　　　　　B．确定投资者资金到位情况

　　C．办理工商登记　　　　　　　　　D．证明企业经营实力

10．在设立验资时，CPA 根据需要，通常要获取（　　）等验资资料。

　　A．企业在过去三年的会计报表及相应的审计报告或财政审批报告

　　B．证明货币资金投入的银行单证，被审验单位出具的收款收据等

　　C．证明实物资产投资的财产清单，财产转移及验收证明、作价依据等

　　D．证明无形资产投资的协议、专利证书、作价依据、土地使用权证明等

三、判断题

　　1．验资报告的收件人是验资业务的委托人。　　　　　　　　　　（　　）

　　2．某股份有限公司的注册资本为 2 000 万元，乙方以土地使用权作为其投资，且该项土地使用权最终被计入注册资本的金额不超过 400 万元，不考虑其他情况，这种情况符合我国关于无形资产出资的规定。　　　　　　　　　　（　　）

　　3．外方投资者如果用从中国境内其他外商投资企业分得的人民币利润直接投资，是否已获得该外商投资企业所在地的外汇管理部门的批准文件等验资证据。
　　　　　　　　　　　　　　　　　　　　　　　　　　　　　　（　　）

　　4．乙公司拟增加注册资本 500 万元，某股东根据增资协议，投入了房屋资产 200 万元，但尚未办理产权转移手续。CPA 予以验证确认，并根据该股东出具的承诺函在验资报告说明段中说明该股东承诺在半年内办理过户手续。（　　）

　　5．CPA 出具的验资报告只能说明截至验资报告日这一时点为止被审验单位注册资本的实收或变更情况，具有很强的时效性。　　　　　　　　　（　　）

　　6．致送工商行政管理部门的验资报告应当后附会计师事务所的营业执照原件。如果由副主任会计师签署报告时，还应当附上主任会计师授权副主任会计师签署报告的授权书复印件。　　　　　　　　　　　　　　　　　（　　）

　　7．甲公司申请取得一项土地使用权，已交纳土地出让金 1 000 万元，并拟以此土地使用权与他人合资成立有限责任公司。根据甲公司向国土资源管理部门汇款的凭证、国有土地出让合同、股东出资确认函、国土资源管理部门收到款项的确认函及在 3 个月内向新设公司直接核发土地使用权证的声明书，CPA 在对该公

司验资时确认了甲公司以土地使用权方式的出资。　　　　　　（　　）

8. 丙公司拟增加注册资本 3 000 万元。某股东根据增资协议，投入货币资金 1 000 万元。CPA 获取并审验了丙公司提供的银行收款凭证、银行出具的确认已收讫 1 000 万元投资款的询证函回函，据以确认该股东投入的货币资金已到位。
　　　　　　　　　　　　　　　　　　　　　　　　　　　　（　　）

9. 丁公司将其一幢商用办公楼按市场价值进行评估，评估增值 5 000 万元，并已作增加固定资产、增加资本公积的会计处理。经股东会批准，丁公司年底将该评估增值形成的 5 000 万元资本公积转增注册资本。CPA 在验证相关资料后，确认该项增资。　　　　　　　　　　　　　　　　　　　　　　（　　）

10. 戊公司由于经营不善造成重大亏损，致使 2006 年 12 月 31 日的净资产为 -400 万元。为改善财务状况，缓解经营困难，戊公司股东约定用货币资金 1 000 万元增加注册资本。经审验，CPA 确认戊公司新增注册资本 1 000 万元，并在验资报告说明段中说明戊公司由于亏损导致增资前的净资产小于注册资本。（　　）

四、简答题

CPA 在 ABC 会计师事务所承担验资工作底稿的复核职责。在 2006 年度承办的五项验资业务的相关验资工作底稿中，存在以下事项：

（1）甲公司为有限责任公司，拟整体变更为股份有限公司。甲公司原注册资本为 2 000 万元，审计确认的资产总额为 10 000 万元，负债总额为 6 500 万元，净资产为 3 500 万元。CPA 根据审计确认的净资产验证确认股东交纳的注册资本合计为 3 000 万元，资本公积为 500 万元。

（2）乙公司为中外合资经营企业，其外方股东以从乙公司分得的人民币利润 1 000 万元出资设立注册资本为人民币 1 000 万元的外商独资企业。CPA 按照货币资金出资的一般要求审验了外方股东的货币资金出资，并在对乙公司已审会计报表和审计报告、董事会有关利润分配的决议、主管税务机关出具的完税凭证审验无误后，验证确认该外商独资企业实收的注册资本为人民币 1 000 万元。

（3）丙公司经国家批准实行债转股，其原注册资本为 3 000 万元，审计后的资产总额为 11 100 万元，负债总额为 8 000 万元，净资产为 3 100 万元（其中资本公积为 50 万元），评估确认的净资产为 3 600 万元，债权转股权的比例为 1.2∶1，CPA 验证确认丙公司实施债转股后的注册资本为 3 800 万元，资本公积为 750 万元。

（4）丁公司为有限责任公司，原注册资本为 6 000 万元，资产总额为 1 200 万元，负债总额为 300 万元，净资产为 900 万元。经股东大会决议，丁公司申请减少注册资本 300 万元。在对与减少注册资本有关的法律文件和与支付 300 万元货币资金相关的凭证等审验无误后，CPA 确认丁公司减资后的净资产为 600 万元，其中注册资本为 400 万元。

（5）中方戊公司拟与外方己公司合资设立中外合资经营企业。该中外合资经营企业的注册资本币种和记账本位币均为人民币。戊公司以经评估确认的土地使用权作价 2 000 万元出资，己公司以货币资金美元 500 万元出资。美元对人民币的合同约定汇率为 1∶8.23，出资当日汇率为 1∶8.24。CPA 审验了中外双方的实际出资情况，验证确认中外双方的实际出资情况，验证确认中外双方缴纳的注册资本为人民币 6 120 万元。

要求：对上述 5 种情况，试分别说明 CPA 的审验结论是否正确，并简要说明理由。

参考答案

一、单项选择题

1. B　2. D　3. D　4. C　5. D　6. D　7. C　8. B　9. A　10. B

二、多项选择题

1. ACD　2. ABCD　3. ABCD　4. ABCD　5. BC　6. ABD　7. ACD　8. AB　9. BC　10. BCD

三、判断题

1. √　2. √　3. ×　4. ×　5. √　6. ×　7. ×　8. ×　9. ×　10. √

注释：

7. 还必须检查土地使用权平面位置图并现场查看。

8. 还应取得开户银行对账单。

9. 资产应按历史成本记账，不可任意地采用评估增值方式夸大资产和所有者权益。

四、简答题

答：

（1）不正确。按《公司法》规定，有限责任公司依法经批准变更为股份有限公司时，折合的股份总额应当等于公司净资产额，即 3 500 万元。

（2）不正确。外方出资者用其从中国境内举办的其他外商投资企业获得的人民币利润出资的，还需取得利润获取地外汇管理部门的同意，因此 CPA 还应验证利润获取地外汇管理部门的批准文件。

（3）不正确。国家批准的债转股企业在进行债转股时，只需按照债权的账面价值转股即可。债转股后资本公积应为 250 万元。

（4）不正确。注册会计师应当在审验减少后的注册资本、审计减资日的资产负债表后，方可验证确认减资后的实收资本是否真实。

（5）不正确。按照国家有关规定，合同有约定汇率的，应当按照合同约定汇率将缴纳的外币折合为人民币，即：8.23×500+2 000=6 115。因此，注册会计师审验确认的注册资本实收金额为人民币6 115万元。

附　录

一、正大会计师事务所工作底稿目录（见[附录]表1）

[附录]表1　正大会计师事务所工作底稿目录

2006 年度

被审计单位：东方股份有限公司

编　号	档案内容	具备（√）
Z	综合类工作底稿	
*Z1	审计报告书	
*Z2	管理建议书	
Z3	已审会计报表	
Z4	试算平衡表工作底稿	
Z5	审计差异汇总表—调整分录汇总表	
Z6	审计差异汇总表—重分类分录汇总表	
Z7	审计差异汇总表—未调整不符事项汇总表	
Z8	管理部门声明书	
Z9	与客户交换意见记录	
Z10	未审定会计报表	
X	管理类工作底稿	
*X1	基本情况表	
*X2	审计风险初步评价表	
X3	审计业务约定书	
X4	经营环境及状况调查表	
X5	财务报表分析性测试资料	
X6	内部控制调查问卷	
X7	复核记录	
X8	审计报告书底稿	
X9	审计标识	
Y	控制测试工作底稿	
Y1	销售与收款循环控制测试	
Y2	采购与付款循环控制测试	
……	……	
A	资产类工作底稿	
A1	货币资金	
A2	交易性金融资产	
A3	应收票据	
A4	应收账款	
……	……	
B	负债类工作底稿	
B1	短期借款	
……	……	

编　号	档案内容	具备（√）
C	所有者权益类工作底稿	
C1	股本（实收资本）	
……	……	
D	损益类工作底稿	
D1	主营业务收入	
……	……	
E	重要事项工作底稿	
E1	关联交易	
E2	期后事项	
E3	或有损失	
E4	持续经营	
J	备查资料工作底稿	
*J1	组织机构及管理人员结构资料	
*J2	营业执照	
*J3	政府批文	
*J4	公司成立合同、协议、章程	
*J5	纳税鉴定文件	
*J6	董事会会议纪要或摘录	
*J7	内部控制的调查与评价	
*J8	重要长期经济合同、协议	
*J9	验资报告（复印件）	
*J10	评估报告书（复印件）	
*J11	主要资产的所有权证明	
……	……	

注：1）*为永久性档案。

2）当工作底稿有几页时，可用分数编号法，例如 A4 应收账款工作底稿有三页时，编号如下：第一页 A4（1/3），第二页 A4（2/3），第三页 A4（3/3）。

二、正大会计师事务所审计标识（见[附录]表 2）

[附录]表 2　正大会计师事务所审计标识

索引号：X9

标　识	含　义
B	期初余额与上年审计后报表期末数核对相符
G	与总账核对相符
S	与明细账核对相符
T/B	与试算平衡表核对相符
F/S	与已审会计报表核对相符
∝	与原始凭证核对相符
C	已发询证函
¢	已收回询证函
∧	直栏数字加计，复核无误

续表

标　识	含　义
<	横栏数字加计，复核无误
▲	重点符号
*	备注
N/A	无此情况，不适用

三、工作底稿勾稽关系（以存货为例）（见[附录]图1）

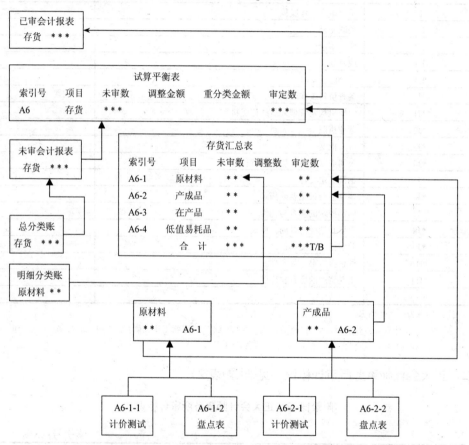

[附录]图1　审计工作底稿的勾稽关系（存货）

主要参考文献

北京注册会计师协会. 2006. 审计工作底稿指引. 北京：经济科学出版社

丛书编写委员会. 1999. 审计学突破. 北京：世界图书出版公司

耿建新，宋常. 2002. 审计学. 北京：中国人民大学出版社

胡中艾. 2002. 审计学习题与解答. 大连：东北财经大学出版社

李海波. 2006. 新编审计学. 上海：立信会计出版社

李若山，刘大贤. 200. 审计学——案例与教学. 北京：经济科学出版社

梁慧媛. 2004. 审计基础实务操作. 北京：中国人民大学出版社

梁智军. 2004. 注册会计师业务基础. 北京：经济科学出版社

刘静. 2007. 审计案例与模拟实验. 北京：经济科学出版社

上海国家会计学院. 2007. 审计一本通. 大连：大连出版社

王生交，张爱清. 2007. 审计学. 上海：立信会计出版社

许群. 2004. 审计学基础. 北京：中国人民大学出版社

杨庆英. 2001. 审计案例分析. 北京：首都经济贸易大学出版社

杨闻萍. 2005. 审计. 北京：北京大学出版社

曾寿喜，刘国常. 2007. 国家审计的改革与发展. 北京：中国时代经济出版社

中国注册会计师协会. 2007. 审计. 北京：经济科学出版社

中国注册会计师协会后续教育教材编审委员会. 2002. 年度会计报表审计实务——工作底稿编制. 上海：上海财经大学出版社

注册会计师全国统一考试研究中心. 2005. 审计 2005 年 CPA 易考通. 大连：东北财经大学出版社